Computernetze und Internet of Things

Patrick-Benjamin Bök · Andreas Noack · Marcel Müller · Daniel Behnke

Computernetze und Internet of Things

Technische Grundlagen und Spezialwissen

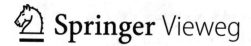

Patrick-Benjamin Bök
Datteln, Nordrhein-Westfalen, Deutschland

Andreas Noack
Stralsund, Deutschland

Marcel Müller
Ostrhauderfehn, Deutschland

Daniel Behnke
Dortmund, Deutschland

ISBN 978-3-658-29408-3   ISBN 978-3-658-29409-0   (eBook)
https://doi.org/10.1007/978-3-658-29409-0

Die Deutsche Nationalbibliothek verzeichnet diese Publikation in der Deutschen Nationalbibliografie; detaillierte bibliografische Daten sind im Internet über http://dnb.d-nb.de abrufbar.

Planer: Sybille Thelen
Springer Vieweg ist ein Imprint der eingetragenen Gesellschaft Springer Fachmedien Wiesbaden GmbH und ist ein Teil von Springer Nature.
Die Anschrift der Gesellschaft ist: Abraham-Lincoln-Str. 46, 65189 Wiesbaden, Germany

Vorwort

Bereits im 19. Jahrhundert wurden die ersten Vorläufer der Computer entwickelt. Die elektronische Kommunikation hatte ihren Ursprung bereits deutlich früher mit der Entwicklung der elektronischen Telegrafen um 1753. Die Kombination beider Entwicklungen ermöglicht die Vernetzung von Computern zum Austausch von Informationen. Computernetze stellen die Verbindungen zwischen einzelnen Computern oder informationstechnischen Komponenten her. Das Einsatzfeld reicht vom herkömmlichen Heimnetz, bis hin zur Vernetzung elektronischer Komponenten in PKWs oder Produktionsanlagen. Mit zunehmender Technisierung werden mehr und mehr Komponenten in Computernetze integriert und somit selbst einfache Alltagsgegenstände, wie Kühlschränke oder Waschmaschinen, vernetzt. Auch im Industrieumfeld wird bereits heutzutage kommunizierenden Kleinstkomponenten eine besondere Rolle zu Teil, die auf diesen Technologien aufbauen. In diesem Buch werden technische Grundlagen von Computernetzen vermittelt, die diesen unterschiedlichen Typen von Computernetzen zugrunde liegen. Darüber hinaus wird Spezialwissen vermittelt, welches für das Verständnis zukünftiger Netzstrukturen sowie des Internet of Things im alltäglichen, aber auch industriellen Umfeld erforderlich ist.

Zielgruppe für dieses Buch sind Studierende an Universitäten und Hochschulen, die im Rahmen ihres Studiums technische Grundlagen von Computernetzen, verteilten Systemen sowie deren Kommunikation verstehen und kommunizierende Anwendungen entwickeln wollen. Ferner richtet sich dieses Buch an IT-Verantwortliche und technische Mitarbeiter in Unternehmen, Verwaltungen und Institutionen, die bereits mit dem Support und der Weiterentwicklung von Computernetzen im Büroumfeld als auch im Produktionsumfeld befasst sind, jedoch das meist aus der Praxis erworbene Wissen um technisches Fachwissen erweitern möchten, das zur erfolgreichen Umsetzung zukünftiger Projekte beitragen kann.

Datteln   Patrick-Benjamin Bök
Stralsund   Andreas Noack
Ostrhauderfehn   Marcel Müller
Dortmund   Daniel Behnke
Dezember 2019

Inhaltsverzeichnis

Teil I
Überblick

Aufbau und Gliederung

1

In diesem Buch werden technische Grundlagen von Computernetzen vermittelt. Um abstrakte Inhalte zu veranschaulichen und so die inhaltliche Erarbeitung zu erleichtern, umfasst der Text zahlreiche Beispiele. Das Buch beinhaltet neben der Beschreibung der einzelnen Techniken, Standards und Systeme ebenfalls Verweise auf die jeweiligen Standards, die bei Bedarf für die Vertiefung der Materie herangezogen werden können. Es ist nicht Ziel dieses Buches eine vollständige Beschreibung aller Techniken, Standards und Systeme zu geben. Stattdessen werden die jeweiligen grundlegenden Prinzipien dokumentiert und veranschaulicht, die den Themen zugrunde liegen.

Um Computernetze und die eingesetzten technischen Verfahren in den Gesamtkontext von Kommunikationsnetzen einordnen zu können, werden verschiedene Grundlagen (Kap. 2) behandelt, deren Verständnis unabdingbar für die Arbeit mit diesem Buch ist. Computernetze und Kommunikationsnetze lassen sich in Ebenen untergliedern. Diese Ebenen werden in diesem Buch zugrunde gelegt: Unter der Kommunikation auf physikalischer Ebene (Teil II) werden sowohl die physikalische Kommunikation der Netzwerkadapter (z. B. Ethernetkarte, WLAN-Stick oder Mobilfunk) als auch die auf der Bitübertragungsschicht und Sicherungsschicht des *ISO/OSI-Referenzmodells* bzw. der Netzzugangsschicht des *TCP/IP-Referenzmodells* verwendeten Protokolle subsumiert und in diesem Teil beschrieben.

Die Kommunikation auf logischer Ebene (Teil III) beschreibt die netzübergreifende Kommunikation von Geräten, welche von der Vermittlungsschicht und der Transportschicht des ISO/OSI-Referenzmodells bzw. der Internetschicht und Transportschicht des TCP/IP-Referenzmodells umgesetzt wird. Physikalische Gegebenheiten und insbesondere die physikalische Adressierung sind an dieser Stelle nicht mehr relevant, da diese durch die untergeordneten Schichten bereits realisiert werden und der Fokus damit auf die logische Kommunikation gelenkt werden kann. Hinzu kommt die Kommunikation auf Anwendungsebene, die eine netzunabhängige Kommunikation von mindestens zwei Anwendungsprozessen beschreibt, welche von Protokollen der Anwendungsschicht des ISO/OSI-

P.-B. Bök et al., *Computernetze und Internet of Things*, https://doi.org/10.1007/978-3-658-29409-0_1

Referenzmodells bzw. des TCP/IP-Referenzmodells umgesetzt wird. Die Adressierung von Elementen sowie die Ermöglichung verbindungsloser und verbindungsorientierter Kommunikation verschiedener Anwendungsinstanzen wird bereits durch die Protokolle der darunterliegenden Schichten sichergestellt, sodass diese als Dienst für die Anwendungsebene bereitstehen. Ziel ist nicht die detaillierte Beschreibung der jeweiligen Codierungen, Protokolle und Mechanismen. Es sollen stattdessen die jeweils zugrunde liegenden Prinzipien dargestellt und verdeutlicht werden. Details zu den dargestellten Codierungen, Protokollen und Mechanismen können bei Bedarf in den angegebenen Spezifikationen nachgelesen werden.

Die Anforderungen von Anwendungen an die Performance eines Computernetzes (Teil IV) divergieren in Abhängigkeit vieler Parameter. Anwendungen mit Echtzeitkommunikation oder interaktiver Benutzerkommunikation haben andere Anforderungen als E-Mail-Verkehr oder ein einfacher Datentransfer. Anwendungen mit unterschiedlichen Anforderungen an die Performance konkurrieren stets um die zur Verfügung stehenden Ressourcen in einem Computernetz. Um allen Anforderungen an die Performance und damit an die erreichbare Dienstgüte gerecht zu werden, sind Mechanismen vorzusehen, die es erlauben, Verkehr differenziert zu behandeln und entsprechend ihrer Anforderungen im Computernetz weiterzuleiten. Um Computernetze zukünftig flexibler gestalten zu können, ist es notwendig, die Softwareanteile von den Hardwareanteilen der Netzkomponenten besser zu trennen und damit die Netzfunktionen zu virtualisieren. Dazu existieren bereits verschiedene Ansätze wie *Software-Defined Networking* und *Network Function Virtualization*. Beide Ansätze sind insbesondere in ihrer Kombination vielversprechend für heterogene Netze, insbesondere in dynamischen Umgebungen.

Das Internet of Things (Teil V) stellt die Architekten und Technologieentwickler von Computernetzen vor neue Herausforderungen. Um diese zu meistern ist es unabdingbar die Grundlagen der Protokolle und Elemente zu verstehen. Im Kontext des Internet of Things wird zukünftig der industrielle Anwendungsfall, das *Industrial Internet of Things,* eine zentrale Rolle bei der Gestaltung von Computernetzen im fertigungsnahen Umfeld spielen. Dabei sind jedoch nicht nur die industriellen Anwendungsfälle von Relevanz, sondern primär die eingesetzten Kommunikationsprotokolle, die sich beispielsweise signifikant von Protokollen im Umfeld von Büronetzen unterscheiden.

Sofern neben den angegebenen Standards weitere Literatur zur Vertiefung gewünscht ist, seien die folgenden Werke empfohlen: [Mir10, SH05, TP06, Tan03, Sta15, Doh16].

Literatur

[Mir10]   N.F. Mir. *Computer and Communication Networks*. Prentice Hall, 2010.
[SH05]   T. Szigeti and C. Hattingh. *End-to-end QoS network design*. Networking technology series. Cisco Press, 2005.
[TP06]   D. Teare and C. Paquet. *Campus network design fundamentals*. Fundamentals Series. Cisco Press, 2006.

[Tan03] A.S. Tanenbaum. *Computer networks*. Prentice Hall international editions. Prentice Hall PTR, 2003.

[Sta15] W. Stallings. *Foundations of Modern Networking: SDN, NFV, QoE, IoT, and Cloud*. Pearson Education, 2015.

[Doh16] Jim Doherty. *SDN and NFV Simplified: A Visual Guide to Understanding Software Defined Networks and Network Function Virtualization*. Addison-Wesley Professional, 1st edition, 2016.

Einführung

2

Bereits im 19. Jahrhundert wurden die ersten Vorläufer der Computer entwickelt. Die elektronische Kommunikation hatte ihren Ursprung sogar schon etwas früher mit der Entwicklung der elektronischen Telegraphen um 1753. Die Kombination beider Entwicklungen ermöglicht die Vernetzung von Computern zum Austausch von Informationen. In diesem Buch beschäftigen wir uns mit dem technischen Basiswissen, das für die Vernetzung von Computern und Informationstechnik notwendig ist.

Es werden primär die Technologien ab einschließlich ISO/OSI-Layer 2 behandelt. Der Physical Layer wird zwar berücksichtigt, jedoch nicht detailliert beschrieben. Dies liegt darin begründet, dass auf dem Physical Layer unterschiedliche Modulationsverfahren in unterschiedlichen Ausprägungen eingesetzt werden, die jedoch nicht Bestandteil der hier fokussierten Themen sind. Stattdessen werden diese, trotz kritischer Bewertung, lediglich berücksichtigt und als gegeben hingenommen. Eine angemessene Ausführung zu diesen Verfahren und generell den Technologien auf dem Physical Layer bedarf einer detaillierten Betrachtung, um dies vollständig zu verstehen, sodass auf die entsprechenden Standards verwiesen sei.

2.1 Grundlagen

Computernetze stellen die Verbindung zwischen einzelnen Computern oder informationstechnischen Komponenten her. Das Einsatzfeld dieser Netze reicht von der Vernetzung elektronischer Komponenten in aktuellen Autos, über das übliche Heimnetz, bis hin zum Internet. Mit zunehmender Technologisierung werden mehr und mehr Computernetze eingesetzt. Um jedem Anwendungsfall möglichst gerecht zu werden, gibt es unterschiedliche Typen von Computernetzen mit verschiedenen Eigenschaften.

Drei wesentliche Kriterien werden zu der Unterscheidung der verschiedenen Netztypen herangezogen:

© Der/die Herausgeber bzw. der/die Autor(en), exklusiv lizenziert durch Springer
Fachmedien Wiesbaden GmbH, ein Teil von Springer Nature 2020
P.-B. Bök et al., *Computernetze und Internet of Things,*
https://doi.org/10.1007/978-3-658-29409-0_2

▶ **Wichtig** Grundsätzlich unterscheidet man zwischen der *Übertragungsart* eines
Netzes, der *geographischen Ausbreitung* und der *Netztopologie*.

2.1.1 Übertragungsarten

Die Datenübertragung in Computernetzen kann generell auf zwei verschiedene Arten durchgeführt werden. Zum einen gibt es die Möglichkeit der *Leitungsvermittlung* (Circuit-
Switched Networking), die im Bereich der Telefonie ihren Ursprung hat. Zum anderen
können Daten in Pakete verpackt und übertragen werden, was als *Paketvermittlung* (Packet-
Switched Networking) bezeichnet wird.

2.1.1.1 Circuit-Switched

Im Bereich der klassischen *Telefonie* haben Circuit-Switched Networks ihren Ursprung. Das
Grundprinzip ist hierbei, dass eine physikalisch dedizierte Leitung zwischen zwei Kommunikationspartnern (Ende-zu-Ende-Verbindung) aufgebaut wird und diesen exklusiv für
die Kommunikation zur Verfügung steht. Wurden derartige Verbindungen zu Beginn des
20. Jahrhunderts noch von der *Dame in der Vermittlungsstelle* manuell durch das Verbinden
zweier Anschlüsse mit einem Kabel durchgeführt, erfolgte dies im späten 20. Jahrhundert
bereits automatisiert durch entsprechende Technik, wobei jedoch das Grundprinzip gleich
geblieben ist. Das Prinzip ist in Abb. 2.1 veranschaulicht.

Der Vorteil der Leitungsvermittlung liegt darin, dass die Ressourcen dediziert für eine
Kommunikationsverbindung reserviert sind und auch bei Inaktivität nicht durch andere Verbindungen belegt werden können. Das gilt sowohl für Sprache als auch für andere übertragene Daten. Die exklusive Bereitstellung der Ressourcen hat den Vorteil, dass beispielsweise
Echtzeitanforderungen und damit verbunden auch niedrige Latenzzeiten eingehalten werden können, wie es bei Sprachdaten oder der Steuerung von kritischen Infrastrukturen der

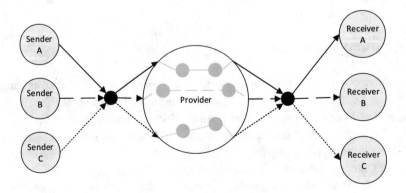

Abb. 2.1 Beispiel für ein Circuit-Switched Network

Fall ist. Wird hingegen die Effizienz des Verfahrens betrachtet, sind Circuit-Switched Networks im Vergleich zu Packet-Switched Networks signifikant im Nachteil, da vorhandene Ressourcen ungenutzt bleiben, auch wenn andere Benutzer diese benötigen. Die Übertragung von Sprachdaten ist dafür ein Beispiel. Unabhängig davon, ob die beiden Kommunikationspartner sprechen und somit Informationen *(Nutzdaten)* übertragen werden, werden auch die Daten mit einem gegen Null gehenden Informationsgehalt (Rauschen oder Hintergrundgeräusche, wenn kein Kommunikationspartner spricht) übertragen.

▶   **Wichtig** Daten ohne Informationsgehalt und Nutzen zu übertragen, ist keinesfalls effizient und in Kombination mit den fest gebundenen Ressourcen für eine Verbindung, ein erheblicher Nachteil dieser Übertragungsart. Auf der letzten Meile zum Endnutzer, wo auf den Leitungspaaren keine Konkurrenz besteht, stellt dies kein Problem dar. Doch bereits ab dem Verteiler, wo Daten wiederum über gemeinsame Leitungen zu übertragen sind, hat dieses Verfahren signifikante Nachteile.

Um heutzutage *konkurrenzfähig* zu bleiben und Kosten einzusparen, haben Telekommunikationsprovider bereits früh die Möglichkeit erkannt, im Hintergrund – also intern zur Weiterleitung – Voice-over-IP einzusetzen, um die eigenen Ressourcen möglichst effizient und sparsam einzusetzen. Zu Beginn der Einführung dieser Technik kam es dabei häufig zu Problemen wenn die Umwandler von leitungsvermittelten Sprachdaten auf IP-Pakete nicht richtig konfiguriert waren.

2.1.1.2 Packet-Switched

Aufgrund der effizienteren Ressourcennutzung ist die Paketvermittlung ein besseres Verfahren als die Leitungsvermittlung. Die Grundlage von Packet-Switched Networks ist nicht der Aufbau einer physikalisch dedizierten Ende-zu-Ende-Verbindung. Stattdessen sind die miteinander kommunizierenden Kommunikationspartner über ein Netz aus Verteilerknoten verbunden. Ein Beispiel hierfür ist das Internet. Die Anbindung der Kommunikationspartner, sofern es sich nicht um Rechenzentren etc. handelt, erfolgt beispielsweise über die Einwahl in ein Providernetz via *xDSL* (vgl. Abschn. 2.2). Um die Daten möglichst schnell zu übertragen und die Ressourcen in diesem Netz effizient auszunutzen, werden die Nutzdaten (Payload) in kleine Pakete zerlegt, die Pakete mit einem Header versehen und von einem Kommunikationspartner über die verschiedenen Knoten im Netz zum anderen Kommunikationspartner übertragen. Dort werden die Nutzdaten der einzelnen Pakete wieder zu den ursprünglichen Daten zusammengesetzt. Durch die Paketierung[1] der Nutzdaten ergibt es sich, dass die Daten nicht mehr direkt zwischen den Kommunikationspartnern auf einem fest definierten Weg übertragen werden müssen, sondern die Routen innerhalb des Netzes

---

[1]In Abhängigkeit von der jeweiligen Schicht des Referenzmodells bzw. des verwendeten Protokolls, werden die Begriffe Paket, Datagramm oder Rahmen für die Produkte der Paketierung verwendet.

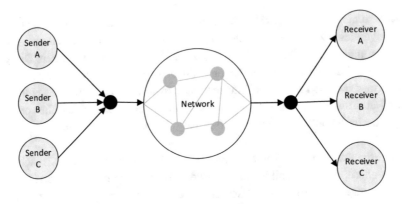

Abb. 2.2 Beispiel für ein Packet-Switched Network

sogar paketweise unterschiedlich sein können (vgl. Abschn. 2.1.1.2.1) und die Daten beim Empfänger wieder zusammengesetzt werden (vgl. Abb. 2.2).

Für die *Paketierung* ist es jedoch notwendig, dass – entsprechend definierter Protokolle – Informationen zu den ausgetauschten Daten mit übertragen werden. Dies sind primär Informationen für die Adressierung von Sender und Empfänger, die in einem zum Paket gehörenden Header vorhanden sein müssen, damit die Daten über die verschiedenen Knoten zum richtigen Empfänger weitergeleitet werden. Darüber hinaus gibt es weitere in den Headern zu berücksichtigende Parameter, die von den verwendeten Protokollen und Techniken abhängen. Die für die Weiterleitung der Pakete notwendigen zusätzlichen Informationen werden pro Paket fällig. Der Effizienzgewinn wird insbesondere bei der Betrachtung von Sprachübertragungen offensichtlich: Werden bei der Leitungsvermittlung auch Pakete übertragen, wenn nicht gesprochen wird und nur Hintergrundgeräusche bestehen, so werden diese bei der Sprachübertragung via Voice-over-IP gezielt von den Endgeräten oder der Client-Software herausgefiltert und keine Pakete zur Übertragung erzeugt, da diese auch keinen sinnvollen Informationsgehalt haben. Das bei der Benutzung von Voice-over-IP hörbare Rauschen wird in der Regel künstlich im Endgerät immer dann generiert, wenn zeitweise keine Pakete mehr eingehen, obwohl die Verbindung weiterhin besteht. Trotz des Effizienzgewinns besteht durch die zusätzlich zu übertragenden Header ein durch die Paketvermittlung induzierter Overhead bei der Übertragung von Daten.

Zwar kann in Packet-Switched Networks eine effiziente Auslastung der zur Verfügung stehenden Ressourcen erfolgen, jedoch erfolgt keine explizite Reservierung von Ressourcen. Dies kann – insbesondere bei hoher Auslastung eines Netzes – dazu führen, dass Anwendungen mit hohen Anforderungen an die Performance[2] einen nicht ausreichenden Anteil an der zur Verfügung stehenden Datenrate erhalten. Hierzu existieren jedoch unterschied-

---

[2]Zum Beispiel erlaubt die Übertragung von Sprachdaten keine höhere Verzögerung als maximal *400* ms, sollen diese Verzögerungen für die Kommunikationspartner nicht spürbar werden.

liche Verfahren, um eine entsprechende Gewährleistung der Einhaltung von Performance-Anforderungen auch in Packet-Switched Networks zu ermöglichen.

Packet-Switched Networks erlauben unabhängig davon verbindungslose (vgl. Abschn. 2.1.1.2.1) und verbindungsorientierte Kommunikationsverbindungen (vgl. Abschn. 2.1.1.2.2), wobei diese auch koexistieren können. Darüber hinaus ist in Bezug auf diese Modi festzustellen, dass sich die Zuordnung auf unterschiedliche Schichten des gewählten Referenzmodells beziehen kann.

2.1.1.2.1 Verbindungslos

Die verbindungslose Kommunikation in Packet-Switched Networks funktioniert zwischen zwei Kommunikationspartnern ohne vorherigen Verbindungsaufbau. Die Pakete müssen lediglich routbare Adressinformationen enthalten, sodass diese im Netz weitergeleitet werden können, und von den Kommunikationspartnern akzeptiert werden. Daten können verbindungslos schnell übertragen werden, da keine Zeit für den Verbindungsaufbau benötigt wird. Darüber hinaus kann eine verbindungslose Kommunikation unidirektional erfolgen. Diese und andere Eigenschaften der damit zusammenhängenden Protokolle führen auch dazu, dass verbindungslose Kommunikationsbeziehungen häufig eine höhere Datenrate erreichen als verbindungsorientierte.

Eine verbindungslose Kommunikation zeichnet sich zudem dadurch aus, dass die Pakete unabhängig voneinander weitergeleitet werden. Dieser Sachverhalt ist in Abb. 2.3 veranschaulicht. Die Pakete des Datenstroms werden zwar vom Sender in *Entstehungsreihenfolge* versandt, da jedoch keine Verbindung aufgebaut wurde – weder auf Anwendungsebene noch auf Netzebene – kann es durch *auslastungsabhängige* Auswahl der Routen im Netz dazu kommen, dass nicht alle Pakete denselben Pfad zwischen Sender und Empfänger haben. Dies bringt den Nachteil mit sich, dass die Pakete nicht mehr ihrer Entstehungsreihenfolge entsprechend (Out-of-Order) am Ziel ankommen, was eine Sortierung im Puffer des Empfängers zur Folge hat, was wiederum den effektiven Durchsatz reduziert.

Eine verbindungslose Kommunikation ist zudem nicht vor Paketverlusten (beispielsweise durch überfüllte Puffer in den Knoten) geschützt. Da in diesem Fall kein logischer Rückkanal existiert, der beispielsweise die Ankunft jedes Paketes bestätigt, bleibt der Verlust von

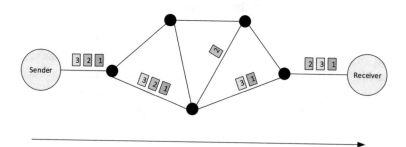

Abb. 2.3 Netz bei verbindungsloser Kommunikation

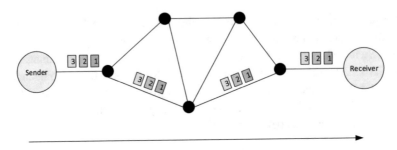

Abb. 2.4 Netz bei verbindungsorientierter Kommunikation

Paketen vor dem Sender verborgen, da dieser nicht informiert wird. Aufgrund des ausblei-
benden Feedbacks zwischen Sender und Empfänger kann keine Flusskontrolle und somit
auch keine senderseitige Überlastkontrolle durchgeführt werden.

2.1.1.2.2 Verbindungsorientiert

Eine verbindungsorientierte Kommunikation setzt voraus, dass vor dem Austausch von
Nutzdaten über ein fest definiertes Protokoll eine Verbindung zwischen den Kommunika-
tionspartnern aufgebaut wird. In Abb. 2.4 ist dies exemplarisch veranschaulicht. Im ersten
Schritt werden dazu vom Sender entsprechend des gewählten Protokolls eine oder mehrere
Nachrichten verschickt, die dem Empfänger den Kommunikationswunsch mitteilen. Empfängt dieser die entsprechenden Nachrichten und stimmt der Anfrage zur Kommunikation
zu, bestätigt er dies dem Empfänger und sendet an diesen eine entsprechende Nachricht.
Die Nachrichten in beide Richtungen können jeweils Parameter oder *Meta-Informationen*
bezüglich der einzurichtenden Verbindung enthalten. Nach dem Verbindungsaufbau können
Daten zwischen den Kommunikationspartnern über die zuvor etablierte virtuelle Verbindung
ausgetauscht werden. Im Gegensatz zu einer verbindungslosen Kommunikation ist es hierbei
in der Regel erforderlich, dass die erfolgreiche Übertragung der Pakete durch den Empfänger bestätigt wird, sodass der Sender im Verlustfall in der Lage ist, einzelne Pakete erneut
zu übertragen, sodass die Daten vollständig beim Empfänger ankommen. Sind die Daten
vollständig übertragen, ist die Verbindung vom Sender zu schließen und dies dem Empfänger durch den Versand einer entsprechenden Nachricht mitzuteilen, sodass auch dieser die
Verbindung beendet.

Die *virtuell* aufgebaute Verbindung kann, sofern durch die verwendeten Protokolle sowie
die Knoten im Netz unterstützt, auch einem festen physikalischen Pfad folgen. Dies hat
beispielsweise den Vorteil, dass Ressourcen auf dem vollständigen Pfad, sofern es die Elemente unterstützen, durchgehend reserviert werden könnten, sodass Anforderungen an die
zu gewährleistende Dienstqualität[3] während einer Verbindung dauerhaft eingehalten werden
können.

---

[3] An dieser Stelle bezieht sich Dienstqualität lediglich auf die Bereiche, die von der Performance des
Netzes abhängig sind.

Da senderseitig Informationen über die Ankunft bzw. den Verlust von Paketen vorliegen und somit auch *Round Trip Times* gemessen werden können, können eine senderseitige Flusskontrolle und somit auch eine Überlastkontrolle erfolgen, die es beispielsweise ermöglicht, die Ausgangsdatenrate des Senders zu reduzieren, um ein bereits nahezu überlastetes Netz weitergehend zu entlasten.

2.1.2 Geographische Ausbreitung

Die Klassifizierung von Netzen nach der geographischen Ausbreitung ist sehr üblich. In erster Linie wird die geographische Größe des Netzes bewertet, allerdings in einigen Fällen auch die Technik. Tab. 2.1 zeigt die Klassifizierung von Netzen in die Kategorien LAN, MAN und WAN.

Datenübertragungsraten werden in *Bit pro Sekunde* (bit/s) angegeben, wobei ein Bit die Werte 0 oder 1 annehmen kann. Zur Vereinfachung der Darstellung werden Präfixe für die Maßeinheit bit/s verwendet. Beispiele sind: *Kilo* (k), *Mega* (M), *Giga* (G) oder *Tera* (T).

$$
\begin{aligned}
1\,\text{kbit/s} &= 10^3 \text{ bit/s} &&= 1000 \text{ bit/s} \\
1\,\text{Mbit/s} &= 10^6 \text{ bit/s} &&= 1.000.000 \text{ bit/s} \\
1\,\text{Gbit/s} &= 10^9 \text{ bit/s} &&= 1.000.000.000 \text{ bit/s} \\
1\,\text{Tbit/s} &= 10^{12} \text{ bit/s} &&= 1.000.000.000.000 \text{ bit/s}
\end{aligned}
$$

Diese Einheiten dürfen nicht mit den *Byte*-Einheiten (1 Byte = 8 Bit) verwechselt werden, die üblicherweise von Betriebssystemen oder z. B. dem Browser bei einem Dateidownload angegeben werden.

Die Übertragungsrate 16 Mbit/s entspricht $\frac{16}{8} = 2$ MB/s *(Megabyte pro Sekunde)*.

Tab. 2.1 Klassifizierung nach geographischer Ausbreitung

	LAN (Local Area Network)	MAN (Metropolitan Area Network)	WAN (Wide Area Network)
Größe	Räumlich begrenzt, z. B. ein Grundstück	Stadtnetz oder regional beschränkt	Weitverkehrsnetz
Übertragungsrate	10 Mbit/s – 10 Gbit/s	100 Mbit/s – 10 Gbit/s	56 kbit/s – 1,87 Tbit/s
Beispiele	Lokales Heimnetz, Firmennetz, Hochschulnetz	z. B. Telekomnetz der Stadt	Internet, Zusammenschluss mehrerer LANs

2.1.2.1 LAN

Die Abkürzung LAN für *Local Area Network* ist wohl der am weitesten verbreitete Begriff für Netze. LAN bezeichnet die Kategorie von Netzen, die sich in einem räumlich begrenzten Gebiet befinden, z. B. auf einem oder wenigen Grundstücken. Heimnetze, die oft nur aus einem PC/Notebook und einem Router für den Internetzugang bestehen, fallen ebenso in die Kategorie LAN wie Firmennetze, die weit mehr als 500 Geräte miteinander verbinden können. Die Übertragungsraten im LAN reichen derzeit von 10 Mbit/s bis zu 10 Gbit/s, abhängig von den genutzten Netzadaptern, Kabeln und Koppelelementen.

Mittlerweile haben sich in der Gesellschaft weitere Abkürzungen im Zusammenhang mit LAN etabliert, die jedoch lediglich auf eine andere Technik hinweisen: Wireless LAN (WLAN) bezeichnet ein drahtloses lokales Netz und PowerLAN bzw. direct LAN (dLAN) weist auf ein lokales Netz hin, welches die vorhandenen Stromleitungen als Kabelinfrastruktur nutzt.

2.1.2.2 MAN

Ein *Metropolitan Area Network* (MAN) ist ein regionales Netz. Die Vernetzung ganzer Wohngebiete oder ein stadtüberspannendes drahtloses Netz (WMAN) fällt in diese Kategorie. Im Blick auf eine drahtgebundene Infrastruktur (drahtlos ist meistens langsamer) sind Datenübertragungsraten von 100 Mbit/s bis 10 Gbit/s zu erwarten, wobei 10 Mbit/s hier in der Regel wegen der veralteten Technik herausfällt. Wenn die geographische Ausdehnung des Netzes 100 km übersteigt, spricht man bisweilen auch von einem *Global Area Network* (GAN).

2.1.2.3 WAN

Das *Wide Area Network* (WAN) ist ein überregionales, teilweise sogar internationales Weitverkehrsnetz. Die Datenübertragungsraten sind sehr unterschiedlich und reichen von einer analogen Einwahlverbindung (max. 56 kbit/s) bis zu einer Breitbandverbindung von Kontinenten mit 1,87 Tbit/s (TAT-14 [Spr09]).

Als klassisches Beispiel für ein Weitverkehrsnetz steht das *Internet,* ein weltweiter Zusammenschluss aus Computernetzen, in dem theoretisch jeder Teilnehmer mit jedem anderen kommunizieren kann. Aber auch den Zusammenschluss aller Filialen einer internationalen Firma kann man als WAN bezeichnen.

2.1.2.4 Weitere Akronyme

PAN *(Personal Area Network)* und WPAN *(Wireless Personal Area Network)* bezeichnen Netze auf kleinstem Raum, z. B. kabelgebundene USB- und Firewire-Verbindungen oder drahtlose Infrarot- (IrDA) und Bluetooth-Verbindungen.

Des Weiteren gibt es einige Abkürzungen für mobile Netze. Darunter fallen beispiels-weise das Manet *(Mobile Ad-hoc Network)* oder das Vanet *(Vehicular Ad-hoc Network),* die eine Gruppe von mobilen Kleingeräten oder Fahrzeuge miteinander vernetzen.

Die Übertragungsraten sind bei diesen Netzen oftmals eher gering, da vorwiegend draht-lose Kommunikation zum Einsatz kommt.

2.1.3 Netztopologien

Die Topologie eines Netzes ist die *Struktur der Netzverkabelung.* Diese Strukturen sind für verschiedene Netztypen sehr unterschiedlich und abhängig von der eingesetzten Hardware und den Anforderungen an die Zuverlässigkeit und Geschwindigkeit des Netzes.

In vielen Bereichen hat sich heute eine sternförmige Verkabelung durchgesetzt, jedoch gibt es für jede Topologie immer noch praktische Anwendungen.

2.1.3.1 Bus

Bei einem Bussystem nutzen alle angeschlossenen Geräte einen gemeinsamen Übertra-gungskanal, den Bus. Wie in Abb. 2.5 zu sehen ist, werden die Geräte mit Stichleitungen an den Bus angeschlossen. Zusätzliche aktive Komponenten (Koppelelemente) sind für die Kommunikation der Endgeräte nicht notwendig, solange die maximale Segmentlänge nicht überschritten wird.

Eine wesentliche Eigenschaft der Bus-Topologie ist die gemeinsame Nutzung desselben Mediums. Es darf immer nur ein Teilnehmer das Medium zur selben Zeit belegen (Daten senden), während alle anderen in dieser Zeit passiv bleiben müssen. Senden zwei Teilneh-mer gleichzeitig, kollidieren die Netzpakete und werden zerstört. Man spricht von einer *Kollisionsdomäne,* die sich über das gesamte Bus-Netz erstreckt.

Abb. 2.5 Bus-Topologie

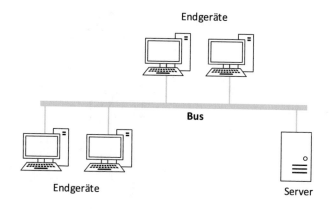

Ein Nebeneffekt der gemeinsamen Nutzung des Mediums ist, dass jedes Endgerät alle Übertragungen empfangen kann (Netzsicherheit).

▶ **Wichtig** In den späten 80er Jahren war die Bus-Topologie mit den IEEE Standards [IEE12b] *Thin Ethernet* (10BASE2) und *Thick Ethernet* (10BASE5) die übliche Technologie für die Netzkommunikation mit 10 Mbit/s. Beide Standards setzen Koaxialkabel (RG58 bzw. RG8) für die Kommunikation ein. Durch die Störanfälligkeit und die verhältnismäßig geringe Datenübertragungsrate verlor die Bus-Topologie immer mehr an Bedeutung und wird heute im Bereich der Computernetze nur noch selten eingesetzt.

2.1.3.2 Ring

Die Verkabelung der Endgeräte in einem geschlossenen Ring bezeichnet man als Ring-Topologie. Abb. 2.6 stellt ein Computernetz mit Ring-Topologie dar, wobei auch hier keine weiteren Koppelelemente notwendig sind, um Daten zu übertragen.

Im Zusammenhang mit der Ring-Topologie wird oftmals die Token-Ring-Technik [IEE89] eingesetzt. Dabei kreist ein Token im Netz, welches jeweils aktiv von den angebundenen Endgeräten weitergeleitet wird. Wenn ein Endgerät Daten versenden möchte, hängt es die Daten und ggf. Steuersignale an das Token an. Auf diese Weise wird verhindert, dass Kollisionen auftreten und Datenübertragungen zerstören.

Token Ring hat gegenüber anderen Techniken einen Vorteil bei der Beständigkeit der Übertragung, denn es treten keine Kollisionen und damit unregelmäßige Verzögerungen auf. Die Zeit für die Übertragung von Daten kann exakt bestimmt werden *(deterministisch)*.

Abb. 2.6 Ring-Topologie

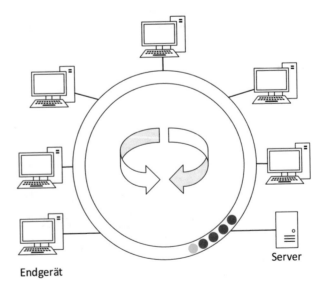

Server

Endgerät

Der große Nachteil der Ring-Topologie ist die Fehleranfälligkeit, denn bei dem Ausfall eines einzigen Endgeräts wird der Ring unterbrochen und das Netz funktioniert nicht mehr. Diesem Problem entgegnet der *Fibre-Distributed-Data-Interface*-Standard (FDDI) durch den Einsatz von zwei gegenläufigen Ringen. So bedeutet der Ausfall eines Endgeräts nicht mehr den Ausfall des ganzen Netzes. FDDI wurde von der ANSI als X3T9.5 Standard [Ame88] spezifiziert und verwendet eine Lichtwellenleiterübertragung (LWL) mit maximal 1 Gbit/s.

Bei der Verwendung von Kupferkabeln mit der FDDI-Doppelringtechnik spricht man von *Copper Distributed Data Interface* (CDDI).

2.1.3.3 Stern

Die Stern-Topologie (siehe Abb. 2.7) ist die derzeit am weitesten verbreitete Topologie für Computernetze. Alle Endgeräte werden mit einem eigenen Kabel an ein aktives Koppelelement (Hub oder Switch) angeschlossen, welches die Daten zwischen den Endgeräten vermittelt.

▶ **Wichtig** Mit der Stern-Topologie sinkt das Ausfallrisiko gegenüber der Bus- und Ring-Topologie, denn fällt ein Endgerät oder eine Kabelverbindung zu einem Endgerät aus, ist nur dieses eine Gerät betroffen. Alle anderen Geräte können davon unbeeinflusst weiter kommunizieren.

Abb. 2.7 Stern-Topologie

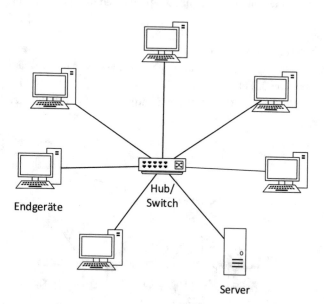

Für die Verkabelung der Endgeräte mit den Koppelelementen kommen üblicherweise
Twisted-Pair-Kabel (Kupfer) oder *Lichtwellenleiterkabel* (Glasfaser) zum Einsatz. Betrachtet man die Eigenschaften von *Twisted Pair*-Kabeln (TP) und Lichtwellenleitern (LWL),
sieht man vor allem einen Unterschied bei der maximalen Kabellänge. Twisted-Pair-Kabel
sind auf eine Kabellänge von 100 m begrenzt, wobei Lichtwellenleiter abhängig von der
eingesetzten Technik bis zu 100 km (Multimode, 1000Base-ZX) lang sein dürfen.

Sowohl mit Twisted-Pair-Kabeln, als auch mit Lichtwellenleitern sind Datenübertragungsraten von 10 Mbit/s bis zu 10 Gbit/s nach dem Ethernet Standard (IEEE 802.3
[IEE12b]) möglich. Für den Hausgebrauch sind die Datenübertragungsraten 100 Mbit/s
und 1 Gbit/s üblich.

Wenn Netze größer werden, reichen die Ports an einem Switch oder Hub manchmal
nicht mehr aus. Oft befinden sich die Endgeräte in einem Netz zudem in unterschiedlichen
Bereichen eines Gebäudes. Damit dennoch ein Netz aufgebaut werden kann, verwendet man
eine *hierarchische* Stern-Topologie. Dazu werden zunächst die Endgeräte aller Bereiche mit
einem eigenen Switch oder Hub verbunden. Im zweiten Schritt werden die verschiedenen
Bereiche mit einem übergeordneten Switch oder Hub miteinander vernetzt. Abb. 2.8 zeigt
eine hierarchische Stern-Topologie.

Die Vernetzung von Teilbereichen eines Netzes bedarf in der Regel einer höheren Bandbreite, damit es nicht zu Engpässen kommt, wenn alle Geräte eines Bereichs gleichzeitig
kommunizieren. Aus diesem Grund wird das Rückgrat *(Backbone)* eines Netzes, also die Vernetzung der Teilbereiche, oft mit größeren Datenübertragungsraten konfiguriert. In Abb. 2.8
sind die höheren Datenübertragungsraten mit dickeren Verbindungen angedeutet.

2.1.3.4 Maschen
Bei großen oder fehleranfälligen Netzen fügt man oft zusätzliche Redundanzen hinzu, damit
bei einem Fehler in einem Teilbereich des Netzes oder bei dem Ausfall einer Verbindung
nicht das ganze Netz beeinträchtigt wird. In Abb. 2.9 sieht man ein Wide Area Network

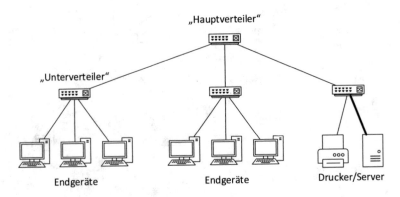

Abb. 2.8 Hierarchische Stern-Topologie

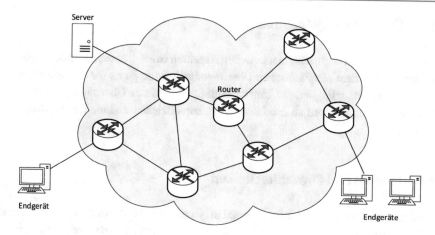

Abb. 2.9 Maschen-Topologie

mit einer Maschen-Topologie, z. B. ein Teilbereich des Internets. Fällt eine Verbindung aus, kann der Wegfall durch andere Verbindungen kompensiert werden.

Ein klassisches Beispiel für die Maschen-Topologie ist außerdem das *Wireless-Mesh-Netz* (WMN, Abb. 2.10), bei dem Wireless Mesh Nodes ein drahtloses Maschennetz aufspannen. Im Gegensatz zu herkömmlichen Wireless-LAN-Netzen erzielt ein WMN eine sehr weiträumige WLAN-Versorgung, ohne dass eine kabelgebundene Infrastruktur notwendig wird.

Allgemein gilt, dass bei dem Hinzufügen von Redundanzen in lokalen Netzen (LAN) Vorsicht geboten ist, denn ohne zusätzliche Protokolle sind Ringe in Ethernet-Netzen nicht gestattet. Wenn durch eine fehlerhafte Verkabelung ein Ring in einem lokalen Ethernet-Netz erzeugt wurde, führt dieses ohne zusätzliche Protokolle, wie STP oder RSTP (siehe Abschn. 3.5), zu einem *Broadcast-Storm,* der das gesamte Netz überlasten kann.

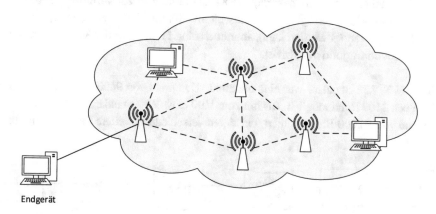

Abb. 2.10 Wireless Mesh Netz

2.2 Übertragungstechniken

Unabhängig von den nachrichtentechnischen Aspekten sowie insbesondere der Modulation von Signalen auf dem physikalischen Übertragungsmedium ist es für das Verständnis des Internetworking unabdingbar, die Unterschiede verschiedener Übertragungstechniken zur Kopplung von Teilnehmern an das Internet nachzuvollziehen und die Grundprinzipien zu verstehen.

2.2.1 Modem und Einwahltechniken

Die ersten verfügbaren Systeme zur Einwahl in Netze zur Datenübertragung (z. B. das Internet) basierten darauf, die bereits vorhandenen Telefonleitungen aus Kupfer auszunutzen und statt eines Sprachsignals die Leitungen unter Einsatz eines Modems für die Datenübertragung zu verwenden. Dem lag die in Abb. 2.11 dargestellte Architektur zugrunde.

Die Bezeichnung Modem bildet sich aus den beiden zentralen Funktionen des Geräts: der *Mo*dulation sowie der *Dem*odulation von Signalen. Hierbei erfolgt beim Versand der Daten über das Netz zunächst die Umwandlung eines digitalen Signals (Binärdaten) in ein analoges Signal, welches über die Telefonleitungen übertragen werden kann. Am Endpunkt der Einwahlstrecke in das Netz befindet sich ein weiteres Modem, dessen Aufgabe es ist, die analogen Signale zu demodulieren und wieder in ein digitales Signal zu transformieren.

▶ **Wichtig** Sowohl im analogen Telefonnetz als auch im digitalen ISDN-Netz *(Integrated Services Digital Network)* ist die Bündelung von Leitungen möglich, um höhere Datenraten zu erreichen. Die recht naive Art der Nutzung vorhandener Telefonleitungen führte jedoch dazu, dass die Leitungen während der Datenübertragung nicht parallel für Sprachsignale verwendet werden konnten. Bei *ISDN* stehen hingegen zwei digitale Kanäle *(B-Kanäle)* zur Verfügung, sodass einer der beiden verfügbaren Kanäle weiterhin für die Übertragung von Sprachdaten verwendet werden kann, aber auch eine Bündelung der Kanäle für die Datenübertragung möglich ist.

Beim ITU-T V.32 Standard war eine maximale Datenrate von 9600 Bit/s bei einer Symbolrate von 2400 Baud möglich. Bis hin zum V.90 bzw. V.92 Standard, der eine maximale Datenrate von 56.000 Bit/s definiert, existieren verschiedene weitere Standards mit unter-

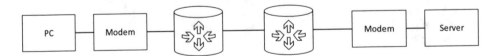

Abb. 2.11 Architektur der Einwahl mit Modem

schiedlichen Datenraten. Beim ISDN-Standard ist pro B-Kanal eine maximale Datenrate von 64.000 Bit/s möglich, sodass über ein gewöhnliches Paar Kupferkabel gebündelt bis zu 128.000 Bit/s übertragen werden können. Die Modemgenerationen bis zum Standard *V.92* sind zwar bezüglich der möglichen Übertragungsgeschwindigkeiten im Vergleich zu xDSL oder anderen Techniken stark beschränkt, erlauben jedoch den Verbindungsaufbau über deutlich längere Distanzen. Ähnlich gilt dies für ISDN.

Eine dauerhafte Kritik an den heute verfügbaren, modernen Einwahltechniken und den damit verbundenen Angeboten der Provider ist jedoch, dass stets die theoretisch maximal möglichen Datenraten angegeben werden, die bei einer idealen Anbindung (Qualität der Kupferkabel, Distanzen etc.) erreicht werden können. Ein weiteres Problem ist in der Regel die für Endanwender vorherrschende Asymmetrie der Verbindung. Einer hohen Datenrate in Empfangsrichtung steht eine dazu vergleichsweise niedrige Datenrate in Senderichtung gegenüber. Dieser Zustand ist durch die Aufteilung des zur Verfügung stehenden Frequenzbandes bedingt und der Tatsache geschuldet, dass in den ersten Dekaden das Internet ein nahezu reines Konsummedium – mit der Ausnahme von E-Mails und sonstigem Nachrichtenaustausch – war, wohingegen das heutige Web 2.0 ein Mitmachmedium ist und daher eine eher symmetrische Aufteilung des Frequenzbandes wünschenswert wäre. Insbesondere für Anwendungen wie Peer-to-Peer File-Sharing ist eine asymmetrische Aufteilung nachteilig.

2.2.1.1 Digital Subscriber Line

Die Einführung der *Digital Subscriber Line* (DSL) Technik hat zwei Probleme lösen können: Zum einen ist die gleichzeitige Nutzung von Telefonie parallel zur Datenkommunikation möglich, sodass Beeinträchtigungen vermieden werden. Zum anderen können die erreichbaren Datenraten durch die DSL-Technik signifikant gesteigert werden. Beide Verbesserungen können durch eine Anpassung der Modulationsverfahren und Ausnutzung der damit möglichen Bandbreite auf den bereits vorhandenen *CAT3*-Kupferkabeln erreicht werden, gehen jedoch aufgrund der höheren Bandbreite auf Kosten einer geringeren maximalen Leitungslänge zwischen dem Verteilerkasten des Providers und dem Hausanschluss verloren. Die mögliche maximale Übertragungskapazität wird beschränkt durch die Länge der Kupferleitung, der Aderndicke sowie der Qualität des verwendeten Kupferkabels.

Bei der DSL-Technik lassen sich maßgeblich zwei Varianten unterscheiden:

- Asymmetric Digital Subscriber Line (ADSL)
- Symmetric Digital Subscriber Line (SDSL)

Beide Varianten sind in unterschiedlichen Standards spezifiziert und unterscheiden sich primär in der Symmetrie der Datenraten und somit der genutzten Frequenzbereiche für Empfangs- und Senderichtung. Nachfolgend soll daher lediglich der ADSL Standard betrachtet werden, auch wenn einzelne Aussagen auch auf SDSL anwendbar sind. ADSL ist im ITU-T Standard G.992.1 spezifiziert.

Wurden bei der analogen und digitalen Telefonie lediglich Signale auf dem Frequenzband bis zu 3,1 kHz erzeugt und verwendet, wurde mit der Einführung von DSL die Ausnutzung des Frequenzbandes auf 1,1 MHz ausgedehnt, sodass die Schaffung weiterer Bereiche für den Informationsaustausch möglich wurde. Gemäß des Standards erfolgt eine Aufteilung des Frequenzbereichs in 256 Kanäle mit einer Bandbreite von je 4312,5 Hz (vgl. Abb. 2.12). Betrachtet man diese zur Verfügung stehenden Kanäle bezogen auf den Substandard Annex A, so erkennt man hinsichtlich der Frequenzaufteilung bei ADSL in Abb. 2.12, dass zunächst der Kanal 0 reserviert ist für die Telefonie und anschließend ein Störschutzabstand von 5 Kanälen zum Bereich der Datenübertragung spezifiziert ist, um die korrekte und störungs- freie Funktion der Telefonie über ein analoges oder ein digitales ISDN-Signal zu gewähr- leisten. Wie in Abb. 2.12 ebenfalls veranschaulicht, wird das übrige Frequenzband in einen Anteil für die Sende- sowie einen Anteil für die Empfangsrichtung unterteilt. Deutlich wird hier insbesondere die Asymmetrie von ADSL hinsichtlich der beiden Kommunikations- richtungen. In Deutschland wird primär der Annex B Standard für ADSL (vgl. Abb. 2.13) im Parallelbetrieb mit ISDN-Anschlüssen (und somit auch Analog-Anschlüssen als Unter- klasse) verwendet. Für den Betrieb von ISDN werden jedoch mehr Kanäle benötigt, sodass für die Datenübertragung (Sende- und Empfangsrichtung) weniger Kanäle zur Verfügung stehen und somit eine geringe maximale Datenrate erreicht werden kann. Durch die Einfüh-

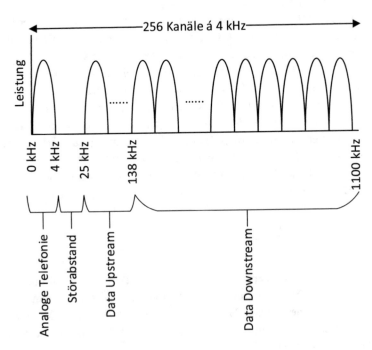

Abb. 2.12 Frequenzaufteilung bei ADSL Annex A

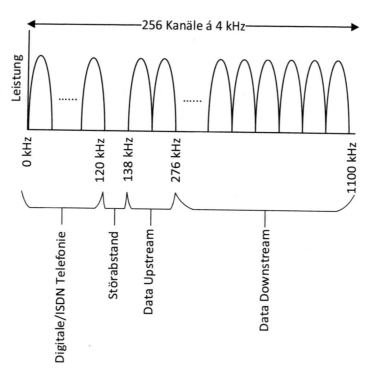

Abb. 2.13 Frequenzaufteilung bei ADSL Annex B

rung der sogenannten *All-IP-Anschlüsse* (Annex J), bei denen weder ein separater analoger, noch digitaler Anschluss für die Telefonie vorhanden sein muss, wird die Telefonie über Voice-over-IP abgewickelt. Zwar wird es dadurch möglich, den vollständigen Frequenzbereich für die Datenübertragung auszunutzen, jedoch muss man sich der Tatsache bewusst sein, dass während der Telefonie ein Teil der Bandbreite wieder durch die Sprachübertragung belegt wird (vgl. Abb. 2.14).

Zur Steigerung der bei ADSL (G.992.1) aufgrund des Frequenzbands (1,1 MHz) beschränkten Datenraten wurde mit ADSL2/2+ (ITU-T G.992.3 bzw. G.992.5) eine Verdopplung der Bandbreite vorgenommen, sodass weitere Kanäle zur Verfügung stehen und damit höhere Datenraten möglich werden.

Unabhängig vom ausgenutzten Frequenzbereich liegt der DSL-Technik das in Abb. 2.15 dargestellte Architekturschema zugrunde. Zentrales Element sowohl bei Annex A als auch bei Annex B ist der DSL-Splitter. Dieser hat die Aufgabe, das Signal auf der Teilnehmeranschlussleitung aufzuteilen in ein Telefonsignal (analog 4 kHz bzw. digital 120 kHz) sowie in ein Signal für das ADSL-Modem (nach Berücksichtigung des Störabstands analog über 25 kHz bzw. digital über 138 kHz), welches für die Datenübertragung genutzt wird. Dadurch

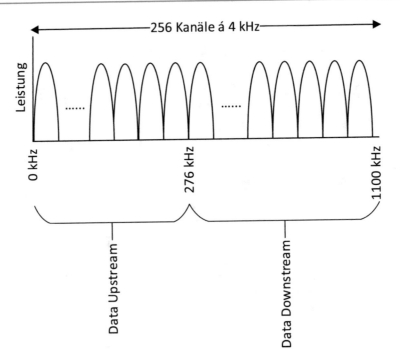

Abb. 2.14 Frequenzaufteilung bei ADSL Annex J

ist die parallele Nutzung für Telefonie und Datenübertragung möglich. Auf der Seite des Providers existiert ein analoger Aufbau, jedoch wird das Telefoniesignal an einen Voice-Switch weitergeleitet und das für die Datenübertragung verwendete Signal an einen *DSL Access Multiplexer* (DSLAM). Ein DSLAM dient als Endpunkt der Teilnehmerleitungen bez. ADSL und hat zudem die Aufgabe, die Signale der einzelnen Teilnehmer zu bündeln, um den Verkehr entsprechend zum Provider oder in ein IP-Netz weiterzuleiten. Die weitere Verarbeitung beim Internet Service Provider (ISP) sowie beim Telephony Service Provider (TSP) sei an dieser Stelle vernachlässigt. Die Architektur von Annex J sieht keine Trennung des Signals mehr vor, sodass der Einsatz eines Splitters durch den All-IP-Anschluss hinfällig ist. Die in Abb. 2.15 dargestellten Splitter würden damit entfallen. Alle Daten werden gebündelt über den DSLAM zum Provider oder in ein IP-Netz weitergeleitet. Die Voice-over-IP Daten werden dann beim VoIP-Endpunkt des Providers oder eines anderen Anbieters verarbeitet.

Hinweis

Signifikanter Nachteil von ADSL ist die Verwendung der vorhandenen Kupferkabel, da deren Eigenschaften und Fähigkeiten die Leistungsfähigkeit von ADSL beschränken. Jedoch zeigt sich immer wieder, dass durch neu entwickelte Techniken (z. B. VDSL1

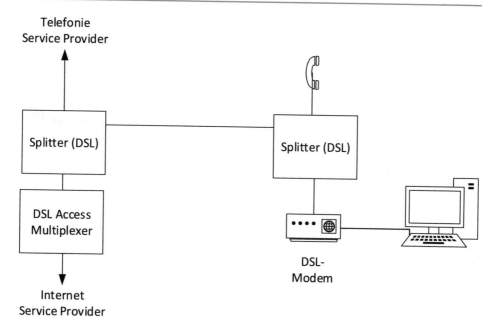

Abb. 2.15 Architektur DSL-Anbindung

(ITU-T G.993.1) oder VDSL2 (ITU-T G.993.2) mit Vectoring) die Fähigkeiten und damit die Leistungsfähigkeit der vorhandenen Kupferkabel immer wieder neu definiert werden.

Unabhängig davon erfolgt bereits die Einführung von Fiber-to-the-Building (FTTB) bzw. Fiber-to-the-Home (FTTH) Systemen (vgl. Abb. 2.16), bei denen das Kupferkabel bis zum Gebäude bzw. bis zum Teilnehmer durch eine Glasfaserleitung ersetzt wird, wodurch im Vergleich zu ADSL besonders hohe Datenraten erreicht werden können.

2.1 Beschreiben Sie die Unterschiede in der Frequenznutzung von Annex A, B und J und die Folgen für den Benutzer. Erläutern Sie in diesem Zusammenhang, warum auch bei einem All-IP-Anschluss via Annex J nicht von SDSL gesprochen werden kann.

2.2 Erläutern Sie die Vorteile von Annex J und wieso eine Umstellung von den Providern forciert wird.

2.2.1.2 Internet-over-DVB

Abseits der Ausnutzung bereits vorhandener Telefonleitungen zur Datenübertragung und Einwahl in Datennetze, können auch die Digital-Video-Broadcasting-Systeme (DVB) dazu instrumentalisiert werden. Maßgeblich werden dazu die nachfolgend aufgeführten Systeme

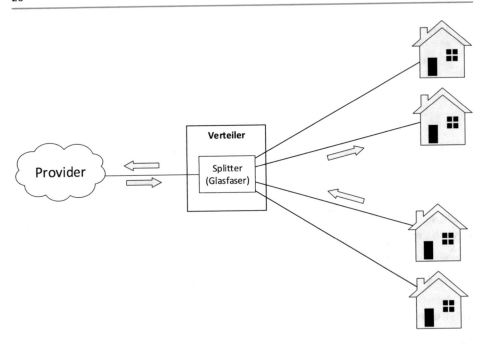

Abb. 2.16 Struktur Fiber-to-the-Home

in Deutschland verwendet. Weltweit wird jedoch eine Vielzahl von anderen DVB-Standards eingesetzt, die sich primär in den eingesetzten Kodierungs-, Modulations- und Fehlerkorrekturverfahren unterscheiden. An dieser Stelle seien DVB-C (DVB-Cable) und DVB-S (DVB-Satellite) als zwei unterschiedliche Klassen vorgestellt.

Das DVB-C-Netz, also das digitale Kabel-TV-Netz, bietet im Vergleich zum Telefonnetz eine deutlich höhere Bandbreite und erlaubt somit die Bereitstellung hoher Übertragungsraten. Abseits der durch die Einspeisung und Bereitstellung von Zugriff auf Fernsehsender und digitale TV-Mehrwertdienste belegten Bandbreite wird die restliche zur Verfügung stehende Bandbreite somit in einem Bereich für den Upstream und Downstream von Daten verwendet. Das Prinzip des Kabel-TV-Netzes basiert auf einer Multicast-Architektur. Diese erlaubt es, TV-Daten effizient an eine Vielzahl von Haushalten zu verteilen, da alle Haushalte das gleiche Angebot empfangen, auch wenn zur Entschlüsselung teilweise weitere Hardware notwendig ist. Diese Bündelung der Signale erfolgt bis zu einem zentralen Verteiler für einen bestimmten Bereich, von dem aus die einzelnen Haushalte versorgt werden. Ein erheblicher Nachteil dieser *Multicast-Architektur* ist jedoch, dass aufgrund der Aufteilung der Signale am Verteiler auch die zur Verfügung stehende Datenrate begrenzt ist und sich somit zwischen den Haushalten (vgl. Abb. 2.17) an einem Verteiler aufteilt, auch wenn diese heutzutage durch den Einsatz von Glasfasernetzen zwischen den Verteilern bereits sehr hoch ist. Technisch erfolgt die Instrumentalisierung des DVB-C-Netzes analog zum Tele-

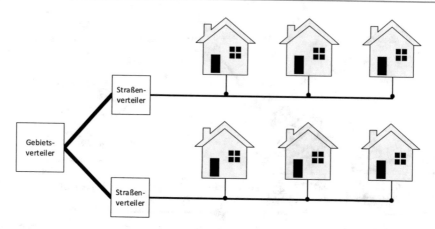

Abb. 2.17 Aufteilung von DVB-C-Ressourcen

fonnetz, wie in Abb. 2.17 veranschaulicht. Auch hierbei erfolgt die Aufteilung des Signals am Hausanschluss unter Verwendung eines speziellen Modems.

Etwas anders stellt sich die Situation beim DVB-S-Netz, dem digitalen Satelliten-TV-Netz, dar. Im Vergleich zum DVB-C-Netz werden hier einzelne Frequenzen für den Downstream verwendet, sodass keine Aufteilung der zur Verfügung stehenden Bandbreite analog zu DVB-C erfolgen kann. In Abb. 2.18 werden die beiden Varianten zum Einsatz von DVB-S als Einwahltechnik dargestellt. Die für den einfachen Endverbraucher in der Regel angebotene Variante ist eine 2-Wege-Variante, bei der die Satellitenverbindung lediglich für den Downstream analog zum Abruf des Videosignals bzw. einzelner Kanäle genutzt wird und der Upstream über eine separate Verbindung (Analog/ISDN-Modem oder xDSL) erfolgt. Diese Variante wird in der Regel eingesetzt, um in technologiestrukturschwachen Regionen eine breitbandige Internetversorgung zu ermöglichen. Für professionelle Anwendungen, wie beispielsweise der Versorgung von Schiffen mit Zugängen zu Datennetzen, kann auch eine bidirektionale Kommunikation (1-Wege-Variante) erfolgen. Dabei ist es jedoch erforderlich, dass auch der Nutzer mit einem entsprechenden *Transponder* ausgestattet ist, um Signale zu den Satelliten zu schicken. Diese Variante ist jedoch mit enormen Kosten verbunden und im Vergleich zur 2-Wege-Variante für Endnutzer keine Option.

Ein signifikantes Problem ist jedoch bei beiden Varianten, dass die im Internet gängigen Protokolle, insbesondere das Transmission Control Protocol (TCP), nicht für die bei der Satellitenkommunikation entstehenden langen Signallaufzeiten von über 250 ms *(Human Response Time)* geeignet sind. Diese kommen allein schon aufgrund der Entfernung von Satelliten-Transponder und Satelliten-Receiver zustande. Zudem ist das Satellitensignal aufgrund der troposphärischen und ionosphärischen Einflüsse extrem störanfällig und dementsprechend nicht so robust wie kabelgebundene Einwahlvarianten.

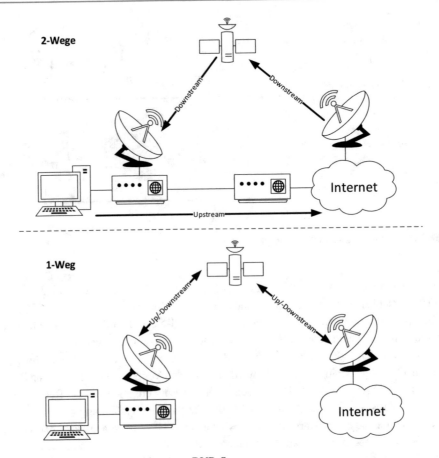

Abb. 2.18 Varianten zur Verwendung von DVB-S

2.2.2 Ethernet

Ethernet ist heute der gängige Standard für die Kommunikation in Computernetzen und hat andere Standards – wie Token Ring oder Token Bus – fast völlig aus der Praxis verdrängt. Der Ethernet-Standard ist in IEEE 802.3 [IEE12b] spezifiziert und wird seit 1980 entwickelt. Ursprünglich von den Firmen DEC, Intel und Xerox vorangetrieben, ermöglicht Ethernet ähnlich wie seine Geschwisterstandards Token Bus (IEEE 802.4 [IEE90]) und Token Ring (IEEE 802.5 [IEE89]) die Übertragung von *Datenrahmen* (Frames) in lokalen Netzen.

▶ **Wichtig** Mit Datenrahmen (engl. Frame) bezeichnet man eine Abfolge von Bits, die einer gewissen logischen Ordnung unterliegen. Diese Ordnung bezeichnet man oft als *Protokoll*. An dieser Stelle verweisen wir auf Kap. 3 für eine detaillierte Definition des Ethernet-Protokolls.

Ethernet sieht die direkte Adressierung von Endgeräten mit sogenannten MAC-Adressen vor, sodass z. B. auch in einem Bus-Netz eine logische Kommunikation zwischen zwei Endgeräten möglich ist. MAC steht dabei für *Medium Access Control* und regelt den logischen Zugriff auf das Netz, also die Sendereihenfolge und die Adressierung. Des Weiteren sorgt der Ethernet-Standard auch für eine Kollisionserkennung auf dem Medium und geeignete Gegenmaßnahmen mit dem CSMA/CD-Verfahren (Carrier Sense Multiple Access/Collision Detection), welches in Abschn. 3.2.3 genauer beschrieben wird.

2.2.3 Wireless LAN

Neben den kabelgebundenen Netzen sind drahtlose Netze mittlerweile sehr verbreitet. Vor allem Wireless LAN findet sich schon an vielen öffentlichen Orten, wie an Flughäfen und Cafés, und auch in privaten Haushalten. Der verwendete Wireless-LAN-Standard ist dabei in den meisten Fällen der IEEE-802.11-Standard [IEE12a].

Dieser Standard sieht Funkübertragungen auf den Frequenzen 2,4 GHz (IEEE 802.11b, g,n) und 5 GHz (IEEE 802.11a,h,n) vor und erreicht theoretische Datenübertragungsraten zwischen 1 Mbit/s und 600 Mbit/s. In der Realität fallen die messbaren Datenraten jedoch aufgrund von Interferenzen auf dem Medium und Protokolloverhead deutlich geringer aus, z. B. sind mit einer Brutto-Datenrate von 54 Mbit/s bei IEEE 802.11 g nur ca. 22 Mbit/s erreichbar.

Genauso wie in kabelgebundenen Netzen gibt es auch im drahtlosen Bereich Koppelelemente, die dafür sorgen, dass alle Netzteilnehmer miteinander kommunizieren können. Üblicherweise verbindet ein Access Point mehrere drahtlose Netzteilnehmer miteinander und schafft zugleich den Übergang zu einem kabelgebundenen Netz, sodass beispielsweise ein Zugang in das Internet möglich wird.

Neben den Standardfunktionalitäten von Netzen ist für Wireless LAN das Thema Sicherheit besonders wichtig, denn das Übertragungsmedium Luft ermöglicht jedem, der in Reichweite ist, den Zugriff. Für die Gewährleistung der Netzsicherheit gibt es die Standards WEP und WPA (gemäß IEEE 802.11i), wobei WEP als gebrochen gilt und nicht mehr eingesetzt werden sollte.

Abgesehen von lokalen Computernetzen gibt es für drahtlose Kommunikation weiterhin einige Mobilfunkstandards (GSM, UMTS, LTE), Nahfeldkommunikation (Bluetooth, IrDA) und auch einige proprietäre industrielle Funkstandards.

2.2.4 Mobilfunk

Die frühen Mobilfunktechnologien verfolgten primär das Ziel drahtlose und mobile Sprachkommunikation zu ermöglichen. So konnten Benutzer während der Fahrt im Auto telefonieren. Datenübertragung wie sie in diesem Buch adressiert wird wurde erst in den 1990er

Jahren möglich. Heutzutage überragt die Bedeutung von mobilen Internetapplikationen die reine Sprachübertragung aber um ein Vielfaches.

Mobilfunknetze sind wabenförmig aufgebaut. In jeder Wabe gibt es eine Basisstation, über welche die mobilen Endgeräte vernetzt werden. Die einzelnen Waben kommunizieren untereinander über das Kernnetz, hierüber läuft auch die Authentifizierung gegenüber dem Mobilfunkanbieter.

Mittlerweile wird die fünfte Generation von Mobilfunknetzen entwickelt. Mit jeder Generation wurde insbesondere die verfügbare Datenrate erhöht, um mobiles Internet zu ermöglichen. Obwohl GSM bereits in den 1980er Jahren entwickelt wurde, ist es heute immer noch der Standard für mobile Telefonie, da die Technik im Vergleich zu neueren Generationen sehr zuverlässig und flächendeckend, selbst in abgelegenen Regionen, verfügbar und damit unabdingbar für Notfallsysteme oder Katastrophensituationen ist.

2.3   Referenzmodelle

Die Kommunikation in Netzen lässt sich in verschiedene Ebenen aufteilen, die unterschiedliche Funktionen erfüllen. Beispielsweise kümmert sich eine Ebene nur darum, Bits über das Netz zu versenden. Eine andere Ebene regelt die Adressierung von Endgeräten und die Kollisionsvermeidung.

Doch warum ist so eine Aufteilung wichtig? Die Netzkommunikation ist ein sehr komplexes Thema und kann deutlich fehlerfreier abgewickelt werden, wenn man diese Gesamtaufgabe in kleinere Teilaufgaben unterteilt, die aufeinander aufbauen. Mit diesem *divide and conquer* Ansatz lässt sich nicht nur die Komplexität reduzieren, sondern es wird auch der Übergang zwischen unterschiedlichen Netzen vereinfacht. Zum Beispiel verwenden drahtlose und kabelgebundene Netzstandards, wie Ethernet und WLAN, ganz eindeutig unterschiedliche Standards zum Versenden von Bits in das Netz. Dennoch ist eine Netzkommunikation zwischen den beiden Netzen einfach möglich, indem lediglich die betroffenen Ebenen ersetzt werden müssen.

Im Folgenden werden das *ISO/OSI-Referenzmodell* und das *TCP/IP-Referenzmodell* vorgestellt.

2.3.1   ISO/OSI-Referenzmodell

Im Jahr 1983 spezifizierte die ISO (International Organization for Standardization) nach vierjähriger Entwicklung das OSI-Referenzmodell, mit dem verschiedene Ebenen und Funktionen der Netzkommunikation beschrieben werden können. OSI steht für *Open Systems Interconnection*.

Das Modell besteht aus sieben Ebenen (engl. Layer) mit unterschiedlichen Funktionen. Die Ebenen bauen aufeinander auf, sodass z. B. die dritte Ebene die Funktionalitäten der

Abb. 2.19 ISO/OSI-Referenzmodell

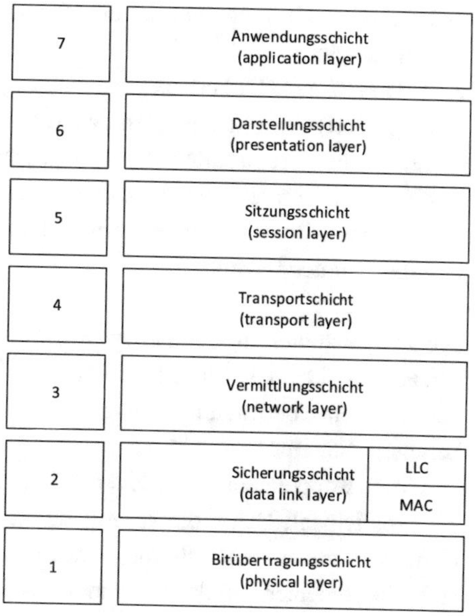

zweiten Ebene nutzen kann. Dies trifft nicht nur auf die theoretische Betrachtung der Netz-kommunikation zu, sondern findet auch in der Praxis Anwendung, da Netzprotokolle nach dem Vorbild der verschiedenen Ebenen entwickelt wurden bzw. sich in diese Ebenen ein-teilen lassen.

In Abb. 2.19 ist ein Überblick über die sieben Ebenen des ISO/OSI-Referenzmodells abgebildet. Im Folgenden werden die einzelnen Ebenen im Detail beschrieben.

2.3.1.1 Bitübertragungsschicht

Die Bitübertragungsschicht (engl. physical layer) stellt die unterste Ebene des OSI-Modells dar. Diese Ebene ist für die *Übertragung von Bits* auf ein Übertragungsmedium, wie z. B. Kupferkabel, Lichtwellenleiter oder die Luft (WLAN) zuständig. Die *Codierung* der Bits und ggf. das Hinzufügen von Redundanzen zum Ausgleich von Bitfehlern gehören ebenfalls zu dieser Schicht.

Zu den Aufgaben der Bitübertragungsschicht zählen zusätzlich die *mechanischen, elek-trischen* und *zeitlichen Einstellungen* der Übertragungsgeräte. Diese Aufgaben der Bitüber-tragungsschicht werden am Fall von Ethernet etwas genauer erläutert. Ethernet-Netzkarten bieten in der Regel die folgenden Eigenschaften:

- *Autonegotiation.* Durch getaktete Spannungsimpulse (engl. link pulse) stellen Netzad-apter eine Verbindung (engl. link) zu der nächsten aktiven Komponente fest. Zusätzlich werden die maximal mögliche Übertragungsgeschwindigkeit und der Duplex-Modus (*Full* oder *Half*) der Verbindung ermittelt.

Eine aktive Komponente ist ein Koppelelement, z. B. ein Hub oder Switch, oder ein Netzadapter.

- *Auto MDI-X.* MDI bedeutet *Medium Dependent Interface* und bezeichnet die Netzdose (engl. Port) eines Netzadapters. Wenn zwei Netzadapter ohne Koppelelement miteinander verbunden werden sollen, muss ein gekreuztes Twisted Pair Kabel (engl. crossover cable) eingesetzt werden. Auto MDI-X stellt eine direkte Verbindung ohne Koppelelement fest und kreuzt die Anschlüsse intern. Netzkarten ab dem 1000Base-T Standard müssen Auto MDI-X unterstützen.

Die letztgenannten Eigenschaften der Netzadapter entsprechen den elektrischen Einstellungen auf OSI-Layer 1. Dazu kommen außerdem zeitliche Einstellungen, die bei Wartezeiten vor erneuten Übertragungen (engl. retransmission) von kollidierten Paketen zum Tragen kommen. Näheres hierzu in Abschn. 3.2.3.

Einige Koppelelemente arbeiten auf der Bitübertragungsschicht, d. h. sie haben lediglich die Möglichkeit, Daten direkt weiterzusenden. Das Einsehen oder Bearbeiten von Daten ist mit diesen Geräten nicht möglich. Zu den OSI-Layer-1-Koppelelementen gehören: Das Hub, der Repeater und das Modem. Geht ein Frame an einem Port eines Hubs ein, wird es aus allen anderen Ports weitergesendet.

2.3.1.2 Sicherungsschicht

Auf OSI-Layer 2 befindet sich die Sicherungsschicht (engl. [data] link layer), welche für die Übertragung von *Datenrahmen* (Bitblöcken) zwischen zwei oder mehreren Netzteilnehmern zuständig ist. Die physikalische Übertragung wird dabei von OSI-Layer 1, der Bitübertragungsschicht, übernommen.

Datenrahmen (engl. Frames) sind eine Abfolge von Bits mit einer gewissen logischen Ordnung, z. B. einer funktionalen Einteilung. Beispielsweise bilden die ersten 48 Bit (6 Byte) eines IEEE-802.3-Ethernetframes die Ziel-Adresse des Gerätes, welches den Datenrahmen empfangen soll. Datenrahmen haben eine minimale und eine maximale Länge. Weitere Informationen dazu befinden sich in Kap. 3.

Die Aufgaben der Sicherungsschicht sind die physikalische Adressierung von Endgeräten, das Aufteilen des Bitstromes in Datenrahmen, die Absicherung der Datenrahmen gegen Fehler und die Datenflusssteuerung. Im Folgenden verwenden wir Ethernet (IEEE 802.3) als Grundlage für die Erläuterungen.

- *Physikalische Adressierung.* Damit Endgeräte direkt angesprochen werden können, verfügt jedes über eine physikalische Adresse. Das zweite OSI-Layer versieht versendete Daten mit einer physikalischen Quell- und Zieladresse.
- *Aufteilen des Bitstromes in Datenrahmen.* Frames haben eine minimale Länge, um die Kollisionserkennung zu vereinfachen (siehe Abschn. 3.2.3). Außerdem gibt es eine maximale Länge, die aus zwei Gründen festgelegt wurde. Zum einen sollten die Kosten für

Speicher auf Netzkarten in Grenzen gehalten werden, da Speicher zu der Zeit der Entwicklung des Ethernetstandards (1978) sehr teuer war. Zum anderen ist es schlecht für die Interaktivität in Netzen, wenn Datenrahmen eine sehr lange Übertragungszeit haben, denn während dieser Zeit ist das Medium für andere Teilnehmer blockiert.

- *Absicherung der Datenrahmen.* Bei der Übertragung von Signalen kommt es naturgemäß zu Übertragungsfehlern. Damit Übertragungsfehler entdeckt werden können, ist es die Aufgabe des OSI-Layer 2, die Daten abzusichern. Dies wird mit Prüfsummen unter dem Oberbegriff Kanalkodierung realisiert, die das Verändern jedes einzelnen Bits anzeigen. Im Fall von Ethernet wird als *Frame Check Sequence* (FCS) der CRC-32-Algorithmus mit 32 Bit Ausgabelänge eingesetzt.

- *Datenflusssteuerung.* Eine Steuerung des Datenflusses liegt vor, wenn der Empfänger die Senderate eines Senders reglementieren kann. Dadurch kann sich ein Empfänger vor Überlast schützen. Die Datenflusssteuerung auf OSI-Layer 2 wird im *Logical Link Control* Standard IEEE 802.2 [IEE98] spezifiziert und findet in gebräuchlichen Ethernetnetzen kaum Anwendung.

In der Sicherungsschicht kommen in der Regel zwei Protokolle zur Anwendung: *Medium Access Control* (MAC) und *Logical Link Control* (LLC). MAC kommt bei IEEE 802.3 Ethernet immer zur Anwendung und ist auch in diesem Standard spezifiziert. Die Aufgaben von MAC sind die Adressierung der Geräte und die Benennung der nachfolgenden Daten oder Protokolle, z. B. IP, ARP. LLC ist im IEEE-802.2-Standard [IEE98] spezifiziert und soll eine größere Transparenz für unterschiedliche MAC-Protokolle schaffen. In normalen IEEE-802.3-Ethernetnetzen ist LLC nicht notwendig.

Mit LLC ist es möglich, unbestätigte und bestätigte verbindungslose oder verbindungsorientierte Dienste zu realisieren. Zudem macht LLC die Datenflusssteuerung zwischen Empfänger und Sender möglich. Wenn es notwendig wird, spezielle nachfolgende Protokolle zu benennen (mehr als MAC möglich macht), kommt neben LLC das *Subnetwork Access Protocol* (SNAP) zum Einsatz, das ebenfalls in IEEE 802.2 [IEE98] definiert ist. Der SNAP-Erweiterungsheader wird beispielsweise bei IEEE-802.11-WLAN verwendet.

Auf OSI-Layer 2 können unter anderem die Protokolle Ethernet (IEEE 802.3), WLAN (IEEE 802.11), Token Bus (IEEE 802.4) oder Token Ring (IEEE 802.5) zum Einsatz kommen. Daneben gibt es spezielle Koppelelemente, die auf OSI-Layer 2 arbeiten: *Switch* und *Bridge*. Endgeräte können direkt adressiert werden (MAC-Adresse), sodass eine Weiterleitung aus allen Ports nicht mehr notwendig ist. Dadurch können Kollisionen reduziert und die Netzqualität verbessert werden.

2.3.1.3 Vermittlungsschicht

Die Vermittlungsschicht (engl. network layer) ermöglicht das Versenden von *Datagrammen* über die Grenzen eines lokalen Netzes hinweg. Zu einem lokalen Netz gehören alle Geräte,

durch Ethernet (IEEE 802.3) realisiert wird. Bei dem TCP/IP-Referenzmodell treten die physikalischen Gegebenheiten der Übertragung ein wenig in den Hintergrund, viel wesentlicher sind die Funktionalitäten, die sich direkt in den implementierten Protokollen wiederfinden. Die Hauptaufgabe der Netzzugangsschicht ist die Adressierung der Endgeräte mit deren physikalischen Adressen und die Absicherung der Datenrahmen, analog zum OSI-Modell.

2.3.2.2 Internetschicht

Die Internetschicht erfüllt die gleichen Aufgaben wie die Vermittlungsschicht im OSI-Modell, nämlich die Fragmentierung von Datenrahmen und die logische Adressierung von Endgeräten.

Zu der Internetschicht gibt es eine entsprechende praktische Implementierung, das IP Protokoll. Hierbei spielt es keine Rolle, ob es sich um Version 4 des Internetprotokolls (IPv4) oder um IPv6 handelt. Alle Funktionalitäten der Internetschicht finden sich in IPv4 und IPv6 wieder.

2.3.2.3 Transportschicht

Die Transportschicht des TCP/IP-Referenzmodells entspricht der Transportschicht des ISO/OSI-Modells. Ihre Aufgabe ist eine zuverlässige Übertragung, Stauvermeidung, das Auf- und Abbauen von Verbindungen und die Einführung von Portnummern zur Adressierung von Diensten auf Endgeräten.

In der Praxis sind die Transportprotokolle TCP, UDP und SCTP üblich. Diese Protokolle bauen jeweils auf IPv4 oder IPv6 auf und erweitern die Datagramme der Internetschicht um unterschiedliche Eigenschaften. TCP (Transmission Control Protocol) ist relativ komplex und fügt viele Eigenschaften hinzu, u. a. Zuverlässigkeit, Verbindungs- und Datenstromorientierung. Durch die Komplexität ist TCP jedoch schwerfällig, sodass für zeitkritische Anwendungen ein schnelleres Protokoll notwendig wird. UDP (User Datagram Protocol) ist ein schnelles, leichtgewichtiges Protokoll, welches lediglich Portnummern zur Adressierung von Diensten hinzufügt.

2.3.2.4 Anwendungsschicht

In der Anwendungsschicht des TCP/IP-Referenzmodells werden die Funktionalitäten der Sitzungs-, der Darstellungs- und der Anwendungsschicht des OSI-Modells zusammengefasst. Der Grund dafür ist, dass praktische Implementierungen oft alle drei Schichten auf einmal abdecken, so z. B. ein Onlineshop. Dort wird zunächst eine Sitzung aufgebaut (L5), Inhalte werden aufbereitet (z. B. entschlüsselt und dekomprimiert, L6) und anschließend interagiert der Nutzer mit der Webapplikation, indem er z. B. ein Buch in den Warenkorb legt (L7).

Da in der Praxis oftmals nicht zwischen diesen Schichten getrennt wird, geht das TCP/IP-Referenzmodell einen sehr pragmatischen Weg und vereinfacht diese Schichten (L5-L7) zu einer einzigen Anwendungsschicht. An diesem Vorgehen wird besonders deutlich, dass sich das TCP/IP-Referenzmodell eher an der Praxis als an der Theorie orientiert.

2.4 Arbeitsweise von Koppelelementen

Komplexere Computernetze bestehen nicht nur aus Endgeräten und Kabeln. Damit mehrere Endgeräte in einer Topologie miteinander verbunden werden können, werden spezielle Koppelelemente nötig. Diese Koppelelemente gibt es in verschiedenen Ausführungen, die auf unterschiedlichen Schichten des ISO/OSI-Referenzmodells arbeiten.

2.4.1 Hub und Repeater

Ein *Hub* ist ein Koppelelement mit mehreren Netzports und ermöglicht eine sternförmige Verkabelung von Endgeräten. Hubs arbeiten auf der ersten ISO/OSI-Schicht. Das bedeutet, dass keine Auswertung von übertragenen Datenrahmen erfolgt, sondern lediglich eine elektrische Weiterleitung der Signale an alle Ports.

In diesem Rahmen sei der Begriff *Kollisionsdomäne* wiederholt, der einen Netzbereich beschreibt, in dem gleichzeitig versendete Datenrahmen kollidieren und sich gegenseitig zerstören. Die Übertragung in einem herkömmlichen Netz mit Kupferkabeln (z. B. Twisted Pair) geschieht über elektrische Signale. Senden zwei Netzadapter Signale auf das gleiche Kabel, überlagern sich beide Übertragungen und können nicht mehr auseinander gehalten werden.

Das Netzhub führt eine elektrische Weiterleitung der Signale an alle Ports durch, sodass eine *einzige* Kollisionsdomäne für das Netz entsteht. Daraus folgt ebenso eine Beschränkung auf die Halbduplex-Übertragung *(half duplex),* bei der gleichzeitiges Senden und Empfangen nicht möglich ist. Wird bereits etwas übertragen und kann empfangen werden, würde das Senden zur selben Zeit natürlich eine Kollision hervorrufen.

Hubs gibt es mit verschiedenen Datenübertragungsraten, z. B. 10 Mbit/s und 100 Mbit/s. Da die Daten vom Hub direkt elektrisch weitergeleitet werden, müssen alle Endgeräte im Netz die gleiche Datenübertragungsrate verwenden. Eine Ausnahme bilden die *Dual-Speed Hubs,* in denen zwei Hubs mit unterschiedlichen Geschwindigkeiten verbaut und mit einer Bridge verbunden sind.

Der *Repeater* bildet eine Sonderform des Hubs mit nur zwei Netzports. Technisch identisch zu einem Hub, ist der Repeater für die aktive Verlängerung eines Kabels vorgesehen. Netzkabel unterliegen einer maximalen Länge, die aufgrund der Signallaufzeiten (wichtig für die Kollisionskontrolle) und der Signalqualität festgelegt wird. Ein Repeater wird eingesetzt, wenn die Signalqualität bei zu langen oder schlechten Kabeln Probleme bereitet. Zu lange Signallaufzeiten lassen sich dahingegen nicht mit Repeatern ausgleichen (netzweite Kollisionsdomäne), sondern sie verschlimmern die Situation eher. Der wesentliche Unterschied zwischen einem Repeater und einem Hub ist der Verwendungszweck und die Anzahl der Ports.

2.4.2   Switch und Bridge

Ein *Switch* ist ebenso wie ein Hub ein Koppelelement mit mehreren Netzports (siehe Abb. 2.21), arbeitet jedoch auf einem höheren OSI-Layer als Hub und Repeater – üblicherweise auf Schicht zwei des ISO/OSI-Referenzmodells. Durch die Implementierung auf der Sicherungsschicht können Switches Ethernetadressen auswerten und Datenrahmen gezielt zuteilen – ein Senden an alle Ports (Broadcast) ist also nicht mehr notwendig. Für jeden Port erzeugt ein Switch eine eigene Kollisionsdomäne, sodass mehrere Endgeräte im Netz gleichzeitig senden können. Natürlich muss der Switch den entstehenden Datenverkehr, der über die Auslastung eines einzelnen Ports hinaus gehen kann, intern bewältigen können. Die interne Verbindung der Switchports bezeichnet man als *Backplane*.

Damit ein Switch entscheiden kann, an welchen seiner physikalischen Ports ein Frame gesendet werden soll, legt es für jeden Port einen Eintrag in seiner MAC-Tabelle an, in der die MAC-Adressen (Medium Access Control) des oder der angeschlossenen Geräte neben einer Gültigkeitsdauer gespeichert werden. Die MAC-Adressen der angeschlossenen Geräte werden dadurch ermittelt, dass bei eingehenden Frames das Source-MAC-Feld (Absenderadresse) des Ethernetheaders ausgewertet wird.

Für Switches gibt es grundsätzlich verschiedene Vorgehensweisen bei der Zustellung von Frames. Die sicherste und am weitesten verbreitetste Methode ist *Store-and-Forward,* bei der alle Frames vollständig eingelesen, die CRC-Summen (Cyclic Redundancy Check) geprüft und erst dann an den Zielport weitergeleitet werden. Wenn die CRC-Summe anzeigt, dass ein Frame fehlerhaft ist, wird es verworfen. Store-and-Forward ermöglicht durch das

Abb. 2.21 Multiport-Switch.
(Foto von Brett Sayles von
Pexels)

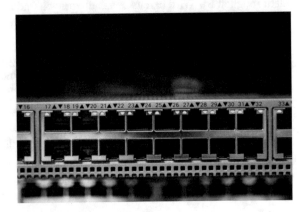

vollständige Zwischenspeichern eine Kommunikation zwischen Ports mit unterschiedlichen Datenübertragungsraten.

Wird eine schnellere Weiterleitung mit geringerer Latenz benötigt, kommt für Switches die *Cut-Through*-Methode in Frage. Nachdem die Ziel-Adresse ausgelesen wurde, wird das eingehende Frame noch während der Übertragung weitergesendet. Dieses Verfahren ist deutlich schneller. Darüber hinaus gibt es Switches, die die beiden Methoden Store-and-Forward und Cut-Through kombinieren. Denkbar ist z. B., dass der Switch normalerweise den schnelleren Cut-Through-Modus verwendet und bei zunehmender Anzahl von fehlerhaften Übertragungen in den Store-and-Forward-Modus schaltet. Doch wie erkennt ein Cut-Through-Switch fehlerhafte Frames? Während die Frames direkt weitergesendet werden, wird im Speicher eine Kopie angefertigt, die später auf CRC-Fehler geprüft werden kann.

Eine *Bridge* ist die Spezialform eines Switches mit zwei Netzports genauso wie ein Repeater für einen Hub. Selten wird eine Bridge als Verlängerung für Kabel verwendet, häufiger jedoch für die Verbindung von zwei Netzen mit unterschiedlichen Technologien oder Eigenschaften, z. B. 10 Mbit/s und 100 Mbit/s oder Ethernet und DSL.

2.4.3 Layer 3–7 Switch, Gateway und Router

Switches gibt es nicht nur für OSI-Schicht zwei, sondern auch für die höheren Schichten drei bis sieben. Dabei treffen diese Switches die Weiterleitungsentscheidung anhand von Informationen aus den zugehörigen OSI-Schichten. Ein Layer-3-Switch ermöglicht z. B. eine Weiterleitung an unterschiedliche Ports bei verschiedenen Absender-IP-Adressen. Bei der Weiterleitung werden die Pakete nicht verändert.

Das *Gateway* ist ein Koppelelement, welches zwei Netze miteinander verbindet. Beide Netze dürfen unterschiedliche Protokolle verwenden, müssen sie aber nicht. Ein Gateway bildet sozusagen die Schnittstelle zwischen diesen Netzen und übersetzt die verschiedenen Protokolle, beispielsweise Ethernet⇔WLAN (OSI-Layer 2) oder IP⇔IPX (OSI-Layer 3). Darüber hinaus gibt es Gateways auf Applikationsebene (OSI-Layer 7), sogenannte *Application Level Gateways* (ALG) oder *Proxy-Server*, die eine Schnittstelle für Anwendungsdaten bilden (siehe auch Abschn. 2.3.1.7).

Wie funktioniert ein ALG oder Proxy-Server? Das ALG nimmt eine Anfrage eines Nutzers an, formuliert diese neu und sendet sie an das eigentliche Ziel. Wesentlich ist, dass hier ein Bruch der Verbindung realisiert wird, denn die Verbindung von dem Nutzer zum ALG und von dem ALG zum Ziel sind unabhängig voneinander. Das Application Level Gateway und der Proxy-Server haben während der Kommunikation die Möglichkeit, sowohl Anfragen als auch Antworten zu bereinigen (z. B. Virenfilter), zu verändern oder zu unterbinden. Außerdem speichern Proxy-Server häufig gestellte Anfragen und deren Antworten (Caching), um erneute Anfragen aus ihrem eigenen Speicher zu beantworten und somit Zeit und Übertragungskosten zu sparen.

Endgeräte in unterschiedlichen physikalischen Netzen können nicht direkt miteinander kommunizieren. Ein *Router* (OSI-Layer 3) verbindet physikalische Netze miteinander und ermöglicht eine Kommunikation zwischen den beiden Netzen über logische Adressen (z. B. IP). Wenn die logische Adresse eines Empfängers in einem anderen physikalischen Netz bekannt ist, kann ein Sender ein Netzpaket an diesen formulieren. Dieses Paket wird physikalisch an den Router gesendet, welcher dieses in das andere physikalische Netz weiterleitet. An dieser Stelle ist es wichtig, sich den folgenden Grundsatz zu merken: *Eine direkte physikalische Adressierung ist nur innerhalb des eigenen Netzes möglich, eine logische Adressierung jedoch übergreifend.*

In der Praxis bedeutet das, dass bei einer IP-Kommunikation zwischen zwei Netzen die Ethernetadressen ausgetauscht werden (Sender→Router, Router→Empfänger), die IP-Adressen jedoch erhalten bleiben. Die üblichen Router, die für den Internetzugang Zuhause verwendet werden, ändern ebenfalls IP-Adressen. Diese Technik nennt man Network Address Translation (NAT) und wird meistens dazu verwendet, alle internen IP-Adressen eines Heimnetzes hinter einer öffentlichen IP-Adresse (im Internet gültig) zu verbergen. Dazu wird die Absender IP-Adresse von ausgehenden Paketen gegen die öffentliche IP-Adresse des NAT-Routers getauscht. Detaillierte Informationen zu NAT finden Sie in den Abschn. 6.8 (IPv4) und 7.7.3 (IPv6).

2.5   Unterscheidung von Softwarekomponenten

Ein weit verbreiteter Irrtum ist es, die Benutzungsoberfläche einer Anwendung oder gar eine Anwendung selbst, entsprechend des ISO/OSI-Referenzmodells oder TCP/IP-Referenzmodells in den Application Layer einzuordnen. Innerhalb des Application Layers wird lediglich das verwendete Protokoll für die Kommunikation zwischen zwei Anwendungsinstanzen bzw. kompatiblen verteilten Anwendungen definiert. In Abb. 2.22 ist ein logischer Überblick über die Unterscheidung der Softwarekomponenten bezogen auf den TCP/IP-Stack dargestellt. In Abb. 2.23 ist darüber hinaus die mögliche Verteilung von Komponenten einer Anwendung dargestellt. Wie in der Abb. veranschaulicht, können die unterschiedlichen Softwarekomponenten sowohl auf Seite des Clients als auch des Servers zu finden sein, je nach Verlagerung der Funktionen. Diese Verlagerung erfolgt, um beispielsweise Performancevorteile auszunutzen, die durch Ausführung ressourcenintensiver Funktionen auf einem hochperformanten Server gewonnen werden können. Von zentraler Bedeutung ist an dieser Stelle, dass die für die Kommunikation betrachteten Softwarekomponenten unabhängig von dieser Verteilung stets auf beiden Seiten der Kommunikation vorzufinden sind, wie nachfolgend dargestellt.

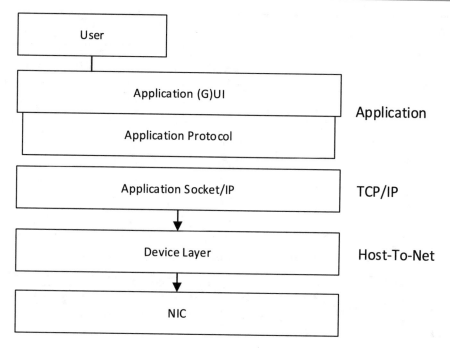

Abb. 2.22 Unterscheidung der Softwarekomponenten

2.5.1 Benutzer

Die oberste Komponente in der Kommunikation zwischen zwei Anwendungsinstanzen bildet der Benutzer im Fall einer herkömmlichen Anwendung. Handelt es sich um einen Dienst, so stellt das System selbst den Benutzer dar. Beiden ist gemein, dass sie – entsprechend der für die Anwendung oder den Dienst spezifischen Kommunikationsarchitektur – für die Initiierung von Datenströmen und somit für die Erzeugung von Verkehr im Computernetz verantwortlich sind. Unabhängig von ihrer Art und Kommunikationsarchitektur benötigen sowohl Benutzer als auch System hinsichtlich der Verzögerung eine sogenannte *Think-Time*. Ruft ein Benutzer eine Website auf, ist dies die Zeit bis zum nächsten Klick auf einen Link. Beim System entsprechend die Verarbeitungszeit, bis auf die eingehende Information die Antwort intern generiert worden ist.

2.5.2 Anwendung

Eine Anwendung selbst kann, wie in Abb. 2.23 veranschaulicht, aus unterschiedlichen Komponenten bestehen, deren Verteilung ebenfalls variieren kann. Diese bietet dem Benutzer im Fall einer herkömmlichen Anwendung eine Benutzungsoberfläche (User Interface –

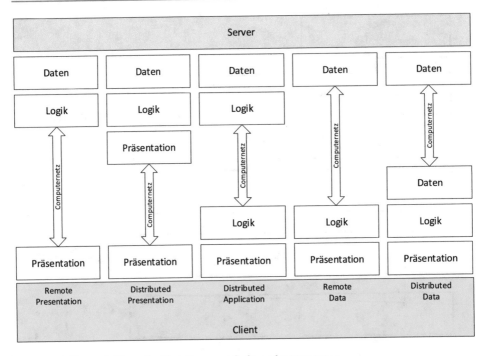

Abb. 2.23 Unterscheidung der Verteilung von Softwarekomponenten

UI). Dabei werden graphische Benutzungsoberflächen *(Graphical UI)* und Kommandozei-
lenoberflächen *(Command Line (User) Interface – CLI)* unterschieden. Ein Benutzer oder
Systembenutzer interagiert mit einer Anwendung über die jeweilige Benutzungsschnitt-
stelle. Durch einzelne Aktionen kann eine Datenübertragung zu einer anderen oder zumindest kompatiblen Anwendungsinstanz über ein Computernetz angestoßen werden. Für die
Übertragung wird dann innerhalb der Anwendung ein spezifisches Anwendungsprotokoll
verwendet.

2.5.3 Anwendungsprotokoll

Das Anwendungsprotokoll beschreibt das Format der Nachrichten zwischen zwei Anwendungsinstanzen, wie beispielsweise das Protokoll *HTTP* zum Datenaustausch zwischen
Web-Browser und Web-Server. Neben dem Format der Nachricht (Payload) selbst, werden in den einzelnen Header-Feldern einer Nachricht zudem weitere Parameter und somit
indirekt auch Befehle an den Kommunikationspartner bzw. die andere Anwendungsinstanz
verschickt. Nachdem die Anwendung unter Verwendung des Anwendungsprotokolls die zu
übertragene Nachricht beschrieben bzw. formatiert hat, wird diese über den Netzstack im
Betriebssystem übertragen.

2.5.4 Netzstack im Betriebssystem

Der Netzstack im Betriebssystem bildet den untersten Bereich bei den zu unterscheidenden Softwarekomponenten. Dieser besteht zunächst aus dem Application Socket, gebunden an die IP-Adresse des Systems. Der Socket wird von der Anwendung aufgebaut und bildet quasi das Mapping auf den damit verbundenen Systemprozess ab. Dieser kann über den Socket Daten an tiefere Schichten im Netzstack weitergeben und erhält umgekehrt über den Socket auch eingehende Daten. Betrachtet man die verschiedenen Schichtenmodelle, ist dieser Bereich dem Internet Layer bzw. dem Transport Layer und Network Layer zuzuordnen. Für die weitere Kommunikation werden Daten im Netzstack an den Host-to-Net-Layer weitergegeben, der über einen entsprechenden Treiber mit dem NIC *(Network Interface Controller)* gekoppelt ist. Im Netzstack des Betriebssystems sind in der Regel Hooks (Eingreifpunkte) vorhanden, über die beispielsweise Firewalls die Pakete filtern oder Dienstgüte-Parameter gesetzt werden.[4]

2.6 Kommunikationsmodelle

Die Kommunikationsarchitektur aller Anwendungen und Dienste bezogen auf den Nachrichtenaustausch der miteinander kommunizierenden Hosts ist von besonderer Relevanz, um die für die Kapazitätsbestimmung relevanten Flussrichtungen sowie die Einflussmöglichkeiten auf die Entstehung von Flüssen bestimmen zu können. Im Folgenden werden die wesentlichen Kommunikationsarchitekturen heutiger Computernetze erläutert.

2.6.1 Client-Server

Die Client-Server-Kommunikationsarchitektur ist eine der am häufigsten verwendeten Architekturen bei der Kommunikation von Anwendungen und Diensten. Der dabei zugrunde gelegte Ablauf sieht vor, dass ein Client eine Anfrage an einen Server sendet und daraufhin eine Antwort von diesem erhält. Somit existieren zwei getrennt voneinander zu betrachtende Arten von Datenflüssen: 1) Anfrage-Flüsse und 2) Antwort-Flüsse. Das Verhältnis der von diesen Flüssen erzeugten, zu transferierenden Datenmengen ist in der Regel *asymmetrisch*. Beim Besuch von Internet-Seiten ist beispielsweise der Anfrage-Fluss im Verhältnis zum Antwort-Fluss signifikant kleiner. Beim Upload von Dateien über ein Web-Formular

---

[4]Bei der Implementierung derartiger Systeme ist beispielsweise die Berücksichtigung der *TCP-State-Machine* im Netzstack von besonderer Bedeutung. Wird bei ausgehendem Verkehr eine Funktion nach dem Start der TCP-State-Machine ausgeführt und induziert diese durch ihre Ausführung Verzögerungen, so wird das Verhalten von TCP negativ beeinflusst. Deshalb ist bei der Implementierung derartiger Funktionen und Komponenten detailliertes Wissen über den Aufbau sowie die Implementierung des entsprechenden Netzstacks von besonderer Bedeutung.

Abb. 2.24 Client-Server-
Architektur

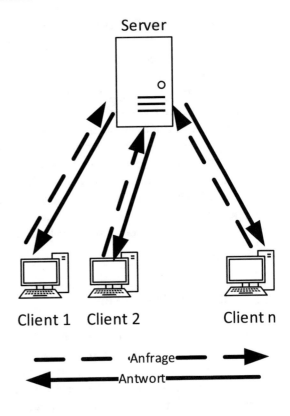

liegt genau der umgekehrte Fall vor. Das bekannteste Anwendungsbeispiel für die Client-
Server-Kommunikationsarchitektur ist die Bereitstellung von Web-Anwendungen/-Seiten
auf einem Server, die durch einen Browser auf dem Client abgerufen werden. Aber auch
andere Anwendungen, wie beispielsweise FTP-basierte Datendienste, und/oder Enterprise
Resource Planning (ERP) sowie Audio/Video-Streaming gehören in diese Kategorie. Die
Client-Server-Kommunikationsarchitektur ist exemplarisch in Abb. 2.24 dargestellt. Von
diesen Anwendungen, denen eine Client-Server-Kommunikationsarchitektur zugrunde liegt,
sind Server-Based Computing bzw. Terminal-Server-Anwendungen zu unterscheiden. Bei
diesen existieren in der Regel kontinuierlich bidirektionale Kommunikationsverbindungen
zwischen Client und Server (vgl. Abb. 2.25), die dadurch eine höhere Frequenz der Übertragungen und eine signifikant längere Sitzungsdauer aufweisen.

2.6.2 Client-Server (Push & Pull)

Bei der Client-Server-Kommunikationsarchitektur können diverse Spezialfälle unterschieden werden, von denen im Folgenden zwei diskutiert werden: Client-Server-Pull und

Abb. 2.25 Server-Based-
Computing
Client-Server-Architektur

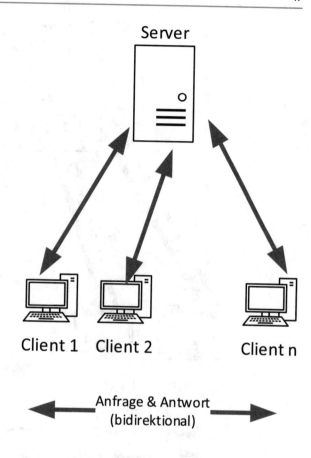

Client-Server-Push. Beim *Client-Server-Pull* sendet ein Client eine Anfrage an einen Server und erhält darauf eine nur für diesen Zweck generierte Antwort. Bei dieser Architektur ist der Anfrage-Fluss im Verhältnis zum Antwort-Fluss stets signifikant kleiner. Das bekannteste Anwendungsbeispiel für die Client-Server-Pull-Kommunikationsarchitektur ist die Bereitstellung von Newsfeeds auf einem Server, die durch einen Feed-Reader auf dem Client abgerufen werden. Aber auch andere Anwendungen, wie beispielsweise Anfragen an Suchmaschinen, können in diese Kategorie fallen. Die Client-Server-Pull-Kommunikationsarchitektur ist beispielhaft in Abb. 2.26 dargestellt. Beim *Client-Server-Push* sendet ein Client einmalig eine Anfrage an einen Server und erhält daraufhin regelmäßig neu generierte Antworten. Auch hier ist der Anfrage-Fluss im Verhältnis zum Antwort-Fluss stets signifikant kleiner. Das bekannteste Anwendungsbeispiel für die Client-Server-Push-Kommunikationsarchitektur ist die umgehende Bereitstellung von E-Mails auf einem Client, die sofort nach dem Eintreffen durch den Server an den Client übertragen werden. Die Client-Server-Push-Kommunikationsarchitektur ist exemplarisch in Abb. 2.27 dargestellt. Eine Unterscheidung der beiden zuvor beschriebenen Architekturvarianten ist notwendig, da andernfalls die eindeutige Identifikation von Client und Server nicht mehr möglich ist.

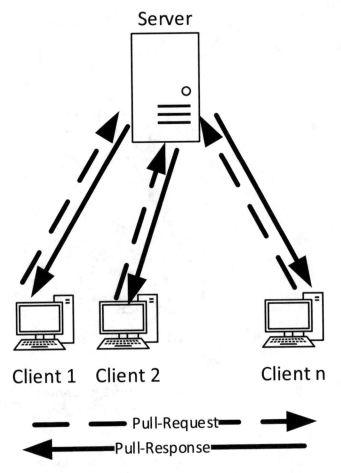

Abb. 2.26 Client-Server-Pull-Architektur

Zum Beispiel ist der Client bei einer Client-Server-Push-Kommunikationsarchitektur nur einmalig der Initiator aller im Zeitverlauf noch folgenden Datenflüsse. Aufgrund dieser einmaligen Initiierung leitet der Server, der weiterhin den Dienst bereitstellt, alle weiteren Kommunikationsvorgänge bzw. Datenflüsse ein.

2.6.3 Hierarchische Client-Server-Architektur

Das Prinzip einer hierarchischen Client-Server-Kommunikationsarchitektur veranschaulicht Abb. 2.28. Sie ist eine Sonderform der Client-Server-Kommunikationsarchitektur und besteht aus mindestens zwei Server-Ebenen. Die Kommunikation von Clients mit der untersten Server-Ebene verhält sich analog zur klassischen Client-Server-Kommunika-

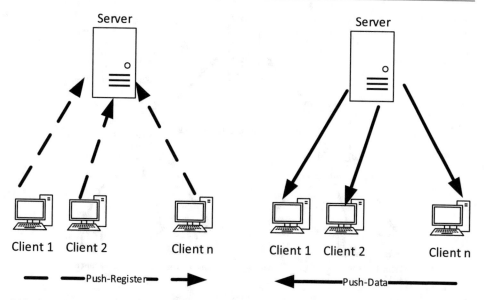

Abb. 2.27 Client-Server-Push-Architektur

tionsarchitektur. Auf jeder Ebene, die zwei oder mehrere Server umfassen kann, können sich die Server synchronisieren. Primäres Ziel ist es dabei, Redundanzen hinsichtlich Anwendungen und Datenhaltung zu erreichen, um letztendlich die Performance des Netzes zu verbessern. Die Server einer Ebene werden von dem oder den Server/n der darüberliegenden Ebene mit den jeweils bereitzustellenden Inhalten versorgt, senden jedoch auch die von einer untergeordneten Ebene empfangenen Informationen und Inhalte an die darüberliegende Ebene weiter. Üblicherweise sind die von den Anfragen erzeugten Datenmengen auch hier signifikant geringer als die der Antworten, sodass sich asymmetrische Flüsse einstellen werden. Das Verhältnis der von den Synchronisationsflüssen erzeugten Datenmengen entspricht in den meisten Anwendungsfällen dem, dass der Synchronisationsfluss hin zu einer höheren Server-Ebene im Verhältnis zu einem Synchronisationsfluss hin zu einer niedrigeren Server-Ebene signifikant kleiner ist und die Flüsse somit ebenfalls asymmetrisch sind. Synchronisationsflüsse auf einer Server-Ebene sind bezüglich der erzeugten Datenmengen in der Regel symmetrisch. Eine Asymmetrie von verschiedenen Datenflüssen ist häufig über die Hierarchieebenen hinweg gleich gerichtet. Ein Anwendungsbeispiel für die hierarchische Client-Server-Kommunikationsarchitektur ist die Bereitstellung von Web-Anwendungen/-Seiten auf mehreren regional verteilten Servern. Exemplarisch ist eine hierarchische Client-Server-Kommunikationsarchitektur in Abb. 2.28 dargestellt.

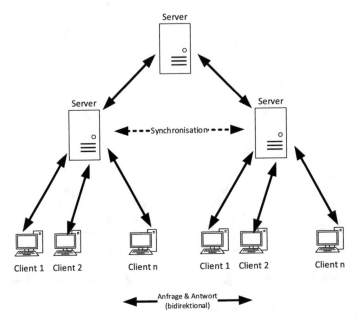

Abb. 2.28 Hierarchische Client-Server-Architektur

2.6.4 Multi-Tier Client-Server

Die Multi-Tier-Client-Server-Kommunikationsarchitektur wird häufig verwendet, um eine aus mehreren Komponenten bestehende Anwendung zur Steigerung der Performance auf verschiedene (Server-) Ebenen aufzuteilen. Bekanntermaßen sendet dabei ein Client eine Anfrage an einen Server und erhält daraufhin eine Antwort von diesem. Bei der Erstellung der Antwort greift der Server auf weitere Server zu, die Teile der Antwort generieren. Jeder Server wird in Abhängigkeit von der Aufteilung der Anwendungen auf verschiedene Server zugreifen. Dadurch ergeben sich je nach Anzahl der Ebenen zusätzlich zum Client-Server-Datenfluss mehrere aufeinander aufbauende Server-Server-Datenflüsse. Auch bei dieser Kommunikationsarchitektur besteht in der Regel ein asymmetrisches Verhältnis der erzeugten Datenmengen von Anfrage- und Antwort-Flüssen. Die *Asymmetrie* der verschiedenen Flüsse ist im Normalfall über die Ebenen hinweg gleich gerichtet. Ein Anwendungsbeispiel für die Multi-Tier-Client-Server-Kommunikationsarchitektur ist die Bereitstellung von komplexen Web-Anwendungen, bei denen verschiedene Anwendungen, welche zur Steigerung der Performance auf mehrere Systeme verteilt werden, in die Erstellung von Antworten involviert sind. Ein Web-Server nimmt beispielsweise die Anfrage eines Clients entgegen und leitet einen Teil der Anfrage an einen Anwendungsserver weiter, der die dynamischen Inhalte generiert. Dieser wiederum leitet einen Teil der an ihn gerichteten Anfrage an einen *Datenbankserver* weiter, welcher dem *Applikationsserver* angefragte

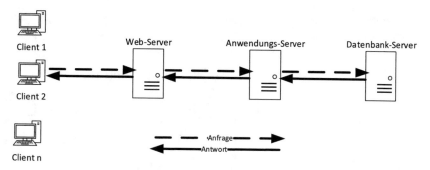

Abb. 2.29   Multi-Tier Client-Server-Architektur

Daten zukommen lässt. Im Anschluss werden die dynamischen Inhalte vom Applikationsserver generiert und an den Web-Server, der daraus die Antwort an den Client generiert,
weitergeleitet. Das beschriebene Beispiel veranschaulicht Abb. 2.29.

2.6.5   High-Performance Client-Server/Client-Cluster

Damit die Antwort-Performance von komplexen oder hochfrequent angefragten Diensten
gesteigert werden kann, wird eine High-Performance-Client-Server- bzw. Client-Cluster-
Kommunikationsarchitektur verwendet (Abb. 2.30). Dabei sendet ein Client eine Anfrage
an einen Server und erhält daraufhin eine Antwort von diesem. Dieser Server übernimmt
jedoch die Rolle eines Verteilers für einen Cluster, der die Anfrage an einen von mehreren
Servern weiterleitet, welcher letztendlich die Antwort generiert. Die verschiedenen Server
sind untereinander daten- und inhaltssynchron, wodurch sich zusätzlich zu den Anfrage-
und Antwort-Flüssen *Synchronisationsflüsse* ergeben. Ein Anfrage-Fluss ist im Verhältnis zu
einem Antwort-Fluss signifikant kleiner. Somit sind die Flüsse asymmetrisch. Anwendungsbeispiele für diese Form der Kommunikationsarchitektur sind die Bereitstellung von Web-
Anwendungen/-Seiten oder *A/V-Streaming*. Eine exemplarische High-Performance-Client-
Server- bzw. Client-Cluster-Kommunikationsarchitektur wird in Abb. 2.30 veranschaulicht.
Der Cluster selbst kann auch als High-Performance-Multi-Tier-Kommunikationsarchitektur
gestaltet sein, bei der zum einen Synchronisationsflüsse innerhalb der Schichten, zum anderen aber auch Kreuzverbindungen zwischen den Schichten der Kommunikationsstruktur
existieren. Bei rechenintensiven Anwendungen, wie beispielsweise Simulationen, werden
Aufgaben häufig von einem Rechencluster, der aus einer Gruppe von Servern bestehen kann,
bearbeitet. Die einzelnen Server bearbeiten Teilaufgaben, die nach Abschluss vom Verteiler
zusammengeführt und als aggregierte Antwort an den anfragenden Client zurückgesendet
werden. Diese abgewandelte Kommunikationsarchitektur ist exemplarisch in Abb. 2.31 dargestellt.

Abb. 2.30 High-Performance-
Client-Server-/Client-Cluster-
Architektur

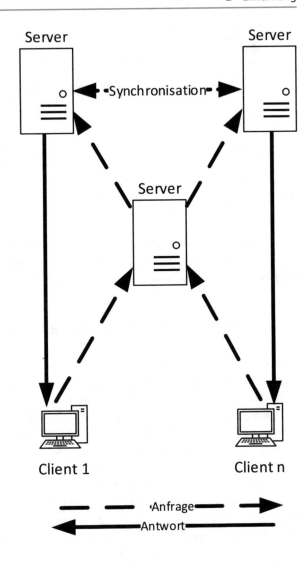

2.6.6 Peer-to-Peer

Grundprinzip bei der Peer-to-Peer-Architektur ist, dass miteinander kommunizierende Teilnehmer bzw. Clients auf der gleichen Hierarchiestufe stehen. Dabei entstehen zwischen jeweils zwei Teilnehmern individuelle Flüsse. Es ist jedoch nicht zwingend notwendig, dass jeder Teilnehmer mit jedem kommuniziert, um die Kommunikationsarchitektur als Peer-to-Peer zu charakterisieren. Das Verhältnis der von den entstehenden Datenflüssen erzeugten Datenmengen ist je nach Anwendungsfall symmetrisch oder asymmetrisch. Bekannte Anwendungsbeispiele für die Peer-to-Peer-Kommunikationsarchitektur sind die Übertragung von Daten bei Tauschbörsen, Instant Messaging oder Voice-over-IP, aber auch die

Abb. 2.31 High-Performance-
Multi-Tier-Client-
Server/Client-Cluster-
Architektur

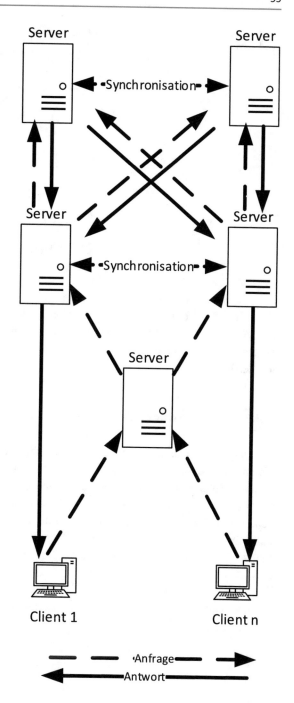

Abb. 2.32 Peer-to-Peer-
Architektur

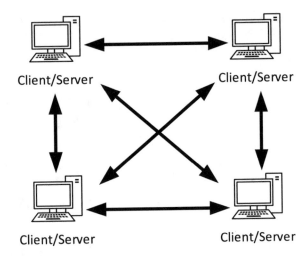

Kommunikation zwischen verteilten Datenbanken in *Content-Delivery-Architekturen.* Eine
exemplarische Peer-to-Peer-Kommunikationsarchitektur ist in Abb. 2.32 dargestellt. Lassen
sich Anwendungen nicht bezüglich ihrer Kommunikationsarchitektur in eine der anderen
vorgestellten Architekturen einordnen, so kann im Zweifelsfall eine Einordnung in die Peer-
to-Peer-Kommunikationsarchitektur erfolgen.

2.6.7   Hybride Client-Server-/Peer-to-Peer-Architektur

Für einige Anwendungen und die von ihnen erzeugten Datenflüssen kann es sinnvoll sein,
Kommunikationsarchitekturen zu kombinieren. Am häufigsten ist eine hybride Kommunikationsarchitektur aus Client-Server und Peer-to-Peer vorzufinden. Anwendungsbeispiele
sind *Instant Messaging* bzw. *Voice-over-IP*-Anwendungen (vgl. Abb. 2.33). Beispielsweise
kann bei VoIP die Signalisierung eines Anrufs zwischen zwei Teilnehmern unter Verwendung eines zentralen Servers erfolgen (Client-Server-Kommunikationsarchitektur). Ist die
Signalisierung abgeschlossen, erfolgt die Sprachkommunikation direkt zwischen den Clients (Peer-to-Peer-Kommunikationsarchitektur). Es ist von großer Bedeutung, diese hybri-
den Architekturen, wenn vorhanden, für die jeweiligen Anwendungen zu identifizieren,
da andernfalls eine fehlerhafte Charakterisierung der Datenflüsse der Anwendung in der
Datenflussanalyse die Folge ist.

Abb. 2.33 Hybride
Client-Server-/Peer-to-Peer-
Architektur

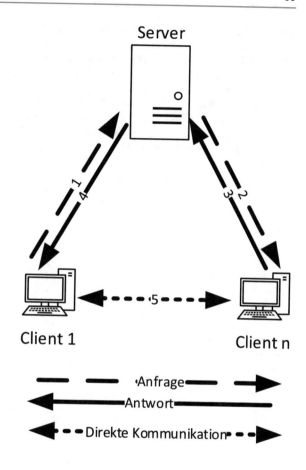

Literatur

[Spr09]   Sprint. Tat-14 cable system: Sprint network administration system, 2009. http://www.tat-14.com (abgerufen am 2.7.2012).

[IEE12b]   IEEE 802.3 Working Group. Ieee standard for ethernet. IEEE 802.3-2012, IEEE Computer Society, 2012.

[IEE89]   IEEE 802.5 Working Group. Ieee standard for local area networks: Token ring access method and physical layer specifications. IEEE 802.5, IEEE Computer Society, 1989.

[Ame88]   American national standards institute. Fddi token ring media access control. ANSI Standard X3T9.5, 1988.

[IEE90]   IEEE 802.4 Working Group. Ieee standard for token-passing bus access method and phy-
           sical layer specifications. IEEE 802.4, IEEE Computer Society, 1990.

[IEE12a]   IEEE 802.11 Working Group. Ieee standard for information technology – part 11: Wireless
           lan medium access control (mac) and physical layer (phy) specifications. IEEE 802.11,
           IEEE Computer Society, 2012.

[IEE98]   IEEE 802.2 Working Group. Ieee standard for information technology – part 2: Logical
           link control. IEEE 802.2, IEEE Computer Society, 1998.

[Yer03]   F. Yergeau. UTF-8, a transformation format of ISO 10646. RFC 3629 (INTERNET STAN-
           DARD), November 2003.

Teil II
Kommunikation auf physikalischer Ebene

Wired Networks

3

Mit den englischen Begriffen Wireless und Wired Network lassen sich zwei Welten der Netzkommunikation unterscheiden: Die kabelgebundene Netzkommunikation, die Informationsbits über Kupfer- oder Glasfaserkabel überträgt, und die drahtlose Kommunikation, bei der Informationen ihren Weg durch das Medium Luft nehmen. In diesem Kapitel beschäftigen wir uns mit den verschiedenen Netzstandards und Protokollen für die kabelgebundene und direkte physikalische Kommunikation zwischen zwei oder mehreren Endgeräten. Wir bewegen uns auf der Bitübertragungs- und der Sicherungsschicht (ISO/OSI-Layer 1 und 2, Abschn. 2.3.1.1 und 2.3.1.2).

3.1 Motivation

Wenn sich zwei Endgeräte ein Übertragungsmedium teilen, benötigt man gewisse Regeln, damit die Kommunikation ohne Verständnisprobleme funktioniert. Bei einem Telefongespräch ist es z. B. sinnvoll, wenn beide Teilnehmer die gleiche Sprache sprechen und darauf achtgeben, dass nicht beide plötzlich zur selben Zeit sprechen. Ganz ähnlich verhält es sich auch mit der Kommunikation über ein Netzkabel.

▶ **Wichtig** Bei einem Kupferkabel wird die Übertragung von einzelnen Bits durch die Änderung der *Spannung* realisiert. Zuerst muss man sich auf die Repräsentationen von Spannungspegeln einigen, die ein 0-Bit und ein 1-Bit repräsentieren sollen. Außerdem muss festgelegt sein, wie lange ein Spannungspegel gehalten wird, sodass die andere Seite diesen als Übertragung interpretiert.

Wie eine Kommunikation begonnen und beendet wird, muss ebenfalls geklärt werden. Der Kommunikationspartner muss wissen, wann die Übertragung von Informationen beginnt, damit er diese einerseits aufzeichnen kann und andererseits nicht selbst eine Übertragung

P.-B. Bök et al., *Computernetze und Internet of Things*, https://doi.org/10.1007/978-3-658-29409-0_3

beginnt. Das Übertragungsende signalisiert allen Teilnehmern des Netzes, dass das Medium nun wieder zur Verfügung steht.

Was passiert, wenn zwei Teilnehmer durch einen Zufall gleichzeitig übertragen? Auf beiden Seiten empfangen die Teilnehmer nun einen Mischwert, aus dem sich die Bitfolge des Kommunikationspartners nicht mehr entziffern lässt. Zur Feststellung, Vermeidung und Wiedergutmachung von Kollisionen und Übertragungsfehlern muss es ebenfalls klare Regeln geben.

3.2   Ethernet

Das IEEE-802.3-Ethernet-Protokoll [IEE12b] wird in kabelgebundenen Netzen am häufigsten verwendet. Hier werden alle technischen Rahmenbedingungen geklärt und die physikalische Adressierung (MAC-Layer, siehe Abschn. 3.2.5) vorgenommen. Neben der MAC-Schicht kommt teilweise (für Protokolle ≠ IEEE 802.3) auch die LLC-Schicht zum Einsatz, deren Aufgabe es ist, eine einheitliche Schnittstelle für unterschiedliche Protokolle mit ggf. unterschiedlichen Anforderungen (z. B. Flusssteuerung) zu bieten (siehe Abschn. 3.2.6). Abb. 3.1 zeigt die Einordnung in das ISO/OSI-Referenzmodell.

Das CSMA/CD-Protokoll (Abschn. 3.2.3) kümmert sich um die Kollisionsvermeidung bei dem Zugriff auf das gemeinsame Kabelmedium. Auch für die Fehlererkennung und -korrektur gibt es Mechanismen im IEEE-802.3-Ethernet-Protokoll (Abschn. 3.2.4). Das

Abb. 3.1 ISO/OSI-Referenzmodell

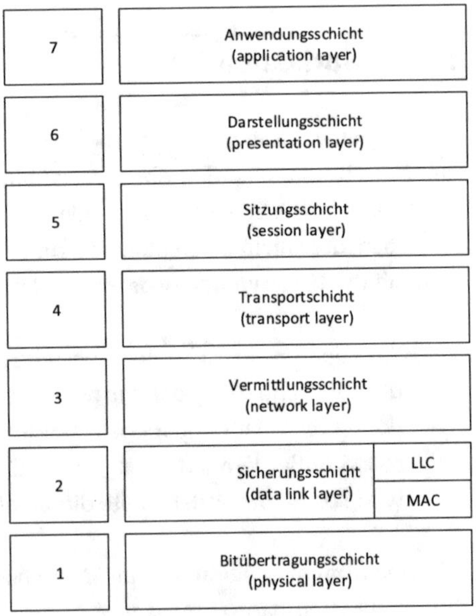

nachfolgende Abschn. 3.2.1 gibt einen Überblick über verschiedene Ethernetstandards, die zum Teil auch mit unterschiedlichen Technologien und Topologien betrieben werden.

3.2.1 Verschiedene Standards

Von Ethernet werden eine Reihe von Technologien unterstützt. Diese reichen von Busnetzen, die mit 10 Mbit/s betrieben werden, bis zu hochmodernen Glasfaserstrecken, die bis zu 10 Gbit/s erlauben. Im Folgenden gibt es einen kleinen Überblick in den Tab. 3.1 und 3.2.

Die Ethernet-Standards mit Übertragungsraten von 100 Mbit/s bezeichnet man als *Fast Ethernet*. Ermöglichen die Ethernetnetze 1000 Mbit/s oder mehr, spricht man von *Gigabit Ethernet*.

Aufgeführt sind Standards mit den Kabeltypen: Koaxial, Twisted Pair (Kupfer) und Glasfaser.

Tab. 3.1 *Busnetze* mit IEEE-802.3-Ethernet (Auszug)

Standard	Übertragungsrate	Kabeltyp	Reichweite
10Base2 (Thin Ethernet)	10 Mbit/s	Koaxial	Max. 5 Segmente mit je 185 m
10Base5 (Thick Ethernet)	10 Mbit/s	Koaxial	Max. 5 Segmente mit je 500 m

Tab. 3.2 *Sternnetze* mit IEEE-802.3-Ethernet (Auszug)

Standard	Übertragungsrate	Kabeltyp	Reichweite
10Base-T	10 Mbit/s	Twisted Pair CAT3/5	100 m
100Base-Tx	100 Mbit/s	Twisted Pair CAT3/5	100 m
1000Base-Tx	1 Gbit/s	Twisted Pair CAT5e/6	100 m
10GBase-T	10 Gbit/s	Twisted Pair CAT6a/CAT7	100 m
100Base-Fx	100 Mbit/s	Multi-/Singlemode-Faser	400 m
1000Base-SX	1 Gbit/s	Multimode-Faser	200–550 m
1000Base-LX	1 Gbit/s	Multi-/Singlemode-Faser	550–5000 m
1000Base-ZX	1 Gbit/s	Singlemode-Faser	Bis 100 km
10GBase-LR	10 Gbit/s	Singlemode-Faser	10 km
10GBase-ER	10 Gbit/s	Singlemode-Faser	50 km

Im Jahr 2013 wurde der Markt im Endkunden-Bereich von dem Ethernet-Standard 1000Base-Tx mit CAT5e Kupferkabeln dominiert. Im professionellen Bereich ist zusätzlich die Glasfasertechnik wichtig, insbesondere für die Backbone-Vernetzung. Koaxiale Verbindungen spielen heute eine eher untergeordnete Rolle, zumal Ethernetverbindungen mit Übertragungsraten von 10 Mbit/s heute für viele Dienste nicht mehr ausreichen.

Bei Glasfaserkabeln unterscheidet man zwischen Multi- und Single/Mono-Mode-Kabeln. Multimode-Fasern haben einen größeren Kerndurchmesser ($\geq$ 50 µm) und weisen damit eine andere Lichtbrechung als Singlemode-Fasern mit einem Kerndurchmesser von durchschnittlich 6 µm auf. Singlemode-Glasfaserkabel (oder auch: *Lichtwellenleiter (LWL)*) haben eine höhere Reichweite, sind aber auch teurer in der Herstellung.

▶ **Wichtig** Die Reichweite der Netzstandards wird durch verschiedene Dinge beeinflusst. Zum einen spielt die Dämpfung der Übertragungsmedien eine Rolle, d.h. wie viel des *Signalpegels* ist nach x Metern noch übrig. Zum anderen wird die maximale Kabellänge durch das CSMA/CD-Verfahren eingeschränkt.

3.2.2 Kodierungen für Ethernet

Für die Übertragung von Bits kommen verschiedene Kodierungen zum Einsatz, z. B. die *Manchester-*, die *Differential-Manchester-*, die *4B/5B-* oder die *8B/10B*-Kodierung. Bei CAT3-Kupferverkabelung wird die einfache Manchester-Kodierung verwendet, bei der ein 1-Bit durch eine fallende Flanke (0,85 V$\to$ −0,85 V) und ein 0-Bit durch eine steigende Flanke (−0,85 V$\to$0,85 V) ausgedrückt wird. Bei jedem Bit müssen also zwei unterschiedliche Signalpegel für einen bestimmten Zeitraum gehalten werden, der Wechsel kodiert das Bit.

Mit CAT5/CAT5e Kabeln kommt die effizientere 4B/5B-Kodierung zum Einsatz, bei der vier Bits durch fünf getaktete Signallevel ausgedrückt werden. Bei Gigabit-Ethernet auf CAT5e/CAT6 werden sogar fünf (anstatt zwei) unterschiedliche Spannungen auf vier Adern eingesetzt, um die Bandbreite zu erhöhen ohne die Frequenz auf 2 GHz ansteigen zu lassen.

Wird Gigabit-Ethernet mit einer Glasfaservernetzung eingesetzt, kommt die *8B/10B*-*Kodierung* zum Einsatz, welche acht Bit mit zehn Pulsen kodiert.

▶ **Wichtig** Eine Bitfolge, die über ein Ethernetnetz versendet wird, bezeichnet man als *Datenrahmen* oder *Frame*.

Zur Synchronisierung der Datenübertragung wird vor jedem Frame eine *Preamble* und eine SoF *(Start of Frame)* Bitfolge gesendet. Außerdem findet zwischen zwei Frames für den Zeitraum *IFS (Inter Frame Spacing)* keine Übertragung statt. Damit wird sichergestellt, dass die Dekodierung auf der Empfängerseite zur selben Zeit gestartet wird und alle Daten empfangen werden können.

3.2.3 CSMA/CD

Die Abkürzung CSMA/CD steht für *Carrier Sense Multiple Access* Protocol with *Collision Detection* und beschreibt das bei Ethernet verwendete Verfahren, um auf das Übertragungsmedium zuzugreifen.

Hinter CSMA/CD steckt die Idee, dass ein Netzadapter vor dem Versenden eines Frames wartet, bis das Medium für eine gewisse Zeit frei ist. Stellt der Netzadapter bei dem Übertragen fest, dass eine Kollision auf dem Medium auftritt, wird die Übertragung abgebrochen und eine zufällige Zeit vor dem erneuten Übertragungsversuch gewartet. Selbstverständlich wartet der Netzadapter auch bei der erneuten Übertragung so lange, bis das Medium unbelegt ist.

Dabei wird ein belegtes Medium bei Kupferkabeln sehr leicht durch Spannungsveränderungen festgestellt. Um Kollisionen festzustellen, liest ein Sender die aktuellen Spannungswerte von dem Medium ab, während er selbst sendet. Unterscheiden sich diese Werte von den gesendeten (z. B. aufsummierte Spannung oder veränderte Abfolge), liegt eine Kollision vor.

Der *CSMA/CD*-Algorithmus:

1. Wenn Medium für Zeit *IFS (Inter Frame Spacing)* frei, starte die Übertragung.
2. Bei Kollision

   - Stoppe Übertragung, sende JAM-Signal.
   - Warte $[0 ... 2^i - 1]$ *Slots*. Übertrage, wenn Medium frei.
     Falls Medium belegt, inkrementiere i und warte erneut.

Es gibt maximal 16 Übertragungsversuche, danach folgt ein Abbruch. i nimmt Werte zwischen 1 und 10 an.

Für *IFS* und *Slot* gibt es konkrete Zeitangaben, die von der Übertragungsrate im Netz abhängig sind.

- *IFS* = Übertragungsdauer von 96 Bits (9,6 µs @ 10 Mbit/s)
- *Slot* = Übertragungsdauer von 64 Byte (51,2 µs @ 10 Mbit/s)

Das JAM-Signal besteht aus einer alternierenden (10101010 . . .)-Folge mit 32 Bits, sodass eine Kollision mit einer hohen Wahrscheinlichkeit entdeckt werden kann. In Abb. 3.2 ist die Kollision eines Ethernetframes dargestellt.

Weiterhin kann man aus Abb. 3.2 ableiten, dass es in einem Netz mit Kollisionen eine *minimale Framegröße* geben muss, denn wenn A seine Übertragung schon vor der Zeit

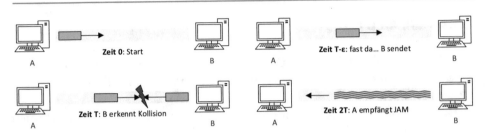

Abb. 3.2 Kollision von Ethernetframes. (In Anlehnung an [Tan03])

2T abgeschlossen hat, kann das zu spät eintreffende JAM-Signal nicht mehr zweifelsfrei zugeordnet werden.

Daher muss eine Übertragung länger benötigen, als ein Bit den Weg durch das ganze Netz und zurück *(Roundtrip)* absolvieren kann. In einem Netz mit 10 Mbit/s Datenübertragungsrate, einer maximalen Kabellänge von 2,5 km und der Ausbreitungsgeschwindigkeit eines Twisted-Pair Kupferkabels ($\frac{177.000\,\text{km}}{s}$) benötigt ein Bit 28,25 µs $\left(= \frac{(2\cdot2,5\,\text{km})\cdot s}{177.000\,\text{km}} \right)$.

Da Ethernet-Netze zusätzliche verzögernde Koppelelemente erlauben, wurde die *minimale Framegröße* auf 64 Byte = 512 Bit (51,2 µs @ 10 Mbit/s) festgelegt.

Außerdem gibt es eine *maximale Framegröße*, die in vielen lokalen Netzen auf den Wert 1522 Byte festgelegt wird. Dieser Wert orientierte sich an den Größen der Speicherbausteine auf den frühen Ethernetkarten und gilt auch heutzutage noch in vielen lokalen Netzen. Wenn ein Netz Jumbo-Frames unterstützt, dürfen die Frames größer als 1522 Byte werden.

Oft wird die maximale Framegröße auch mit der MTU *(Maximum Transfer Unit,* siehe Abschn. 6.1.2) angegeben, welche unter anderem den Ethernetheader nicht mitzählt. Eine MTU von 1500 Byte entspricht der maximalen Framegröße 1522 Byte.

3.2.4   Fehlererkennung und Fehlerkorrektur

Manchmal kommt es vor, dass Frames bei ihrem Transport beschädigt, also ein oder mehrere Bits verändert wurden. Ethernet sieht dafür am Ende jedes Frames eine Prüfsumme (engl. Checksum) über das ganze Frame vor. Mit dieser Prüfsumme können Veränderungen von einzelnen Bits erkannt, jedoch nicht korrigiert werden.

Die Prüfsumme wird in der Regel schon in der Hardware der Ethernetkarte geprüft und ein beschädigter Frame direkt verworfen. An das Betriebssystem werden die positiv geprüften Pakete ohne Prüfsumme ausgeliefert.

Für Ethernet kommt die Prüfsumme CRC-32 *(Cyclic Redundancy Check)* zum Einsatz, die mit Hilfe eines Generatorpolynoms eine 32 Bit große Prüfsumme generiert. Die Berechnung der Prüfsumme kann mit Hilfe von Shift- und XOR-Operationen sehr effizient in Hardware vorgenommen werden. Der IEEE-802.3-Standard [IEE12b] schreibt für CRC-32 das Generatorpolynom aus Darstellung 3.1 vor.

$$G(x) = x^{32} + x^{26} + x^{23} + x^{22} + x^{16} + x^{12} + x^{11}$$
$$+ x^{10} + x^8 + x^7 + x^5 + x^4 + x^2 + x + 1 \tag{3.1}$$

Für die Berechnung wird das zu übertragene Frame als Polynom $M(x)$ notiert und mit Polynomdivision durch das Generatorpolynom $G(x)$ geteilt. Der Rest $R(x)$ ergibt die vier Byte große Prüfsumme des Frames.

3.2.5 Medium Access Control (MAC)

Die Medium-Access-Control-Schicht (MAC) ist für die physikalische Adressierung der Endgeräte zuständig und gibt an, von welchem Typ die nachfolgenden Daten sind oder welche Länge sie haben. In Abb. 3.3 ist ein Gesamtüberblick über ein Ethernetframe gegeben. Man unterscheidet zwischen dem *DIX*-Frame (Hersteller: Dec, Intel, Xerox), welches ohne SoF auskommt und den Typ der nachfolgenden Daten angibt, und dem IEEE-802.3-Ethernetframe, für das anstatt dem Typ der nachfolgenden Daten die Länge des Frames in Byte angegeben wird.

Nachfolgend werden die einzelnen Felder des Ethernetframes aus Abb. 3.3 detaillierter beschrieben:

- *IEEE 802.2/3 Ethernet*
  - *Preamble* (8 Byte): Bitmuster 10101010...,
    Start of Frame (letztes Byte der Preamble) = 10101011
  - *Pad* (0–46 Byte): Auffüllen des Frames auf die Mindestlänge (64 Byte)
  - *Checksum* (4 Byte): CRC-32 Prüfsumme (auch: *Frame Check Sequence*)
- *MAC-Adressen*
  - *Destination* (6 Byte): Physikalische Ziel-Adresse, weltweit eindeutig, identifiziert Gerät
    Beispiel: 00:1B:21:00:61:1F
  - *Source* (6 Byte): Physikalische Quell-Adresse

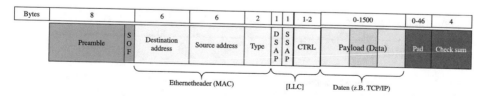

Abb. 3.3 IEEE 802.3/DIX Ethernetframe

- *Type* (2 Byte): Gibt den Typen der nachfolgenden Daten an, z. B. *0x0800 (IP), 0x0806 (ARP)*. Wenn *Type* ≤ 1500 wird die Länge der Nutzlast (engl. Payload) beschrieben.
- *LLC* (IEEE 802.2 Standard [IEE98], 3–4 Byte): Dieses Feld ist optional für 802.3 Ethernetframes. Eine genauere Beschreibung findet sich in Abschn. 3.2.6.
  - *DSAP:* Destination Service Access Point
  - *SSAP:* Source Service Access Point
  - *CTRL* (Control): Übertragungsmodus, Seq.-Nr.

Der Ethernetheader und die MAC-Adressen benötigen noch etwas mehr Aufmerksamkeit. Kommt der IEEE-802.3-Ethernet-Standard zum Einsatz, darf der LLC-Header weggelassen werden. Werden außerdem keine zusätzlichen Techniken wie beispielsweise VLAN (Abschn. 3.3) eingesetzt, so ergibt sich eine Gesamtgröße von 14 Byte für den Ethernetheader.

In Abb. 3.4 ist ein typischer Ethernetheader abgebildet. Enthalten sind die physikalische Ziel- und Quelladresse mit jeweils sechs Byte und der Typ der nachfolgenden Daten. Hierbei steht der hexadezimale Wert 0x0800 für das IP-Protokoll in der Version 4. Andere Werte für den Type sind z. B. 0x0806 (ARP) oder 0x8100 (VLAN), jeweils als *network byte order* (=BigEndian, höherwertiges Byte zuerst) kodiert. Nimmt das Feld Type einen Wert ≤1500 an, so wird die Länge des Payloads in Byte beschrieben.

Auch die MAC-Adressen, also die physikalischen Adressen der Endgeräte, besitzen eine bestimmte Syntax. Diese Syntax ist in der folgenden Zusammenfassung dargestellt.

MAC-Adresse (Destination/Source) – hexadezimal notiert

- *Bit 0:* $\begin{cases} 0 & \text{Unicast-Adresse } (ein\ Empfänger) \\ 1 & \text{Multicast-Adresse, ff:ff:ff:ff:ff:ff = Broadcast-Adresse } (an\ alle) \end{cases}$
- *Bit 1:* $\begin{cases} 0 & \text{Adresse ist global administriert} \\ 1 & \text{Adresse ist lokal administriert} \end{cases}$
- *Bytes 0-2*: Hersteller-Präfix (OUI), z. B. 00:1b:21 = Intel Corporate
- *Bytes 3-5*: vom Hersteller vergeben

Anmerkung: Serielle Kodierung, d. h. LSB beginnt, von links nach rechts

---

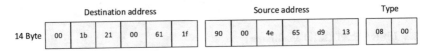

Abb. 3.4 Ethernetheader

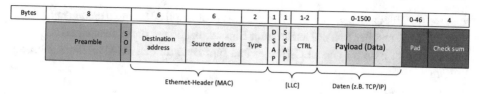

Abb. 3.5 IEEE-802.3/DIX-Ethernetframe

3.1 Gegeben ist der in Abb. 3.5 dargestellte Ethernetframe.

- Ergänzen Sie die fehlenden Byte-Angaben.
- Mit welcher Zeichenfolge wird angegeben, dass es sich bei den nachfolgenden Daten um ein IP-Paket handelt?

3.2.6 Logical Link Control (LLC)

Der Standard IEEE 802.2 [IEE98] von 1998 definiert das *Logical Link Control* (LLC) Protokoll. Dieses Protokoll befindet sich oberhalb des MAC-Protokolls und bietet für darüberliegende Protokolle einen abstrahierten Zugriff auf die MAC-Schicht. So ist es mit dem LLC-Protokoll möglich, unterschiedliche MAC-Protokolle zu betreiben, jedoch nichts an den höheren ISO/OSI-Schichten (z. B. der Vermittlungsschicht), ändern zu müssen.

LLC fügt der MAC-Schicht einige Dienste hinzu, beispielsweise lässt sich eine *Flusskontrolle* und eine *Fehlerkontrolle* realisieren. Flusskontrolle bedeutet, dass der Empfänger dem Sender mitteilen kann, wenn er überlastet ist. Der Sender reduziert seine Versandgeschwindigkeit. Bei der Fehlerkontrolle wird der Empfang von Frames bestätigt oder gegebenenfalls ein erneuter Versand in Auftrag gegeben.

Der LLC-Header ist drei bis vier Byte groß und enthält die folgenden Felder:

Name	Bedeutung	Größe
DSAP	Destination Service Access Point	1 Byte
SSAP	Source Service Access Point	1 Bytes
CTRL	Control	1–2 Byte

Die beiden Felder DSAP und SSAP bezeichnen Dienste, die miteinander kommunizieren. In dem CTRL-Feld werden Steuerkommandos ausgetauscht und z. B. Seriennummern mitgezählt (für eine verlustfreie Übertragung).

Werden für DSAP und SSAP die Werte 0xAA oder 0xAB verwendet, weist dieses auf einen nachfolgenden Subnetwork-Access-Protocol-Header (SNAP) hin, welcher zusätzlich Platz bietet, um nachfolgende Protokolle zu identifizieren. Dies wird für spezielle Protokolle, zum Beispiel für das IEEE-802.11-Wireless-LAN-Protokoll oder AppleTalk, genutzt. Kommen der LLC und der SNAP-Header zum Einsatz, benötigen diese zusammen acht Byte, von denen drei Byte für den LLC-Header und fünf Byte für den SNAP-Header gebraucht werden.

3.3   Virtual LAN

Der Standard IEEE 802.1Q [IEE11c] definiert eine Richtlinie für virtuelle Netze, den *Virtual-Local-Area-Network*-Standard   (VLAN).   In   einem   physikalischen   Ethernetnetz können mehrere virtuelle Netze gleichzeitig betrieben werden. Für den Endanwender verhält sich ein virtuelles Netz exakt genauso wie ein dediziertes physikalisches Netz. Er kann also nicht unterscheiden, ob er an einem virtuellen oder dedizierten physikalischen Netz angebunden ist.

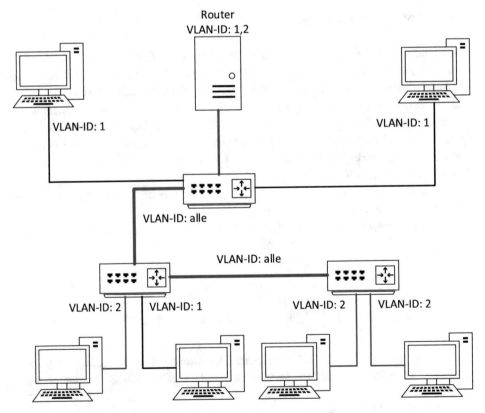

Abb. 3.6 Zwei VLANs in einem physikalischen Netz

Durch die VLAN-Technik lässt sich ein Netz in logische bzw. virtuelle Netze auftrennen, die sich gegenseitig nicht erreichen können. Wie in Abb. 3.6 dargestellt, geschieht die Trennung durch die Switches im Netz, wobei jedem Endgerät nur die Kommunikation mit seinem zugeordneten VLAN gestattet wird.

Gibt es einen Bedarf für getrennte Netze, lässt sich mit der VLAN-Technik durch die Mischnutzung der Switches eine Kostenersparnis erreichen, denn es werden insgesamt weniger Switches und auch Kabel benötigt. Zwischen den Switches, also im *Backbone* des Netzes, werden die Daten verschiedener Netze über ein physikalisches Kabel übertragen. Hier kommt jedoch keine Verschlüsselung zum Einsatz, sondern lediglich eine Markierung der Frames *(VLAN-Tag)*, die dem empfangenden Switch mitteilt, welchem VLAN das Ethernetframe zuzuordnen ist.

3.3.1 VLAN-Protokollheader

Die VLAN-Markierung der Frames findet direkt hinter dem IEEE-802.3-Ethernetheader statt. Ethernetframes mit VLAN-Unterstützung besitzen einen zwei Byte großen VLAN-Tag, wie dargestellt in Abb. 3.7. Um auf den vorhandenen VLAN-Tag hinzuweisen, wird das Type-Feld im Ethernetheader auf 0x8100 gesetzt.

Der VLAN-Tag gliedert sich in drei Felder: 1) *Prio* bzw. *PCP,* 2) *CFI* und 3) *VLAN Identifier* auf. Das *PRIO/PCP*-Feld *(Priority Code Point)* ist drei Bits groß und ermöglicht eine von acht Prioritäten bei der Übertragung von Frames. Durch unterschiedliche Werte in diesem Feld können gewisse Frames bevorzugt oder benachteiligt behandelt werden, was besonders für Echtzeitdienste wie *Voice-over-IP* (VoIP) interessant ist. Das CFI-Bit *(Canonical Format Indicator)* beschreibt das Format der verwendeten MAC-Adressen, wobei in Ethernetnetzen das Bit auf 0 gesetzt wird. Der größte und wichtigste Teil des VLAN-Tags ist jedoch der 12 Bit große *VLAN-Identifier (VLAN-ID).* Diese ID ordnet ein Frame einem der 4096 VLANs zu, wobei jedoch die VLAN-IDs 0 und 4095 reserviert sind. Die VLAN-ID 1 wird oft für Managementframes benutzt, sodass diese ID bei einigen Komponenten ebenfalls nicht zur freien Verfügung steht.

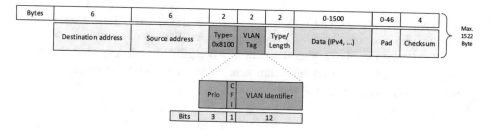

Abb. 3.7 IEEE 802.1Q VLAN-Frame

▶   **Wichtig** Damit das VLAN-Protokoll funktioniert, muss für jeden Port an jedem
    Switch eingestellt werden, welchem VLAN dieser zugeordnet ist. Diese Ein-
    stellung kann manuell oder dynamisch über das IEEE-802.1X-Protokoll [IEE10]
    vorgenommen werden.

3.3.2 VLAN in der Praxis

Durch die Trennung in verschiedene logische VLAN-Netze verspricht man sich oftmals zwei
Eigenschaften: 1) Erhöhte Sicherheit und 2) Verminderung von Broadcast- und Multicast-
Kommunikation.

Eine erhöhte Sicherheit lässt sich beispielsweise erreichen, wenn die Server der Lohn-
buchhaltung in ein eigenes separates Netz gesetzt werden und nicht aus dem Mitarbeiternetz
erreichbar sind. Voraussetzung ist dabei, dass die Switches, welche die VLAN-Trennung
vornehmen, ausschließlich von den Systemadministratoren verwaltet werden können. In
kleineren Netzen ist außerdem die Menge von Broadcast- und Multicastnachrichten naturgemäß kleiner. Eine Trennung mit virtuellen Netzen ist eine der Möglichkeiten, um die
Endgeräte zu entlasten.

In Abb. 3.8 ist ersichtlich, dass durch die VLAN-Trennung zwei separate Netze entstehen,
in denen sogar IP-Adressen mehrfach verwendet werden können.

In der Regel wird die Kommunikation nur zwischen den Switches mit VLAN-Tags
versehen. Hingegen findet die Kommunikation mit den Endgeräten üblicherweise ohne
VLAN-Tags statt. Dies liegt zum einen daran, dass Endgeräte nur Frames für ihr zuge-
teiltes VLAN erhalten sollen und zum anderen daran, dass viele Endgeräte die 802.1Q
VLAN-Adressierung nicht unterstützen.

Switches fügen VLAN-Tags hinzu oder entfernen sie, abhängig von ihrer Einstellung.
Dabei nennt man einen Port des Switches *Access-* oder *Untagged*-Port, wenn an diesem nur
Frames ohne Tag eingehen und ausgehen. Ein *Trunk-* oder *Tagged*-Port lässt nur Frames mit
VLAN-Tag zu und versendet nur Frames mit Tag. Wenn ein Switch einen Frame mit Tag
empfängt, aber an einem Access-Port ausgeben soll, entfernt es den Tag. Im umgekehrten
Fall wird der Tag mit der VLAN-ID hinzugefügt, der für den eingehenden Port konfiguriert
wurde.

Es können für einen Port auch mehrere VLAN-IDs spezifiziert werden, jedoch wird in
diesem Fall jeweils eine *Default-ID* festgelegt, die im Zweifelsfall verwendet wird. Ein
Spezialfall ist das Double-Tagging (IEEE 802.1AD [IEE05b]), mit dem zwei VLAN-IDs
hintereinander möglich sind. Dieses kommt zum Teil in komplexen Netzstrukturen bei Tele-
kommunikationsprovidern zum Einsatz.

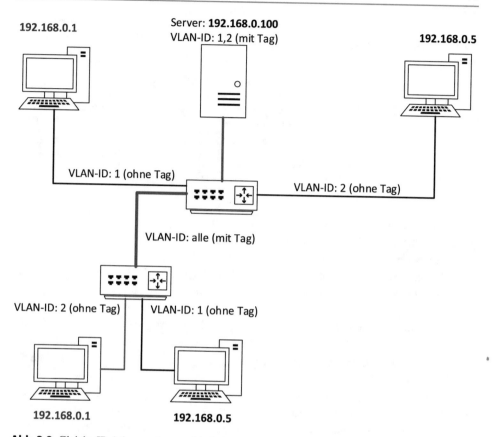

Abb. 3.8 Gleiche IP-Adressen in verschiedenen VLANs

3.3.3 VLAN unter Linux

Um die Funktionsweise von VLAN weiter zu erläutern, betrachten wir die VLAN-Implementierung unter Linux. Hier gibt es physikalische Netzgeräte (hier: eth0, eth1, eth2), virtuelle Bridges (hier: br0, br1), die mehrere Interfaces wie mit einem Switch zusammenfassen, und schließlich Netzgeräte, die aus- und eingehende Frames mit VLAN-Tags versehen bzw. erwarten (hier: eth1.13, eth1.37). In Abb. 3.9 sehen Sie einen schematischen Überblick über alle Netzgeräte.

Physikalische Interfaces sind eth0, eth1 = {eth1.13, eth1.37} und eth2. Ein- und ausgehende Nachrichten aus Sicht der Hosts:

- *1*: Eingehende Nachrichten nur ohne VLAN-Tag (*Access*)
- *2*: Ausgehende Nachrichten ohne VLAN-Tag (*Access*)
- *3*: Eingehende Nachrichten nur mit VLAN-ID 13 (*Trunk*)

Abb. 3.9 Eine
VLAN-Konfiguration unter
Linux

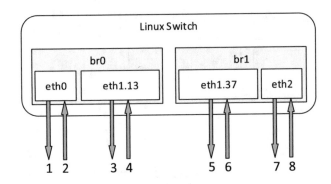

- *4*: Ausgehende Nachrichten + VLAN-ID 13 (*Trunk*)
- *5*: Eingehende Nachrichten nur mit VLAN-ID 37 (*Trunk*)
- *6*: Ausgehende Nachrichten + VLAN-ID 37 (*Trunk*)
- *7*: Eingehende Nachrichten nur ohne VLAN-Tag (*Access*)
- *8*: Ausgehende Nachrichten ohne VLAN-Tag (*Access*)

Die Netzkommunikation der Geräte eth0 und eth2 verläuft ganz natürlich ohne VLAN-Tags. Soll jedoch von diesen Schnittstellen ein Host erreicht werden, der sich hinter dem Gerät eth1 verbirgt, so werden die von eth1.13, eth1.37 ausgehenden Pakete mit den VLAN-IDs 13 bzw. 37 versehen.

Idealerweise wird an eth1 ein VLAN-fähiger Switch angeschlossen, welcher die von eth0 und eth2 kommenden Frames an die jeweiligen Zielhosts im VLAN 13 und 37 weiterleitet. An eth1 eingehende Pakete werden an eth0 bzw. eth2 ohne VLAN-Tags ausgegeben.

Ein praktische Einführung für VLAN unter Linux und Windows findet sich in der Netze-Rubrik von Heise [BR06].

3.4   MPLS

Das *Multiprotocol-Label-Switching*-Verfahren (MPLS) ermöglicht eine verbindungsorientierte Übertragung von Netzpaketen in einem verbindungslosen Netz, wie z. B. dem Internet. Vorgeschlagen wurde das MPLS-Protokoll im Jahr 2001 in einer *Request for Comments* Veröffentlichung mit der Nummer RFC 3031 [RVC01]. Das Format und weitere Updates des MPLS-Standards finden sich in den RFCs [RTF+01, AA03, Ros05, ERAR08, FWD+02, DBT08, AA09, BVB09].

MPLS kommt hauptsächlich in großen Transportnetzen wie dem Internet zum Einsatz. Dabei kann durch den Aufbau von MPLS-Verbindungen ein schnellerer und zuverlässigerer Transport von Daten erreicht werden, weil ein gewisser Teil der zur Verfügung stehenden Bandbreite explizit für diese MPLS-Verbindung reserviert wird. Weiterhin sind der

Durchsatz und die Latenz der Kommunikation innerhalb der MPLS-Verbindung nahezu deterministisch (bzw. vorhersagbar), weil dort aufgrund der Steuerungsmechanismen keine Überlast zugelassen wird. Besonders für latenzempfindliche Anwendungen wie *Voice-over-IP* (VoIP) oder *Videostreaming* bietet die Kommunikation via MPLS eine starke Verbesserung gegenüber der normalen Kommunikation im Internet.

In Abb. 3.10 ist ein MPLS-Pfad innerhalb eines *autonomen Systems (AS)* im Internet dargestellt. Kurz vorwegnehmend ist ein autonomes System (AS) ein Zusammenschluss mehrerer kleiner Netze im Internet, die durch ein Routingprotokoll verwaltet werden, z. B. alle Subnetze eines Internetproviders. Mehr Details dazu befinden sich in Teil III.

Durch das dargestellte AS in Abb. 3.10 gibt es verschiedene Wege, ausgehend von dem *Ingress Router* und mit dem Ziel des *Egress Routers*. Ein Weg von diesen wird durch den MPLS-Pfad dargestellt, der über spezielle *Label Switched Router (LSR)* führt. Wenn ein Paket über den MPLS-Pfad versendet wird, genießt es mehrere Vorteile:

- Es müssen keine Routingentscheidungen mehr getroffen werden, da der Pfad vorher festgelegt wurde. Dadurch wird Zeit eingespart (Aufwand durch IP-Routing) und die Latenz der Übertragung deterministischer, da nur ein Pfad in Frage kommt.
- Innerhalb des MPLS-Pfades kommt es zu keinem Stau, da es eine Eingangskontrolle und eine fest reservierte Bandbreite, z. B. über die Verfahren *RSVP-TE* [ABG+01, KL04, FPVA06, LFC07, FAV08, FPVA09, VSM10, BFN12, KDA+12] oder *CR-LDP* [JAC+02, AS03], gibt.
- Durch das Versehen von Paketen mit Labels entstehen *Forward Equivalence Classes (FEC)*, die eine Gleichbehandlung der entsprechend gelabelten Pakete ermöglichen.

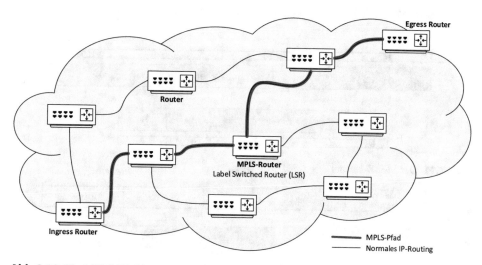

Abb. 3.10 Ein MPLS-Pfad innerhalb eines großen Transportnetzes

Provider können MPLS-Netze mit verschiedenen Motiven benutzen. Zum einen können sie bestimmte Dienste, z. B. VoIP-Telefonie, bevorzugen, um den Kunden eine höhere Sprachqualität zu garantieren, oder sie bieten unterschiedliche Preisklassen für die gebotene Netzqualität an.

In den Abb. 3.11 und 3.12 wird dargestellt, wie sich der MPLS-Header in das Gesamtbild der Protokolle einfügt. Hinter dem Protokollheader der Sicherungsschicht (ISO/OSI-Layer 2) folgt direkt der vier Byte große MPLS-Header, von dessen auch mehrere hintereinander verwendet werden können (siehe Abb. 3.12). Im Internet kommen in der Regel andere Sicherungsschichtprotokolle als IEEE-802.3-Ethernet zum Einsatz, welches für lokale Netze vorgesehen ist.

Der 32 Bit große MPLS-Header unterteilt sich in vier Felder mit folgender Bedeutung.

- *Label* (20 Bits): Index für den MPLS-Pfad, also eine Referenz auf Ziel-Router, anhanddessen das Paket weitergeleitet wird.
- *TC* (3 Bits, Traffic Class): QoS-Informationen für die Priorisierung.
- *S* (1 Bit, Bottom of Stack): Markiert den letzten MPLS-Header in einer Serie durch ein gesetztes 1-Bit.
- *TTL* (8 Bits, Time-to-live): Paket wird nach TTL Hops verworfen.

Der Aufbau der MPLS-Pfade wurde bisher noch nicht angesprochen. Innerhalb eines autonomen Systems (AS) wird nach dem Abschluss des Routing-Protokolls (z. B. OSPF, IS-IS, RIP – mehr dazu in Abschn. 9.2) der MPLS-Pfadaufbau gestartet. Dieser wird mit einem von den folgenden drei Prinzipien durchgeführt:

- *Manuell:* Manuelle Einstellung aller MPLS-Pfade im autonomen System

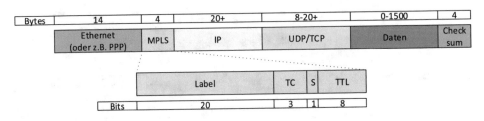

Abb. 3.11 Der MPLS-Header

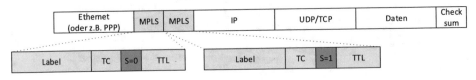

Abb. 3.12 MPLS-Headerstack – mehrere MPLS-Header hintereinander

- *Halbautomatisch:* Teilkonfiguration der MPLS-Pfade, z. B. Konfiguration der ersten drei Hops. Der Rest wird mit Hilfe des Routing-Protokolls konfiguriert.
- *Automatisch:* Die Konfiguration wird mit Hilfe des Routing-Protokolls vorgenommen.

Dabei ist anzumerken, dass bei einer *automatischen* Konfiguration kein Vorteil durch eine optimierte Netztopologie zum Tragen kommt, denn diese basiert auf den generischen Routingentscheidungen von OSPF, IS-IS oder RIP. Ein kleiner Vorteil bleibt dennoch auch hier und das ist der Wegfall der Routingentscheidungen während des Weiterleitens der Netzpakete und eine gegebenenfalls reservierte Bandbreite.

Schließlich gibt es noch zwei grundsätzlich verschiedene Ansätze zum Erzeugen der MPLS-Pfade: *Data-driven* und *Control-driven.*

- *Data-driven:* Wenn ein Paket bei einem MPLS-Router ankommt, teilt dieser dem jeweils nächsten Router auf dem Pfad mit, dass ein Flow-*Label* angelegt werden soll.
- *Control-driven:* Beim Hochfahren der Router generiert jeder *Labels* für seine FECs (Forwarding Equivalence Class) und sendet diese an seine Nachbarn. Dieser Prozess läuft, bis alle MPLS-Router konfiguriert sind.

Die Algorithmen für Traffic-Engineering (Reservierung von Resourcen, Priorisierung) *RSVP-TE* und *CR-LDP* laufen parallel dazu.

Manchmal wird auch von MPLS-VPN *(Virtual Private Network)* gesprochen, da durch die MPLS-Verbindung sozusagen ein virtueller privater Tunnel im Internet erzeugt wird. Diese Bezeichnung ist insofern irreführend, als dass MPLS zwar einen Tunnel erzeugt, dieser aber nicht verschlüsselt ist oder anderweitig gegen Angriffe schützt. Eine Verbesserung der Netzsicherheit wird durch MPLS nicht erreicht.

3.2 • Was ist das MPLS-Verfahren? Warum wird es eingesetzt?
- Nennen Sie typische Einsatzfelder für MPLS.

3.5 Spanning Tree

In großen lokalen Netzen reicht eine einfache Sterntopologie oft nicht aus, denn die Anzahl der Ports an einem herkömmlichen Switch (Mittelpunkt des Sterns) sind begrenzt. Deswegen wird in der Praxis oft eine hierarchische oder sogar vermaschte Topologie mit einigen Switches implementiert, um alle Geräte versorgen zu können. Wenn dabei jedoch eine Netztopologie erzeugt wird, bei der Switches redundant verbunden werden oder sogar einen Kreis bilden, tritt das Problem des *Broadcaststorms* auf.

Ein Broadcaststorm entsteht durch das Versenden eines Frames an eine Broadcast- oder Multicastadresse, was in lokalen Netzen sehr häufig vorkommt (z. B. ARP-Request). Das erste Switch sendet das Broadcastframe an alle angeschlossenen Ports weiter und die

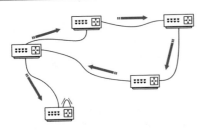 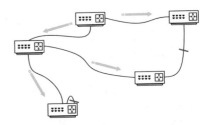

(a) Broadcastpakete laufen im Kreis   (b) Deaktivierte Verbindungen verhindern einen
                                             Broadcaststorm

Abb. 3.13 Spanning-Tree-Protokoll im LAN

nachfolgenden Switches agieren identisch. So wird das Broadcastframe so lange weitergesendet bis es irgendwann wieder am ersten Switch ankommt. Da Switches die passierenden
Frames nicht verändern oder sich einen Zustand merken, verfährt der erste Switch mit dem
erneut ankommenden Broadcastframe wie zu Beginn: Es wird an alle angeschlossenen Ports
weitergeleitet. Dadurch läuft ein Broadcastframe unendlich lange im Kreis, was als *Broad-*
caststorm bezeichnet wird und das Netz vollständig auslastet.

Mit den Spanning Tree Protokollen werden Verfahren vorgeschlagen, die redundante
Verbindungen in lokalen Netzen erkennen und diese deaktivieren. Dadurch werden zum
einen Broadcaststorms verhindert und zum anderen ist es möglich, dass bei einem Ausfall
einer redundanten Verbindung auf die „Reserve"-Verbindung umgeschaltet werden kann.
Das Prinzip ist in Abb. 3.13 dargestellt.

In den folgenden beiden Kapiteln werden das Spanning Tree Protocol (STP) und dessen
Nachfolger, das Rapid Spanning Tree Protocol (RSTP), vorgestellt. Beide Protokolle sind in
dem IEEE-802.1D-Standard [IEE04b] definiert, wobei RSTP (vormals IEEE 802.1w) das
STP Protokoll seit dem Jahr 2004 ersetzt.

3.5.1 Spanning Tree Protocol (STP)

Das Spanning Tree Protocol (STP) wurde im Jahr 1990 mit dem IEEE-802.1D-Standard
definiert. Dieses Protokoll kommt auch heute noch zum Einsatz, weil die Implementierung
des Nachfolgers RSTP noch nicht an allen Stellen realisiert ist.

Damit das Spanning Tree Protocol redundante Pfade ermitteln und blockieren kann,
müssen Netzpakete versendet werden. Im Protokoll IEEE 802.1D nennt man diese *Bridge*
Protocol Data Unit (BPDU). Abb. 3.14 veranschaulicht, wie die BPDUs in einen IEEE-
802.3-Ethernetframe eingebettet werden.

Die Bridge Protocol Data Units von STP sind zwischen 4 und 35 Byte groß und befinden
sich direkt hinter dem LLC-Header, welcher mit den hexadezimalen Werten 0x42, 0x42
und 0x03 befüllt wird.

Bytes	6	6	2	3	4-36	7-39	4
	Destination address	Source address	Length	LLC [42|42|03]	BPDU (STP Conf/TCN, RSTP)	Pad	Checksum

Abb. 3.14 Bridge Protocol Data Unit (BPDU) im IEEE-802.3-Ethernetframe

Abb. 3.15 Bridge Protocol Data Unit (BPDU)

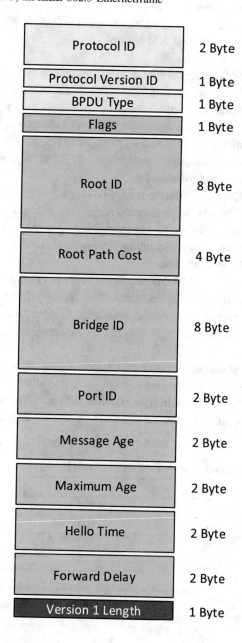

Protocol ID	2 Byte
Protocol Version ID	1 Byte
BPDU Type	1 Byte
Flags	1 Byte
Root ID	8 Byte
Root Path Cost	4 Byte
Bridge ID	8 Byte
Port ID	2 Byte
Message Age	2 Byte
Maximum Age	2 Byte
Hello Time	2 Byte
Forward Delay	2 Byte
Version 1 Length	1 Byte

In Abb. 3.15 sehen Sie den generischen Aufbau einer (Rapid) Spanning Tree Protocol BPDU. Im Speziellen gibt es im STP-Protokoll die folgenden unterschiedlichen BPDUs:

- *Configuration (Conf)* (35 Byte): *Topology Change (TC)* und *Topology Change Acknowledgement (TCA)*.
- *Topology Change Notification (TCN)* (4 Byte), welches aus den ersten drei Felder der BPDU in Abb. 3.15 besteht.

BPDUs der Rapid-Spanning-Tree-Protocol-Variante enthalten ein weiteres Byte (insgesamt 36 Byte), das mit dem Wert 0x00 darauf hinweist, dass keine STP-Version 1 Informationen enthalten sind, jedoch ansonsten wie eine Configuration BPDU von STP aufgebaut ist.

Nachfolgend werden die einzelnen Felder einer BPDU (Abb. 3.15) genauer erläutert. Mit dem Feld *Flags* wird festgelegt, ob es sich um eine TC- oder TCA-Nachricht handelt. Für beide Möglichkeiten steht jeweils ein Bit zur Signalisierung zur Verfügung, die übrigen Bits werden nicht verwendet.

Die *Root-ID* ist die Bridge-ID derjenigen Bridge, die von dem STP- oder RSTP-Protokoll als Wurzel des Spannbaums ausgewählt wurde. Hier gilt, dass die Bridge mit der numerisch kleinsten Bridge-ID zur Root-Bridge gewählt wird. Von der Root-Bridge ausgehend wird ein Spannbaum (Spanning Tree) erzeugt, um redundante Pfade an der richtigen Stelle deaktivieren zu können.

Jede Conf-BPDU enthält das Feld *Root Path Cost,* in dem die *aufsummierten* Pfadkosten zur Wurzel des Spannbaums (Root-Bridge) eingetragen werden. Somit kann ein Empfänger beurteilen, wie „weit" die sendende Bridge von der Root-Bridge entfernt ist. Dabei sind die Pfadkosten abhängig von der Datenübertragungsrate der einzelnen Links, zu entnehmen aus Tab. 3.3.

Die *Bridge-ID* (≈Root-ID) identifiziert diejenige Bridge, welche die BPDU gesendet hat. Sie ist acht Byte lang und hat einen speziellen Aufbau. Dieser ist in Abb. 3.16 dargestellt. Zwei von den acht Byte entfallen auf ein Präfix, welches seinerseits aus einer einstellbaren Prioritätskomponente und einer System-ID-Erweiterung besteht. Die Konfiguration dieses

Tab. 3.3 Pfadkosten von STP und RSTP

Datenübertragungsrate	STP	RSTP
4 Mbit/s	250	5.000.000
10 Mbit/s	100	2.000.000
16 Mbit/s	62	1.250.000
100 Mbit/s	19	200.000
1 Gbit/s	4	20.000
2 Gbit/s	3	10.000
10 Gbit/s	2	2000

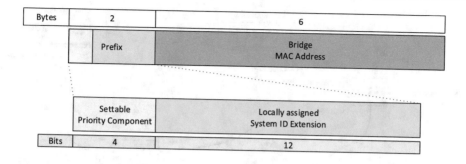

Abb. 3.16 Aufbau des Bridge-Identifier (Bridge-ID)

Präfixes ermöglicht dem Systemadministrator einen manuellen Eingriff in die Topologie-bildung von STP bzw. RSTP.

Auch der Port-Identifier *(Port-ID)* lässt sich von dem Systemadministrator über eine änderbare Prioritätskomponente beeinflussen. Abb. 3.17 stellt den Aufbau des zwei Byte langen Port-Identifiers dar.

Die Felder *Message Age* und *Maximum Age* spezifizieren die vergangene und maximale Zeit für die Gültigkeit der aktuellen Konfiguration, die über diese Conf-BPDU vermittelt wurde.

In dem Feld *Hello Time* wird übertragen, in welchen Abständen die Root-Bridge Configuration-BPDUs versendet. Dies ist wichtig, denn wenn diese über einen längeren Zeitraum ausbleiben, muss eine neue Root-Bridge gewählt werden. *Forward Delay* über-trägt die Zeit, die eine Bridge warten soll, bevor sie zu einem neuen Zustand übergeht. Für RSTP spielen die Age- und Delay-Felder eine untergeordnete Rolle.

Grundsätzlich werden alle (R)STP-BPDUs an die Multicast-Ethernetadresse `01:80: C2:00:00:00` gesendet, wobei die Quell-MAC-Adresse die Ethernetadresse des jeweili-gen Switches ist.

3.5.1.1 Bridge Types, Port Roles und Port States

Das Spanning Tree Protocol (STP) verfügt über verschiedene Bridge Types, Port Roles und Port States. In Abb. 3.18 sind die beiden *Bridge-Types Root-Bridge* (numerisch kleinste

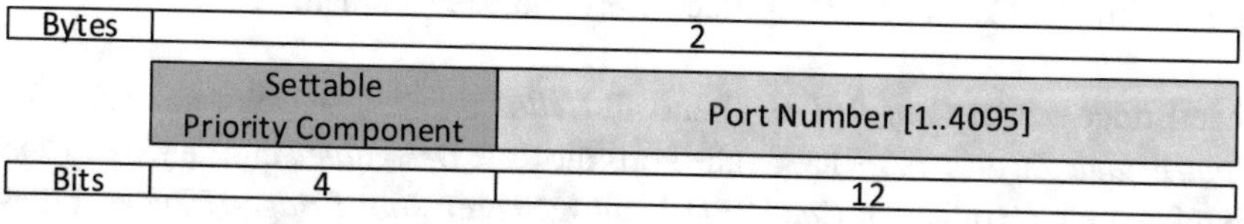

Bytes	2	
Settable Priority Component	Port Number [1..4095]	
Bits	4	12

Abb. 3.17 Aufbau des Port-Identifier (Port-ID)

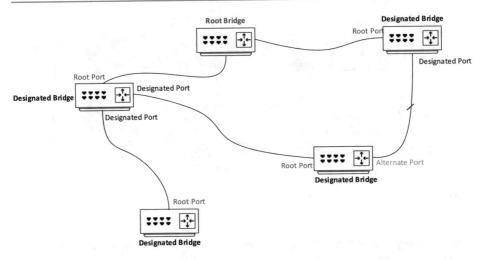

Abb. 3.18   Bridge Types und Port Roles von STP

Bridge-ID) und *Designated Bridge* enthalten. Außerdem sind die folgenden *Port Roles* dargestellt:

- *Root Port* – Port, der in Richtung Root Bridge zeigt.
- *Designated Port* – Port, der in Gegenrichtung der Root Bridge zeigt.
- *Alternate Port* – Port, der in Richtung Root Bridge zeigt, jedoch höhere Pfadkosten als der Root Port hat.

Neben den unterschiedlichen Bridge Types und Port Roles gibt es noch den Status der einzelnen Ports. Diesen nennt man *Port State* ($\neq$ Port Role). Das Spanning Tree Protocol (STP) ermöglicht die folgenden Port States (Abb. 3.19).

3.5.1.2 Protokollablauf von STP

Das Spanning Tree Protocol (STP) beginnt immer mit der Wahl der Root-Bridge. Der *Root-Bridge-Election*-Algorithmus setzt die Bridge mit der kleinsten numerischen Bridge-ID als Root-Bridge fest. Erwähnt sei, dass der Systemadministrator mit Hilfe der Prioritätskomponente der Bridge-ID Einfluss darauf nehmen kann, welche Bridge zur Root-Bridge gewählt wird. Das Protokoll kann in der folgenden Weise skizziert werden:

1. Jede Bridge sendet *Conf-BPDUs* (Intervall *HelloTime=2* s) zunächst mit sich selbst als *Root-Bridge*. Zu dieser Zeit haben alle Ports die Role *Designated* und den State *Blocking*.
2. Empfängt eine Bridge ein *Conf-BPDU* mit kleinerer *Root-Bridge-ID,* ersetzt diese ID die *Root-ID*. Es beginnt die Berechnung der Pfadkosten zur neuen *Root-Bridge*.

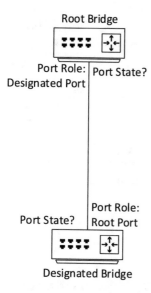

Root Bridge

Port Role: Port State?
Designated Port

Port Role:
Port State?   Root Port

Designated Bridge

- *Blocking*: Es werden keine Frames weitergeleitet (*Frame Relay*)! BPDUs werden allerdings empfangen.
- *Listening*: Vorbereitungsphase für *Frame Relay*, also bisher noch keine Weiterleitung! BPDUs können auch versendet werden.
- *Learning*: Vorbereitungsphase für *Frame Relay*, keine Weiterleitung! Switch-Tabelle (Port↔MAC, Ageing Timer) wird bereits befüllt.
- *Forwarding*: Weiterleitung von Frames! (*Frame Relay*).
- *Disabled*: Port abgeschaltet → Keine Beteiligung am STP-Verfahren, also auch keine Verarbeitung von BPDUs.

Abb. 3.19 Port States von STP

3. Die Port Roles werden angepasst *(Root/Designated/Alternate)* und BPDUs weitergesendet. Auch die *Port States* werden nun verändert:

$$Blocking \;\rightarrow\; Listening \;\xrightarrow{\text{ForwardDelay}}\; Learning \;\xrightarrow{\text{ForwardDelay}}\; Forwarding$$

Dabei ist *Forward Delay* eine Zeitkonstante (Standard=15 s), deren Abwarten sicherstellen soll, dass alle Bridges die aktuelle Konfiguration erhalten haben.

In Abb. 3.20 sieht man einen Verbund aus Switches mit aktiviertem STP-Protokoll, anhand dessen sich die Berechnung der Pfadkosten beispielhaft nachvollziehen lässt.

Wenn sich die Topologie in einem STP-Verbund durch Hinzukommen, Wegfallen oder Verändern einer Bridge ändert, läuft ein spezielles Protokoll ab, welches in Abb. 3.21 dargestellt ist.

3.3 Gegeben ist das in Abb. 3.22 dargestellte Szenario:

- Ermitteln Sie die Root-Bridge.
- Berechnen Sie die Pfadkosten (in Klammern) ausgehend von der Root-Bridge und notieren Sie diese in den dafür vorgesehenen Feldern.
- Bestimmen Sie die Port-Roles für jeden Port: DP (Designated), RP (Root), AP (Alternate).
- Streichen Sie die redundanten Pfade auf der Seite des Alternate-Ports (AP).

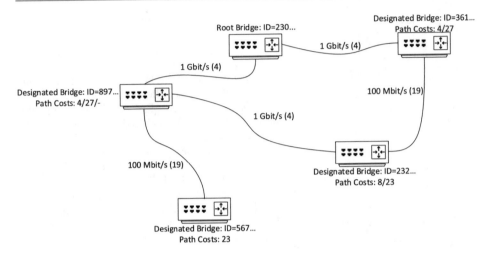

Abb. 3.20 Ein STP-Netz

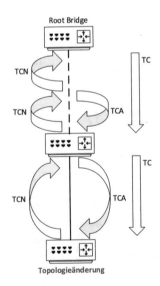

Abb. 3.21 Topology Change (TC)

Die Bridge bemerkt eine Topologieänderung (*Fehler, zusätzlicher oder entfernter Link*):

- Die Bridge sendet *Topology Change Notification* (TCN) BPDU in Richtung *Root Bridge*.
- Jede Bridge auf dem Weg bestätigt mit *Topology Change Acknowledgement* (TCA) und sendet die TCN weiter.
- Wenn die TCN bei der *Root-Bridge* angekommen ist: Die *Root-Bridge* sendet *Conf-BPDU* mit *Topology Change* (TC) Flag an alle (*Hop-by-Hop Forwarding*).

Währenddessen wechseln die Ports in den *Listening* State. Generell gilt bei einer Veränderung (z. B. neue Root Bridge):

- Ports werden zurück in den *Listening State* gesetzt, danach *Learning*, dann *Forwarding/Blocking*.

Dabei wird die *Verweildauer* in den States mit *Forward Delay*=15s (default) festgelegt, um sicherzugehen, dass alle Configuration BPDUs empfangen wurden. Die maximale

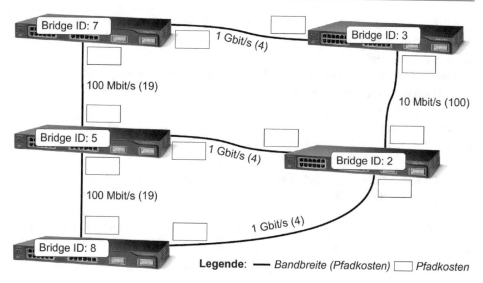

Abb. 3.22 STP-Szenario

3.5.1.3 Probleme von STP

Das Spanning Tree Protocol (STP) hat relativ lange Konvergenzzeiten der Topologie ($\approx$ 30–50 s) ohne eine absolute Obergrenze. Während einem Update der Topologie befinden sich die Ports der Bridges im *Listening State* und versenden keine normalen Netzpakete. Das bedeutet ganz konkret, dass ein Endanwender das Netz während eines Topologieupdates nicht nutzen kann.

Durch einen sogenannten *Root Claim* Angriff wird ein Update der STP-Topologie forciert. Dabei sendet der Angreifer eine Conf-BPDU mit einer kleineren Bridge-ID als die Root-Bridge. Daraufhin rekonfiguriert sich das Netz hinsichtlich der vermeintlich neuen Root-Bridge und leitet keine Netzpakete mehr weiter, bis die alte Root-Bridge nach dem Ablaufen der Maximum Age wieder gewählt werden kann. Auf diese Weise lässt sich das STP-Netz mit einer gefälschten Nachricht für ca. eine Minute außer Betrieb nehmen.

Die Konsequenz war, dass eine Verbesserung des STP-Protokolls entwickelt werden musste. Der Nachfolger des STP-Protokolls sollte kürzere Konvergenzzeiten der Topologie haben und widerstandsfähiger gegen Angriffe sein. Seit dem Jahr 2004 tritt das Rapid Spanning Tree Protocol (RSTP) die Nachfolge von STP an.

3.5.2 Rapid Spanning Tree Protocol (RSTP)

Im Jahr 2004 wurde das Rapid Spanning Tree Protocol (RSTP) im IEEE-802.1D-Standard spezifiziert, welches viele Probleme von STP verbesserte. Vor allem aber bietet RSTP eine deutlich kürzere Konvergenzzeit und damit eine schnellere Reaktion auf Topologieänderungen. Viele Topologieänderungen führen zudem nicht zu einem Netzausfall, da die Spannbaumberechnung im Hintergrund läuft und die alte Konfiguration bis zum Abschluss der Berechnung verwendet werden kann.

Das Rapid Spanning Tree Protocol (RSTP) hat einige Gemeinsamkeiten, aber auch Unterschiede mit dem STP-Protokoll. Die wesentlichen Punkte sind im Folgenden aufgelistet:

- *Gleiche* Bridgetypes: *Root Bridge* und *Designated Bridge.*
- RSTP verwendet neben den Port Roles von STP *(Root, Designated* und *Alternate)* die *zusätzlichen* Port Roles: *Backup, Edge* und *Disabled.*
- RSTP verwendet *weniger* Port States als STP, *Disabled* und *Listening* entfallen.
- Die Topologieänderungen werden mit RSTP *nicht mehr timerbasiert* verarbeitet.

Die BPDU ist im RSTP-Protokoll ähnlich aufgebaut wie im STP-Protokoll, allerdings mit einem zusätzlichen Byte, mit dem die Menge der „*Version 1*"-Inhalte signalisiert werden kann. Abb. 3.15 im Abschn. 3.5.1 zeigt eine 36 Byte lange RSTP-BPDU.

3.5.2.1 Bridge Types, Port Roles und Port States

Das Rapid Spanning Tree Protocol (RSTP) verfügt so wie STP über verschiedene Bridge Types, Port Roles und Port States. RSTP verwendet die gleichen *Bridge Types* wie STP *(Root Bridge* und *Designated Bridge),* jedoch mehr *Port Roles:*

- *Root Port:* Port zeigt in Richtung Root Bridge. *(Identisch mit STP)*
- *Designated Port:* Port zeigt von Root Bridge weg. *Identisch mit STP)*
- *Alternate Port:* Zweiter Port, der in Richtung Root Bridge zeigt. Höhere Pfadkosten. *(Identisch mit STP)*
- *Backup Port:* Zweiter Port, der von Root Bridge weg zeigt. *(Neu)*
- *Edge Port:* Port, an den keine weiteren Bridges angeschlossen werden dürfen. *(Neu)*
- *Disabled Port:* Abgeschalteter Port. Ehemals Port State bei STP, keine Port Role! *(Neu)*

Abb. 3.23 fasst die Bridge Types und die neuen Port Roles von RSTP in einem Überblick zusammen.

Das Rapid Spanning Tree Protocol verzichtet auf die *Port States Disabled* und *Listening* und verwendet nunmehr nur noch drei verschiedene States (Abb. 3.24):

In Tab. 3.4 werden die korrespondierenden Port States von STP und RSTP dargestellt.

3.5.2.2 Protokollablauf von RSTP

Das RSTP-Protokoll beginnt genau wie das STP-Protokoll mit der Wahl der Root Bridge, dem Festlegen der Port Roles und der Pfadkostenberechnung zur Root Bridge. Dieses Verfahren läuft äquivalent zu dem Verfahren in STP ab, daher sei an dieser Stelle auf Abschn. 3.5.1.2 verwiesen.

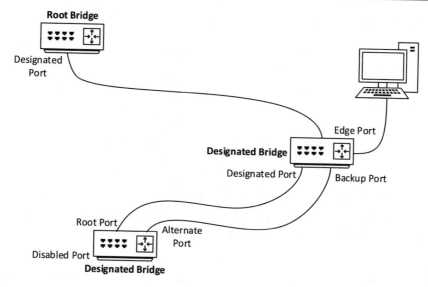

Abb. 3.23 Bridge Types und Port Roles von RSTP

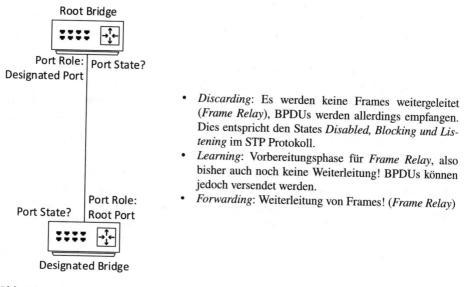

- *Discarding*: Es werden keine Frames weitergeleitet (*Frame Relay*), BPDUs werden allerdings empfangen. Dies entspricht den States *Disabled, Blocking und Listening* im STP Protokoll.
- *Learning*: Vorbereitungsphase für *Frame Relay*, also bisher auch noch keine Weiterleitung! BPDUs können jedoch versendet werden.
- *Forwarding*: Weiterleitung von Frames! (*Frame Relay*)

Abb. 3.24 Port States von RSTP

Tab. 3.4 Korrespondierende Port States

STP	RSTP
Blocking	$\rightarrow$ Discarding
Listening	$\rightarrow$ Discarding
Learning	$\rightarrow$ Learning
Forwarding	$\rightarrow$ Forwarding
Disabled	$\rightarrow$ Discarding

Bei Topologieänderungen im STP Protokoll wurden jedes Mal alle Port States durchlaufen, während bei jedem Übergang eine Pause für *ForwardDelay* Sekunden eingelegt wurde, damit tatsächlich alle Configuration BPDUs empfangen wurden.

$$\text{STP: } Blocking \rightarrow Listening \xrightarrow{\text{ForwardDelay}} Learning \xrightarrow{\text{ForwardDelay}} Forwarding$$

Dieses Verfahren benötigte viel Zeit währenddessen das Netz nicht funktionsfähig war. RSTP löst den Übergang der Port States mit einem Protokoll, welches durch den Verzicht auf Timer deutlich schneller funktioniert. Abb. 3.25 gibt einen Überblick über das Proposal-Agreement-Protocol von RSTP.

Für RSTP liegt eine Topologieänderung genau dann vor, wenn ein Port im RSTP-Netz in den *Forwarding State* wechselt oder sich die *Root Bridge* ändert. In dem Fall einer Topologieänderung läuft das Proposal-Agreement-Protokoll mit den umliegenden Bridges ab. Das dreischrittige Protokoll beginnt mit einem *Proposal,* welches auf die Topologieänderung hinweist und ggf. neue Pfadkosten zur Root Bridge präsentiert. Enthalten ist die Port Role und der Port State der sendenden Bridge. Nach Erhalt des Proposals wertet der empfangende Switch die Pfadkosten aus und konfiguriert sich dementsprechend. Abb. 3.25 zeigt dabei den Fall, dass der obere Switch günstigere Pfadkosten zur Root Bridge hat, die untere Bridge den angeschlossenen Port somit als Root Port einstellt und dieses als *Agreement* kommuniziert. Durch die Änderung der Port Role werden zunächst alle Ports der (unteren) Bridge in den *Discarding* State versetzt. Nach dem Erhalt des Agreements schaltet die obere Bridge den Port State auf Forwarding und das Protokoll setzt sich ausgehend von der unteren Bridge fort.

Kurz zusammengefasst findet bei RSTP eine Stück-für-Stück-Einstellung der Topologie mit dem *P-A Mechanismus* statt, anstatt *alles* einzustellen und dann timerbasiert freizuschalten wie bei STP. Ein wichtiger Unterschied zu STP ist auch, dass bei einer Topologieänderung nicht mehr mit der Root Bridge kommuniziert werden muss, sondern dass die Mitteilung der Topologieänderung dort beginnt, wo sie auftritt.

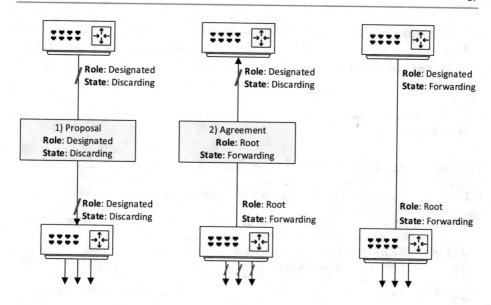

/ Kein Frame Relay auf diesem Port

Abb. 3.25 RSTP Proposal-Agreement-Protocol. (In Anlehnung an [Hü11])

Durch die Änderungen im RSTP-Protokoll lässt sich das Netz durch Angriffe nicht mehr so stark beeinflussen, da die Topologie schneller konvergiert. Trotzdem kann ein Angreifer prinzipiell Einfluss auf das RSTP-Netz ausüben, denn die BPDUs sind gegen Angriffe nicht geschützt. Um einen Angriff ausüben zu können, muss jedoch der Zugriff auf einen RSTP-aktivierten *(non-edge)* Port gegeben sein, welche sich in der Regel nur im Backbone befinden.

3.5.2.3 Ausblick

Es gibt einige Weiterentwicklungen und Verbesserungen von RSTP. Beispielsweise die proprietäre Cisco Protokoll-Variante *Per-VLAN Spanning Tree (PVST/PVST+)* [CS13], welche Spanning Tree innerhalb von VLANs möglich macht.

Weiterhin gibt es das *Multiple Spanning Tree Protocol (MSTP)*, das sogar mehrere VLANs unterstützt und erstmals im IEEE-802.1Q-2005-Standard [IEE05c] definiert wird. Dabei gibt es nur eine BPDU für alle VLANs zusammen, was den Overhead gegenüber einer RSTP-Instanz pro VLAN deutlich reduziert.

Schließlich gibt es auch eine RSTP-Variante, deren BPDUs kryptographisch abgesichert werden: *Secure Rapid Spanning Tree Protocol (SRSTP)* [Hü11]. Diese Variante ist für eine effiziente Berechnung (*langsame CPUs* in den Bridges) optimiert und wurde im Jahr 2011 entwickelt.

Literatur

[IEE12b]   IEEE 802.3 Working Group. Ieee standard for ethernet. IEEE 802.3-2012, IEEE Computer Society, 2012.

[Tan03]   A.S. Tanenbaum. *Computer networks*. Prentice Hall international editions. Prentice Hall PTR, 2003.

[IEE98]   IEEE 802.2 Working Group. Ieee standard for information technology – part 2: Logical link control. IEEE 802.2, IEEE Computer Society, 1998.

[IEE11c]   IEEE 802.1Q Working Group. Ieee standard for local and metropolitan area networks – media access control (mac) bridges and virtual bridged local area networks. IEEE 802.1Q, IEEE Computer Society, 2011.

[IEE10]   IEEE 802.1X Working Group. Ieee standard for local and metropolitan area networks – port-based network access control. IEEE 802.1X, IEEE Computer Society, 2010.

[IEE05b]   IEEE 802.1AD Working Group. Ieee standard for local and metropolitan area networks – virtual bridged local area networks, amendment 4: Provider bridges. IEEE 802.1AD, IEEE Computer Society, 2005.

[BR06]   Benjamin Benz and Lars Reimann. Vlan: Virtuelles lan – netze schützen mit vlans, 2006. http://www.heise.de/netze/artikel/VLAN-Virtuelles-LAN-221621.html.

[RVC01]   E. Rosen, A. Viswanathan, and R. Callon. Multiprotocol Label Switching Architecture. RFC 3031 (Proposed Standard), January 2001. Updated by RFCs 6178, 6790.

[RTF+01]   E. Rosen, D. Tappan, G. Fedorkow, Y. Rekhter, D. Farinacci, T. Li, and A. Conta. MPLS Label Stack Encoding. RFC 3032 (Proposed Standard), January 2001. Updated by RFCs 3443, 4182, 5332, 3270, 5129, 5462, 5586, 7274.

[AA03]   P. Agarwal and B. Akyol. Time To Live (TTL) Processing in Multi-Protocol Label Switching (MPLS) Networks. RFC 3443 (Proposed Standard), January 2003. Updated by RFC 5462.

[Ros05]   E. Rosen. Removing a Restriction on the use of MPLS Explicit NULL. RFC 4182 (Proposed Standard), September 2005. Updated by RFCs 5462, 7274.

[ERAR08]   T. Eckert, E. Rosen, R. Aggarwal, and Y. Rekhter. MPLS Multicast Encapsulations. RFC 5332 (Proposed Standard), August 2008.

[FWD+02]   F. Le Faucheur, L. Wu, B. Davie, S. Davari, P. Vaananen, R. Krishnan, P. Cheval, and J. Heinanen. Multi-Protocol Label Switching (MPLS) Support of Differentiated Services. RFC 3270 (Proposed Standard), May 2002. Updated by RFC 5462.

[DBT08]   B. Davie, B. Briscoe, and J. Tay. Explicit Congestion Marking in MPLS. RFC 5129 (Proposed Standard), January 2008. Updated by RFC 5462.

[AA09]   L. Andersson and R. Asati. Multiprotocol Label Switching (MPLS) Label Stack Entry: ËXP"Field Renamed to "Traffic Class"Field. RFC 5462 (Proposed Standard), February 2009.

[BVB09]   M. Bocci, M. Vigoureux, and S. Bryant. MPLS Generic Associated Channel. RFC 5586 (Proposed Standard), June 2009. Updated by RFCs 6423, 7026, 7214, 7274.

[ABG+01]   D. Awduche, L. Berger, D. Gan, T. Li, V. Srinivasan, and G. Swallow. RSVP-TE: Extensions to RSVP for LSP Tunnels. RFC 3209 (Proposed Standard), December 2001. Updated by RFCs 3936, 4420, 4874, 5151, 5420, 5711, 6780, 6790, 7274.

[KL04]   K. Kompella and J. Lang. Procedures for Modifying the Resource reSerVation Protocol
              (RSVP). RFC 3936 (Best Current Practice), October 2004.

[FPVA06]   A. Farrel, D. Papadimitriou, J.-P. Vasseur, and A. Ayyangar. Encoding of Attributes
              for Multiprotocol Label Switching (MPLS) Label Switched Path (LSP) Establish-
              ment Using Resource ReserVation Protocol-Traffic Engineering (RSVP-TE). RFC
              4420 (Proposed Standard), February 2006. Obsoleted by RFC 5420.

[LFC07]   CY. Lee, A. Farrel, and S. De Cnodder. Exclude Routes - Extension to Resource
              ReserVation Protocol-Traffic Engineering (RSVP-TE). RFC 4874 (Proposed Stan-
              dard), April 2007. Updated by RFC 6001.

[FAV08]   A. Farrel, A. Ayyangar, and JP. Vasseur. Inter-Domain MPLS and GMPLS Traffic Engi-
              neering – Resource Reservation Protocol-Traffic Engineering (RSVP-TE) Extensions.
              RFC 5151 (Proposed Standard), February 2008.

[FPVA09]   A. Farrel, D. Papadimitriou, JP. Vasseur, and A. Ayyangarps. Encoding of Attributes for
              MPLS LSP Establishment Using Resource Reservation Protocol Traffic Engineering
              (RSVP-TE). RFC 5420 (Proposed Standard), February 2009. Updated by RFC 6510.

[VSM10]   JP. Vasseur, G. Swallow, and I. Minei. Node Behavior upon Originating and Receiving
              Resource Reservation Protocol (RSVP) Path Error Messages. RFC 5711 (Proposed
              Standard), January 2010.

[BFN12]   L. Berger, F. Le Faucheur, and A. Narayanan. RSVP ASSOCIATION Object Extensi-
              ons. RFC 6780 (Proposed Standard), October 2012.

[KDA+12]   K. Kompella, J. Drake, S. Amante, W. Henderickx, and L. Yong. The Use of Entropy
              Labels in MPLS Forwarding. RFC 6790 (Proposed Standard), November 2012. Upda-
              ted by RFC 7274.

[JAC+02]   B. Jamoussi, L. Andersson, R. Callon, R. Dantu, L. Wu, P. Doolan, T. Worster, N. Feld-
              man, A. Fredette, M. Girish, E. Gray, J. Heinanen, T. Kilty, and A. Malis. Constraint-
              Based LSP Setup using LDP. RFC 3212 (Proposed Standard), January 2002. Updated
              by RFC 3468.

[AS03]   L. Andersson and G. Swallow. The Multiprotocol Label Switching (MPLS) Working
              Group decision on MPLS signaling protocols. RFC 3468 (Informational), February
              2003.

[IEE04b]   IEEE 802.1D Working Group. Ieee standard for local and metropolitan area networks
              – media access control (mac) bridges. IEEE 802.1D, IEEE Computer Society, 2004.

[Hü11]   Andreas Hübner. Srstp – a security enhancement for ieee 802.1d, 2011. Masterthesis,
              Ruhr-University Bochum.

[CS13]   Inc. Cisco Systems. Spanning tree protocol - cisco systems, 2013. http://www.cisco.
              com/en/US/tech/tk389/tk621/tsd_technology_support_protocol_home.html.

[IEE05c]   IEEE 802.1Q Working Group. Ieee standard for local and metropolitan area networks
              – virtual bridged local area networks. IEEE 802.1Q, IEEE Computer Society, 2005.

Wireless Networks

4

Neben den normalen kabelgebundenen Netzen sind auch die drahtlosen Technologien aus der heutigen Welt nicht mehr wegzudenken. Bereits aktuelle Smartphones unterstützen direkt mehrere drahtlose Kommunikationstechniken. Neben den Mobilfunkstandards GSM [Pol06], UMTS und LTE [3GP14] sind dies z. B. Bluetooth [IEE05a], Nahfeldkommunikation (NFC, u. a. [ISO00]), Infrarot [IrD14] und Wireless LAN [IEE12a].

In diesem Kapitel geht es hauptsächlich um die Wireless-LAN-Technologie, die sich durch den IEEE-Standard 802.11 [IEE12a] weitestgehend durchgesetzt hat. Darüber hinaus gibt es einen Ausblick auf *Wireless Mesh* und *Wireless Sensor Networks,* die einen drahtlosen Verbund aus Sensoren oder im Fall der Mesh-Netze sogar einen Verbund aus herkömmlichen WLAN-Routern oder vollwertigen Computern möglich machen.

4.1 Motivation

Bei der Übertragung von Nachrichten über drahtlose Verbindungen bedarf es noch mehr Regelungen, als bei einer drahtgebundenen Kommunikation notwendig sind. Dies liegt daran, dass die meisten Geräte nur über eine Funkeinheit (engl. *radio*) verfügen, die entweder senden oder empfangen kann. Somit kann beispielsweise während der eigenen Übertragung nicht geprüft werden, ob es zu Kollisionen kommt, denn dazu müsste neben dem Senden auch das Empfangen möglich sein.

Erschwerend kommt hinzu, dass das Übertragungsmedium Luft nicht allein der Übertragung von Funkwellen vorbehalten ist. Interferenzen von anderen Geräten (z. B. Mikrowellen) oder Störungen durch Hindernisse zwischen Sender und Empfänger (z. B. eine Wand) haben einen starken Einfluss auf die Qualität der Übertragung. Um Störungen und Interferenzen abzufangen oder die zeitliche Aufteilung des Mediums zu realisieren, sind besondere Algorithmen notwendig, die in dem folgenden Kapitel zu dem Thema Wireless LAN behandelt werden.

© Der/die Herausgeber bzw. der/die Autor(en), exklusiv lizenziert durch Springer
Fachmedien Wiesbaden GmbH, ein Teil von Springer Nature 2020
P.-B. Bök et al., *Computernetze und Internet of Things,*
https://doi.org/10.1007/978-3-658-29409-0_4

4.2   Wireless LAN

Die Wireless-LAN-Technologie wurde von dem Institute of Electrical and Electronics Engineers (IEEE) im Standard IEEE 802.11 [IEE12a] definiert. Zu diesem Standard gehören eine ganze Reihe von Substandards, die zum Teil schon in dem Hauptstandard integriert wurden.

Im Folgenden werden einige der WLAN-Standards mit ihren wichtigsten Merkmalen aufgelistet. Diese beziehen sich hauptsächlich auf verschiedene Übertragungstechnologien.

- *802.11* – 2,4 GHz Band, grundlegender Standard, Definition von WEP,
  max. 2 Mbit/s (netto ≈ 0,9 Mbit/s), FHSS Modulation.
  Reichweite (innen/außen): ≈20 m/≈100 m.
- *802.11b/g* – 2,4 GHz Band, *3* nicht überlappende 20 MHz-Kanäle, die gleichzeitig nutzbar
  sind (z. B. 1,6,11).
  - *11b* – max. 11 Mbit/s (netto ≈ 4,3 Mbit/s), DSSS Modulation.
  - *11g* – max. 54 Mbit/s (netto ≈ 20 Mbit/s), DSSS/OFDM Modulation.
  Reichweite (innen/außen): ≈38 m/≈140 m.
- *802.11a* – 5 GHz Band, *19* nicht überlappende 20 MHz-Kanäle, max. 54 Mbit/s (netto ≈
  23 Mbit/s), OFDM/QPSK/QAM Modulation.
  Reichweite (innen/außen): ≈35 m/≈120 m.
- *802.11n* – 2,4 GHz oder 5 GHz Band, Verbreiterung der Kanäle (40 MHz), mehrere Sende-
  und Empfangseinheiten (*MIMO – Multiple Input Multiple Output*), max. 600 Mbit/s
  (netto ≈ 240 Mbit/s), BPSK/QPSK/16-QAM/64-QAM Modulation.
  Reichweite (innen/außen): ≈70 m/≈250 m.
- *802.11ac* – 5 GHz Band, Verbreiterung der Kanäle (bis 160 MHz), mehrere Sende- und
  Empfangseinheiten für mehrere Nutzer (Multiuser MIMO), max. 6,77 Gbit/s,
  Modulation bis zu 256-QAM.
  Reichweite (innen/außen): ≈70 m/≈250 m.
- *802.11i* – Sicherheitserweiterung für den Standard 802.11: *Robust Security Network*
  (RSN), Einführung von *WPA* (TKIP/CCMP).
- *802.11s* – Standard für Wireless Mesh Netze (WMN).

Die Wireless-LAN-Standards sind über viele Jahre entstanden und auch heute noch unter aktiver Weiterentwicklung. Hervorheben sollte man den Standard IEEE 802.11i, der den betagten Sicherheitsstandard *Wired Equivalent Privacy* (WEP) ablöste und mittlerweile fester Bestandteil von IEEE 802.11 ist.

▶ **Wichtig** Seit der Veröffentlichung des Standards IEEE 802.11i im Jahr 2007
    bezeichnet man eine nach dem *Wi-Fi-Protected-Access*-Standard (WPA) abge-
    sicherte Funkzelle als *Robust Security Network* (RSN).

4.2.1   Begriffe

Mit der Einführung von Wireless LAN ist eine ganze Terminologie mit vielen verschiedenen Fachbegriffen entstanden.

Im Wireless-LAN-Umfeld tragen die Geräte eine spezielle Bezeichnung. In Abb. 4.1 sieht man den Aufbau eines WLAN-Netzes mit *Authentication Server,* wie man es in größeren Firmen oder Hochschulen findet. Die einzelnen Komponenten haben dabei die folgenden Funktionen:

- *Station (STA):* WLAN-Endgerät, welches eine drahtlose Verbindung zu *Accesspoint* oder anderen *Stations* aufnimmt.
- *Accesspoint (AP)* oder *Authenticator:* Zugangspunkt für *Stations,* oft Verbindung mit drahtgebundenem LAN.
- *Authentication Server (AS):* zentrale Authentifizierung und Schlüsselverwaltung für *Stations* (z. B. RADIUS), am LAN angeschlossen.

In heimischen Netzen wird in der Regel auf den Authentication Server verzichtet. Hier authentifizieren sich die Stations mit Hilfe eines Passwortes *(Pre-Shared Key),* welchen man in dem Accesspoint einstellt. Wird ein Wireless LAN ohne externen Authentication Server (AS) betrieben, bezeichnet man dies als *Personal Mode.* Kommt ein Authentication Server zum Einsatz, spricht man von dem *Enterprise Mode* Dabei ist anzumerken, dass der Enterprise Mode erst mit dem WPA-Standard zur Verfügung gestellt wird, der WEP-Standard musste auf den Einsatz eines Authentication Servers verzichten.

Weiterhin können die einzelnen Geräte eines WLAN-Netzes unterschiedlich betrieben werden. Im herkömmlichen Wireless LAN Betrieb mit einem Accesspoint befindet sich die Station im *Managed Mode* und der Accesspoint im *Infrastructure Mode.* Weitere Betriebsmodi sind der Tab. 4.1 zu entnehmen.

Neben den Geräten und Betriebsmodi gibt es noch einige Bezeichnungen, die mit den WLAN-Funkzellen in Verbindung gebracht werden. Abb. 4.2 gibt einen Überblick über die wichtigsten Begriffe.

- *BSS:* Basic Service Set – WLAN-Basiseinheit (STA und AP).
- *IBSS:* Independent Basic Service Set – Ad-Hoc Netz (nur STAs).

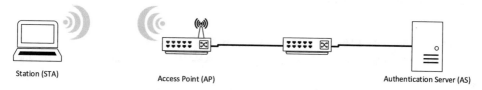

Station (STA)

Access Point (AP)

Authentication Server (AS)

Abb. 4.1 Geräte im WLAN-Umfeld

Tab. 4.1 Betriebsmodi der WLAN-Komponenten

Gerät	*Modus*	*Beschreibung*
STA	Managed	STA-Modus für Verbindung mit AP *(normal)*
STA	Ad-Hoc/Mesh	STA-Modus für Verbindung mit anderen STAs *(ohne AP)*
STA	Monitor	Promiscuous Mode der WLAN-Karte *(alles aufzeichnen)*
AP	Infrastructure/Master	Betriebsmodus für Accesspoints *(normal)*
AP	Repeater	Modus für APs, drahtlose Weiterleitung der Kommunikation

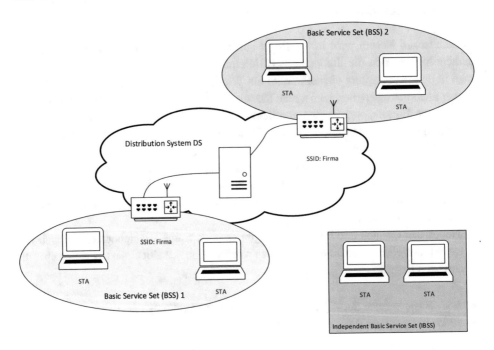

Abb. 4.2 Wireless LAN mit zwei BSS

- *SSID:* Service Set Identifier – Name (Text) einer WLAN-Zelle.
- *ESSID:* Extended SSID – Name mehrerer WLAN-Zellen, die über ein DS verbunden sind.

- *BSSID:* Basic SSID – MAC-Adresse des Accesspoints (AP).
- *DS:* Distribution System – LAN-Netz, welches mehrere WLAN-Zellen miteinander verbindet. Außerdem Verbindung zum LAN.

Schließlich gibt es noch ein paar Grundbegriffe, die im Zusammenhang mit der Sicherheit in Wireless LANs verwendet werden. Diese sind im Folgenden aufgelistet:

- *WEP:* Wired Equivalent Privacy (alter Sicherheitsstandard vor IEEE 802.11i).
- *WPA:* Wi-Fi Protected Access (neuer Verschlüsselungsstandard).
  - *TKIP:* Temporal Key Integrity Protocol (WPA1, Übergangsstandard).
  - *CCMP:* Counter Mode/CBC-Mac Protocol (WPA2, aktuell sicher).
- *RSN:* Robust Security Network – Bezeichnung einer WLAN-Zelle mit WPA.
- *EAP:* Extensible Authentication Protocol – erweiterbares Protokoll für Authentifizierung und Schlüsselaustausch mit einem Authentication Server (AS), z. B. RADIUS oder Diameter. EAP und einige spezielle EAP-Protokolle werden in RFCs der Internet Engineering Task Force (IETF) [ABV+04, ASE08, BV98, Zor99, HMNS98, HS06] beschrieben.
- *RADIUS.* Remote Authentication Dial-In User Service [RWRS00, Rig00, ZAM00, ZLR+00, RWC00, ND07, DL13] – Ein Netzprotokoll für die Authentifizierung von Server und Client. RADIUS gehört zu den *AAA*-Protokollen (bzw. Triple-A System), die für *Authentifizierung* (Beweis der Identität), *Autorisierung* (Zulassungserlaubnis) und zum *Accounting* (Abrechnung von Kosten) eingesetzt werden.
- *Diameter.* Diameter [FALZ12, AW03] gehört ebenso wie RADIUS zu den Triple-A Systemen für den Einsatz auf einem Authentication Server.

Eine Beschreibung der Sicherheitsprotokolle und die Sicherheitseigenschaften der verschiedenen Protokolle befindet sich in Kap. 4.2.5. Nachfolgend beschäftigen wir uns zunächst mit der funktionalen Seite von Wireless LANs. Dies beginnt mit der Kollisionsvermeidung und beschreibt im Anschluss den Aufbau des IEEE-802.11-Wireless-LAN-Protokolls auf der ISO/OSI-Schicht 2.

4.2.2 CSMA/CA

Die Abkürzung *CSMA/CA* steht für Carrier Sense Multiple Access/Collision Avoidance und meint ein System zur Kollisionsvermeidung in WLAN-Netzen. Anders als in kabelgebundenen Netzen lassen sich Kollisionen während des Sendens nicht feststellen, weil die meisten Wireless-LAN-Adapter ein gleichzeitiges Senden und Empfangen nicht unterstützen (Half-Duplex). Aus diesem Grund kann das im Ethernet verwendete CSMA/CD-Verfahren (siehe Kap. 3.2.3) im Wireless LAN nicht verwendet werden. Ein wichtiger Unterschied zu CSMA/CD ist, dass es sich bei CSMA/CA um ein nicht deterministisches System handelt, welches eine verlässliche Kollisionsvermeidung nicht garantieren kann.

Im IEEE-802.11-Wireless-LAN setzt CSMA/CA die Zugriffsregeln für die Endgeräte fest. CSMA/CA verwendet hierzu das *RTS/CTS*-Verfahren (Request-to-Send/Clear-to-Send) oder optional das selten implementierte Verfahren *Distributed Coordination Function* (DCF). Das RTS/CTS-Verfahren wird beispielhaft mit zwei Wireless LAN Stations STA$_A$ und STA$_B$ beschrieben, die sich in einem Basic Service Set befinden:

1. STA$_A$ identifiziert freien Kanal oder wartet eine zufällige Zeit.
2. STA$_A$ sendet ein RTS *(Request-to-Send)* auf diesem Kanal, um einen Übertragungszeitraum zu reservieren.
3. STA$_B$ antwortet mit CTS *(Clear-to-Send)* zur Bestätigung der Reservierung.
4. STA$_A$ sendet die Daten.
5. STA$_B$ antwortet mit einem ACK *(Acknowledgement)*, um den Erhalt der Daten zu bestätigen.

Wenn bei der Datenübertragung nach den Regeln von RTS/CTS ein Datenverlust (z. B. CTS oder ACK) auftritt, werden die entsprechenden Daten erneut angefordert (RTS) oder noch einmal gesendet (Daten).

Das RTS/CTS-Verfahren funktioniert in den meisten Fällen relativ zuverlässig. Unter anderem ist das RTS/CTS-Verfahren übrigens zur Lösung des *Hidden Node Problems* umgesetzt worden, bei dem zwei sich nicht empfangende Stations mit einer dritten Station in der Mitte kommunizieren. Diese dritte Station in der Mitte kann durch das RTS/CTS-Verfahren eine gleichzeitige Kommunikation der beiden anderen Stations ablehnen und somit eine Überlagerung (Kollision) der Funksignale an ihrer Position vermeiden. Im Bezug auf die Zuverlässigkeit wird das RTS/CTS-Verfahren dadurch eingeschränkt, dass der Störradius einer WLAN-Kommunikation etwa doppelt so groß wie der Senderadius ist.

4.2.3 Medium Access Control (MAC) und Logical Link Control (LLC)

Die MAC-Schicht (ISO/OSI-Layer 2) ist bei IEEE-802.11-Wireless-LAN etwas komplexer als bei herkömmlichem IEEE-802.3-Ethernet. Abb. 4.3 stellt ein vollständiges Wireless LAN Frame inklusive Header dar.

Jedes Frame beginnt mit einem *Frame-Control*-Feld (2 Byte), gefolgt von einem 2 Byte großen Feld *Duration/ID* für die Dauer der zu übertragenen Daten. Dieses Feld beinhaltet bei *Control*-Paketen auch die Assoziationsnummer (AID – Association Identity) der übertragenden Station.

Es folgen mit Unterbrechung *vier Adressfelder,* die in Tab. 4.2 genauer aufgeschlüsselt werden. Im Vergleich mit dem Ethernetheader ist das Ergänzen von (maximal) zwei zusätzlichen Adressen eine deutliche Veränderung. Unterbrochen werden die vier MAC-Adressfelder durch das zwei Byte große *Sequence-Control*-Feld, welches eine Sequenznummer vorhält mit dessen Hilfe Duplikate festgestellt werden können. Im *QoS-Control*-Feld

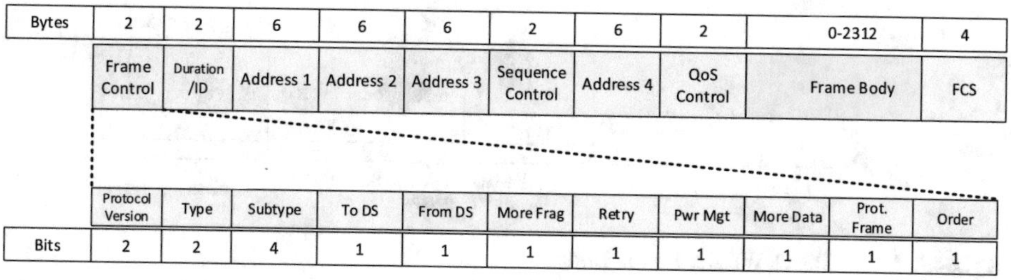

Bytes	2	2	6	6	6	2	6	2	0-2312	4
	Frame Control	Duration /ID	Address 1	Address 2	Address 3	Sequence Control	Address 4	QoS Control	Frame Body	FCS

	Protocol Version	Type	Subtype	To DS	From DS	More Frag	Retry	Pwr Mgt	More Data	Prot. Frame	Order
Bits	2	2	4	1	1	1	1	1	1	1	1

Abb. 4.3 IEEE 802.11 WLAN-Frameheader

Tab. 4.2 Belegung der Adressfelder im IEEE-802.11-Header

DS (To – From)	Address 1 (Destination)	Address 2 (Source)	Address 3	Address 4
0 0	DA	SA	BSSID	
0 1	DA	BSSID	SA	
1 0	BSSID	SA	DA	
1 1	RA	TA	DA	SA

Legende: DA = Ziel, SA = Quelle, RA = Nächster Empfänger (Hop),
TA = Übertragender Sender (Hop)

können Informationen zur Behandlung bzw. Priorisierung des Frames übertragen werden. Dabei steht QoS für *Quality of Service,* also eine herzustellende Dienstqualität.

Der Frame Body enthält nach dem LLC- und dem SNAP-Header die eigentlichen Daten, die übertragen werden sollen. Der 3 Byte große LLC Header hat die gleiche Form wie im drahtgebundenen Ethernetnetz, allerdings werden für DSAP und LSAP jeweils die Werte 0xAA vorgesehen und für CTRL wird der Wert 0x03 festgelegt, was auf einen nachfolgenden SNAP Header (Subnetwork Access Protocol) hinweist, der seinerseits 5 Byte groß ist.

Der SNAP Header wird immer dann notwendig, wenn ein Protokoll verwendet wird, das keinen Wert innerhalb der ein Byte großen LLC-Adressen (DSAP, LSAP – jeweils 256 Möglichkeiten) reserviert hat. Die 5 Byte im SNAP Header setzen sich aus dem Wert 0x000000 (Encapsulated Ethernet) und einem anschließenden Ethernettype für die nachfolgenden Protokolle (z. B. 0x0800=IPv4, 0x0806=ARP) zusammen. Abb. 4.4 zeigt einen Frame Body inklusive des LLC und SNAP Header.

Abschließend kommt eine 4 Byte große Frame Check Sequence (FCS) wie bei Ethernet zum Einsatz, die auch in diesem Fall durch den CRC-32-Algorithmus umgesetzt wird.

Nachfolgend wird das *Frame Control* (Abb. 4.3) genauer beschrieben. Nach 2 Bits für die *Protocol Version* folgt der *Type* (2 Bits) und der *Subtype* (4 Bits) des Pakets. Hier gibt es verschiedene Möglichkeiten, u. a. verschiedene Control Frames (z. B. Beacons – Access Points versenden regelmäßig ihre Einstellungen an alle Endgeräte) oder Datenframes für die Übertragung von Nutzdaten. Darauf folgen die beiden 1 Bit großen Felder *To DS* und

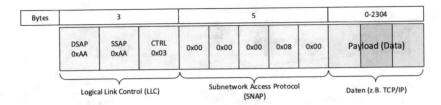

Abb. 4.4 IEEE 802.11 WLAN Frame Body

From DS, die festlegen, welche Bedeutung die vier Adressfelder im IEEE-802.11-WLAN-Header haben (siehe Tab. 4.2). Die Bedeutung der folgenden jeweils 1 Bit großen Feldern wird stichpunktartig dargestellt:

- *More Frag* – es folgen weitere Fragmente des Frames, wenn das Bit auf 1 gesetzt ist.
- *Retry* – das Bit ist 1, wenn es ein erneuter Übertragungsversuch ist.
- *Pwr Mgt* – Sender versetzt sich nach dem Versand in den Stromsparmodus, wenn Bit 1 ist.
- *More Data* – wenn das Bit auf 1 gesetzt ist, stehen weitere Pakete zur Übertragung in der Warteschlange bereit.
- *Prot. Frame* – das Frame ist WEP verschlüsselt, wenn das Bit auf 1 gesetzt ist.
- *Order* – bei gesetztem 1 Bit soll Reihenfolge der Pakete eingehalten werden.

4.2.4 Aufbau einer WLAN-Verbindung

Für den Aufbau einer Wireless-LAN-Verbindung nach dem Standard IEEE 802.11 ist der Austausch von mehreren Nachrichten notwendig. Um einen geeigneten Accesspoint zu finden, begibt sich die Wireless-LAN-Station (hier auch: *Supplicant*) auf die Suche nach sogenannten Beacon Frames, die von den Accesspoints in regelmäßigen Abständen (Standard: 100 ms) versendet werden. Die Beacon Frames enthalten alle notwendigen Informationen über die Accesspoints, z. B. SSID, BSSID, verwendeter Kanal, mögliche Datenübertragungsraten, unterstützte Hardware-Standards (z. B. IEEE 802.11n, 802.11ac) und die Sicherheitseinstellungen (z. B. WEP oder WPA).

Beginnt der Verbindungsaufbau, tauschen die Station *(Supplicant)* und der Accesspoint *(Authenticator)* die konkreten Parameter für die bevorstehende Verbindung aus. Diese umfassen neben dem verwendeten Kanal, den unterstützten Hardware-Standards und den möglichen Bandbreiteneinstellungen auch die Sicherheitseinstellungen, mit denen sich das Kap. 4.2.5 genauer beschäftigt. Abb. 4.5 stellt die sechs für eine WLAN-Verbindung notwendigen Protokollnachrichten (Control Frames) dar.

Der Supplicant beginnt mit einem *Probe Request* (via Broadcast), mit dem nach einem Accesspoint mit einer bestimmten SSID gesucht wird. Enthalten sind die möglichen

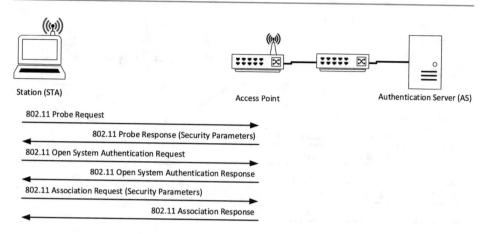

Abb. 4.5 Aufbau einer WLAN-Verbindung

Einstellungen der Station. In der Nachricht *Probe Response* antwortet der Accesspoint der Station mit den konkreten Einstellungen und seiner BSSID. Nachfolgend beginnt der Supplicant mit einem *Authentication Request,* welcher entweder einen *Shared Key* (Challenge-Response-Verfahren, nur für WEP) oder *Open System* Authentication (keine Authentifizierung[1], WEP/WPA) erbittet. Der Standard ist hier Open System Authentication, denn diese Methode unterstützt auch aktuelle Sicherheitsstandards, wie WPA.

Mit der *Authentication Response* bestätigt der Accesspoint die Anfrage des Supplicants. Im Anschluss wird die Assoziation zwischen der Station und dem Accesspoint hergestellt. Dies geschieht mit den Nachrichten *Association Request* und *Association Response,* welche wiederum alle Einstellungen beinhalten.

Nachfolgend und nicht dargestellt beginnt im Fall von WEP nun die verschlüsselte Übertragung mit dem gemeinsamen Schlüssel (Pre-Shared Key) zwischen den assoziierten Geräten. Bei WPA wird nun entweder eine *EAP-Authentifizierung* (inkl. Schlüsselaustausch) für den Enterprise Mode durchgeführt oder direkt ein *4-Way Handshake* (Schlüsselaustausch zwischen Station und Accesspoint) bei Verwendung des Personal Modes.

Nach den Protokollen der Sicherheitsstandards (siehe Kap. 4.2.5) ist die Station nun mit dem Accesspoint assoziiert und kann theoretisch kommunizieren. Die Station verfügt zu diesem Zeitpunkt jedoch oftmals noch über keine IP-Adresse, die nun innerhalb der verschlüsselten Verbindung mittels des DHCP-Protokolls vereinbart wird.

---

[1]Alle Stations werden prinzipiell zugelassen, können allerdings nur mit dem richtigen Schlüssel erfolgreich kommunizieren.

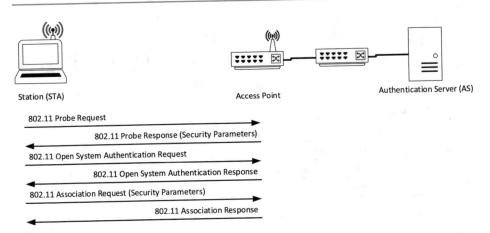

Abb. 4.6 Aufbau einer WLAN-Verbindung

4.1

- Was unterscheidet das beim WLAN eingesetzte CSMA/CA-Verfahren von dem CSMA/CD-Verfahren bei Ethernet?
- Benennen Sie die fünf Schritte der Datenübertragung mittels CSMA/CA und RTS/CTS.
- In Abb. 4.6 fehlen die sechs Nachrichten, welche für den Aufbau einer WLAN-Verbindung notwendig sind. Ergänzen Sie diese.

4.2.5   Sicherheit

Die Sicherheit in Wireless LAN Netzen kann entweder nach dem Standard Wired Equivalent Privacy (WEP) oder nach dem Wi-Fi Protected Access (WPA) Standard erfolgen, der mit dem Substandard IEEE 802.11i [IEE04a] Einzug in den Standard IEEE 802.11 gefunden hat.

4.2.5.1 Wired Equivalent Privacy (WEP)

Im WEP-Standard wird der auf allen Geräten manuell eingestellte Pre-Shared Key (PSK) zu einem statischen Gruppenschlüssel, der für die Verschlüsselung und den Integritätsschutz aller übertragenen Datenframes eingesetzt wird. Dieser statische Gruppenschlüssel wird so lange verwendet, bis er manuell geändert wird. Ein Schlüsselaustausch und eine Authentifizierung mit einem externen Authentication Server (AS) sind nicht möglich.

Wired Equivalent Privacy ist für die beiden Schlüssellängen 64 Bit und 128 Bit definiert. In beiden Fällen wird die Stromchiffre RC4 zur Verschlüsselung der Kommunikation und

Abb. 4.7 Der Aufbau eines
WEP-Frames

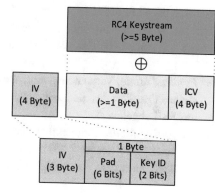

Tab. 4.3 Beispiel für eine
XOR-Verknüpfung

Schlüsselstrom	11001100
⊕ Klartext	⊕ 00001111
Chiffrat	11000011

eine CRC-32 Prüfsumme *(Integrity Check Value – ICV)* zum Schutz vor Veränderungen eingesetzt, was man auch als Integritätsschutz bezeichnet.

In der Abb. 4.7 ist der Aufbau eines WEP-Frames dargestellt, wobei dieser Aufbau für beide Schlüssellängen gilt. In beiden Fällen wird ein für jedes Paket zufälliger *Initialisierungsvektor* (IV) mit einer Länge von 24 Bit eingesetzt, welcher im Klartext vor dem Frame übertragen wird. Der tatsächliche WEP-Schlüssel besteht aus einer Konkatenation des Initialisierungsvektors und des Pre-Shared Keys (WEP-Schlüssel=IV∥PSK). Übergibt man den gesamten WEP-Schlüssel an die RC4-Chiffre, wird ein Schlüsselstrom (Keystream) in Länge des Klartextes erzeugt, welcher im Anschluss mit dem Klartext XOR-verknüpft (exklusives Oder (⊕), siehe Tab. 4.3) wird.

Ein 64 Bit WEP-Schlüssel enthält nur 40 Bit und ein 128 Bit WEP-Schlüssel nur 104 Bit geheime Daten. Der WEP-Standard gilt als unsicher, nachdem Fluhrer et al. im Jahr 2001 einen Angriff bekannt gegeben haben [FMS01]. Weitere Angriffe folgten von Tews et al. in den Jahren 2007 bis 2009 [TWP07, TB09], welche in dem Angriffswerkzeug `aircrack-ng` [An14] implementiert wurden und WEP (128 Bit) in weniger als einer Sekunde brechen können.

Kurz zusammengefasst liegen die Schwachstellen von WEP in der Verwendung der RC4-Chiffre (bzw. deren Einbindung), dem kurzen Initialisierungsvektor und der Linearität von CRC-32, sodass die Integrität der Daten nicht mehr geschützt werden kann. Zusätzlich kommt das fehlende Schlüsselmanagement (statische Gruppenschlüssel mit unbegrenzter Gültigkeit) hinzu.

4.2.5.2 Wi-Fi Protected Access (WPA)

Für den WPA-Standard gibt es zwei verschiedene Modi zur Herstellung der Sicherheit, wobei sich beide Lösungsansätze grundsätzlich unterscheiden:

- *Personal Mode.* Verwendung eines Pre-Shared-Keys (PSK). Dies ist ein manuell einge-stelltes Passwort das als Basis für den gemeinsamen Schlüssel PMK dient. (PMK wird aus PSK abgeleitet).
- *Enterprise Mode.* Authentifizierung und Schlüsselaustausch ($\rightarrow$ PMK) mit einem Authentication Server (AS)[2], z.B. RADIUS oder Diameter. Die Authentifizierung geschieht nach dem Standard IEEE 802.1X [IEE10].

Weiterhin gibt es im WPA-Standard zwei unterschiedliche kryptographische Protokolle, die sich um die Verschlüsselung und den Integritätsschutz der Daten kümmern können:

- *TKIP (Temporal Key Integrity Protocol)*
  Ein *Übergangsstandard* mit den gleichen Techniken wie der schwache Vorgängerstan-dard WEP. Dieser Algorithmus ist im heutigen Standard immer noch als optional vorge-sehen, damit Geräte mit älterer Hardware den WPA-Standard verwenden können. TKIP verwendet einen doppelt so großen „IV" (TSC = 48 Bit) und zusätzlich einen verbesserten ICV[3]-Algorithmus (Michael). Es werden 4 Schlüssel mit je 128 Bit generiert.
- *CCMP (Counter Mode/CBC-Mac Protocol)*
  Vollständig neuer Standard mit AES als kryptographisches Primitiv. Die Blockchiffre AES wird als Verschlüsselungsverfahren (CTR-Mode, 128 Bit) und ICV-Algorithmus (CBC-MAC) verwendet *(WPA2)*.
  Der CCMP Algorithmus ist derzeit als sicher anzusehen, wenn der verwendete Schlüssel ausreichend sicher ist.

Die beiden Sicherheitsansätze Personal und Enterprise Mode lassen sich beliebig mit den kryptographischen Protokollen TKIP und CCMP kombinieren. Beide Einstellungen werden in den Accesspoints vorgenommen, wobei für den Enterprise Mode ein zusätzlicher Authen-tication Server (z. B. RADIUS oder Diameter) benötigt wird. Bei einigen Accesspoints läuft der Authentication Server als Software-Dienst auf dem Gerät selbst mit.

Ganz unabhängig davon, ob der Personal oder der Enterprise Mode, TKIP oder CCMP verwendet wird, muss ein *Pairwise Master Key* (PMK) zwischen der Station und dem Access-point vereinbart werden. Dieser PMK wird dazu verwendet, zwei temporäre Schlüssel in einem *4-Way Handshake* (siehe Abb. 4.8) auszuhandeln:

- *Pairwise Transient Key* (PTK)
- *Groupwise Transient Key* (GTK)

---

[2]oft AAA-System = Authentication, Authorization, Accounting

[3]Integrity Check Value (ICV) – eine kryptographische Prüfsumme

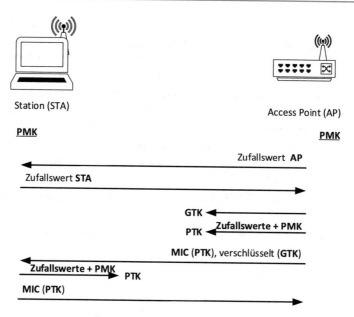

Abb. 4.8 IEEE 802.11 4-Way Handshake

Der PTK ist für jegliche gerichtete Kommunikation zwischen der Station und dem Accesspoint erforderlich. Der GTK findet nur dann Anwendung, wenn der Accesspoint eine Nachricht via Broadcast an alle angeschlossenen Stations senden möchte. Beide Schlüssel werden für die nachfolgende Verschlüsselung und den Integritätsschutz der WLAN-Verbindung verwendet. Beide temporäre Schlüssel haben eine maximale Gültigkeitsdauer, die von dem in WPA integrierten Schlüsselmanagement nach einer gewissen Zeit (wieder mit dem 4-Way Handshake, Rekeying) erneuert werden.

In den 4-Way Handshake gehen zwei Zufallswerte (hier: AP und STA) ein, die von jeweils einem der Teilnehmer erzeugt werden. Dadurch wird gewährleistet, dass der PTK möglichst zufällig wird. Der GTK wird hingegen nur von dem AP generiert. Im Verlauf des Protokolls wird ein *MIC* (Message Integrity Code) mit Hilfe des PTK generiert und versendet, sodass die jeweils andere Seite prüfen kann, ob sie den PTK korrekt berechnet hat. Der MIC entspricht hier einem Message Authentication Code (MAC, *nicht zu verwechseln mit Media Access Control*), wie er üblicherweise in der Kryptographie eingesetzt wird.

Im *Enterprise Mode* ist neben der Kommunikation zwischen STA und AP auch eine Kommunikation zwischen STA und Authentication Server (AS) notwendig. Diese Kommunikation wird mit Hilfe von erweiterbaren Authentifizierungs- und Schlüsselaustauschprotokollen durchgeführt, die man mit EAP (Extensible Authentication Protocol) bezeichnet. Der Zweck eines EAP-Protokolls ist (1) die beidseitige Authentifikation zwischen dem WLAN-Endgerät (STA) und dem Authentication Server (AS) und (2) ein Schlüsselaustausch zwischen STA und AS. Nach der erfolgreichen Authentifizierung (und Autorisierung) wird dieser einzigartige Schlüssel zum Pairwise Master Key (PMK). Der Authentication Server (AS) wird den ausgehandelten PMK nun in einer verschlüsselten Verbindung zu dem Accesspoint übertragen, damit dieser den 4-Way Handshake mit der Station durchführen kann.

Abb. 4.9 zeigt den vollständigen Verbindungsaufbau im Enterprise Mode. Die EAP-Protokolle werden zwischen STA und AP im EAPoL (EAP over LAN) Protokoll und zwischen AP und AS im RADIUS-Protokoll (oder Diameter) gekapselt.

Häufig verwendete *EAP*-Protokolle [ABV+04, ASE08] sind z.B. EAP-TTLS/ MSCHAPv2 [FBW08] (Aufbau eines TLS-Tunnels mit Server-Zertifikat, danach Authentifizierung mit dem Challenge-Response-Verfahren von Microsoft in Version 2) oder PEAP/MD5 (Aufbau eines TLS-Tunnels ähnlich zu EAP-TTLS (Syntax-Unterschiede), danach Authentifizierung mit dem MD5-Challenge-Response-Verfahren). Bei den EAP-Protokollen sind beliebige Kombinationen möglich, jedoch gibt es auch hier Unterschiede in der Sicherheit der Protokolle.

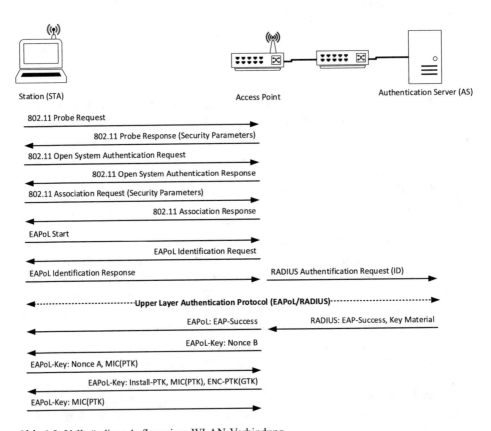

Abb. 4.9 Vollständiger Aufbau einer WLAN-Verbindung

▶ **Wichtig** Grundsätzlich ist der Enterprise Mode sicherer als der Personal Mode, vorausgesetzt das EAP Protokoll ist sicher. Dies liegt daran, dass alle Stations im Personal Mode denselben PMK verwenden und sich aus diesem Grund auch gegenseitig abhören könnten. Weiterhin können Nutzer gezielt blockiert werden, ohne die Schlüssel bei allen Nutzern ändern zu müssen.

4.3 Wireless Mesh Networks

Wireless Mesh Networks (WMN) sind eine spezielle Variante von Wireless-LAN-Netzen und teilen oftmals deren grundlegende Technologie (IEEE 802.11). Die wesentliche Veränderung ist die Vernetzung der Wireless Mesh Stations (Nodes) untereinander, die im Wesentlichen über eine Funkverbindung erfolgt. Dabei kann ein WMN Node nicht nur eine Verbindung zu einem weiteren WMN Node unterhalten, sondern gleich mehrere Verbindungen zu allen WMN Nodes in seiner Reichweite.

Übersetzt man Mesh Network direkt in die deutsche Sprache, spricht man von einem Maschennetz. Wie Abb. 4.10 zu entnehmen ist, führt dies zu redundanten Pfaden im Netz, womit eine gewisse Robustheit der Verbindung erzeugt wird. Besonders bei Funkverbindungen ist Robustheit wichtig, denn diese sind grundsätzlich viel anfälliger für Störungen als kabelgebundene Netzverbindungen. Die Wireles- Mesh-Protokolle sorgen dafür, dass Netzpakete nicht im Kreis laufen (siehe auch STP-Problematik in Abschn. 3.5).

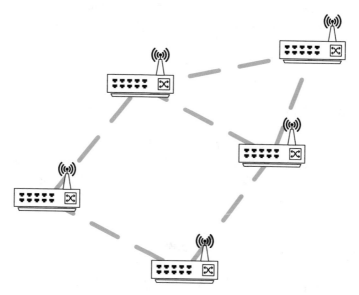

Abb. 4.10 Wireless Mesh Netz

Es gibt eine Vielzahl von unterschiedlichen Wireless-Mesh-Protokollen. Wichtig sind vor allem die Opensource-Implementierungen OLSR [CJ03] (Optimized Link State Routing Protocol), B.A.T.M.A.N [QLLH14] (Better Approach To Mobile Adhoc Networking) und der Standard IEEE 802.11 s [IEE11a].

In der Praxis findet man Wireless Mesh Netze oftmals in Community-Netzen von Städten, wie z. B. Freifunk (Berlin) oder Funkfeuer (Wien). Die Mesh-Teilnehmer vernetzen sich untereinander, um z. B. einen gemeinsamen Internetzugang zu teilen oder Daten auszutauschen. Auch in Industrieprojekten findet man Wireless-Mesh-Netze, wenn ein schwierig zu erschließender Bereich mit Wireless LAN abgedeckt werden soll. Letztlich gibt es auch WMN in der militärischen Anwendung, wenn beispielsweise in einem Katastrophenfall schnellstmöglich eine Kommunikationsinfrastruktur erschaffen werden muss.

▶   **Wichtig** Wireless Mesh Networks sind in der Regel durch fest installierte bzw. unbewegliche Nodes aufgebaut. Wenn mobile Geräte hinzukommen, um die Infrastruktur aufzubauen, bezeichnet man das entstehende Netz auch als Mobile Adhoc Network (MANET).

4.4   Wireless Sensor Networks

Wireless Sensor Networks sind ein Spezialfall der Wireless Mesh Networks oder der MANETs. Die am Netz teilnehmenden Knoten bestehen oftmals aus Embedded Systems (Sensoren) mit wenig Leistung, wie z. B. bei der Hausautomatisierung. Als Technologie kommen hier üblicherweise stromsparendere Technologien als Wireless LAN zum Einsatz. Beispiele für Technologien sind hier IEEE 802.15.4 ZigBee [IEE11b] oder Bluetooth [IEE05a].

4.5   Mobilfunknetze

Die historischen Ansätze des Mobilfunks sowie die detaillierte Funktionsweise der unterschiedlichen Generationen sollen an dieser Stelle nicht betrachtet werden. Dazu sei auf das Werk von Walke [BWF13] verwiesen. Nachfolgend werden das Grundprinzip des Mobilfunks sowie einzelne Standards zusammenfassend beschrieben.

4.5.1   Die Entwicklung des Mobilfunks

Die Standardisierung von Mobilfunknetzen wurde von verschiedenen Standardisierungsgremien betrieben. Dies ist ein Unterschied zur reinen IEEE-Standardisierung von WLAN. Dies führte zur weltweiten Verwendung unterschiedlicher Mobilfunktechnologien und somit zu

Inkompatibilität der Mobilfunknetze untereinander. Erst die vierte und die fünfte Mobilfunkgeneration sind weltweit einheitlich standardisiert.

Die Abb. 4.11 zeigt eine Einordnung der bisherigen Mobilfunkgenerationen. Die erste Generation der Mobilfunknetze arbeitete noch analog. Erst mit der *zweiten Generation (2 G)* wurden die Mobilfunknetze digital. Anfang der 80er Jahre wurde mit dem *Global System for Mobile Communications (GSM)* ein Mobilfunkstandard entwickelt, der in ganz Europa einheitlich verwendet werden sollte. GSM bietet neben der digitalen Übertragung der Sprachdaten mit dem später entwickelten Verfahren *General Packet Radio Service (GPRS)* die Möglichkeit, paketorientiert Daten zu verschicken und zu empfangen, sodass bereits generell eine Verbindung mit dem Internet möglich gewesen ist, wenn auch nur mit – verglichen zu heutigen Standards - deutlich geringeren Datenraten. GSM wurde zunächst in Europa von dem *European Telecommunications Standards Institute (ETSI)* [ETS19] standardisiert.

Auf dem beschriebenen Grundprinzip der Mobilfunknetze aufbauend, wurden in den vergangenen Dekaden weitere Standards entwickelt, die insbesondere dem immer größeren Anspruch an die Datenübertragung und dem Zugriff auf das Internet gerecht werden sollten. Als Nachfolger des auf GSM basierenden GPRS-Verfahrens wurde *Enhanced Data Rates for GSM Evolution (EDGE)* eingeführt. EDGE wurde jedoch nicht als dritte Generation (3 G) der Mobilfunknetze bezeichnet, da es sich hierbei lediglich um eine Erhöhung der Symbolrate im Vergleich zu GSM sowie eine Einführung verschiedener Modulationsverfahren

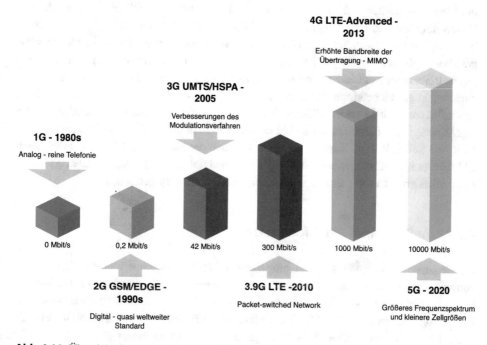

Abb. 4.11 Übersicht der verschiedenen Mobilfunkgenerationen

handelte, jedoch ansonsten keine signifikanten Neuerungen im Vergleich zu den Vorgängern existierten und auch die Steigerung der Datenraten auf maximal 384 kBit/s nicht enorm war. EDGE war daher ein Zwischenschritt und wird häufig als 2.5 G-Technologie bezeichnet.

GSM ist bis heute weltweit verbreitet, trotz neuerer Technologien steht auch bislang kein Abschaltdatum für die in Deutschland genutzten Frequenzbereiche fest.

Mit dem *Universal Mobile Telecommmunication System (UMTS)* begann die dritte Generation (3 G) des Mobilfunks. In Abhängigkeit der jeweiligen Erweiterung (z. B. HSPA - High Speed Packet Access) wurden deutlich höhere Datenraten von 168 MBit/s möglich, auch wenn diese in der Realität aufgrund von Einschränkungen beim Netzausbau sowie Einschränkungen der Mobilfunkgeräte nur selten erreicht werden. Die Standardisierung von UMTS wurde von dem *3rd Generation Partnership Project (3GPP)* betrieben, ein weltweiter Zusammenschluss von Standardisierungsgremien. Die GSM-Standards wurden von 3GPP übernommen und fortgeführt. Dennoch gab es Konkurrenztechnologien zu UMTS, wie *CDMA2000* [3GP00]. Das System fand vor allem in Nordamerika und einigen asiatischen Staaten Verwendung. Als weitere Alternativtechnologie wurde von IEEE *WiMAX* [IEE] definiert, eigentlich als Alternative zu DSL für die letzte Meile gedacht, gab es mit dem Standard IEEE 802.16 m auch eine mobile Alternative zu UMTS und *Long Term Evolution (LTE)*. WiMAX wurde allerdings kaum von Endanwendern genutzt, die großen Mobilfunkanbieter bevorzugten letztendlich UMTS und LTE.

Mit der Einführung von *LTE* [3GP10b], sollte Technik der vierten Mobilfunkgeneration implementiert werden. Da LTE jedoch vom Grundprinzip her deutliche Ähnlichkeiten zu UMTS aufweist und eine Nachrüstung bestehender UMTS-Anlagen möglich war, wurde in Fachkreisen stets von 3.9 G gesprochen, da der technologische Schritt vergleichsweise gering ist. Die Bezeichnung 4 G wurde lediglich aus Werbezwecken von Herstellern und Netzbetreibern verwendet. Erst mit *LTE-Advanced* [3GP13] sind die technologischen Entwicklungen ausreichend, um auch fachlich von der vierten Mobilfunkgeneration (4 G) zu reden. Während GSM und UMTS noch auf dem Prinzip der Circuit-Switched Networks (vgl. Kap. 2.1.1.1) beruhten, wurde bei der Entwicklung von LTE auf IP-basierte Packet-Switched Networks (vgl. Kap. 2.1.1.2) gesetzt. Auch der Nachfolger 5 G wird ein komplett IP-basiertes Mobilfunknetz werden, wodurch die technologische Lücke zwischen typischen ethernetbasierten Computernetzen und Mobilfunknetzen verringert wurde.

4.5.2   Aufbau eines Mobilfunknetzes

Im Gegensatz zum zumeist lokal eingesetzten WLAN, welches kleinflächige Räume abdeckt, sind Mobilfunknetze auf einen weiträumigen Einsatz ausgelegt. Im Optimalfall kann sich das mobile Endgerät an jedem Ort in einem Land in das Mobilfunknetz einwählen. Um dies zu erreichen sind Mobilfunknetze wabenförmig aufgebaut. In Abb. 4.12 ist die wabenförmige Zellenstruktur eines derartigen Mobilfunknetzes dargestellt.

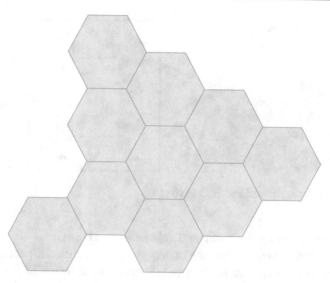

Abb. 4.12 Wabenstruktur der Mobilfunknetze

Innerhalb jeder Zelle im Mobilfunknetz bildet eine *Basisstation* das Zentrum, mit dem die Teilnehmer in einer Zelle verbunden sind. In modernen Mobilfunknetzen können aneinander angrenzende, adjazente Zellen die gleichen Frequenzen wiederverwenden ohne Inter-Cell-Interferenzen zu erzeugen. Um die Verbindung beim Wechsel eines Teilnehmers zwischen zwei Zellen aufrecht zu erhalten, existieren Verfahren für einen *Handover* zwischen den Basisstationen der entsprechenden Zellen.

4.5.3 Architektur eines Mobilfunknetzes

Im Folgenden wird die Architektur eines Mobilfunknetzes am Beispiel von LTE einge-führt. Die Architektur ändert sich mit jeder Mobilfunkgeneration, der grundsätzliche Aufbau erlaubt aber eine exemplarische Betrachtung.

Ein Mobilfunknetz besteht zunächst aus dem *Radio Access Network (RAN)*. Das RAN stellt die physikalische Luftschnittstelle bereit, damit sich Endgeräte wie beispielsweise Mobiltelefone in das Mobilfunknetz einwählen können. Im Falle von LTE heißt das RAN *Evolved Universal Mobile Telecommunications System Terrestrial Radio Access Network (EUTRAN)*. Die Basisstation wird als *eNodeB* bezeichnet. Dieses eNodeB wiederum ist angeschlossen an das Kernnetz, den *Evolved Packet Core (EPC)* [3GP10a]. Das EUTRAN hat die Aufgabe, die verschiedenen Teilnehmer innerhalb einer Mobilfunkzelle zu koordi-nieren. Im EPC hingegen findet die Verwaltung des gesamten Netzes statt. Dazu gehört die Anbindung an das Internet, die Steuerung von Handover-Prozessen, aber auch die jeweilige Nutzerverwaltung bei einem Mobilfunkanbieter. Die Abb. 4.13 zeigt den Aufbau des EPC.

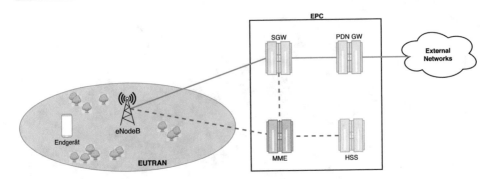

Abb. 4.13 Aufbau des Evolved Packet Core von LTE

Grundlegendes Prinzip der mobilen Telefonie ist es zudem, dass eine Trennung der Geräte und des Netzzugangs vorgesehen ist. Mobiltelefone können sich mit einem bestimmten Mobilfunknetz erst verbinden, wenn sie mit einer sogenannten SIM-Karte (Subscriber Identity Module) ausgestattet sind. Die Trennung von Mobilfunkgerät und dem notwendigen Modul für den Netzzugang ist entscheidend gewesen für die unabhängige Entwicklung der Netze, der freien Auswahl der Endgeräte und somit auch für die Vielfältigkeit der Angebote. Eine feste Bindung hätte die rasante Entwicklung der Mobilfunkindustrie stark ausgebremst.

Die Kernkomponenten des EPC sind:

- **Mobility Management Entity (MME)**
  Die MME ist die Steuerungsschicht des EPC. Sie übernimmt die Signalisierung für Mobilität (Handover) und Sicherheit für den EUTRAN-Zugang.
- **Serving Gateway (SGW)**
  Das SGW ist die Vermittlungsstelle für den IP-Datenverkehr zwischen dem Endgerät und dem EPC. Zudem findet hier auch der Handover zwischen zwei eNodeBs bei intra-LTE-Mobilität statt.
- **Packet Data Network Gateway (PDN GW)**
  Das PDN GW verbindet den EPC mit externen IP-Netzen, wie dem Internet.
- **Home Subscriber Server (HSS)**
  Der HSS ist eine Datenbank für die nutzerbezogenen Informationen, die notwendig sind für die Authentifizierung des Nutzers im Netz, den Aufbau eines Anrufs oder einer Datenübertragung sowie für das Mobilitätsmanagement.

4.5.4   Medium Access Control (MAC)

Wie in Kap. 4.2.2 ausgeführt, können in drahtlosen Netzen keine Kollisionen während des Sendens festgestellt werden. Dieses nicht deterministische Verhalten ist bei einem Telefongespräch nicht akzeptabel. Verbindungsabbrüche infolge des Versuchs weiterer Teilnehmer des Netzes aktiv Daten zu übertragen, sollen vermieden werden. Daher wurde im Mobilfunk das Prinzip der *Resource Allocation* eingeführt. Bevor ein Teilnehmer beginnen kann Daten zu übertragen, braucht dieser zunächst von der Basisstation zugewiesene *Resource Blocks*. Diese Resource Blocks stehen exklusiv diesem einen Teilnehmer zur Verfügung, dadurch können Kollisionen vermieden werden.

Wenn ein Endgerät eine Datenübertragung starten möchte, startet es zunächst die *Random Access Procedure*, eine Methode um von der Basisstation entsprechende Uplink Resourcen zugewiesen zu bekommen.

Die Datenübertragung in Mobilfunknetzen findet in sich wiederholenden *Frames* statt. Wie in Abb. 4.14 dargestellt, ist ein Frame in LTE 10 ms lang. Jedes Frame ist in Subframes untergliedert. Zu Beginn sendet die Basisstation im *Physical Broadcast Channel* Informationen über die Systembandbreite, verwendete Anzahl von Antennen etc. Diese Informationen benötigt das Endgerät, um überhaupt eine Datenübertragung initiieren zu können. Die Abb. 4.15 zeigt das Verfahren des Verbindungsaufbaus. Nach dem Empfang der initialen Broadcastnachricht sendet das Endgerät eine Präambel an die Basisstation, um sich anzumelden. Wird diese Anfrage positiv beantwortet, kann das Endgerät den Verbindungsaufbau anfordern und nach erfolgreichem Abschluss dieses Verfahrens die eigentliche Datenübertragung starten. Bei der Übertragung der ersten Nachrichten des Endgeräts kann es weiterhin zu Kollisionen kommen, wenn gleichzeitig mehrere Endgeräte senden möchten. Sind zu viele Teilnehmer in einer Mobilfunkzelle kann eine Datenübertragung daher ebenfalls über einen längeren Zeitraum unmöglich sein.

Die eigentliche Übertragung von Daten findet dann in den weiteren Subframes statt. Dabei stehen dem Endgerät exklusive Resource Blocks zur Verfügung. Diese Resource Blocks beschreiben die verfügbaren Ressourcen in der Zeit- und Frequenzdomäne. Als Modulationsverfahren kommen dabei das energieintensive *Orthogonal Frequency Division Multiple Access (OFDMA)* im Downlink sowie das energiesparende *Single Carrier-Frequency Division Multiple Access (SC-FDMA)* zum Einsatz. Beide Verfahren basieren auf dem auch von WLAN bekannten OFDM-Verfahren, bei dem das vorhandene Frequenzspektrum in schmalbandige Subcarrier unterteilt wird. Die Orthogonalität der einzelnen Trägersignale verbessert die Unterscheidbarkeit benachbarter Signale voneinander und reduziert somit mögliche Interferenzen.

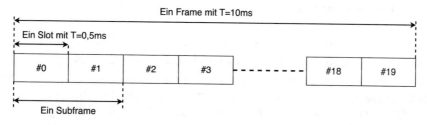

Abb. 4.14 Frame-Struktur von LTE mit FDD

Abb. 4.15 Verbindungsaufbau
in LTE

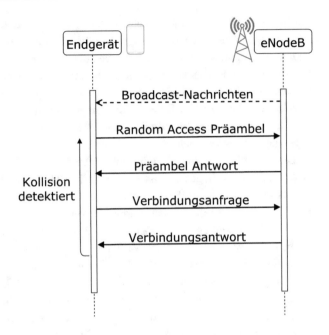

Wichtig Im Mobilfunk wird zwischen dem Uplink, dem Datentransfer vom Endgerät zur Basisstation, und dem Downlink in umgekehrter Richtung unterschieden. Üblicherweise werden für den Uplink geringfügig niedrigere Frequenzbereiche verwendet, um die besseren physikalischen Ausbreitungscharakteristika auszunutzen. Aufgrund der geringeren Sendeleistung des Endgeräts ist die Ressourcenzuteilung im Uplink besonders wichtig. Dieses Verfahren nennt sich *Frequency Division Duplex (FDD)*, dabei ist ein gleichzeitiges Senden und Empfangen von Daten möglich. Die geringe Verfügbarkeit von zusätzlichen Frequenzen macht zunehmend den Einsatz von *Time Division Duplex (TDD)* für Mobilfunkanbieter interessant. Dabei wird nicht frequenzabhängig zwischen Downlink und Uplink unterschieden, sondern zeitabhängig.

4.5.5 Ausblick auf 5 G

Aktuell wird die *fünfte Generation des Mobilfunkstandards (5 G)* [3GP19] definiert. Mit 5 G sollen sowohl die verfügbaren Datenraten für die Endgeräte weiter gesteigert werden als auch sehr geringe Latenzen (unter 1 ms) in der Datenübertragung erreicht werden. Ein Weg dazu ist die Erschließung weiterer Frequenzbereiche im Millimeterwellenbereich oberhalb von 24 GHz. 5 G wird als eine Schlüsseltechnologie für die Marktdurchdringung von IoT-Komponenten (vgl. Kap. 16) angesehen. Um die Anzahl von Teilnehmern im Mobilfunknetz zu erhöhen, ist beabsichtigt, die Zellen zu verkleinern, damit die verfügbaren Frequenzen häufiger wiederverwendet werden können. Weiterentwicklungen finden auch im Kernnetz statt, die grundsätzliche Netzarchitektur soll in Richtung SDN (vgl. Kap. 15) weiterentwickelt werden, um Technologien wie Network Slicing zu verwenden. 5 G wird voraussichtlich ab dem Jahr 2020/2021 in den Betrieb gehen.

4.2 Wie sind Mobilfunknetze im Gegensatz zu drahtlosen Kommunikationstechnologien – wie WLAN – aufgebaut?

4.3 Aus welchen zwei Komponenten besteht das Mobilfunknetz von LTE?

4.4 Woher weiß ein Endgerät, wann es senden darf?

Literatur

[Pol06]   Arcada Polytechnic. Mobile and wireless communication systems - gsm, 2006. http://wireless.arcada.fi/MOBWI/material/CN_1.html.

[3GP14]   3GPP. The 3rd Generation Partnership Project (3GPP), 2014. http://www.3gpp.org/.

[IEE05a]   IEEE 802.15.1 Working Group. Ieee standard for local and metropolitan area networks – part 15.1: Wireless medium access control (mac) and physical layer (phy) specifications for wireless personal area networks (wpans).IEEE 802.15.1, IEEE Computer Society, 2005.

[ISO00]   Identification cards – Contactless integrated circuit(s) cards – Proximity cards, 2000.

[IrD14]   IrDA. Infrared data association. http://www.irda.org/, 2014.

[IEE12a]   IEEE 802.11 Working Group. Ieee standard for information technology – part 11: Wireless lan medium access control (mac) and physical layer (phy) specifications. IEEE 802.11, IEEE Computer Society, 2012.

[ABV+04]   B. Aboba, L. Blunk, J. Vollbrecht, J. Carlson, and H. Levkowetz. Extensible Authentication Protocol (EAP). RFC 3748 (Proposed Standard), June 2004. Updated by RFCs 5247, 7057.

[ASE08]   B. Aboba, D. Simon, and P. Eronen. Extensible Authentication Protocol (EAP) Key Management Framework. RFC 5247 (Proposed Standard), August 2008.

[BV98]   L. Blunk and J. Vollbrecht. PPP Extensible Authentication Protocol (EAP). RFC 2284 (Proposed Standard), March 1998. Obsoleted by RFC 3748, updated by RFC 2484.

[Zor99]   G. Zorn. PPP LCP Internationalization Configuration Option. RFC 2484 (Proposed Standard), January 1999.

[HMNS98]   N. Haller, C. Metz, P. Nesser, and M. Straw. A One-Time Password System. RFC 2289 (INTERNET STANDARD), February 1998.

[HS06]   H. Haverinen and J. Salowey. Extensible Authentication Protocol Method for Global System for Mobile Communications (GSM) Subscriber Identity Modules (EAP-SIM). RFC 4186 (Informational), January 2006.

[RWRS00]   C. Rigney, S. Willens, A. Rubens, and W. Simpson. Remote Authentication Dial In User Service (RADIUS). RFC 2865 (Draft Standard), June 2000. Updated by RFCs 2868, 3575, 5080, 6929.

[Rig00]   C. Rigney. RADIUS Accounting. RFC 2866 (Informational), June 2000. Updated by
            RFCs 2867, 5080, 5997.

[ZAM00]   G. Zorn, B. Aboba, and D. Mitton. RADIUS Accounting Modifications for Tunnel Pro-
            tocol Support. RFC 2867 (Informational), June 2000.

[ZLR+00]   G. Zorn, D. Leifer, A. Rubens, J. Shriver, M. Holdrege, and I. Goyret. RADIUS Attributes
            for Tunnel Protocol Support. RFC 2868 (Informational), June 2000. Updated by RFC
            3575.

[RWC00]   C. Rigney, W. Willats, and P. Calhoun. RADIUS Extensions. RFC 2869 (Informational),
            June 2000. Updated by RFCs 3579, 5080.

[ND07]   D. Nelson and A. DeKok. Common Remote Authentication Dial In User Service
            (RADIUS) Implementation Issues and Suggested Fixes. RFC 5080 (Proposed Standard),
            December 2007.

[DL13]   A. DeKok and A. Lior. Remote Authentication Dial In User Service (RADIUS) Protocol
            Extensions. RFC 6929 (Proposed Standard), April 2013.

[FALZ12]   V. Fajardo, J. Arkko, J. Loughney, and G. Zorn. Diameter Base Protocol. RFC 6733
            (Proposed Standard), October 2012. Updated by RFC 7075.

[AW03]   B. Aboba and J. Wood. Authentication, Authorization and Accounting (AAA) Transport
            Profile. RFC 3539 (Proposed Standard), June 2003.

[IEE04a]   IEEE 802.11 Working Group. *IEEE Standard for Information technology – Wireless LAN
            Medium Access Control (MAC) and Physical Layer (PHY) Specifications, Amendment
            6: Medium Access Control (MAC) Security Enhancements (IEEE Std 802.11i-2004).*
            Institute of Electrical and Electronics Engineers, Inc., 2004.

[FMS01]   Scott Fluhrer, Itsik Mantin, and Adi Shamir. Weaknesses in the key scheduling algorithm
            of rc4. In *Selected areas in cryptography*, pages 1–24. Springer, 2001.

[TWP07]   Erik Tews, Ralf-Philipp Weinmann, and Andrei Pyshkin. Breaking 104 bit wep in less
            than 60 seconds. Cryptology ePrint Archive, Report 2007/120, 2007. http://eprint.iacr.
            org/.

[TB09]   Erik Tews and Martin Beck. Practical attacks against wep and wpa. In *Proceedings of
            the second ACM conference on Wireless network security*, pages 79–86. ACM, 2009.

[An14]   Aircrack-ng. Aircrack-ng webseite, 2014. http://aircrack-ng.org.

[IEE10]   IEEE 802.1X Working Group. Ieee standard for local and metropolitan area networks –
            port-based network access control. IEEE 802.1X, IEEE Computer Society, 2010.

[FBW08]   P. Funk and S. Blake-Wilson. Extensible Authentication Protocol Tunneled Transport
            Layer Security Authenticated Protocol Version 0 (EAP-TTLSv0). RFC 5281 (Informa-
            tional), August 2008.

[CJ03]   T. Clausen and P. Jacquet. Optimized Link State Routing Protocol (OLSR). RFC 3626
            (Experimental), October 2003.

[QLLH14]   Antonio Quartulli, Linus Lüssing, Marek Lindner, and Martin Hundebøll. Open-mesh,
            2014. http://www.open-mesh.org/projects/open-mesh/wiki.

[IEE11a]   IEEE 802.11s Working Group. Ieee standard for information technology–
            telecommunications and information exchange between systems–local and metropolitan
            area networks–specific requirements part 11: Wireless lan medium access control (mac)
            and physical layer (phy) specifications amendment 10: Mesh networking. IEEE 802.11s-
            2011, IEEE Computer Society, 2011.

[IEE11b]   IEEE 802.15.4 Working Group. Ieee standard for local and metropolitan area networks
            – part 15.4: Low-rate wireless personal area networks (lr-wpans). IEEE 802.15.4, IEEE
            Computer Society, 2011.

[BWF13]   M. Bossert, B. Walke, and N. Fliege. *Mobilfunknetze und ihre Protokolle 1: Grundlagen, GSM, UMTS und andere zellulare Mobilfunknetze*. Informationstechnik. Vieweg+Teubner Verlag, 2013.

[ETS19]   ETSI. 2nd generation (geran), 2019.

[3GP00]   3GPP2. CDMA2000, 2000. http://www.3gpp2.org/.

[IEE]   IEEE. Ieee working group 802.16 wimax.

[3GP10b]   3GPP. Long Term Evolution, 2010. https://www.3gpp.org/technologies/keywords-acronyms/98-lte.

[3GP13]   3GPP. LTE-Advanced, 2013. https://www.3gpp.org/technologies/keywords-acronyms/97-lte-advanced.

[3GP10a]   3GPP. Evolved Packet Core (EPC), 2010. https://www.3gpp.org/technologies/keywords-acronyms/100-the-evolved-packet-core.

[3GP19]   3GPP. 5G System, 2019. https://www.3gpp.org/news-events/3gpp-news/1987-imt2020_workshop.

Teil III
Kommunikation auf logischer Ebene

Grundlagen

5

Die logische Kommunikation zwischen verschiedenen Endpunkten in einem Computernetz setzt zunächst eine physikalische Verbindung über eine nahezu beliebige Anzahl von Knotenpunkten voraus, ist jedoch von der Ausgestaltung der physikalischen Verbindung unabhängig, sodass es auf der logischen Ebene zunächst keinen Unterschied macht, ob eine Verbindung abschnittsweise kabelgebunden oder kabellos ist. Auch unterschiedliche Techniken können zum Einsatz kommen, ohne dass dies auf der logischen Ebene von Bedeutung ist. Wollen zwei Endpunkte miteinander auf dieser Ebene kommunizieren, werden ihnen logische Adressen zugewiesen. In diesem Abschnitt werden einige wichtige Grundlagen dazu erläutert, um die logische Kommunikation auf den verschiedenen Ebenen der Referenzmodelle einordnen zu können.

5.1 Switch vs. Router

L2-Switches sind hinsichtlich ihrer Grundfunktionalität konzipiert, Endgeräte bzw. Zweige eines Netzes physikalisch zu verbinden. Besonderes Merkmal des L2-Switches im Vergleich zum Router ist, dass er im Hinblick auf die Administration eines Computernetzes weniger Aufwand verursacht. Da L2-Switches lediglich bis zum ISO/OSI-Layer 2 arbeiten und in *Hardware* implementiert sind, ist ihre Filter- und Weiterleitungsgeschwindigkeit höher als die vergleichbarer Router, die diese Pakete bis zum ISO/OSI-Layer 3 verarbeiten müssen. L2-Switches bieten nur bedingt Schutzmechanismen vor *Broadcast-Flooding*. Sendet ein Host z. B. dauerhaft Broadcast-Pakete, werden diese durch die L2-Switches zu allen Teilnehmern übertragen, was zu einer Überlastung des Computernetzes und somit zur Verschlechterung der Performance führen kann.

Aufgrund der auf ISO/OSI-Layer 3 per IP-Adressen üblicherweise hierarchischen Adressierung in Computernetzen können Broadcast-Domänen durch den Einsatz von Routern beschränkt werden. Darüber hinaus wird das Zirkulieren von Broadcast-Paketen im Netz

P.-B. Bök et al., *Computernetze und Internet of Things*, https://doi.org/10.1007/978-3-658-29409-0_5

durch die maximale Anzahl von Hops im TTL-Feld des IP-Headers begrenzt. Damit ist die aktive Topologie des Netzes nicht auf einen *Spannbaum* beschränkt, was komplexe logische Netzestrukturen (z. B. das Internet oder große Intranets) ermöglicht. Da Router auf ISO/OSI-Layer 3 arbeiten, sind Router von Broadcast-Flooding auf ISO/OSI-Layer 2 nicht betroffen und die mit dem Router verbundenen übrigen Subnetze bzw. *Broadcast-Domänen* damit ebenso nicht. In der Regel benötigen sowohl Router als auch L3-Switches eine längere Verarbeitungszeit als L2-Switches, da hier die Felder der Pakete bis zum ISO/OSI-Layer 3 verarbeitet werden müssen.

5.2   Adressierung von Elementen

Jeder in einem Netz befindliche NIC besitzt eine 6-Byte-MAC-Adresse (vgl. Kommunikation auf physikalischer Ebene). Um eine logische Kommunikation zu ermöglichen, wird jedem NIC (somit jeder MAC-Adresse) eine logische Adresse zugeordnet. Einem NIC können theoretisch auch mehrere logische Adressen zugeordnet werden. Die hinter einer logischen Adresse verborgene physikalische Adresse kann mittels ARP aufgelöst werden. Physikalische Adressen müssen immer direkt in einem Netz erreichbar sein und sind im Vergleich zu logischen Adressen nicht routbar. Logische Adressen werden daher genutzt, um Elemente zu gruppieren, wie es beispielsweise bei Unternehmensnetzen, Abteilungsnetzen oder Gruppennetzen der Fall ist, und Hosts auch außerhalb dieser Gruppen netzübergreifend erreichbar zu machen. Die logische Gruppierung erfolgt somit bis hin zu den Endpunkten.

In Abhängigkeit von der zu übermittelnden Art der Informationen und der Anzahl der Hosts, die eine Nachricht empfangen sollen, werden drei verschiedene Arten der logischen Kommunikation unterschieden: Unicast, Multicast, Broadcast (vgl. Abb. 5.1).

Eine direkte Kommunikation zwischen zwei Hosts, auch über mehrere Hops oder Proxy-Systeme hinweg, wird als Unicast bezeichnet. Hier erfolgt die Adressierung eines Pakets für genau einen Zielhost. Sobald ein gesendetes Paket im Netz des Hosts angekommen ist, wird die zur logischen Adresse zugehörige MAC-Adresse mittels ARP ermittelt und das Paket bis zum Host weitergeleitet. Durch die direkte Zuordnung wird sichergestellt, dass das adressierte logische Ziel das Paket erhält.

Eine Kommunikation mit mehreren Empfängern einer logischen Gruppe wird als Multicast bezeichnet. Multicast wird eingesetzt, um die Anzahl der Datenflüsse zu reduzieren. Wird beispielsweise ein Video von mehreren Teilnehmern einer logischen Gruppe gestreamt, ist es sinnvoll, dass die Pakete nur einmal vom Server abgerufen werden und erst möglichst nah an den Teilnehmern an diese parallel weitergeleitet werden. Dadurch können signifikant Ressourcen im Netz eingespart werden und insbesondere die in der Regel langsamen Internet Access Links zum Provider entlastet werden. Neben der logischen Adressierung der *Multicast-Gruppe,* die diese Daten abruft, ist zudem ein Routing der Multicast-Pakete erforderlich. Die Auflösung der logischen Adressen in die jeweiligen zur Multicast-Gruppe gehörenden MAC-Adressen erfolgt wiederum via ARP.

▶ **Wichtig** Eine Kommunikation mit allen Teilnehmern einer logischen Gruppe wird als Broadcast bezeichnet. Die Adressierung erfolgt dabei nicht gezielt für einen einzelnen Host oder eine Teilgruppe, sondern für die vollständige logische Gruppe. Die logische Gruppe beschränkt somit auch die Weiterleitung der Broadcast-Nachrichten auf der physikalischen Ebene auf genau diese Gruppe. Logische Gruppen beschränken somit Broadcast-Domänen in einem Netz. Würde der Broadcast auf der darunter gelagerten Ebene direkt erfolgen, wäre keine Beschränkung der Broadcast-Domäne möglich.

Abb. 5.1 Adressierung von Elementen

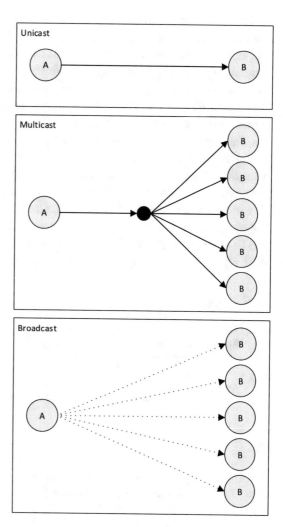

Der jeweils für eine Anwendung ausgewählte Kommunikationstyp richtet sich nach der Art der zu versendenden Information. Während Standard-Client-Anwendungen (Web-Browser, E-Mail-Client etc.) in der Regel Unicast-Verkehr im Netz erzeugen, erzeugen die meisten Streaming-Anwendungen Multicast-Verkehr. Broadcast-Verkehr hingegen wird nicht von derartigen Anwendungen erzeugt, sondern eher von Netz- und Systemdiensten wie beispielsweise ARP.

5.3   Adressierung von Anwendungsprozessen

Kommuniziert auf einem Host ausschließlich eine einzige festgelegte Anwendung über ein Netz, ist es nicht notwendig zwischen den Anwendungsprozessen auf dem Host zu unterscheiden. Alle eingehenden Pakete können direkt dem einen kommunizierenden Anwendungsprozess zugewiesen werden. Da in einem vernetzten System in der Regel jedoch eine Vielzahl von Anwendungen auf einem Host über ein Netz kommuniziert, ist es nicht alleine ausreichend, die Hosts zu adressieren, sondern weiterhin notwendig, auch die Anwendungen auf einem Host eindeutig identifizieren zu können. Die Adressierung und Kommunikation von Anwendungsprozessen auf mehreren Systemen ist in Abb. 5.2 veranschaulicht.

Um die Adressierung von Anwendungsprozessen zu ermöglichen, wird die logische Adressierung der Hosts um eine Adressierung der Anwendungsprozesse auf dem Host erweitert. Diese wird gemäß ISO/OSI-Referenzmodell in der Transportschicht (Layer 4) abgebildet und ist über die in den Protokollen der Transportschicht definierten *Anwendungsports* (kurz: Ports) geregelt. Die Protokolle TCP und UDP (vgl. Abschnitte zu TCP und UDP) erlauben beispielsweise die Nutzung von 65.536 Ports. Wie in Abb. 5.2 dargestellt, werden Pakete über die logische Adresse des Hosts über das Netz weitergeleitet. Erst

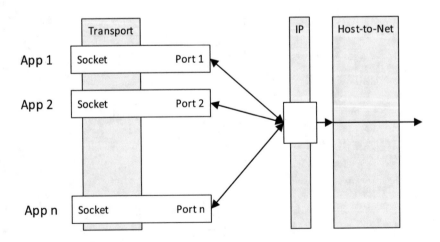

Abb. 5.2 Adressierung von Anwendungen

auf dem Host selbst erfolgt die Auflösung der im Header des Transportprotokolls definierten Ports zu einem Anwendungsprozess. Die Pakete werden dann an den entsprechenden Anwendungsprozess weitergeleitet.

Internet Protocol Version 4

6

Das Internet Protocol in Version 4 (IPv4) wurde im Jahr 1981 in dem Request for Comments RFC 791 [Pos81c] spezifiziert und ist ein DoD-Standard (Department of Defence), der auf dem ARPA-Internet-Protokoll in der sechsten Version basiert. Seitdem gab es eine Vielzahl von Updates, welche wiederum in RFCs niedergeschrieben wurden [Alm92, NBBB98, RFB01, Gro02, KS05, Bri10, Tou13].

Nach der Einführung des *Internet-Protokolls* entstand das TCP/IP-Schichtenmodell in Abb. 6.1, welches die Zuordnung der Schichten zu den tatsächlichen Protokollen des Internets deutlich einfacher machte (siehe auch Abschn. 2.3.2).

Die Adressierung auf der Internetschicht geschieht mit den sogenannten IP-Adressen, welche auch über ein Netz hinaus gültig sein können. Beispielsweise kann die Webseite www.fh-stralsund.de von fast jedem Haushalt mit Hilfe von deren IP-Adresse 194.94.72.39 angesprochen werden. Hingegen ist die physikalische Adressierung von www.fh-stralsund. de nicht direkt möglich, weil der Webserver selbstverständlich nicht in jedem Haushalt physikalisch vorhanden sein kann.

Damit eine Ende-zu-Ende-Adressierung stattfinden kann, benötigen beide Endgeräte gültige IP-Adressen, die in den hin und her gesendeten Netzpaketen enthalten sein müssen. Diese Absender- und Zieladressen finden neben einigen weiteren Parametern einen Platz im IP-Protokoll, welches in Abschn. 6.1 erläutert wird.

6.1 Paketierung

Das Internet Protocol in Version 4 ist für die Adressierung zwischen Endgeräten und die *Fragmentierung* von Netzpaketen zuständig, sollten diese zu groß für die Übertragung sein. In einem normalen lokalen Netz findet sich das IPv4-Protokoll direkt nach dem Ethernetprotokoll (ggf. LLC-Protokollheader) in den Netzpaketen.

© Der/die Herausgeber bzw. der/die Autor(en), exklusiv lizenziert durch Springer
Fachmedien Wiesbaden GmbH, ein Teil von Springer Nature 2020
P.-B. Bök et al., *Computernetze und Internet of Things*,
https://doi.org/10.1007/978-3-658-29409-0_6

Abb. 6.1 Das
TCP/IP-Schichtenmodell

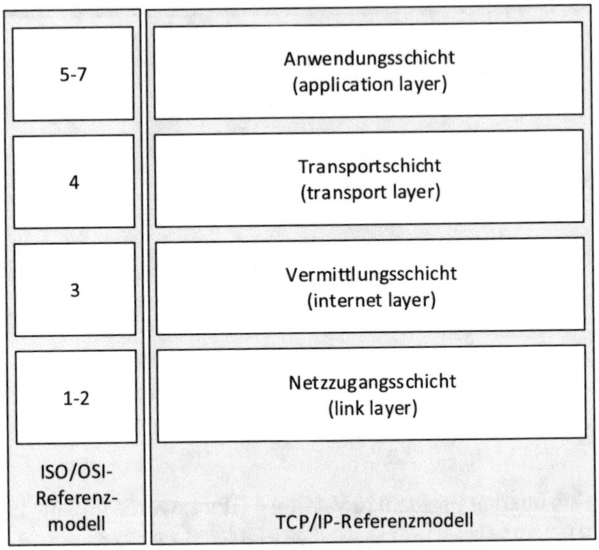

5-7	Anwendungsschicht (application layer)
4	Transportschicht (transport layer)
3	Vermittlungsschicht (internet layer)
1-2	Netzzugangsschicht (link layer)
ISO/OSI-Referenz-modell	TCP/IP-Referenzmodell

6.1.1   Aufbau der Pakete

IPv4 verwendet einen mindestens 20 Byte großen Protokollheader für die Unterbringung aller Parameter, wie die Absender- und Zieladresse, oder der Gesamtgröße des Netzpakets. Abb. 6.2 gibt einen Überblick über alle Felder des IPv4-Protokollheaders, wobei eine Zeile 32 Bits darstellt.

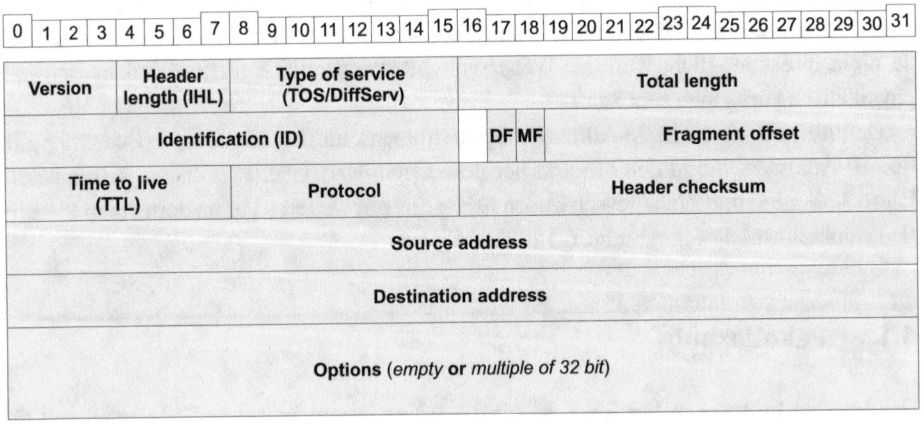

0	1	2	3	4	5	6	7	8	9	10	11	12	13	14	15	16	17	18	19	20	21	22	23	24	25	26	27	28	29	30	31

Version	Header length (IHL)	Type of service (TOS/DiffServ)		Total length		
Identification (ID)			DF	MF	Fragment offset	
Time to live (TTL)		Protocol		Header checksum		
Source address						
Destination address						
Options (*empty* or *multiple of 32 bit*)						

Abb. 6.2 Der Header des Internet Protocols in Version 4 (IPv4)

Das Feld *Version* gibt die IP-Protokollversion an, welche für IPv4 immer die Konstante 4 (0010_2) ist. Darauf folgt das vier Bit breite Feld *Internet Header Length (IHL)* mit dem die Länge des Headers in 32 Bit Words ausgedrückt wird. Hier ist der minimale Wert 5 (1010_2), mit dem die Größe eines IPv4-Protokollheaders ohne Optionen ($5 \cdot 32$ Bit = 20 Byte) ausgedrückt wird.

Als nächstes steht das Feld *Type of Service (TOS)* im IPv4-Protokollheader. Dies ist ein Feld, mit dem Informationen zur Priorisierung von IP-Paketen (Quality of Service – QoS) übertragen werden können. Dabei kommt den einzelnen Bits im *TOS*-Feld die folgende Bedeutung zu:

- *Bits 0–5*: DSCP (Differentiated Services Code Point, RFC 2474 [NBBB98])
- *Bits 6–7*: ECN (Explicit Congestion Notification, RFC 3168 [RFB01])

Quality of Service wird in Kap. 14 im Detail erläutert.

Das Feld *Total Length* enthält Länge des gesamten Datagramms in Byte (max. 65535 Byte), wobei an dieser Stelle weder die vorherigen Header (Ethernet, LLC, VLAN etc.) noch die CRC32-Prüfsumme aus dem IEEE 802.3 Ethernetprotokoll mitgezählt wird. Nachfolgend steht das zwei Byte große *Identification*-Feld (ID) im IP-Header, welches jedem IP-Paket eine Nummer zuordnet. Ergänzend sei gesagt, dass IP-Pakete fragmentiert werden, falls sie größer als die Maximum Transfer Unit (MTU) des Mediums sind und jedes Fragment eines IP-Pakets dieselbe ID besitzt.

Die nächsten drei Felder werden ebenfalls bei der Fragmentierung von IP-Paketen benötigt. Ein 1-Bit in dem Feld *DF (Don't Fragment)* verbietet das Fragmentieren des IP-Pakets und ein 1-Bit im Feld *MF (More Fragments)* weist darauf hin, dass weitere Fragmente folgen. Das bedeutet, dass nur das letzte Fragment eines IP-Pakets dieses Bit auf 0 setzt. Eine Besonderheit ist das *Fragment-Offset*-Feld, denn es ist lediglich 13 Bit groß. Der Wert legt fest, ab welcher Position das Fragment innerhalb des Pakets angeordnet ist, um beim Empfänger wieder alle Fragmente in der richtigen Reihenfolge zu einem IP-Paket zusammensetzen zu können. Der 13 Bit Wert stellt *Vielfache* von *8 Byte* dar. Weitere Informationen zur Fragmentierung folgen in Abschn. 6.1.2.

Im Feld *Time to live (TTL)* wird ein Zähler vorgehalten, der bei jedem Router um 1 vermindert wird. Erreicht TTL den Wert 0, wird das IP-Paket von dem Router verworfen. Dies ist wichtig, damit Pakete nicht unendlich lange kursieren können. Ohne dieses Feld würde die Kapazität der Internetleitung schnell durch im Kreis laufende Pakete[1] aufgebraucht werden und das Internet als Konsequenz nicht mehr nutzbar sein.

Ein Empfänger eines IP-Pakets muss wissen, welches *Protocol* nach dem IP-Protokoll folgt, damit es richtig interpretiert werden kann. Dies können z. B. die Transportprotokolle TCP (Wert=6) oder UDP (Wert=17) sein. So findet sich prinzipiell in jedem Header ein Hinweis auf das nachfolgende Protokoll. Über den IP-Header wird eine 16 Bit große Prüfsumme *(Header Checksum)* berechnet, die Fehler bei der Übertragung erkennen kann. Diese

---

[1]Dies kann bei einer Fehlkonfiguration von Routern auftreten.

Prüfsumme bezieht sich nur auf den IP-Header und nicht auf die nachfolgenden Header und Daten eines IP-Pakets. Schließlich gibt es zwei jeweils 32 Bit breite Felder *(Source* und *Destination Address)* für die Quell- und Ziel-IPv4-Adresse eines Pakets. Hier werden die dezimal notierten IP-Adressen (z. B. 192.168.0.1) byteweise kodiert.

Um nicht implementierte Features später hinzufügen zu können, verfügt der IP-Header über die Möglichkeit, einen *Optionsteil* zu ergänzen. Dieser Optionsteil ist immer ein Vielfaches von 32 Bit groß, denn sonst wäre er mit der Internet Header Length (IHL) nicht darstellbar. Im Folgenden einige Beispiele für Optionen des IPv4-Headers:

- *Security:* Definiert eine Geheimhaltungsstufe.
- *Strict and Loose Source Routing:* Gibt den Pfad des IP-Pakets durch das Internet vor *(strict),* oder setzt obligatorische Router fest *(loose).*
- *Record Route (Time Stamp):* Die Route wird aufgezeichnet (mit *Time Stamp).*

In Abb. 6.3 sieht man die Darstellung eines IP-Pakets, welches mit dem Netzsniffer Wireshark aufgezeichnet wurde. Sichtbar sind alle bisher besprochenen Felder, jedoch ist kein Optionsteil in diesem Paket vorhanden.

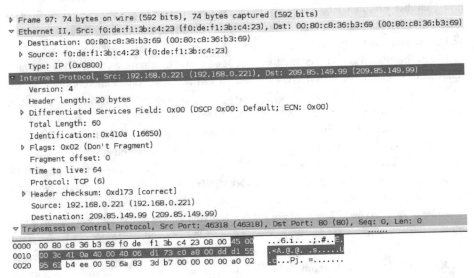

Abb. 6.3 Screenshot von Wireshark [Fou19] (Ethernet + IPv4-Header)

6.1.2 Fragmentierung

Netzpakete haben eine minimale und maximale Größe, die nicht unter- bzw. überschritten werden darf. Die maximale Größe eines Netzpakets wurde früher vor allem durch den Speicherausbau der Netzwerkkarten und die Interaktivität des Netzes (große Pakete belegen das Medium länger) limitiert. Heute spielen besonders die eingesetzten Koppelelemente (Switch, Router) hinein, welche oft eine große Zahl von Paketen zwischenspeichern müssen.

Infolgedessen wird die maximale Paketgröße in einem Netz durch die *Maximum Transfer Unit* (MTU) festgelegt, welche die Maximalgröße des Datenanteils nach dem Ethernetheader (siehe Abb. 6.4) bezeichnet. Aus der MTU lässt sich die maximale Größe des Datenrahmens berechnen.

> **Hinweis**
>
> Ein üblicher Wert für die MTU in IEEE-802.3-Ethernetnetzen ist 1500 Byte, was zu einer maximalen Framegröße von 1522 Byte (inkl. Ethernet-, VLAN-Header und Checksum) führt.

Hingegen ist die maximale Größe eines IP-Datagramms 65535 Byte, da das *Total Length* Feld im IP-Header 16 Bit große Werte aufnimmt. Wenn ein IP-Datagramm größer als 1500 Byte wird und eine Fragmentierung erlaubt ist (DF-Flag im IP-Header = 0), zerlegen Endgeräte oder Router das IP-Datagramm in kleinere Fragmente. Um dem zu entsprechen, hält der IP-Header verschiedene Felder vor, die bei der Fragmentierung und der korrekten Zusammensetzung der Fragmente am Ziel helfen. Fragmentiert wird dabei alles, was dem IP-Header folgt, ganz unerheblich, ob es weitere Protokolle oder Daten sind. In Abb. 6.5 ist die Fragmentierung eines IP-Datagramms in drei Fragmente dargestellt.

Grundsätzlich sollte jedes IP-Datagramm eine einzigartige Identification *(ID)* besitzen. Damit mehrere Fragmente einem Datagramm zugeordnet werden können, ist die ID in allen Fragmenten *identisch*. Das Don't Fragment Bit *(DF)* muss auf 0 gesetzt sein, damit eine Fragmentierung erlaubt ist. Wäre dieses Bit auf 1 gesetzt, würde das IP-Datagramm verworfen werden, wenn es größer als die MTU in einem Netz ist. Viele Router senden in dem Fall eine ICMP-Fehlermeldung (siehe Abschn. 6.6), dass sie das Paket fragmentieren müssten,

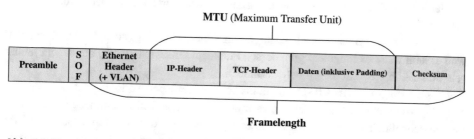

Abb. 6.4 Zusammenhang der Framegröße und der MTU

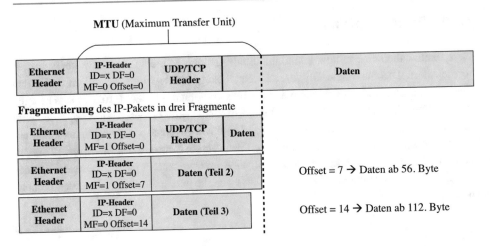

Abb. 6.5 Fragmentierung mit IPv4

dieses aber nicht erlaubt ist. Abgesehen von dem letzten Fragment eines Datagramms wird in jedem Fragment das More Fragments Bit *(MF)* auf 1 gesetzt. MF=0 kennzeichnet das letzte Fragment eines Datagramms.

Der Wert *Fragment Offset* im IP-Header gibt an, an welche Stelle die in dem Fragment enthaltenen Daten bei der Zusammensetzung in das gesamte IP-Datagramm eingeordnet werden sollen. Da das Fragment-Offset-Feld lediglich 13 Bit breit ist, die Gesamtgröße eines IP-Datagramms aber mit 16 Bit angegeben wird, werden die drei fehlenden Bits durch eine Adressierung in 8 Byte Blocken ausgeglichen. Daher müssen die in Fragment Offset enthaltenen Werte mit acht multipliziert werden, um auf den Startwert in Byte zu kommen.

Es ist weiterhin wichtig zu erwähnen, dass jedes Fragment eines IP-Datagramms einen eigenen IP-Header enthält. Der Ethernet- und der IP-Header gehören also zum nicht fragmentierbaren Teil eines *IP-Datagramms.*

Wenn eine Maximum Transfer Unit ungleich 1500 Byte gewählt wird, kann es passieren, dass die MTU aufgrund der Ungenauigkeit des Fragment-Offset-Felds nicht vollständig ausgenutzt werden kann. Dies ist beispielsweise bei einer MTU von 800 Byte der Fall, denn nach Abzug des IP-Headers müssen hier 780 Byte fragmentiert werden. Da 780 nicht durch acht teilbar ist, wird für die Fragmente die nächst kleinere durch acht teilbare Größe gewählt, diese ist 776 Byte.

Für das letzte Fragment eines IP-Datagramms gibt es allerdings keine Einschränkungen, weil es kein weiteres Fragment gibt, dessen Fragment Offset (Startwert) durch acht teilbar sein muss. Abb. 6.6 fasst diesen Fall zusammen.

Falls ein Fragment eines IP-Datagramms bei dem Transport verloren geht, wird auf der Empfängerseite eine gewisse Zeit abgewartet, bis das zum Teil zusammengesetzte Datagramm schließlich verworfen wird. Dieser Fall kann von dem empfangenden Endgerät durch eine ICMP-Fehlermeldung an den Sender gemeldet werden. Die Zusammensetzung

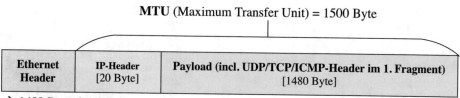

→ 1480 Byte durch 8 (Byte) teilbar

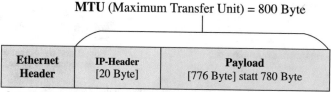

→ 780 Byte ist nicht durch 8 (Byte) teilbar
Der nächst kleinere teilbare Wert (776 Byte) unterhalb der MTU wird gewählt.

Abb. 6.6 Das Fragment Offset bei der Fragmentierung mit IPv4

der Fragmente geschieht jeweils auf den Endgeräten, nicht durch die Router auf dem Pfad, auch wenn diese theoretisch größere Pakete transportieren könnten.

6.2 Adressierung von Hosts und Subnetzen

Die logische Adressierung von Hosts wird im Internet Protocol mit den *IP-Adressen* vorgenommen. Jeder Host in einem Netz verfügt neben seiner physikalischen MAC-Adresse (z. B. 00:11:22:33:44:55) über eine IPv4-Adresse in der Form x.x.x.x, wobei x dezimal notierte Werte zwischen 0 und 255 annehmen kann, beispielsweise 192.168.0.1. Bei einem direkten physikalischen Kontakt zwischen zwei Endgeräten werden deren MAC-Adressen im Ethernetheader eingesetzt. Der IP-Header enthält seinerseits die IP-Adressen beider Endgeräte, jedoch ist es hier nicht notwendig, dass sich beide Endgeräte in dem selben Subnetz befinden.

Ein *Subnetz* ist eine Menge von Endgeräten, die sich gegenseitig physikalisch erreichen können. Subnetze gibt es in unterschiedlichen Größen, also mit unterschiedlich vielen IP-Adressen. Die *Subnetz-Maske* legt in Verbindung mit einer IP-Adresse fest, welcher Teil der IP-Adresse der Netz-Anteil und welcher Teil der Host-Anteil ist. Dabei ist der Netz-oder Network-Anteil sozusagen der Name oder die Hausnummer des Subnetzes und der Host-Anteil ein Platzhalter für Adressen von Endgeräten.

Abb. 6.7 zeigt den Zusammenhang zwischen der IP-Adresse 192.168.0.1 und der Subnetz-Maske 255.255.255.0. Legt man beide Adressen binär übereinander, wird schnell ersichtlich, dass der Network-Anteil der IP-Adresse durch 1-Bit in der Subnetz-

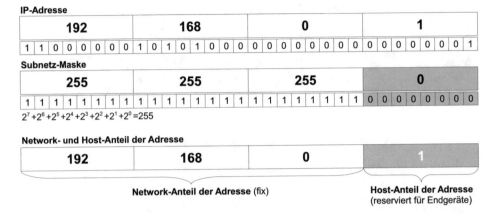

Abb. 6.7 Die Subnetz-Maske unterteilt die IP-Adresse in einen Network- und Hostanteil

Maske beschrieben wird. Die verbleibenden acht Bit ($2^8 = 256$ Adressen) der IP-Adresse bezeichnen den für Endgeräte reservierten Host-Anteil: `192.168.0.{0-255}`.

In jedem Netz gibt es allerdings zwei reservierte Adressen, welche nicht von Endgeräten verwendet werden dürfen. Dies ist zum einen die kleinste Adresse des Netzes, die *Netzadresse,* also der Name des Subnetzes. Zum anderen ist die größte Adresse des Netzes für die *Broadcastadresse* reserviert, die für die Kommunikation mit allen Endgeräten im Subnetz vorgesehen ist. Für Endgeräte stehen in unserem Beispielnetz also tatsächlich nur $2^8 - 2 = 254$ Adressen zur Verfügung (`192.168.0.{1-254}`).

Wie bereits erwähnt gibt es unterschiedlich große Subnetze. Klassischerweise wurden diese mit den Buchstaben A bis E bezeichnet:

- Klasse A: `{1-127}.0.0.0/255.0.0.0`
  (127 Subnetze mit jeweils $2^{24} - 2$ IP-Adressen)
- Klasse B: `{128-191}.0.0.0/255.255.0.0`
  ($64 \cdot 256$ Subnetze mit jeweils $2^{16} - 2$ IP-Adressen)
- Klasse C: `{192-223}.0.0.0/255.255.255.0`
  ($32 \cdot 256 \cdot 256$ Subnetze mit jeweils $2^8 - 2$ IP-Adressen)
- Klasse D: `{224-239}.0.0.0`
  (Multicast, für Kommunikation mit eine Gruppe)
- Klasse E: `{240-255}.0.0.0`
  (Reserviert)

Man unterscheidet außerdem zwischen privaten und öffentlichen IPv4-Adressen. *Öffentliche* IPv4-Adressen werden im Internet verwendet und von der IANA (Internet Assigned Numbers Authority [fANN13]) vergeben. *Private* IPv4-Adressen dürfen frei verwendet werden, funktionieren jedoch nicht im Internet. Die folgenden IP-Adressbereiche sind für *private* IPv4-Adressen reserviert:

- `127.0.0.0/255.0.0.0` (Local Loopback)
- `10.0.0.0/255.0.0.0`
- `172.{16-31}.0.0/255.255.0.0`
- `192.168.{0-255}.0/255.255.255.0`

Eine besondere Bedeutung kommt dem Adressbereich `127.0.0.0/255.0.0.0` zu, denn dieser ist für die interne Kommunikation eines Endgeräts vorgesehen. Beispielsweise ist es möglich, eine Kommunikation mit einem Webserver aufzunehmen, der auf dem eigenen Computer installiert ist. Dies würde z.B. über die IP-Adresse `127.0.0.1` (localhost) geschehen. Moderne Betriebssysteme erkennen jedoch auch die eigene private oder öffentliche IPv4-Adresse in IP-Datagrammen und würde die Kommunikation automatisch über das lokale *Loopback*-Gerät an den Webserver umleiten, ohne dass das Paket den Computer verlassen muss.

6.1 In jedem Netz gibt es zwei reservierte Adressen, die nicht von Endgeräten verwendet werden dürfen. Welche sind das?

6.2 Nennen Sie IP-Adressbereiche, die für den Aufbau privater IPv4-Netze genutzt werden können.

6.3 Ein Host ist wie folgt für ein IPv4-Netz konfiguriert: 172.17.88.13/20.

1. Ist dieser Host Teil eines privaten oder eines öffentlichen Netzes (Internet)?
2. Wie sieht die Subnetzmaske aus?
3. Aus wie vielen Bits besteht der Hostanteil des Netzes?
4. Als Defaultgateway hat der Host den Router dieses Subnetzes gewählt, der die kleinste Hostadresse hat, die in diesem Subnetz zur Verfügung steht. Welche Adresse ist als Defaultgateway eingestellt?
5. Die größtmögliche Hostadresse, die in diesem Subnetz zur Verfügung steht, wurde einem Server zugewiesen. Welche Adresse hat der Server?

6.4 Gegeben seien die beiden Hostadressen 10.4.92.19/30 und 10.4.92.21/30. Sind die beiden Hosts Teil des gleichen Subnetzes? Bestimmen Sie jeweils die Netzadresse und die Broadcastadresse.

6.5 Gegeben seien die beiden Hostadressen 192.168.10.3/21 und 192.168.12.9/21. Sind die beiden Hosts Teil des gleichen Subnetzes? Bestimmen Sie jeweils die Netzadresse und die Broadcastadresse.

6.3   Variable Length Subnet Mask (VLSM)

IP-Adressen der Version 4 sind 32 Bit groß. Das bedeutet, es gibt über vier Milliarden verschiedene Adressen, die jedoch für gewöhnlich in größeren Blöcken zugeteilt werden. Im Jahr 2011 vergab die IANA [fANN13] den letzten freien Adressblock an einen Provider [Wel11].

Bisher wurden oftmals Adressblöcke der Klassen A, B oder C an Provider verteilt. Benötigt ein Provider allerdings 300 IPv4-Adressen, reicht ein Klasse C Block mit 256 Adressen nicht mehr aus und der nächstgrößere Block (Klasse B) mit 65536 Adressen müsste vergeben werden. Aufgrund der Knappheit der IP-Adressen wurde das *Variable-Length-Subnet-Mask*-Konzept (VLSM) entwickelt, mit dem sich besser haushalten lässt. Hiermit kann die Subnetz-Maske kleinschrittiger eingeteilt werden. Ein Kunde, der 300 Adressen benötigt, könnte nun einen Adressblock mit 512 Adressen (entspricht der Subnetz-Maske 255.255.254.0) erhalten.

Der Einfachheit halber wird anstatt der Subnetz-Maske nun oftmals eine Bitmaske angegeben, die die Anzahl der Bits des Network-Anteils beschreibt. So entspricht die Bitmaske /23 einer Subnetz-Maske, bei der die ersten 23 Bits auf 1 gesetzt sind (255.255.254.0). Abb. 6.8 zeigt die binäre Repräsentation der Subnetz- bzw. Bitmaske.

Wenn ein Adressblock mit der Bitmaske /23 vergeben wird, weist dies auf 9 Bit (32 Bit - 23 Bit) für Endgerätadressen hin. Im Beispiel (Abb. 6.8) beginnt der Block bei der Adresse 10.10.2.0 und endet mit der Adresse 10.10.3.255. Abermals müssen die Netz- und die Broadcastadresse von den verfügbaren Adressen abgezogen werden, sodass für Endgeräte 510 Adressen (10.10.2.1–10.10.3.254) zur Verfügung stehen.

Ein großer Internetprovider verfügt in der Regel über mehrere größere *IPv4-Adressblöcke*. Diese können nun stückweise an Großkunden (ganze Adressblöcke) oder an normale Kunden (einzelne Adressen) verteilt werden. Hierbei muss jedoch darauf geachtet werden, dass der *Host-Anteil* der Netzadresse eines neuen Blocks lediglich aus *0 Bits* besteht. Dies ist

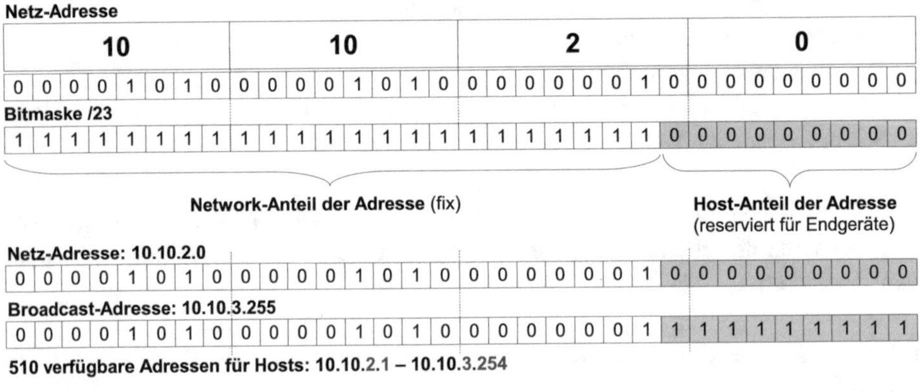

Abb. 6.8 Mit VLSM lassen sich der Network- und Host-Anteil genauer unterteilen

wichtig, da der Host-Anteil für die Adressen der Endgeräte vollständig zur Verfügung stehen und somit (binär) von der kleinsten bis zur größten Adresse durchgezählt werden können muss. In Abb. 6.9(a) sieht man das Subnetz `192.168.0.0/28` mit 16 Adressen als Kreis dargestellt.

Sollen nun aus diesem Subnetz vier kleinere Subnetze zur Vergabe an Kunden erzeugt werden, entstehen die Netze mit den folgenden Netzadressen (siehe Abb. 6.9(b)):

- Netz 1: `192.168.0.0/30` (verfügbar: `192.168.0.1-2`)
- Netz 2: `192.168.0.4/30` (verfügbar: `192.168.0.5-6`)
- Netz 3: `192.168.0.8/30` (verfügbar: `192.168.0.9-10`)
- Netz 4: `192.168.0.12/30` (verfügbar: `192.168.0.13-14`)

Wesentlich ist, dass der Host-Anteil aller Netzadressen unter Einbezug der neuen Bitmaske der Subnetze (`/30`) aus 0 Bits besteht. Als Faustregel lässt sich festhalten, dass, wenn man ein Netz in zwei Teile teilt, die Subnetze immer bei $\frac{0}{2}$ und $\frac{1}{2}$ der Adressen beginnen dürfen. Teilt man ein Netz wie im Beispiel in vier Teile, dürfen Subnetze bei $\frac{0}{4}$, $\frac{1}{4}$, $\frac{2}{4}$ und $\frac{3}{4}$ beginnen. Diese Faustregel lässt sich mit Hilfe der Binärdarstellung der Netzadressen für alle Subnetzgrößen überprüfen.

Für den komplizierteren Fall, dass ein Netz in unterschiedlich große Subnetze aufgeteilt werden soll, sei empfohlen, mit den größten Adressblöcken zu beginnen und kleinere Adressblöcke in möglicherweise entstehende Lücken einzufügen. Da größere Subnetze unflexibler als kleine sind (z. B. Subnetz mit halb so vielen Adressen wie das Netz darf nur bei $\frac{0}{2}$ und $\frac{1}{2}$ beginnen), lässt sich auf diese Weise einfacher arbeiten.

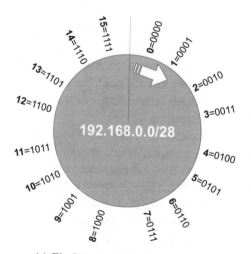

(a) Ein Subnetz als Kreis-Darstellung

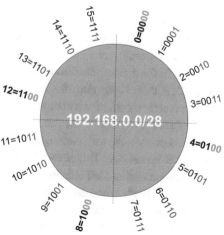

(b) Weiterer Unterteilung des Subnetzes

Abb. 6.9 Darstellung eines Subnetzes als Kreis

Beispiel: Unterteilen Sie das Netz `192.168.0.0/24` in drei Subnetze mit (1) 128 Adressen, (2) 16 Adressen und (3) 64 Adressen.

Eine Lösung:

(1) `192.168.0.0/25` (128 Adressen: `192.168.0.0-127`)
(2) `192.168.0.192/28` (16 Adressen: `192.168.0.192-207`)
(3) `192.168.0.128/26` (64 Adressen: `192.168.0.128-191`)

6.6 Ergänzen Sie die leeren Felder mit den kleinstmöglichen Werten.

- VLSM-Netz: 192.168.0.0/24
- Netzadresse:
- Broadcastadresse:
- Anzahl der nutzbaren IP-Adressen:

- VLSM-Netz: 10.5.0.0/20
- Netzadresse:
- Broadcastadresse:
- Nutzbare IP-Adressen (von-bis):

6.4   DHCP

IPv4-Adressen können auf jedem Endgerät manuell und statisch konfiguriert oder mit dem *Dynamic Host Configuration Protocol (DHCP)* dynamisch zugewiesen werden. Die Mehrzahl der IPv4-Geräte setzt mittlerweile das DHCP-Protokoll ein, denn schon bei mittelgroßen Netzen spart die dynamische Zuweisung der IPv4-Adressen viel Aufwand. Besonders sinnvoll ist DHCP für Endgeräte, die öfters in unterschiedlichen Netzen betrieben werden, wie z. B. ein Notebook oder ein Smartphone mit Internetzugang via WLAN.

Das DHCP-Protokoll weist dabei den Endgeräten nicht nur verfügbare IPv4-Adressen (inkl. Subnetz-Maske) zu, sondern kann auch weitere Parameter, wie ein *Standardgateway,* einen DNS-Server oder Timeserver, konfigurieren. Damit IPv4-Adressen nicht doppelt vergeben werden und es zur Fehladressierung kommt, verwalten DHCP-Server eine Liste mit aktuell freien IPv4-Adressen. Zusammen mit der Zuweisung der IPv4-Adresse an ein Endgerät wird eine maximale Gültigkeitsdauer dieser Adresse *(Lease-Time)* übertragen, um ungenutzte Adressen nach Ablauf dieser Zeit wieder in den Pool der verfügbaren Adressen aufnehmen zu können.

Läuft die *Gültigkeitsdauer* einer IPv4-Adresse ab, ist es dem Endgerät möglich, nach einer Verlängerung der Ausleihzeit bei dem DHCP-Server zu bitten. Üblicherweise stellt ein Endgerät die Frage nach der Verlängerung der Gültigkeitsdauer nach Ablauf der ersten Hälfte der Ausleihzeit.

In Abb. 6.10 ist die Kommunikation des DHCP-Protokolls dargestellt. Zunächst beginnt das Endgerät mit der Suche nach DHCP-Servern (DHCPDISCOVER) via Broadcast. Erhält ein DHCP-Server eine Anfrage, bietet es eine verfügbare IPv4-Adresse (und weitere Einstellungen) zusammen mit der Lease-Time an (DHCPOFFER). Das Endgerät wertet nun alle eingehenden Angebote aus und signalisiert einem DHCP-Server abermals via Broadcast, dass es die angebotene IPv4-Adresse gerne nutzen würde (DHCPREQUEST). Hinter dem Versenden via Broadcast steckt die Idee, auch alle anderen DHCP-Server darüber zu informieren, dass das Endgerät eine Entscheidung für eine bestimmte IP-Adresse getroffen hat. Wenn die vormals angebotene IPv4-Adresse noch frei ist, bestätigt der DHCP-Server die Auswahl des Endgeräts mit einem positiven DHCPACK oder der Ablehnung DHCPNACK.

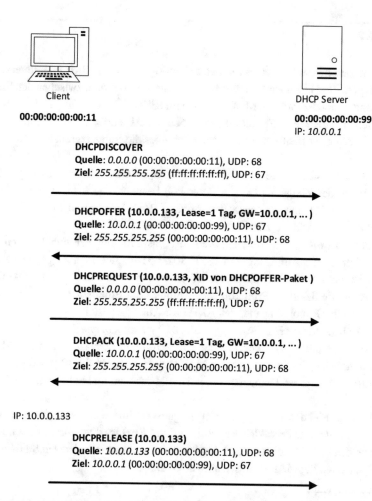

Abb. 6.10 Das DHCP-Protokoll

Auch in diesen letzten Nachrichten der Kommunikation sind wieder alle Parameter (IPv4-Adresse, Subnetz-Maske, Gateway, DNS-Server etc.) für das Endgerät vorhanden.

Möchte das Endgerät die Ausleihe der IPv4-Adresse vorzeitig beenden, weil das Gerät z. B. herunterfährt, wird die IPv4-Adresse mit der DHCPRELEASE-Nachricht an den DHCP-Server zurückgegeben.

DHCP-Server speichern oftmals die vergebene IPv4-Adresse und die zugehörige MAC-Adresse des Endgeräts in einer Tabelle ab, um bei einer erneuten Nachfrage wieder die gleiche IPv4-Adresse vergeben zu können. So lange der verfügbare IPv4-Adresspool nicht aufgebraucht wird, bekommt jedes Endgerät seine übliche IPv4-Adresse. Bei der IPv4-Adresszuweisung von DSL-Internetprovidern an Endkunden wird hingegen oftmals die Strategie verfolgt, die öffentliche (externe) IPv4-Adresse der Kunden regelmäßig zu wechseln (üblicherweise nach 24 h), um das Anbieten von Diensten im Internet zu erschweren.

6.5   ARP

Die Kommunikation innerhalb eines Subnetzes benötigt für gewöhnlich zwei unterschiedliche Adresstypen. Zum einen wird für die physikalische Adressierung zwischen den Endgeräten die Absender- und Empfänger MAC-Adresse im IEEE 802.3 Ethernetheader verwendet. Weiterhin stehen in dem IPv4-Protokollheader ebenfalls Absender- und Empfängeradressen (IPv4), von denen die öffentlichen Adressen auch über die Subnetzgrenzen hinweg gültig sind.

Beginnt eine Kommunikation im lokalen Subnetz, ist einem Endgerät für gewöhnlich die IPv4-Adresse des Zielgeräts (z. B. anderer PC) bekannt. Die MAC-Adresse des Zielgeräts ist jedoch unbekannt, da (besonders private) IPv4-Adressen nicht langfristig einer physikalischen MAC-Adresse zugeordnet werden können[2].

Das *Address Resolution Protocol (ARP)* löst das Problem der unbekannten MAC-Adressen, indem es die Auflösung von IEEE-802.3-MAC-Adressen zu gegebenen IPv4-Adressen ermöglicht. So ist das ARP-Protokoll ein Hilfsprotokoll des IPv4-Protokolls, welches sich genau wie das IPv4-Protokoll direkt hinter dem Ethernet-Protokoll befindet. In der Abb. 6.11 ist der Protokollheader des ARP-Protokolls dargestellt.

Nach den Konstanten für *Hardware type* (0x0001), *Protocol type* (0x0800), *Hardware size* (6), *Protocol size* (4) folgt der Typ der ARP-Protokoll *Operation*. Ein ARP-Request (0x0001) signalisiert die Suche nach der MAC-Adresse, die zu der IPv4-Adresse in dem Feld *Target IP address* passt. Dementsprechend bleibt der Wert im Feld *Target MAC address* leer.

Abb. 6.12 zeigt einen vollständigen ARP-Request inklusive des vorhergehenden IEEE 802.3 Ethernetheaders. Dieser ARP-Request wird via Broadcast an alle Endgeräte in dem Subnetz gesendet, sodass das betreffende Endgerät selbst oder ein anderes in Stellvertretung auf diese Frage nach der MAC-Adresse antworten kann.

---

[2]In einem anderen physikalischen (privaten) Netz gibt es möglicherweise die gleichen IPv4-Adressen mit anderen zugeordneten MAC-Adressen (z. B. 192.168.0.1).

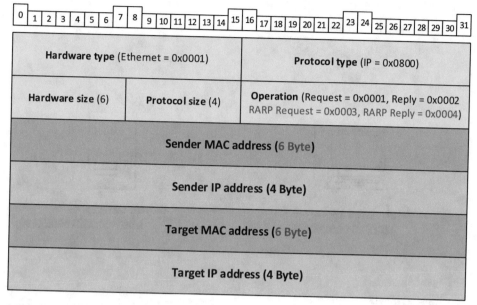

Abb. 6.11 Der Header des ARP-Protokolls

Die Antwort auf einen ARP-Request kommt in der Form des ARP-Replys (0x0002) mit der gesuchten Kombination der IPv4- und MAC-Adresse in den *Sender*-Feldern. Diese Nachricht wird via Unicast direkt an das anfragende Endgerät zurückgesendet. In Abb. 6.13 ist der ARP-Reply mit allen Protokollheadern zu sehen.

Nach der ARP-Kommunikation findet nun die eigentliche Netzkommunikation zwischen dem Endgerät und dem Zielgerät statt. Die Zuordnung zwischen MAC-Adresse und IPv4-Adresse wird auf dem Endgerät in der ARP-Tabelle für eine gewisse Dauer vorgehalten, um bei einer erneuten Kommunikation nicht noch einmal nachfragen zu müssen. Üblicherweise bleibt ein Eintrag in der lokalen ARP-Tabelle für 300 s gültig.

Neben der normalen Anwendung des ARP-Protokolls gibt es einige Spezialanwendungen. Zum einen das *Reverse-ARP-Protokoll (RARP)*, bei dem zu einer vorhandenen MAC-Adresse eine IPv4-Adresse gesucht werden soll. Dieses Protokoll wird jedoch nicht von allen Endgeräten unterstützt. Außerdem gibt es die *Gratuitous-ARP*-Anwendung, mit der überprüft werden soll, ob die eigene IPv4-Adresse schon im Netz existiert (Anfrage nach der eigenen IPv4-Adresse). Dies ist nützlich, um IPv4-Adresskonflikten vorzubeugen. Eine weitere Anwendung von Gratuitous ARP ist das Update der eigenen IPv4- und MAC-Adressen-Kombination in den ARP-Tabellen der umliegenden Endgeräte, wenn sich z. B. die eigene MAC-Adresse geändert haben sollte.

Weiterhin gibt es noch die *Proxy ARP*-Anwendung, bei der ein Router stellvertretend für Endgeräte in einem anderen Subnetz auf ARP-Anfragen antwortet. Die anschließende Kommunikation mit dem Endgerät in dem anderen Subnetz wird dann von dem Router

Wer kennt 10.0.0.1?

IP: 10.0.0.133
MAC: 00:00:00:00:00:11

IP: 10.0.0.1
MAC: 00:00:00:00:00:99

Ethernetheader

Destination MAC address: ff:ff:ff:ff:ff:ff (Target)		
Source MAC address: 00:00:00:00:00:11 (Sender)		
Type: ARP (0x0806)		

ARP-Header (Request; Who has 10.0.0.1? Tell 10.0.0.133)

Hardware type (Ethernet = 0x0001)		Protocol type (IP = 0x0800)
Hardware size: 6	Protocol size: 4	Operation: Reply (0x0002)
Sender MAC address: 00:00:00:00:00:11		
Sender IP address: 10.0.0.133		
Target MAC address: 00:00:00:00:00:00		
Target IP address: 10.0.0.1		

Abb. 6.12 ARP-Request

weitergeleitet. Auf diese Art und Weise lassen sich zwei Subnetze künstlich miteinander verknüpfen.

Letztlich sollte auch das *ARP-Spoofing* bzw. *ARP-Poisoning* nicht unerwähnt bleiben. Hier versenden Angreifer ARP-Requests oder ARP-Replys mit einer gefälschten Kombina-

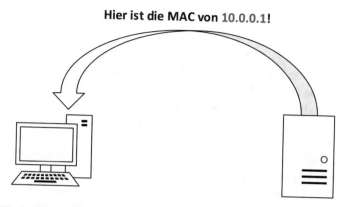

Hier ist die MAC von 10.0.0.1!

IP: 10.0.0.133
MAC: 00:00:00:00:00:11

IP: 10.0.0.1
MAC: 00:00:00:00:00:99

Ethernetheader

Destination MAC address: 00:00:00:00:00:11 **(Target)**
Source MAC address: 00:00:00:00:00:99 **(Sender)**
Type: ARP (0x0806)

ARP-Header (Reply; 10.0.0.1 is at 00:00:00:00:00:99)

Hardware type (Ethernet = 0x0001)		**Protocol type** (IP = 0x0800)
Hardware size: 6	**Protocol size:** 4	**Operation:** Reply (0x0002)
Sender MAC address: 00:00:00:00:00:99		
Sender IP address: 10.0.0.1		
Target MAC address: 00:00:00:00:00:11		
Target IP address: 10.0.0.133		

Abb. 6.13 ARP-Reply

tion zwischen MAC- und IPv4-Adressen (in den Senderfeldern), um die ARP-Tabellen von Endgeräten zu manipulieren und deren Kommunikation den eigenen Ansprüchen entsprechend umzuleiten.

6.7 Was ist das Ziel eines ARP-Requests?

6.6   ICMP

Das *Internet Control Message Protocol (ICMP)* ist ein weiteres Hilfsprotokoll von IPv4, welches jedoch im Gegensatz zu dem ARP-Protokoll erst nach dem IPv4-Header folgt. ICMP ist ein Protokoll für den Austausch von Informations- und Fehlermeldungen und wurde in den Jahren 1980/81 in den RFCs 760 und 777 erstmals spezifiziert [Pos80a, Pos81a]. Bis heute sind einige Updates entstanden, die ebenfalls in RFCs veröffentlicht wurden [Pos81b, MP85, BGTP07, Gon12, GP13].

Der ICMP-Protokollheader folgt direkt dem IPv4-Header im Protokollstapel und enthält drei obligatorische Felder: *Type, Code* und *Checksum*. Mit Type und Code wird die Funktion des ICMP-Pakets festgelegt. Checksum ist eine 16 Bit breite CRC-Prüfsumme, mit welcher der Header auf Bitfehler überprüft werden kann. Im Anschluss gibt es ein Datenfeld *(Data)* mit einer nicht festgelegten Größe, welches Informationen zu den einzelnen ICMP-Funktionen enthält. Die Darstellung in Abb. 6.14 zeigt den ICMP-Protokollheader mit 32 Bit breiten Zeilen.

Tab. 6.1 gibt einen Überblick über verschiedene Typen und Subtypen *(Code)* des ICMP-Protokolls. Darunter fällt z. B. der `ping`, mit dem andere Hosts auf Erreichbarkeit geprüft werden können. Außerdem gibt es mit dem ICMP-Protokoll eine ganze Reihe von Möglichkeiten, Fehler bei der Übertragung von Paketen zu signalisieren. Mit Source Quench und Redirect gibt es weiterhin die Möglichkeit, einen aktiven Einfluss auf die Netzkommunikation zu nehmen.

Im weiteren Verlauf betrachten wir das *ICMP-Echo-Protokoll* etwas genauer, das von dem Programm `ping` verwendet wird, um Endgeräte auf Erreichbarkeit zu prüfen. Das ICMP-Echo-Protokoll verfügt über eine eigene Erweiterung des ICMP-Headers, die in Abb. 6.15 dargestellt ist.

Neben den bisherigen Feldern sind nun die Felder *Identifier* und *Sequence Number* enthalten. Identifier enthält eine eindeutige Nummer für eine Serie von Echo Request/Reply Nachrichten, wobei die Sequence Number für die Nummerierung der einzelnen Echo Requests/Replys innerhalb einer Serie zuständig ist.

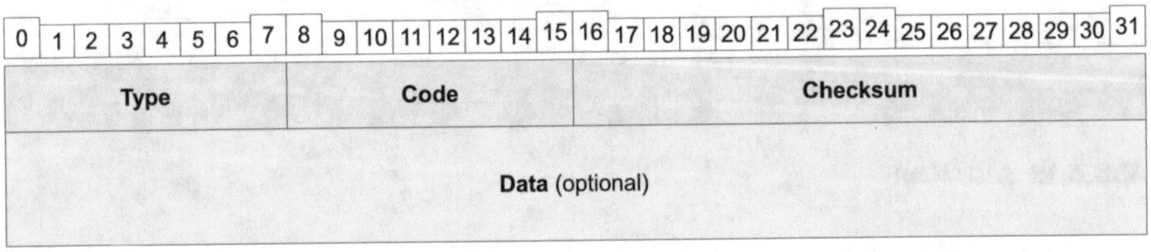

Abb. 6.14 Der Header des ICMP-Protokolls

Tab. 6.1 Eine Auswahl von ICMP-Typen und Codes

Type	Code	Beschreibung
Echo Request (8)	(0)	Echo Anfrage („ping")
Echo Reply (0)	(0)	Echo Antwort (verwendet von ping)
Destination Unreachable (3)	Network Unreachable (0) Host Unreachable (1) Protocol Unreachable (2) Port Unreachable (3) Fragmentation required (4)	Paket nicht ausgeliefert, da Netz nicht erreichbar Paket nicht ausgeliefert, da Endgerät nicht erreichbar Paket nicht ausgeliefert, da Protokoll nicht unterstützt Paket nicht ausgeliefert, da Transportprotokoll*port* nicht offen Paket müsste fragmentiert werden, aber DF-Flag = 1
Source Quench (4)	Congestion Control (0)	Teilt Sender mit, dass er langsamer senden muss
Redirect Message (5)	Redirect for Network (0) Redirect for Host (1)	Teilt Sender eine andere Route zu Ziel-Netz mit Teilt Sender eine andere Route zu Ziel-Gerät mit
Time Exceeded (11)	TTL expired in transit (0)	Paket nicht ausgeliefert, da TTL abgelaufen (= 0)

Um die Verwendung zu verdeutlichen, zeigt Abb. 6.16 einen Screenshot von dem Netzwerksniffer Wireshark, mit dem einige Ping-Nachrichten aufgezeichnet wurden. Die folgenden Besonderheiten sind in Abb. 6.16 zu sehen:

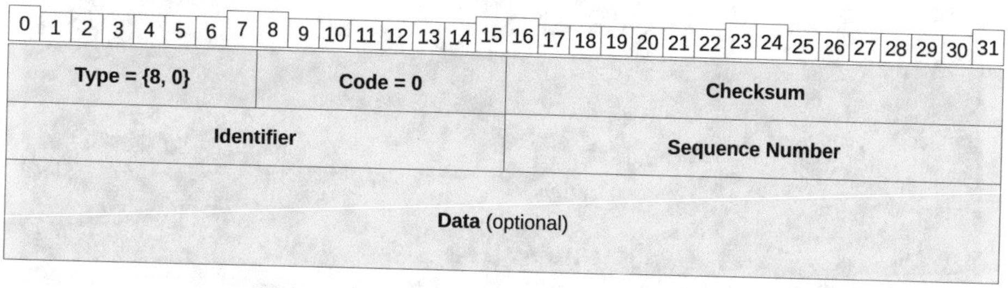

Abb. 6.15 Der Header des ICMP-Echo-Protokolls

Source	Destination	Protocol	Length	Info
192.168.0.226	192.168.0.2	ICMP	98	Echo (ping) request id=0x3c4e, seq=1/256, ttl=64
192.168.0.2	192.168.0.226	ICMP	98	Echo (ping) reply id=0x3c4e, seq=1/256, ttl=64
192.168.0.226	192.168.0.2	ICMP	98	Echo (ping) request id=0x3c4e, seq=2/512, ttl=64
192.168.0.2	192.168.0.226	ICMP	98	Echo (ping) reply id=0x3c4e, seq=2/512, ttl=64
192.168.0.226	192.168.0.2	IPv4	1514	Fragmented IP protocol (proto=ICMP 0x01, off=0, ID=aa58)
192.168.0.226	192.168.0.2	ICMP	562	Echo (ping) request id=0x3c50, seq=1/256, ttl=64
192.168.0.2	192.168.0.226	IPv4	1514	Fragmented IP protocol (proto=ICMP 0x01, off=0, ID=2f22) [Reassembled in #22]
192.168.0.2	192.168.0.226	ICMP	562	Echo (ping) reply id=0x3c50, seq=1/256, ttl=64

Abb. 6.16 Screenshot von Wireshark [Fou19] (2x normaler Ping, 1x fragmentierter Ping)

1. Zwei Standardpings (56 Bytes Data) von `192.168.0.226` an `192.168.0.2`
   – Die ID ist bei beiden Pings identisch.
   – Die Sequence Number wird inkrementiert.
2. Ping mit 2000 Bytes Data von `192.168.0.226` an `192.168.0.2`
   – Fragmentierung in *1514* Byte IP-Paket
     (*incl. Ethernet/IP/ICMP-Header – 42 Bytes*)
   – und *562* Byte IP-Paket
     (*incl. Ethernet/IP-Header – 34 Bytes*)

Eine interessante Anwendung des ICMP-Protokolls geschieht mit dem Programm `traceroute`, welches Informationen über alle Router von der Quelle bis zu dem Ziel einer IP-Verbindung liefern kann.

Wie funktioniert der Befehl *traceroute* (Ausgabe in Abb. 6.17)?

- Das Endgerät sendet *ICMP Echo-Request*-Pakete an das Ziel und zählt beginnend bei TTL=1 Stück für Stück die TTL-Werte *(Time-to-live)* im IP-Header hoch.
- Jeder Router, bei dem die TTL auf 0 sinkt, sendet ein *ICMP Time-Exceeded/TTL-expired*-Paket und liefert somit Informationen über sich zurück.
  (Erinnerung: *Jeder Router dekrementiert das TTL-Feld um 1*)

```
traceroute to www.google.de (209.85.149.104), 30 hops max, 40 byte packets
1 homerouter (192.168.0.254) 0.346 ms 0.426 ms 0.566 ms
2 lo1.br10.rsk.de.hansenet.net (213.191.89.34) 87.365 ms 87.453 ms 87.493 ms
3 ge-8-0-0-0.xd02.weham.de.hansenet.net (62.109.119.162) 45.298 ms 45.337 ms 47.222 ms
4 ae1-0.pr01.weham.de.hansenet.net (213.191.66.177) 47.309 ms 49.197 ms 49.284 ms
5 workix.net.google.com (80.81.203.34) 51.219 ms 51.255 ms 53.191 ms
6 209.85.249.134 (209.85.249.134) 55.176 ms 54.939 ms 56.747 ms
7 216.239.48.5 (216.239.48.5) 62.682 ms 45.932 ms 47.848 ms
8 209.85.254.21 (209.85.254.21) 54.135 ms 54.124 ms 209.85.254.29 (209.85.254.29) 57.941 ms
9 ber01s02-in-f104.1e100.net (209.85.149.104) 47.834 ms 47.920 ms 47.937 ms
```

Abb. 6.17 Ausgabe von traceroute www.google.de

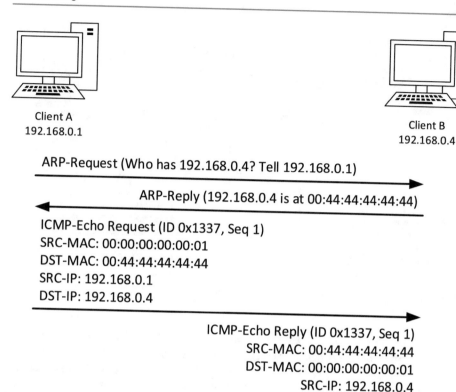

Abb. 6.18 Beispiel – ARP-Kommunikation vor ICMP-Echo Request

Abschließend sei daran erinnert, dass der ersten ICMP-Kommunikation in einem lokalen Netz meistens eine ARP-Abfrage (siehe Abschn. 6.5) vorangeht. Abb. 6.18 zeigt die vollständige Netzkommunikation, die für einen ICMP Echo Request notwendig ist, wenn die ARP-Tabelle von Client A keinen Eintrag mit der MAC-Adresse von Client B enthält.

6.8 Welches Protokoll wird von dem Programm traceroute genutzt?

6.7   Routing

Das Internet Protocol ermöglicht die Ende-zu-Ende Kommunikation zwischen zwei Endgeräten, auch wenn sich diese in unterschiedlichen Subnetzen befinden. Um die physikalische Grenze des eigenen Subnetzes überwinden zu können, werden *Router* eingesetzt.

Router arbeiten auf der dritten Schicht des ISO/OSI-Referenzmodells und verbinden Subnetze miteinander. In der Abb. 6.19 ist eine schematische Darstellung des IP-Routings

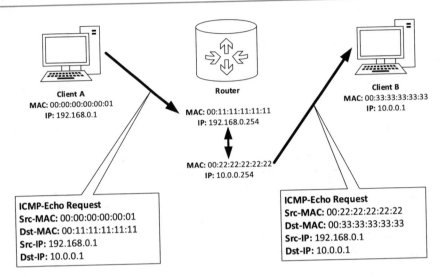

Abb. 6.19 Routing – Austausch der Ethernetadressen

beschrieben. Dabei verfügt der Router jeweils über eine physikalische Verbindung (inkl. eigener Ethernetadresse) zu den Subnetzen von Client A und Client B. Um Client B zu erreichen, sendet Client A seine Netzpakete an die physikalische Adresse des Routers, welcher die Pakete ausgehend von seiner zweiten physikalischen Adresse zu Client B weitersendet.

Bemerkenswert ist, dass das Routing lediglich die MAC-Adressen auf ISO/OSI-Schicht 2 ändert, jedoch die Adressen der darüber liegenden Schichten unangetastet lässt. Zwei Felder im IP-Protokollheader werden jedoch beim Routing geändert. Der Wert in dem Feld *Time to Live (TTL)* wird in jedem Router (Hop) auf dem Pfad um 1 vermindert, bevor das Paket weitergeleitet wird. Erreicht TTL den Wert 0, wird das Paket verworfen. Wäre das *TTL*-Feld nicht vorhanden, könnte es passieren, dass Pakete durch eine falsche Einstellung eines Router unendlich lange in einer Schleife laufen. Als Konsequenz aus der Änderung des TTL-Wertes muss auch die *Header Checksum* angepasst werden (IP-Protokollheader, siehe Kap. 6.1.1). Abb. 6.20 zeigt die vollständige Netzkommunikation bei dem Routing eines ICMP-Echo Requests mit leeren ARP-Tabellen.

Ersichtlich ist, dass zu Beginn die MAC-Adresse des Routers aufgelöst wird. Nachdem der Router das ICMP Echo Request erhalten hat, löst er seinerseits die MAC-Adresse von Client B auf.

6.7.1   Routingtabellen

Damit ein Endgerät oder ein Router weiß, an welchen Router ein Netzpaket für eine gewisse Zieladresse gesendet werden muss, existieren spezielle Tabellen: die *Routing Tabellen*.

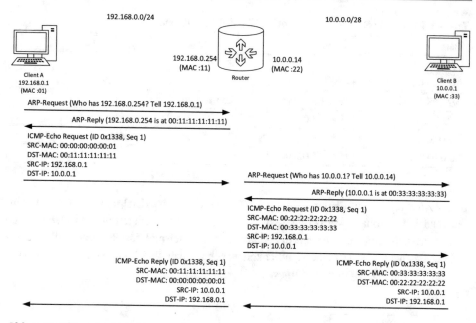

Abb. 6.20 Beispiel – ARP-Kommunikation und Routing

Tab. 6.2 zeigt eine beispielhafte Routingtabelle eines Endgeräts. Die Spalten *Ziel* und *Netzmaske* beziehen sich auf das Zielnetz und dessen Größe. Eine Besonderheit ist hier die Subnetz-Maske 255.255.255.255, die sich nicht auf ein Zielnetz, sondern auf einen einzelnen Host bezieht (Hostroute).

Die Spalte *Router* gibt an, welcher verwendet werden soll, um das jeweilige Zielnetz zu erreichen. Gibt es zwei Routing-Einträge mit dem selben Ziel, wird der Eintrag mit der kleineren *Metrik* verwendet. Die manuell konfigurierte Metrik gibt die Pfadkosten an, die bei einer Route entstehen, z. B. Hops, Bandbreite, Kosten oder Verbindungsqualität.

In der Beispieltabelle gibt es darüber hinaus noch spezielle Routen. Dies sind einerseits die lokalen Routen *loopback* und *local*. Das Loopback-Gerät ist eine virtuelle Netzschnittstelle mit der eine Kommunikation mit dem eigenen Gerät durchgeführt werden kann, in der Regel mit der IP-Adresse 127.0.0.1.

Die Lokalroute ist eine besonders wichtige Route, denn erst sie ermöglicht dem Endgerät, das eigene Subnetz zu erreichen. Fehlt diese Route, funktionieren auch alle anderen Routen (bis auf Loopback) nicht, denn die angegeben Router (im eigenen Subnetz) können nicht erreicht werden.

Neben den normalen Host- und Netzrouten gibt es außerdem die *Defaultroute* (Subnetzmaske 0.0.0.0), welche verwendet wird, wenn keine der anderen Routen zutrifft. Die meisten privaten Netze verwenden bei ihren Endgeräten so eine Defaultroute für ihren Internetzugang.

Die Auswertung von Routingtabellen beginnt *grundsätzlich* bei der größten Netzmaske (255.255.255.255) und endet mit der kleinsten (0.0.0.0). Die erste Route, die bei

Tab. 6.2 Routingtabelle mit *Lokal-*, *Host-*, *Netz-* und *Default*route

Ziel	Router	Netzmaske	Metrik
127.0.0.0*(loopback)*	127.0.0.1	255.0.0.0	0
192.168.0.0*(local)*	0.0.0.0	255.255.255.0	202
192.168.45.45 *(host)*	192.168.0.253	255.255.255.255	0
10.0.15.0 *(net)*	192.168.0.252	255.255.255.0	0
10.0.0.0 *(net)*	192.168.0.253	255.255.0.0	0
0.0.0.0 *(default)*	192.168.0.254	0.0.0.0	202

dieser Auswertung mit dem gewünschten Ziel übereinstimmt (Ziel und Netzmaske), wird verwendet. Hostrouten werden also vor Netzrouten und Netzrouten vor der Defaultroute ausgewertet. In Abb. 6.21 ist ein etwas komplexeres Beispiel für Routingtabellen mit 4 Subnetzen abgebildet. Der Übersichtlichkeit wegen wurden die IP-Adressen der drei Router vereinfacht mit [1], [2] und [3] dargestellt.

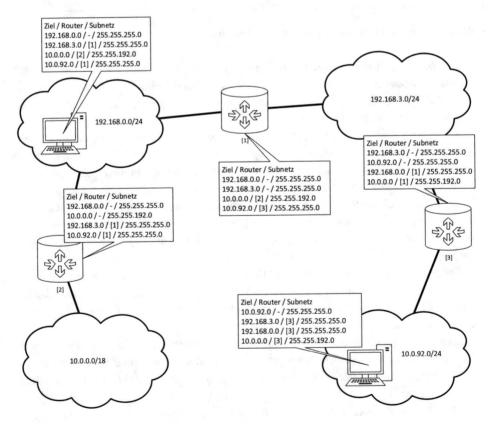

Abb. 6.21 Beispiel: Routingtabellen in einem Netz

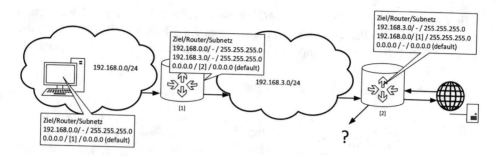

Abb. 6.22 Eine fehlenden Rückroute ist ein häufiges Problem

Bei der Konfiguration von Routingtabellen geschehen manchmal Fehler. Die häufigsten Fehler sind:

1. Keine Lokalroute. Das eigene Subnetz ist nicht konfiguriert, sodass weder lokale Endgeräte im eigenen Subnetz, noch andere Netze via Router (befinden sich im eignen Subnetz) angesprochen werden können.
2. Nicht alle Netzpakete werden geroutet! Folgende Pakete werden z. B. *nicht* geroutet: *Broadcast-Kommunikation im Allgemeinen, ARP, DHCP und IPX.*
3. Bei komplexeren Routing-Konfiguration wird bisweilen die Rückroute vergessen. Daraus resultierend nimmt ein Paket zwar den Hinweg ohne Probleme auf sich, bleibt aber auf dem Rückweg hängen. Abb. 6.22 zeigt dies mit einer fehlenden Route (`192.168.0.0/[1]/255.255.255.0`) in Router [2].

6.9 Gegeben ist die Kommunikation aus Abb. 16.19. Tragen Sie die fehlenden MAC- und IPv4-Adressen ein (Abb. 6.23).

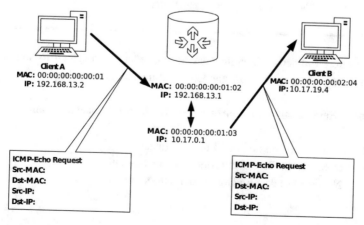

Abb. 6.23 Aufgabe zum Routing-Prinzip

6.10   Das Routing ändert lediglich die MAC-Adressen auf ISO/OSI-Schicht 2. Die Adressen der darüberliegenden Schichten bleiben unangetastet. Zwei Felder im IP-Protokollheader werden jedoch beim Routing geändert. Welche sind das und warum werden diese geändert?

6.11   Gegeben seien die folgenden Routingtabelleneinträge:

No	Ziel	Router	Netzmaske
A	127.0.0.0	127.0.0.1	255.0.0.0
B	192.168.0.0	0.0.0.0	255.255.255.0
C	192.168.45.45	192.168.0.253	255.255.255.255
D	10.0.15.0	192.168.0.252	255.255.255.0
E	10.0.0.0	192.168.0.253	255.255.0.0
F	0.0.0.0	192.168.0.254	0.0.0.0

Welche Route (Nummer) wird für die folgenden Zieladressen verwendet?

1. 192.168.0.3
2. 192.168.1.3
3. 10.0.13.3
4. 10.0.15.3

6.7.2   Classless Inter-Domain Routing (CIDR)

Verwendet man VLSM (siehe Abschn. 6.3), um bei der Größe von IP-Subnetzen variabler zu sein, kann dies auch den Routingtabellen zugutekommen. Mit *Classless Inter-Domain Routing (CIDR)* ist es möglich, Routingeinträge zusammenzufassen und auf diese Art und Weise die Komplexität der Routingtabellen zu reduzieren.

> **Hinweis**
>
> Wenn mehrere Subnetze hintereinander liegen, jedoch den selben Router verwenden, können diese unter gewissen Umständen zusammengefasst werden.

Die folgenden Eigenschaften müssen erfüllt sein, um zwei Subnetze zusammenzufassen:

(1) Die Subnetze müssen direkt hintereinander liegen.
(2) Die Subnetze müssen die gleiche Bitmaske verwenden.
(3) Die neue Netzadresse darf im Host-Anteil nur Nullen haben.

Tab. 6.3 CIDR: Welche Routen können zusammengefasst werden?

Ziel	Router	Bitmaske
192.168.0.0 *(local)*	0.0.0.0	24
10.10.0.0 *(net)*	192.168.0.1	20
10.10.16.0 *(net)*	192.168.0.1	20
10.10.32.0 *(net)*	192.168.0.1	20
10.10.64.0 *(net)*	192.168.0.1	19

Tab. 6.3 zeigt eine Routingtabelle, die mit Hilfe von CIDR vereinfacht werden kann. Für alle Routen mit dem Router `192.168.0.1` können die drei angegebenen Eigenschaften nun geprüft werden.

Die beiden Routen zu `10.10.0.0/20` und `10.10.16.0/20` liegen direkt hintereinander (1), verfügen über die gleiche Bitmaske (2) und der Host-Anteil der neuen Netzadresse `10.10.0.0` besteht vollständig aus Nullen. Somit können diese beiden Netze zu einer CIDR-Route mit der Netzadresse `10.10.0.0` und der Bitmaske `/19` zusammengefasst werden.

Hingegen hätte man die beiden Netze `10.10.16.0/20` und `10.10.32.0/20` nicht zusammenfassen dürfen, da die neue Netzadresse `10.10.16.0` mit der Bitmaske `/19` die Eigenschaft (3) nicht erfüllt. Die anderen beiden Eigenschaften wären allerdings erfüllt gewesen.

Für eine Zusammenfassung mit dem Netz `10.10.64.0/19` ist entweder die Eigenschaft (1) für das neue CIDR-Netz mit `/19` oder die Eigenschaft (2) für das Netz `10.10.32.0/20` nicht erfüllt. In der Tab. 6.4 ist die endgültige CIDR-optimierte Routingtabelle abgedruckt.

6.12 Sie sind Verwalter eines IPv4-Adressbereichs 13.37.0.0/16 und müssen diesen möglichst lückenlos an Ihre Kunden unterverteilen.

Kunde A: 10 Blöcke in Folge mit Bitmaske /24

Tab. 6.4 CIDR: Es konnten nur zwei Routen zusammengefasst werden

Ziel	Router	Bitmaske
192.168.0.0 *(local)*	0.0.0.0	24
10.10.0.0 *(net)*	192.168.0.1	19
10.10.32.0 *(net)*	192.168.0.1	20
10.10.64.0 *(net)*	192.168.0.1	19

- Erste Adresse (Netzadresse):
- Letzte Adresse (Broadcastadresse):

Kunde B: 1 Block mit 32768 Adressen

- Bitmaske:
- Erste Adresse (Netzadresse):
- Letzte Adresse (Broadcastadresse):

Kunde C: je 1 Block mit /18, /19 und /20

- Erste Adresse (Netzadresse) /18:
- Letzte Adresse (Broadcastadresse) /18:
- Erste Adresse (Netzadresse) /19:
- Letzte Adresse (Broadcastadresse) /19:
- Erste Adresse (Netzadresse) /20:
- Letzte Adresse (Broadcastadresse) /20:

6.8   NAT

Mit *Network Address Translation (NAT)* bezeichnet man die Veränderung von IP-Adressen und gegebenenfalls Portnummern (UDP oder TCP) in Netzpaketen während des Routings.

Dieses Konzept findet man oftmals in privaten Haushalten wieder, bei denen alle Endgeräte im lokalen Netz über eine öffentliche, vom Internetprovider zugewiesene IP-Adresse im Internet surfen. Da alle internen Geräte in der Regel über eine private IP-Adresse (z. B. 192.168.0.1) verfügen, die nicht im Internet gültig ist, dürfen diese Adressen nicht als Quell-Adresse für Netzpakete verwendet werden, welche in das Internet gesendet werden. Hier kommt unter anderem die NAT-Variante *Source Network Address Translation (SNAT)* zum Einsatz, bei der die internen Quell-IP-Adressen gegen eine externe Quell-IP-Adresse ersetzt werden.

Da bei SNAT eine n:m-Abbildung (Private Quell-IP→Öffentliche Quell-IP) stattfindet, kann es sein, dass einige Quell-Ports doppelt vorkommen. In diesem Fall werden ausgehend unterschiedliche Quell-Ports zugeordnet, so wie es in Abb. 6.24 dargestellt wird.

Mit SNAT wird es also möglich, ein ganzes Subnetz mit privaten IP-Adressen über eine oder wenige öffentliche IP-Adressen an das Internet anzuschließen.

Neben SNAT gibt es noch eine weitere NAT-Variante mit dem Namen *Destination Network Address Translation (DNAT)*. Wie der Name schon andeutet, bezieht sich DNAT auf die

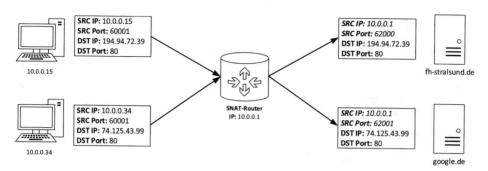

Abb. 6.24 Source Network Address Translation (SNAT)

Änderung der Ziel-IP-Adressen und Portnummern während des Routings. Das in Abb. 6.25 dargestellte DNAT-Prinzip ist weitläufig unter dem Begriff *Port-Forwarding* realisiert.

Die Kommunikation mit einem Zielsystem wird durch DNAT an vorbestimmte interne Zielsysteme weitergereicht. Auch hier gibt es also eine n:m-Abbildung, jedoch im Bezug auf die *Zieladressen/Portnummern*.

Beide Konzepte, SNAT und DNAT, realisieren in Kombination die NAT-Variante *Masquerading*. Der Masquerading-Router speichert für ausgehende IP-Pakete zunächst das Tupel *(Quell-IP, Quell-Port, Ziel-IP, Ziel-Port)* in seinem Arbeitsspeicher ab und tauscht dann die Quelladressen/Quellports gegen die externen Werte aus. Nachdem das Netzpaket sein Ziel (z. B. im Internet) erreicht hat, wird ein Antwortpaket selbstverständlich an die im Paket enthaltenen Quelladressen (öffentliche Adresse des Masquerading-Routers) zurückgesendet. Wenn das Antwortpaket bei dem Masquerading-Router eintrifft, nimmt dieser nun eine Zurückübersetzung der IP-Adressen und Portnummern mit Hilfe des vorher abgespeicherten Tupels vor, sodass das Antwortpaket das Zielgerät in dem lokalen Netz erreicht, welches das ausgehende Paket sendete.

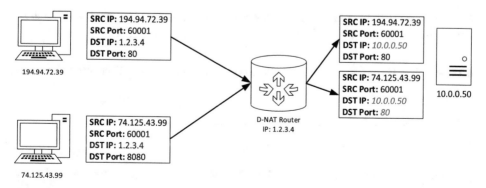

Abb. 6.25 Destination Network Address Translation (DNAT)

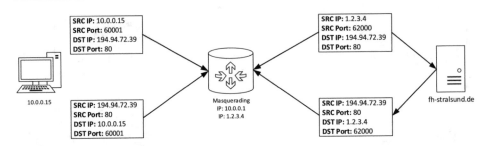

Abb. 6.26 IP-Masquerading (SNAT+DNAT)

Die in Abb. 6.26 dargestellte Masquerading-Technik kommt auf einer Mehrzahl der Router zum Einsatz, die in privaten Haushalten für den Zugang zum Internet zuständig sind. In der Regel gibt es in privaten Haushalten jedoch nur eine Abb. von n internen auf eine externe Adresse, sodass die kompliziertere n:m Abbildung Routern in größeren Betrieben vorbehalten bleibt.

Für den Einsatz von Network Address Translation (NAT) gibt es zwei wichtige Gründe: (1) Durch die Zuordnung von vielen privaten IP-Adressen zu einer/wenigen öffentlichen IP-Adresse/n können öffentliche IP-Adressen eingespart werden. NAT wirkt somit der *Knappheit* der verfügbaren IPv4-Adressen im Internet entgegen und ermöglicht mehr Nutzern eine Teilnahme am Internet.

(2) Durch Masquerading gibt es für jedes Paket, das aus einem lokalen Netz gesendet wurde, einen konkreten Rückweg. Trifft auf der externen Seite des Masquerading-Routers ein Netzpaket ein, das keinem ausgehenden Paket zugeordnet werden kann, wird dieses verworfen, denn der *Masquerading-Router* weiß nicht, welchem seiner internen Endgeräte das Paket zugestellt werden könnte. Die Tatsache, dass eingehende Pakete ohne Zuordnung verworfen werden, erhöht die *Sicherheit* der internen lokalen Netze, weil diese nicht mehr ohne weiteres aus dem Internet heraus angesprochen werden können.

6.13 Welches Verfahren kann eingesetzt werden, um ein ganzes Subnetz mit privaten IP-Adressen über eine oder wenige öffentliche IP-Adressen an das Internet anzuschließen?

6.14 Welches Verfahren wird auch als Port-Forwarding bezeichnet? Erläutern Sie das Verfahren.

Literatur

[Pos81c]   J. Postel. Internet Protocol. RFC 791 (INTERNET STANDARD), September 1981. Updated by RFCs 1349, 2474, 6864.

[Alm92]   P. Almquist. Type of Service in the Internet Protocol Suite. RFC 1349 (Proposed Standard), July 1992. Obsoleted by RFC 2474.

[NBBB98] K. Nichols, S. Blake, F. Baker, and D. Black. Definition of the Differentiated Services Field (DS Field) in the IPv4 and IPv6 Headers. RFC 2474 (Proposed Standard), December 1998. Updated by RFCs 3168, 3260.

[RFB01] K. Ramakrishnan, S. Floyd, and D. Black. The Addition of Explicit Congestion Notification (ECN) to IP. RFC 3168 (Proposed Standard), September 2001. Updated by RFCs 4301, 6040.

[Gro02] D. Grossman. New Terminology and Clarifications for Diffserv. RFC 3260 (Informational), April 2002.

[KS05] S. Kent and K. Seo. Security Architecture for the Internet Protocol. RFC 4301 (Proposed Standard), December 2005. Updated by RFC 6040.

[Bri10] B. Briscoe. Tunnelling of Explicit Congestion Notification. RFC 6040 (Proposed Standard), November 2010.

[Tou13] J. Touch. Updated Specification of the IPv4 ID Field. RFC 6864 (Proposed Standard), February 2013.

[Fou19] Wireshark Foundation. Wireshark webseite, 2019. https://www.wireshark.org.

[fANN13] Internet Corporation for Assigned Names and Numbers. Iana – internet assigned numbers authority, 2013. http://www.iana.org.

[Wel11] Die Welt. Dem internet drohen die adressen auszugehen, 2011. http://www.welt.de/wirtschaft/webwelt/article12434989/Dem-Internet-drohen-die-Adressen-auszugehen.html.

[Pos80a] J. Postel. DoD standard Internet Protocol. RFC 760, January 1980. Obsoleted by RFC 791, updated by RFC 777.

[Pos81a] J. Postel. Internet Control Message Protocol. RFC 777, April 1981. Obsoleted by RFC 792.

[Pos81b] J. Postel. Internet Control Message Protocol. RFC 792 (INTERNET STANDARD), September 1981. Updated by RFCs 950, 4884, 6633, 6918.

[MP85] J.C. Mogul and J. Postel. Internet Standard Subnetting Procedure. RFC 950 (INTERNET STANDARD), August 1985.Updated by RFC 6918.

[BGTP07] R. Bonica, D. Gan, D. Tappan, and C. Pignataro. Extended ICMP to Support Multi-Part Messages. RFC 4884 (Proposed Standard), April 2007.

[Gon12] F. Gont. Deprecation of ICMP Source Quench Messages. RFC 6633 (Proposed Standard), May 2012.

[GP13] F. Gont and C. Pignataro. Formally Deprecating Some ICMPv4 Message Types. RFC 6918 (Proposed Standard), April 2013.

Internet Protocol Version 6

7

Schon seit dem Jahr 1995 gibt es eine Weiterentwicklung des Internet-Protokolls der Version 4 (IPv4). Das Internet Protocol in Version 6 (IPv6) wurde von der Internet Engineering Task Force (IETF) in dem RFC 1883 [DH95] standardisiert und in den folgenden Jahren immer weiter verbessert und ergänzt [DH98, ASNN07, Kri09, AB10, ACJR11, KWK+12, ECW13, Gon13]. Heute wird IPv6 von allen modernen Betriebssystemen neben IPv4 unterstützt.

Neben einem modularem Aufbau des IPv6-Protokollheaders zählen besonders die größeren IPv6-Adressen zu den Neuerungen, die einen entscheidenden Schritt gegen die *Verknappung* der IP-Adressen tun. Analog zu IPv4 befindet sich auch IPv6 auf der Internetschicht des TCP/IP-Referenzmodells (Abb. 7.1). Die übrigen Schichten verbleiben ohne Änderung, sodass IEEE 802.3 Ethernet, UDP/TCP und auch die meisten Anwendungsprotokolle ohne großartige Änderungen weiterbetrieben werden können.

In den folgenden Kapiteln werden der Protokollheader, die IPv6-Adressen und auch die Hilfsprotokolle von IPv6 im Detail besprochen. Darüber hinaus werden einige Migrationsmechanismen von IPv4 zu IPv6 thematisiert, um IPv6 auch heute schon in einem IPv4-dominierten Internet einsetzen zu können.

7.1 Paketierung

Der Aufbau des IPv6-Protokollheaders ist im Gegensatz zu dem Header des IPv4-Protokolls modular. Das bedeutet, es gibt einen Basisheader und mehrere Erweiterungsheader für das Hinzufügen verschiedener Funktionen. Durch dieses Konzept wird es Internetroutern leichter gemacht, die IPv6-Pakete zu verarbeiten. Denn selten genutzte Funktionen von IPv4 wandern in diese Erweiterungsheader und dürfen von Internetroutern ignoriert werden, wenn diese Funktion nicht unterstützt wird. Im Folgenden werden die Protokollheader von IPv6 beschrieben.

© Der/die Herausgeber bzw. der/die Autor(en), exklusiv lizenziert durch Springer
Fachmedien Wiesbaden GmbH, ein Teil von Springer Nature 2020
P.-B. Bök et al., *Computernetze und Internet of Things*,
https://doi.org/10.1007/978-3-658-29409-0_7

Abb. 7.1 Das
TCP/IP-Schichtenmodell

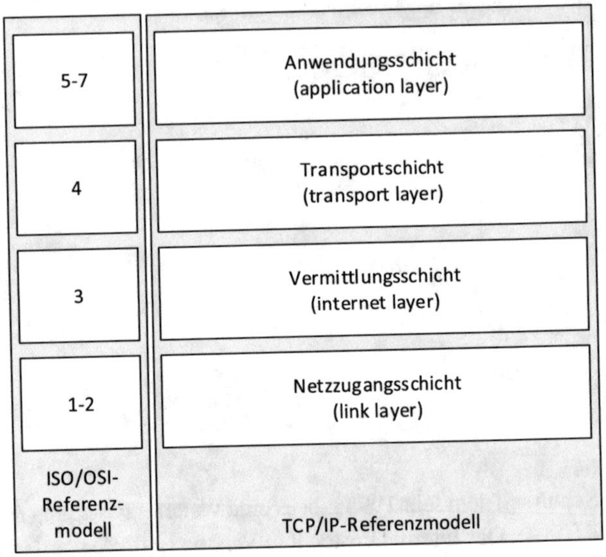

5-7	Anwendungsschicht (application layer)
4	Transportschicht (transport layer)
3	Vermittlungsschicht (internet layer)
1-2	Netzzugangsschicht (link layer)
ISO/OSI-Referenz-modell	TCP/IP-Referenzmodell

7.1.1   Aufbau der IPv6-Pakete

Zunächst ist der Basisheader von IPv6 relevant, welcher in Abb. 7.2 dargestellt wird. Die Zeilenbreite ist in Bits angegeben, sodass die Gesamtgröße des Basisheaders 40 Byte beträgt.

Genau wie der Header des Internet-Protokolls in Version 4 beginnt der IPv6-Header mit einem vier Bit breiten Feld für die *Version*snummer, gefüllt mit der binär notierten Konstante 6. Darauf folgt das Feld *Traffic Class*, welches ein Byte groß ist und die Priorisierung von Netzpaketen (QoS – Quality of Service) mit Hilfe von verschiedenen Qualitätsanforderungen (z. B. geringe Latenz oder große Bandbreite) ermöglicht. Dieses Feld hat eine ähnliche Bedeutung wie das *TOS*-Feld in dem IPv4-Header. Das 20 Bit breite *Flow Label* steht

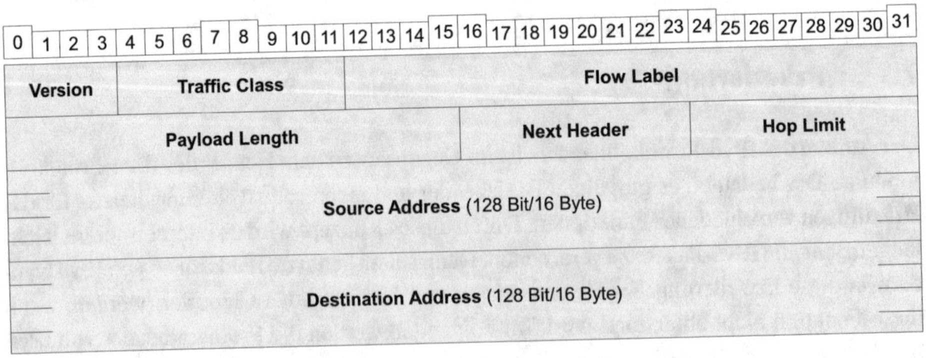

Abb. 7.2 Der Header des Internet Protocols in Version 6 (IPv6)

ebenfalls in Verbindung mit QoS und macht neben der einfachen Klassifizierung von Paketen über die Traffic Class eine benutzerdefinierte Klassifizierung möglich. Router können verschiedene Verarbeitungsstrategien für unterschiedliche Flow Labels verwenden, wobei Netzpakete mit demselben Flow Label dementsprechend gleich behandelt werden. Das Konzept der Flow Labels in IPv6 entspricht der Nutzung der Labels in MPLS (Abschn. 3.4).

Das Feld *Payload Length* beziffert die Anzahl der Bytes, die dem 40 Byte großen IPv6-Header folgen. Dazu zählen die Nutzdaten (z. B. UDP/TCP, HTTP, Daten) und auch die IPv6-Erweiterungsheader. Anders als bei dem *Total-Length*-Feld in IPv4 (Abschn. 6.1.1) wird der IP-Header nicht mitgezählt.

Im *Next-Header*-Feld wird Typ des nächsten Headers kodiert. Dies kann ein *IPv6-Erweiterungsheader* oder auch ein Header einer höheren Protokollschicht, z. B. eines Transportprotokolls (UDP, TCP oder SCTP) sein. Zudem existiert das *Hop-Limit*-Feld, welches ein Hop-Zähler ist, der zu Beginn der Übertragung auf eine Konstante gesetzt und in jedem Router auf dem Übertragungspfad um 1 verringert wird. Erreicht das Hop Limit den Wert 0, wird das Paket verworfen. Dieses Konzept ist identisch zu der Nutzung des *TTL*-Feldes im IPv4-Header.

Schließlich sind noch die Absender- und Empfänger-IPv6-Adressen im IP-Header enthalten. Sowohl die Source Address als auch die Destination Address sind 16 Byte groß. IPv4-Adressen wurden dezimal und als 4-Tupel getrennt von Punkten notiert, z. B. 192.168.0.1, was mit 128 Bit großen IPv6-Adressen jedoch eine sehr lange Darstellung zur Folge hätte. Es wurde daher entschieden, für IPv6 eine hexadezimale Darstellung zu verwenden, bei der immer 16 Bit zu einem Wert zusammengefasst und durch einen Doppelpunkt getrennt werden. So entsteht für eine IPv6-Adresse ein 8-Tupel, wie z. B. 8000:0000:0000:0000:0123:4567:89AB:CDEF.

Nach dem obligatorischen 40 Byte großen Basisheader von IPv6 können mehrere Erweiterungsheader folgen, bevor das Transportprotokoll im Protokollstapel auftaucht. Hier gibt es unter anderem die folgenden IPv6-Erweiterungsheader, deren Typ jeweils im *Next-Header*-Feld angegeben wird:

- *Hop-by-Hop Options (Typ 0):* Optionen für Router, z. B. für besonders große Frames (Jumbograms) [DH98, BDH99].
- *Routing (Typ 43):* Source-Routing (definierter Routing-Pfad), z. B. genutzt von Mobile IPv6 [DH98, JPA04, ASNN07].
- *Fragment (Typ 44):* Nur mit diesem Header ist IP-Fragmentierung mit IPv6 möglich [DH98].
- *IPsec Header (Typ 51 (AH)/Typ 50 (ESP)):* IPsec Security Header für die Realisierung der Sicherheitsziele: Vertraulichkeit (nur ESP), Authentizität und Integritätsschutz (AH und ESP) [Ken05a, Ken05b].
- *No Next Header (Typ 59):* Es folgt kein weiterer Header [DH98].
- *Destination Options (Typ 60):* Optionen, die vom Zielsystem beachtet werden müssen (z. B. Discard Packet) [DH98].

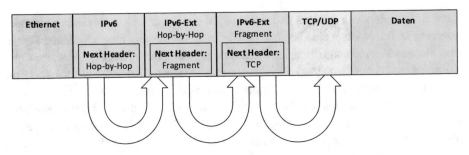

Abb. 7.3 Anordnung der Erweiterungsheader von IPv6

Werden mehrere Erweiterungsheader bei einem IPv6-Paket eingesetzt, können diese wie in Abb. 7.3 dargestellt verkettet werden. Durch die im Vergleich zu IPv4 deutlich größeren IPv6-Header wird eine neue Mindestgröße für Pakete erforderlich. Diese wird bei IPv6 mit einer minimalen *Maximum Transfer Unit (MTU)* von 1280 Byte umgesetzt, welche vor allem für nicht fragmentierbare Netzpakete[1] notwendig wird.

7.1.2   Fragmentierung

Wenn ein IPv6-Paket fragmentierbar sein soll, muss ein Fragmentation-Erweiterungsheader hinzugefügt werden. Im IPv6-Basisprotokoll wird dieser acht Byte große Fragmentation-Header (Abb. 7.4) mit dem *Next-Header*-Typ 44 angekündigt. Das erste ein Byte große Feld im Header enthält den *Next-Header*-Typ für den nachfolgenden Header. Eingebettet in zwei reservierte Bereiche liegt das 13 Bit große *Fragment-Offset*-Feld. Die Werte in diesem Feld werden als Vielfache von 8 Byte (2^3 Byte) interpretiert, sodass die Gesamtgröße (Payload Length – 16 Bit) des IPv6-Pakets adressiert werden kann[2]. Dies funktioniert analog zur Fragmentierung im IPv4-Protokoll (Abschn. 6.1.2).

0	1	2	3	4	5	6	7	8	9	10	11	12	13	14	15	16	17	18	19	20	21	22	23	24	25	26	27	28	29	30	31
Next Header								Reserved								Fragment Offset													Res-erved		M
Identification																															

Abb. 7.4 IPv6-Erweiterungsheader: Fragmentation Header

---

[1] IPv6-Pakete ohne den Fragment-Header dürfen nicht fragmentiert werden.
[2] Rechnung: 2^3 Byte · 8192 (13 Bit Adresse) = 65536 Byte (16 Bit Adresse).

Das *M-Flag (More Fragments)* wird auf 1 gesetzt, wenn weitere Fragmente folgen, ansonsten 0. *Identification* enthält eine einzigartige Nummer für jedes IPv6-Datagramm, die allerdings bei allen Fragmenten eines Datagramms denselben Wert enthält, um diese zuordnen zu können. Beide Felder gibt es auch im IPv4-Header (M-Flag heisst dort MF-Flag) mit der identischen Funktion.

7.2   Adressierung von Hosts und Subnetzen

Für die Adressierung von Hosts und Subnetzen werden im IPv6-Protokoll die 128 Bit großen IPv6-Adressen verwendet. Grundsätzlich werden diese Adressen wie folgt dargestellt:

$$8000:0000:0000:0000:0123:4567:89AB:CDEF$$

Es liegt eine hexadezimale Darstellung mit 8 Blöcken á 16 Bit (2 Byte) vor, jeweils getrennt durch einen Doppelpunkt ':'. Darüber hinaus gibt es zwei Vereinfachungen für die Darstellung, um die langen IPv6-Adressen etwas handlicher zu machen: (1) Führende Nullen in einem Block dürfen weggelassen werden. (2) Treten mehrere Blöcke mit Nullen in Folge auf, dürfen diese durch zwei Doppelpunkte ':: ' abgekürzt werden. Letztere Abkürzung darf allerdings nur einmal vorgenommen werden, weil sonst die Eindeutigkeit der IP-Adresse verloren geht.

$$8000::123:4567:89AB:CDEF$$

Eine IPv6-Adresse besteht aus zwei Teilen, dem *Präfix* und dem *Suffix*. Diese Teilung ist inhaltlich vergleichbar mit der Trennung in den Host- und Network-Anteil bei IPv4-Adressen, sodass das Präfix den fixen Netzbestandteil der IP-Adresse bezeichnet und der Bereich des Suffixes den Adressen der Endgeräte vorbehalten ist.

In das Suffix der IPv6-Adressen geht der 64 Bit große *Interface Identifier* ein, der ein Endgerät eindeutig beschreibt. Damit eine Eindeutigkeit erreicht werden und IP-Adresskonflikte verhindert werden können, wird die Ethernetadresse des Endgeräts für den Interface Identifier herangezogen. Der Interface Identifier wird, wie in Abb. 7.5 dargestellt, zusammengesetzt.

Zwischen den ersten und letzten drei Bytes wird die Konstante FFFE eingefügt, weiterhin wird das siebte Bit im ersten Byte der Ethernetadresse auf 1 gesetzt.

Ethernetadresse: 54:03:B3:A8:F5:27
Korrespondierende IPv6-Adresse: FE80::5603:B3FF:FEA8:F527

Die Größen der Netzadressen (Präfix) sind auch bei IPv6 variabel, deshalb wird eine IPv6-Adresse oftmals mit der Angabe der Präfix-Bits notiert:

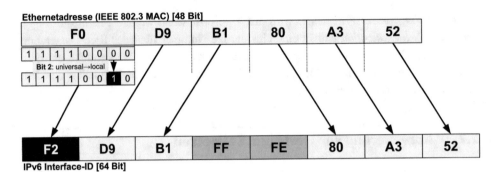

Abb. 7.5 Berechnung der IPv6-Adresse aus der Ethernetadresse

IPv6-Adresse mit 64 Bit Präfix: FE80::5603:B3FF:FEA8:F527/64

Die Anzahl der Bits des Präfix-Anteils kann selbstverständlich variieren. In der Regel werden hier weniger Bits für den Präfix-Anteil verwendet, sodass für das entstehende Netz ein größerer Suffix-Anteil und damit mehr mögliche Adressen für Endgeräte zur Verfügung stehen. Obwohl die 64 Bit für Endgeräte eigentlich ausreichen sollten (IPv4-Adressen sind im Vergleich nur 32 Bit groß), wird erst durch einen größeren Suffix-Anteil eine Unterteilung in mehrere Subnetze möglich gemacht. Dies ist bei der logischen Unterteilung von einem Netz (z. B. Mitarbeiter und Geschäftsleitung) und Trennung durch einen Router oder eine Firewall sinnvoll. Im Folgenden ein Beispiel für die IPv6-Adressvergabe:

IPv6-Adresse: 2001:1111:2222:2222:3333:3333:3333:3333/64

- Das *Präfix* ist 2001:1111:2222:2222::/64
- Der *Interface Identifier (Suffix)* ist 3333:3333:3333:3333.
- Der Internet Service Provider (ISP) verfügt vermutlich über das Netz: 2001:1111:: /32. Dem Endkunden könnte der ISP nun z. B. das Netz 2001:1111:2222::/48 oder 2001:1111:2222:2200::/56 zur Verfügung stellen.

Internet Provider weisen ihren Kunden mit IPv6 oftmals nicht nur eine einzelne Adresse, sondern einen ganzen Adressblock zu. Dies ist aufgrund der deutlich größeren Anzahl der Adressen im Vergleich zu IPv4 ohne weiteres möglich und lässt dem Kunden Spielraum für eine logische Unterteilung seiner öffentlichen Adressen und Platz für viele Endgeräte.

Genauso wie es private und öffentliche IPv4-Adressen gibt, existieren auch für IPv6 spezielle Adressräume. Neben der lokalen *Loopback*-Adresse (::1) für die IPv6-Kommunikation mit dem eigenen Endgerät gibt es bei IPv6 die folgenden Adressräume:

- *Link Local (Unicast):* `FE80::/10` *(`FE80`…bis* `FEBF`…*)*
  Diese werden nur lokal verwendet (z. B. durch Autokonfiguration) und *nicht* geroutet. Jede aktivierte IPv6-Schnittstelle generiert eine link-lokale Adresse für die ausschließliche Kommunikation mit dem eigenen physikalischen Netz.
- *Unique Local (Unicast):* `FC00::/7` *(`FC`... und `FD`...)*
  Diese Adressen werden lokal verwendet und können (intern) geroutet werden. Derzeit ist nur das Präfix FD in Verwendung, wobei dem Präfix eine *Site-ID* (40 Bit) und eine *Subnetz-ID* (16 Bit) folgt, z. B. `FD11:1111:1111:2222::1`.
- *Multicast:* `FF00::/8` *(`FF`...)*
  IPv6-Multicastadressen für die Adressierung von Gruppen von Endgeräten. Die ersten 4 Bits der Adressen sind für Flags (z. B. von IANA vergeben/dynamisch) reserviert und weitere 4 Bits für den Gültigkeitsbereich (z. B. Loopback, Link Local, Global).
  Zu jeder Multicast-IP-Adresse gibt es auch eine korrespondierende Multicast-Ethernetadresse. Bei IPv6 haben die Multicast-Ethernetadressen die Form `33:33:xx:xx:xx:xx`, wobei die letzten vier Byte der IPv6-Multicastadresse eingesetzt werden.
- *Global (Unicast): Alle anderen* sind weltweit eindeutig.

Die *Link-Local*-Adressen werden auf jedem IPv6-Gerät angelegt. Da ein Host über mehrere Schnittstellen verfügen kann, muss bei der Kommunikation mit einer link lokalen Adresse eines anderen Hosts immer die Netzschnittstelle angegeben werden, denn alle link-lokalen Adressen aller Netzschnittstellen befinden sich in einem logischen Subnetz bzw. Präfix (meistens `FE80::/64`).

Für IPv6 sind keine expliziten *Broadcastadressen* vorgesehen. Um alle Geräte in einem Subnetz zu erreichen, gibt es allerdings die *All-Nodes*-Adressen `FF01::1` (loopback) und `FF02::1` (link local). Darüber hinaus gibt es noch eine Vielzahl von speziellen Multicastadressen (z. B. All Routers), die einer Webseite der Internet Assigned Numbers Authority (IANA) zu entnehmen sind [Ven14].

Mit der Einführung von IPv6 wurde neben den bekannten Übertragungsgrundsätzen *Unicast* (ein Ziel), *Multicast* (mehrere Ziele) und *Broadcast* (alle Ziele) eine weitere Methode eingeführt: *Anycast*. Ein oder mehrere Endgeräte verwenden hier dieselbe IPv6-Unicast-Adresse auf ihren Interfaces, welche jedoch explizit für Anycast konfiguriert werden. Eine Anfrage an diese Anycast-Adresse kann nun von einem beliebigen Anycast-Endgerät beantwortet werden, welche sich allerdings untereinander synchronisieren sollten, um keine widersprüchlichen Daten zu erzeugen.

Um die Kompatibilität mit IPv4 und URLs herzustellen, gibt es gewisse Richtlinien, wie IPv6-Adressen notiert werden sollen. IPv4-Adressen im IPv6-Adressraum werden dezimal mit Punkten und führenden Doppelpunkten '::' notiert. In URLs werden IPv6-Adressen in eckige Klammern eingefasst.

$$192.168.0.1 \rightarrow ::192.168.0.1$$

```
http://[8000:0000:0000:0000:0123:4567:89AB:CDEF]/
```

Abschließend sollte noch eine spezielle Erweiterung für die IPv6-Adressierung erwähnt werden, die *Privacy Extension (PE)* [NDK07]. Mit der Generierung des Interface Identifiers aus der Ethernetadresse erhält jedes Endgerät in der Regel immer wieder dieselbe IPv6-Adresse. Damit wird die Anonymität der Endgeräte gefährdet, weil sich mit dem Wissen der IPv6-Adresse immer wieder auf ein bestimmtes Gerät rückschließen lässt. Einige Betriebssysteme (z. B. Microsoft Windows 7) aktivieren daher standardmäßig die Privacy Extension, bei der der Interface Identifier zufällig mit Hilfe der kryptographischen Hashfunktion MD5 generiert wird. In regelmäßig Abständen (z. B. 1 Tag) wird der Interface Identifier gewechselt, sodass eine Zuordnung der IPv6-Adresse zu einem bestimmten Endgerät erschwert wird.

7.3   ICMPv6

Das Internet Control Message Protocol in Version 6 (ICMPv6) ist ein integraler Bestandteil des IPv6-Protokolls. Der Aufbau des ICMPv6 Protokolls ist relativ ähnlich zu dem Aufbau des ICMP-Protokolls für IPv4 (Abschn. 6.6). Neben den Funktionen, die von ICMPv4 bekannt sind, kommen jedoch noch einige wichtige Elemente hinzu, ohne die sich IPv6 nicht betreiben lässt. Zu diesen Funktionen gehören unter anderem die Auflösung von IPv6 in Ethernetadressen (≈ARP) und die Autokonfiguration von IPv6-Netzen.

Abb. 7.6 zeigt den Header des ICMPv6-Protokolls, der sich nicht grundlegend vom Basisheader des ICMPv4-Protokolls unterscheidet. Enthalten sind weiterhin ein Type und ein Code zur Festlegung des Nachrichtentyps sowie eine Checksumme über den Header. Der Datenteil hängt wie bei ICMPv4 von dem Type und dem Code ab. In der Tab. 7.1 sind einige Typen und Codes für das ICMPv6-Protokoll aufgeführt.

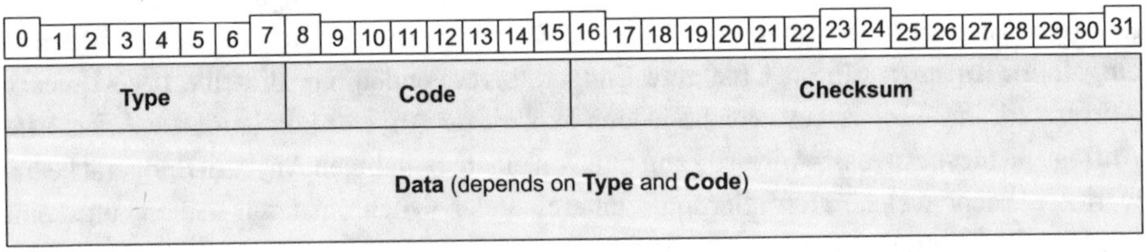

0	1	2	3	4	5	6	7	8	9	10	11	12	13	14	15	16	17	18	19	20	21	22	23	24	25	26	27	28	29	30	31
Type						Code									Checksum																
Data (depends on Type and Code)																															

Abb. 7.6 Der Header des ICMPv6-Protokolls

Tab. 7.1 Eine Auswahl von ICMPv6-Typen und -Codes

Type	Code	Beschreibung
Destination Unreachable (1)	No Route (0) Prohibited (1) Address Unreachable (3) Port Unreachable (4)	Paket nicht ausgeliefert, da keine Route vorhanden Paket nicht ausgeliefert, da abgelehnt durch Firewall Paket nicht ausgeliefert, da IPv6-Adresse nicht erreichbar Paket nicht ausgeliefert, da kein Socket für UDP geöffnet
Packet Too Big (2)	(0)	Paket zu groß, MTU wird mitgesendet
Time Exceeded (3)	Hop-Limit Exceeded (0) Fragment Timeout (1)	Hop-Limit ($\approx$ TTL) ist 0 Nicht alle Fragmente im erlaubten Zeitfenster angekommen
Parameter Problem (4)	Error in Header (0) Unknown Next Header (1) Unknown Option (2)	Fehler in einem IPv6-Headerfeld Next Header Typ unbekannt Unbekannte IPv6 Option
Echo Request (128)	(0)	Echo Anfrage („ping6")
Echo Reply (129)	(0)	Echo Antwort (verwendet von ping6)
Router Solicitation (133)	(0)	Aufforderung, dass sich alle Router im Netz melden sollen
Router Advertisement (134)	(0)	Router übertragen ihre Subnetzadresse und welche Netze sie erreichen können
Neighbor Solicitation (135)	(0)	Wer kennt die MAC-Adresse zu dieser IPv6? ($\approx$ARP-Request)
Neighbor Advertisement (136)	(0)	Dies ist die MAC-Adresse zur angefragten IPv6 ($\approx$ARP-Reply)
Redirect (137)	(0)	Vermitteln von einem anderen Router für ein Zielnetz/Zielhost

7.4 NDP

Das auf dem ICMPv6-Protokoll basierende *Neighbor Discovery Protocol (NDP)* hat verschiedene Aufgaben. Dazu zählt die Autokonfiguration von IPv6-Netzen, d. h. das Setzen der IPv6-Adressen und der Routen. Die wichtigste Funktion von NDP ist jedoch die Auflösung von IPv6-Adressen in Ethernetadressen, was der ARP-Funktionalität in IPv4 entspricht. Der

IPv6-Stack im Betriebssystem verfügt über vier virtuelle Tabellen, die für den Betrieb von NDP bzw. IPv6 notwendig sind:

Neighbor Cache

> Tabelle mit *IPv6-* und *MAC*-Adressen, an die bereits Pakete gesendet wurden
>
> - Gültigkeit
> - Router: Ja/Nein
>
> ($\approx$ *ARP-Tabelle*)

Destination Cache

> *Next Hop* für gesendete Pakete. Hier gibt es einen Link auf den Neighbor Cache, um den Router zu finden.
> ($\approx$ *Routingtabelle*)

Prefix List

> *Prefices* (Subnetze), die im Netz verfügbar sind.
>
> - von Routern bekanntgegeben
> - Gültigkeit

Default Router

> - Link auf Neighbor Cache
> - Gültigkeit

Zunächst soll das Neighbor-Discovery-Protokoll beschrieben werden, welches eine gegebene IPv6-Adresse zu der korrespondieren physikalischen Ethernetadresse auflöst. Dies ist auch bei IPv6 notwendig, denn auch hier kommt für gewöhnlich Ethernet zum Einsatz. Via Multicast (All-Node-Adresse) wird eine Anfrage nach der Ethernetadresse zu der bereits bekannten IPv6-Adresse gestellt. Diese Anfrage bezeichnet man als *Neighbor Solicitation (NS),* welches mit einer ICMPv6-Nachricht mit dem Type-Wert 135 realisiert wird (Abb. 7.7).

Daraufhin antwortet der angesprochene Host mit einer *Neighbor-Advertisement*-Nachricht (NA) via Unicast an den anfragenden Host, um seine Ethernetadresse mitzuteilen. Dafür wird die ICMPv6-Nachricht mit dem Typ 136 verwendet. Gleichzeitig wird hier mitgeteilt, ob es sich bei dem angefragten Host um einen Router handelt oder nicht (siehe Abb. 7.8). Das Ergebnis der Adressauflösung wird in den Neighbor Cache geschrieben.

Das Neighbor-Solicitation-Protokoll wird nicht nur im laufenden Betrieb verwendet, um den Neighbor Cache zu befüllen, sondern auch direkt nach dem aktivieren eines IPv6-Interfaces, um festzustellen, ob die gewünschte IPv6-Adresse noch nicht im Netz vorhanden bzw. vergeben ist. Diesen Prozess nennt man *Duplicate Address Detection (DAD),* wobei hier eine Adressauflösung für die eigene IPv6-Adresse gestartet wird.

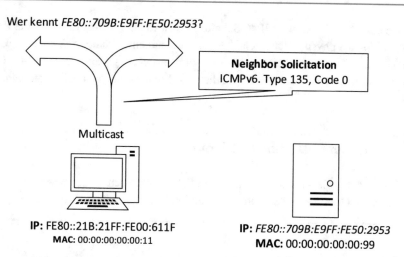

Abb. 7.7 NDP – Neighbor Solicitation

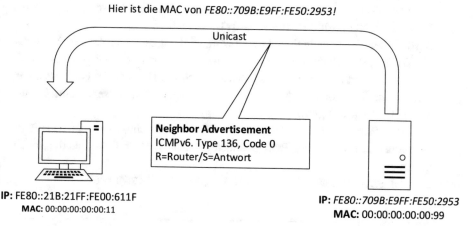

Abb. 7.8 NDP – Neighbor Advertisement

Über die *Router-Advertisement*-Nachricht (ICMPv6, Type 134) teilen Router ihren physikalisch erreichbaren Subnetzen in regelmäßigen Abständen ein Präfix mit. Darüber hinaus teilen die Router ebenfalls mit, welche weiteren Netze über sie erreicht werden können, ob sie als Default-Router fungieren, wie lange sie erreichbar sind und wie lange die gesendeten Informationen gültig sein sollen. Empfängt nun ein Host eine *Router-Advertisement*-Nachricht (RA), konfiguriert er eine neue IPv6-Adresse mit seinem Interface Identifier für das im RA angegebene Präfix. Erhält ein Host mehrere RA-Nachrichten, wird für jedes Präfix dementsprechend eine weitere IPv6-Adresse angelegt. Zusätzliche IPv6-Routen, sofern vorhanden, werden gemäß den Informationen aus den RA-Nachrichten konfiguriert.

Nach dem Aktivieren einer IPv6-Schnittstelle ist es einem Host möglich, die Routing-Konfiguration der physikalisch erreichbaren Router mit einer *Router Solicitation* (ICMPv6, Type 133) abzufragen. Mit diesem Prozess wird beabsichtigt, dass jeder Host möglichst schnell einsatzbereit ist und nicht erst auf die periodisch gesendeten RA-Nachrichten warten muss.

7.5   Autokonfiguration und DHCP

Die Techniken für die Autokonfiguration von IPv6 wurden bereits im letzten Abschn. (7.4) angesprochen. Der Prozess der Autokonfiguration läuft nun folgendermaßen ab:

(1) Die IPv6-Schnittstelle wird aktiviert.
(2) Mit Hilfe der Ethernetadresse wird ein *Interface Identifier* generiert (möglicherweise mit Privacy Extension), welcher in eine link-lokale Adresse eingesetzt wird.
    Beispiel: `FE80::5603:B3FF:FEA8:F527/64`
    Bevor diese Adresse endgültig aktiviert wird, wird mit Duplicate Address Detection (DAD) überprüft, ob die Adresse noch frei ist. Ist sie noch frei, wird die link-lokale Adresse aktiviert und andere physikalisch erreichbare Hosts sind nun adressierbar.
(3) Falls bisher kein Router Advertisement (RA) eingetroffen ist, sende eine Router-Solicitation-Anfrage (RS).
(4) Nach dem Erhalt der Router Advertisement (RA) Nachricht(en) werden neue IPv6-Adressen für die angegeben Präfices angelegt (nach DAD-Prüfung) und die Routen konfiguriert.
    Beispiel: `FDD2:F8B0:828D:0:5603:B3FF:FEA8:F527/64`

Das IPv6-Netz wäre nun soweit funktionsfähig, allerdings mit der Ausnahme, dass noch keine DNS-Server (siehe Kap. 10) konfiguriert sind. Ohne konfigurierte DNS-Server ist es nicht möglich, Namen (z. B. www.google.de) in IPv6-Adressen aufzulösen. Die DNS-Konfiguration wird nicht von der Autokonfiguration abgedeckt, sodass für diese Einstellung ein DHCP-Server verwendet werden kann. Mit IPv6 wird dementsprechend oftmals ein Stateless-Dynamic-Host-Control-Protocol-Server (DHCP) eingesetzt, der zwar keine IPv6-Adressen konfiguriert, dafür aber erweiterte Dienste wie DNS oder NTP.

7.6 Routing

Das Routing in IPv4 und IPv6 unterscheidet sich nicht wesentlich. Geräte in einem physikalischen Subnetz werden in der Regel über die link-lokalen Adressen und die physikalischen MAC-Adressen angesprochen. Sind mehrere Subnetze vorhanden, setzt ein Router die IPv6-Pakete zwischen den Netzen um und fügt die jeweils benötigten physikalischen MAC-Adressen der Endgeräte in den Ethernetheader ein.

Heute ist es für IPv4-Haushalte üblich, dass mehrere Geräte via SNAT oder Masquerading (siehe Abschn. 6.8) hinter einer IPv4-Adresse verborgen werden. Aufgrund der deutlich besseren Verfügbarkeit von IPv6-Adressen ist das Anbinden von Haushalten jetzt auch ohne NAT möglich. Aus Sicherheitsgründen ist eine direkte Anbindung aller Geräte jedoch nicht unbedingt zu empfehlen. Beispielsweise würden alle angeschlossenen Geräte eine eigene Firewall(-konfiguration) benötigen, was schon bei zehn Endgeräten (PCs, Notebooks, Tablets, Smartphones, SmartTVs etc.) schnell unübersichtlich wird.

7.7 Migrationsmechanismen

Derzeit ist IPv6 noch eher zurückhaltend verbreitet, auch wenn die Verbreitung des Standards in den letzten Jahren zunehmend an Fahrt aufgenommen hat. Die Firma Google gibt in Ihren Statistiken an, dass im Dezember des Jahres 2013 etwa 2,5 % der Nutzer über IPv6 auf die Google-Dienste zugriffen (Abb. 7.9).

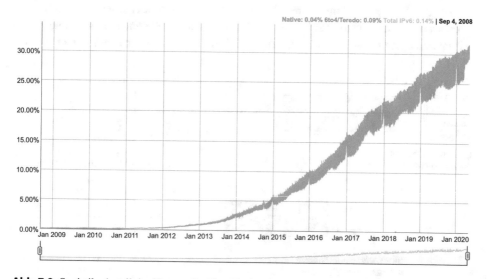

Abb. 7.9 Statistik: Anteil der Nutzer, die über IPv6 auf Google zugreifen [Inc14]

Problematisch ist, dass weder alle Dienste im Internet, noch alle Privathaushalte, über IPv6-Adressen verfügen. Wer jetzt schon auf den IPv6-Standard umsteigen möchte, benötigt einen *Migrationsmechanismus,* der sowohl das Erreichen der IPv4- als auch das Erreichen der IPv6-Dienste möglich macht. Bei einem harten Umstieg auf IPv6-only wäre man aktuell noch weitestgehend vom Internet isoliert. In den folgenden Unterkapiteln werden einige dieser Migrationsmechanismen diskutiert.

7.7.1 Dualstack

Dualstack bedeutet, dass in einem System sowohl eine IPv4- als auch eine IPv6-Adresse zur Verfügung stehen. Infolgedessen werden die IPv4-Dienste über die IPv4-Adresse und die IPv6-Dienste parallel über die IPv6-Adresse erreicht. Die meisten modernen Betriebssystem unterstützen derzeit den parallelen Betrieb von IPv4 und IPv6.

7.7.2 Tunnel

Soll auf einem System nur ein IPv4- *oder* ein IPv6-Stack zum Einsatz kommen, bietet sich das Tunneln von Paketen an. Dafür gibt es verschiedene Möglichkeiten, z. B. lassen sich IPv6-Pakete in IPv4-Paketen tunneln, wenn der eigene Provider keine Möglichkeit bietet, direkt mit IPv6 zu kommunizieren. In Abb. 7.10 wird gezeigt, wie die Tunnellösung *6to4* dieses Problem mit Hilfe eines Relay-Routers (Brokers) löst.

Das IPv4-Endgerät bekommt eine lokal verwaltete IPv6-Adresse, in der die IPv4-Adresse hexadezimal nach dem 6to4-Präfix kodiert wird. IPv6-Pakete werden in IPv4-Pakete gekapselt und an einen 6to4-Broker im Internet versendet, welcher über einen richtigen IPv6-

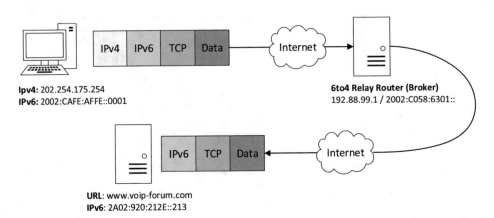

Abb. 7.10 6to4 IPv6-Tunnel

Abb. 7.11 Network Address Translation IPv6→IPv4 (NAT64)

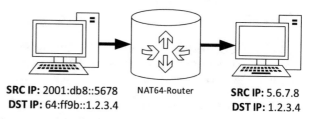

SRC IP: 2001:db8::5678
DST IP: 64:ff9b::1.2.3.4

NAT64-Router

SRC IP: 5.6.7.8
DST IP: 1.2.3.4

Anschluss verfügt. Dieser Broker entpackt die IPv6-Pakete und sendet sie an das eigentliche Ziel weiter.

Der Rückweg darf auch über einen anderen IPv6-Broker erfolgen, da die IPv4-Adresse des Endgerätes in der IPv6-Adresse kodiert ist. Ein beliebiger IPv6-Broker kapselt das IPv6-Antwortpaket nun erneut in ein IPv4-Paket ein und versendet es an das in der IPv6-Adresse kodierte Endgerät.

Neben 6to4 gibt es noch weitere Tunnellösungen, wie 6in4, 6over4 oder Teredo. Außerdem gibt es auch Lösungen, die IPv4-Pakete in IPv6-Paketen kapseln [CD98].

7.7.3 NAT64

Ein anderes Problem löst *Network Address Translation IPv6 to IPv4 (NAT64)*. Gegeben ist ein Netz, welches nur noch IPv6 beherrscht. Ein IPv6-Endgerät möchte nun trotzdem mit einem IPv4-Gerät kommunizieren und geht wie in Abb. 7.11 dargestellt vor.

Die Ziel-IPv4 Adresse wird in einer IPv6-Adresse mit dem Präfix 64:ff9b::/96 kodiert, beispielsweise als 64:ff9b::1.2.3.4. Dieses IPv6-Paket wird nun an den NAT64-Router gesendet, der ein IPv4-Paket mit der in IPv6 kodierten Ziel-IPv4-Adresse generiert und versendet. Als Absender-IPv4-Adresse kommt die IPv4-Adresse des NAT64-Routers zum Einsatz, das Tupel (SRC-IPv6, SRC-Port, DST-IPv4, DST-Port) wird gespeichert.

Auf dem Rückweg an das IPv6-Endgerät übersetzt der *NAT64-Router* das IPv4-Paket wieder in ein IPv6-Paket und liefert es aus.

Dieser Prozess wird in der Regel durch *DNS. 64* unterstützt, welches bei einer Namensauflösung (z. B. www.google.de) zunächst nach einer IPv6-Adresse schaut und wenn diese nicht vorhanden ist, die aufgelöste IPv4-Adresse in das NAT64-Präfix 64:ff9b::/96 einsetzt. Auf diese Art und Weise kann ein internes System auf IPv6-only umgestellt werden, ohne die Kommunikation mit IPv4-Hosts einzuschränken. Zudem ist NAT64 für die IPv6-Endgeräte (bis auf eine Route für das Netz 64:ff9b::/96) transparent, sodass diese keinen Unterschied zwischen IPv4- und IPv6-Gegenstellen bemerken.

Literatur

[DH95]   S. Deering and R. Hinden. Internet Protocol, Version 6 (IPv6) Specification. RFC 1883 (Proposed Standard), December 1995. Obsoleted by RFC 2460.

[DH98]   S. Deering and R. Hinden. Internet Protocol, Version 6 (IPv6) Specification. RFC 2460 (Draft Standard), December 1998. Updated by RFCs 5095, 5722, 5871, 6437, 6564, 6935, 6946, 7045, 7112.

[ASNN07]   J. Abley, P. Savola, and G. Neville-Neil. Deprecation of Type 0 Routing Headers in IPv6. RFC 5095 (Proposed Standard), December 2007.

[Kri09]   S. Krishnan. Handling of Overlapping IPv6 Fragments. RFC 5722 (Proposed Standard), December 2009. Updated by RFC 6946.

[AB10]   J. Arkko and S. Bradner. IANA Allocation Guidelines for the IPv6 Routing Header. RFC 5871 (Proposed Standard), May 2010.

[ACJR11]   S. Amante, B. Carpenter, S. Jiang, and J. Rajahalme. IPv6 Flow Label Specification. RFC 6437 (Proposed Standard), November 2011.

[KWK+12]   S. Krishnan, J. Woodyatt, E. Kline, J. Hoagland, and M. Bhatia. A Uniform Format for IPv6 Extension Headers. RFC 6564 (Proposed Standard), April 2012.

[ECW13]   M. Eubanks, P. Chimento, and M. Westerlund. IPv6 and UDP Checksums for Tunneled Packets. RFC 6935 (Proposed Standard), April 2013.

[Gon13]   F. Gont. Processing of IPv6 "Atomic" Fragments. RFC 6946 (Proposed Standard), May 2013.

[BDH99]   D. Borman, S. Deering, and R. Hinden. IPv6 Jumbograms. RFC 2675 (Proposed Standard), August 1999.

[JPA04]   D. Johnson, C. Perkins, and J. Arkko. Mobility Support in IPv6. RFC 3775 (Proposed Standard), June 2004. Obsoleted by RFC 6275.

[Ken05a]   S. Kent. IP Authentication Header. RFC 4302 (Proposed Standard), December 2005.

[Ken05b]   S. Kent. IP Encapsulating Security Payload (ESP). RFC 4303 (Proposed Standard), December 2005.

[Ven14]   Stig Venaas. Ipv6 multicast address space registry, 2014. http://www.iana.org/assignments/ipv6-multicast-addresses/ipv6-multicast-addresses.xhtml.

[NDK07]   T. Narten, R. Draves, and S. Krishnan. Privacy Extensions for Stateless Address Autoconfiguration in IPv6. RFC 4941 (Draft Standard), September 2007.

[Inc14]   Google Inc. Ipv6 google – anteil der nutzer, die über ipv6 auf google zugreifen, 2014. http://www.google.de/ipv6/statistics.html.

[CD98]   A. Conta and S. Deering. Generic Packet Tunneling in IPv6 Specification. RFC 2473 (Proposed Standard), December 1998.

Adressierung von Anwendungen 8

Unter Verwendung des Internet Protocols (IP) wird die Kommunikation zwischen zwei oder mehreren Hosts ermöglicht. Um jedoch pro Host die parallele Kommunikation mehrerer Anwendungen zu ermöglichen, werden weitere Mechanismen benötigt, die sowohl gemäß ISO/OSI-Referenzmodell als auch TCP/IP-Modell auf dem Transport Layer spezifiziert sind. Die Anforderungen an den Transport Layer und seine Protokolle sind:

- Adressierung von Anwendungen (Anwendungsprozessen) auf einem Host.
- *Multiplexing/Demultiplexing* von parallelen Anwendungsströmen des Internet Layers und Weiterleitung an den adressierten Anwendungsprozess.
- Segmentierung und Versand von Daten zwischen verteilten Anwendungsprozessen unter Berücksichtigung der zulässigen Paket- und Rahmengrößen nachgelagerter Schichten und Protokolle.
- *Optional:* Aufbau von logischen Verbindungen zwischen verteilten Anwendungsinstanzen.
- *Optional:* Zuverlässiger Transport und damit Sicherstellung der Zustellung von Daten.

Um diese Anforderungen für die Kommunikation zwischen Anwendungsinstanzen auf unterschiedlichen Systemen zu erfüllen, müssen die entsprechenden Protokolle ein minimales Set an *Service-Primitiven* anbieten:

- *Open:* Ein sendender Anwendungsprozess kann die Möglichkeit haben, die Verbindung zu einem anderen Anwendungsprozess aufzubauen.
- *Listen:* Ein empfangender Anwendungsprozess (serverseitiger Dienst) kann einen Wartezustand besitzen, in welchem er verbleibt, bis ein eingehender Verbindungswunsch eines anderen Anwendungsprozesses eintrifft, um anschließend eine Verbindung aufzubauen.
- *Close:* Sowohl ein sendender als auch ein empfangender Anwendungsprozess können in der Lage sein, eine vorher aufgebaute, aktive Verbindung jederzeit beenden zu können.

© Der/die Herausgeber bzw. der/die Autor(en), exklusiv lizenziert durch Springer Fachmedien Wiesbaden GmbH, ein Teil von Springer Nature 2020
P.-B. Bök et al., *Computernetze und Internet of Things*,
https://doi.org/10.1007/978-3-658-29409-0_8

- *Send:* Ein sendender Anwendungsprozess muss die Möglichkeit haben, Daten über eine bereits bestehende Verbindung oder ohne vorherigen Aufbau einer Verbindung zu einem anderen Anwendungsprozess zu senden.
- *Receive:* Ein empfangender Anwendungsprozess (serverseitiger Dienst) muss einen Zustand besitzen, Daten über eine bereits bestehende Verbindung oder ohne vorherigen Aufbau einer Verbindung von einem anderen Anwendungsprozess empfangen zu können.

Hinsichtlich der zulässigen Paket- und Rahmengrößen nachgelagerter Schichten und Protokolle ist bei Verwendung der Transportprotokolle der in Abb. 8.1 dargestellte Zusammenhang zu berücksichtigen: Ethernet erlaubt maximal die Übertragung von 1500 Byte Daten pro Ethernetrahmen, bezeichnet als Maximum Transmission Unit (MTU). Daraus lässt sich ableiten, dass innerhalb der MTU mindestens der IP-Header (mindestens 20 Byte bei IPv4 bzw. 40 Byte bei IPv6, jeweils ohne Optionsheader) sowie der Header des Transportprotokolls (in Abb. 8.1 der TCP-Header mit der Länge von 20 Byte) dafür sorgen, dass höchstens 1460 Byte (bei IPv4) bzw. 1440 Byte (bei IPv6) Daten des Application Layers (Anwendungsprotokoll und Nutzdaten der Anwendung) übertragen werden können. Diese maximal mögliche Größe der übertragbaren Daten wird als *Maximum Segment Size (MSS)* bezeichnet.

Diese Informationen sind zudem für die Durchführung der *Fragmentierung* und *Reassemblierung* von Segmenten sowie die Fehlerprüfung relevant.

Für das Multiplexing und Demultiplexing der eingehenden Daten zu verschiedenen Anwendungsprozessen ist eine Adressierung notwendig. Diese erfolgt bei den hier betrachteten Protokollen TCP (Transmission Control Protocol) und UDP (User Datagram Protocol) über sogenannte *Ports*. Diese entsprechen einer einzigartigen Adresse eines Anwendungsprozesses auf dem System und können lokal nicht mehrfach vergeben werden. Sowohl der Client als auch der Server und damit beide Seiten einer verteilten Anwendung benötigen für die Kommunikation einen Port. Entsprechend der Spezifikation von TCP und UDP können bis zu 65536 Ports vergeben werden. Die Ports von 0 bis 1023 werden als Well-Known-Ports

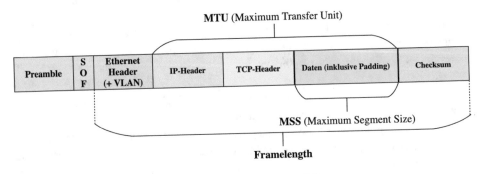

Abb. 8.1 Zusammenhang zwischen Framelength, MTU und MSS

bezeichnet und sind verschiedenen Standardanwendungen zugewiesen. Für die Zuweisung bzw. die Standardisierung zeichnet sich die IANA[1] verantwortlich.

Ein Source-Port wird für die Zeit einer aktiven Verbindung bzw. Datenübertragung dauerhaft der Client-Anwendung zugewiesen und steht anschließend wieder zur Verfügung. Serverseitig und somit beim angebotenen Dienst wird hingegen der Port, der als Destination-Port von der Client-Anwendung verwendet wird, dauerhaft zugewiesen, solange der Serverteil der Anwendung ausgeführt wird. Server-Anwendungen verwenden in der Regel einen der standartisierten *Well-Known-Ports,* damit die Client-Anwendungen den angebotenen Dienst immer über die gleiche Adresse erreichen. Diese Randbedingung ist zudem für die Konfiguration von Firewalls sehr wichtig, da insbesondere der Schutz von Netzen mit Server-Systemen darauf basiert, dass nur einzelne IP/Port-Kombinationen für eingehenden Verkehr zugelassen werden.

Nachfolgend aufgelistet sind die Well-Known-Ports einiger Anwendungen exemplarisch aufgelistet.

- *22* Secure Shell (SSH)
- *25* Simple Mail Transfer Protocol (SMTP)
- *53* Domain Name System (DNS)
- *80* Hyper Text Transfer Protocol (HTTP)
- *546* Dynamic Host Configuration Protocol für IPv6 (Client)
- *547* Dynamic Host Configuration Protocol für IPv6 (Server)

Alle Ports größer als 1023 bis hin zu 65535 stehen – zumindest in der Theorie – frei zur Verfügung. Aufgrund der Vielzahl von verteilten Anwendungen sind viele dieser Ports Anwendungen zugeordnet. Die reine Zuordnung wird jedoch im Allgemeinen als nicht so strikt angesehen wie die vergebenen Well-Known-Ports. Insgesamt kann man bei den Well-Known-Ports lediglich von einer Art *Best-Practice* sprechen.

Die logische Kommunikation mehrerer verteilter Anwendungsprozesse unter Verwendung von Ports ist in Abb. 8.2 dargestellt. Es wird neben dem generellen Aufbau auch die Verwendung der Ports verdeutlicht: Adressiert ein Client eine entfernte Anwendung über einen Destination-Port, so sendet die Client-Anwendung die Daten an diesen und gibt dabei den Port der Anwendung auf dem eigenen System an. Der Server verwendet für mögliche Antworten an den Client dessen Source-Port als Destination-Port und gibt den Port, über den der Client den Server angesprochen hat, als Source-Port an.

Es existieren weitere Protokolle, wie beispielsweise SCTP [Ste07], DCCP [KHF06] und RTP [SCFJ03], die jedoch an dieser Stelle nicht weiter betrachtet werden. Details zu diesen Protokollen können den entsprechenden RFCs entnommen werden.

---

[1]Internet Assigned Numbers Authority.

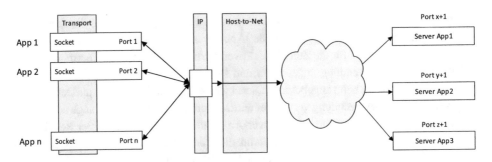

Abb. 8.2 Logische Kommunikationsverbindung zwischen Anwendungsprozessen

8.1   Verbindungslose Anwendungskommunikation (UDP)

Das User Datagram Protocol (UDP), spezifiziert in [Pos80b], ermöglicht die verbindungslose Kommunikation über eine logische Verbindung und wird in der Regel für den Transport von Daten *verlusttoleranter* Anwendungen eingesetzt. UDP verfügt weder über eine
Möglichkeit, den Verlust von Paketen zu erkennen, noch deren Versand bzw. die Ankunft
beim Empfänger sicherzustellen. Anwendungen, die UDP als Transport-Layer-Protokoll
verwenden, dürfen demnach nicht darauf angewiesen sein, dass die zu übertragenden Daten
vollständig beim Empfänger ankommen. Darüber hinaus besitzt UDP keine Mechanismen
zur *Regulierung* des ausgehenden Datenstroms. Auch in Überlastsituationen des Netzes und
bei hohen Paketverlustraten kann UDP den ausgehenden Datenstrom nicht selbstständig
drosseln, sodass der Umgang damit in einem solchen Fall der Anwendung überlassen ist.
Eine verbindungslose Anwendungskommunikation erfordert somit lediglich die Service-
Primitive *Send* und *Receive,* um die daran gestellten Anforderungen zu erfüllen. Die Detailbezeichnungen sind in der entsprechenden Spezifikation [SHD91] zu finden.

Aufgrund der genannten Eigenschaften ist UDP zwar nicht für den zuverlässigen Versand
von Daten sinnvoll einsetzbar, eignet sich jedoch, wie auch anhand der Paketstruktur und
schlanken Arbeitsweise erkennbar, für Verbindungen mit Real-Time Anforderungen sowie
für Anwendungen mit vielen Empfängern, bei denen eine gewisse Verlusttoleranz gegeben
ist. Dies können beispielsweise Live-Video-Streaming oder Voice-over-IP sein, bei denen
eine rechtzeitige Ankunft von Daten notwendig ist, damit diese nicht obsolet und von der
Anwendung verworfen werden. Jedoch wird UDP aufgrund des geringen *Overheads* auch
für periodisch aktive Netzdienste verwendet, sodass beispielsweise Routing-Nachrichten
etc. unter Verwendung von UDP ausgetauscht werden.

8.1.1 Struktur eines UDP-Datagramms

In Abb. 8.3 ist die Struktur eines UDP-Datagramms veranschaulicht. Der Source Port spezifiziert den Quellprozess bzw. den von diesem erstellten Socket des Senders, über den die jeweilige Anwendung die Daten verschickt. Analog dazu spezifiziert der Destination Port den Zielprozess bzw. den von diesem erstellten Socket des Empfängers, an den die eingehenden Pakete mit dieser Port-Kombination (Source/Destination) weitergeleitet werden sollen. Das *Length*-Feld spezifiziert die Länge des Segments, das mit einem UDP-Datagramm übertragen wird. Die optionale *Checksum* ermöglicht die Prüfung der Validität eines übertragenen Pakets, kann jedoch auch auf 0 gesetzt sein, sofern keine Checksum gebildet wurde. Auf die Bildung der *Checksum* wird häufig aus Gründen der besseren Performance verzichtet, da die Checksum über das vollständige UDP-Datagramm gebildet wird und nicht nur über den vergleichsweise kleinen Header des UDP-Datagramms. Die schlanke Struktur des UDP-Datagramms und die offensichtliche Fokussierung auf wenige, mindestens notwendige Informationen bedeuten, dass pro Datagramm ein verhältnismäßig geringer Overhead an Header-Daten zu übertragen ist und so eine hohe Übertragungseffizienz gegeben ist.

8.1.2 Arbeitsweise

Da UDP verbindungslos arbeitet, ist der Ablauf der Datenübertragung dementsprechend schlank, da kein zusätzlicher Overhead im Netz durch Verbindungsaufbau, Verbindungsabbau oder das Aufrechterhalten der Verbindung durch Keep-Alive-Nachrichten induziert wird. In Abb. 8.4 ist die Kommunikation zwischen einem DNS-Server und zwei Clients dargestellt. Der DNS-Server bietet seinen Dienst auf dem Well-Known Port 53 an. Die Clients stellen an diesen Port jeweils über unterschiedliche lokale Quellports (SRC-Port) anfragen an den DNS-Server und erhalten an ihren Quellport, der an den anfragenden Anwendungsprozess gebunden ist, die Antwort vom DNS-Server. Parallel zu dieser Kommunikation kann auch der DNS-Server Nachrichten weiterer Anwendungen zu anderen Systemen verschicken. Um eine genaue Identifikation der sendenden Anwendung zu ermöglichen, erfolgt der Versandt der Daten über einen anderen Quellport, der diesem Prozess zugeord-

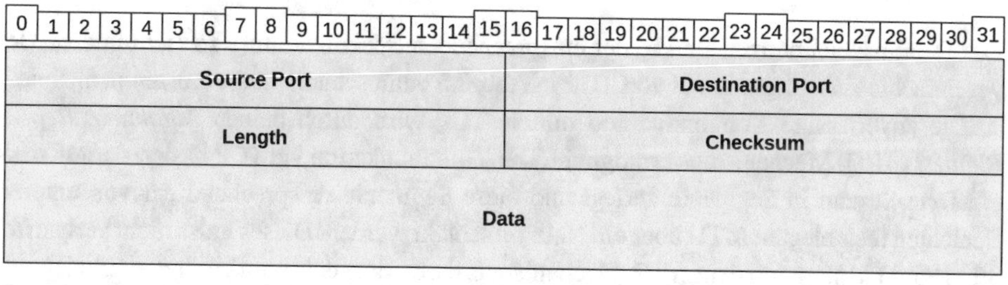

0	1	2	3	4	5	6	7	8	9	10	11	12	13	14	15	16	17	18	19	20	21	22	23	24	25	26	27	28	29	30	31
Source Port																Destination Port															
Length																Checksum															
Data																															

Abb. 8.3 Struktur eines UDP-Datagramms

Abb. 8.4 Beispiel:
Kommunikation mit
verschiedenen Portnummern

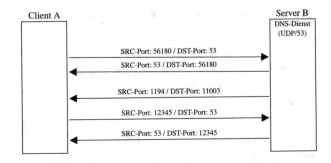

net wird. Durch die eindeutige Zuordnung von Port und Anwendungsprozess wird diese *quasi-parallele Kommunikation* verschiedener Anwendungen auf einem System möglich.

8.2   Verbindungsorientierte Anwendungskommunikation (TCP)

Das Transmission Control Protocol (TCP), spezifiziert in [Pos81d, BBP88, Bra89, JBB92, MMFR96, APS99, RFB01, EG09], ermöglicht die verbindungsorientierte und zuverlässige Kommunikation zwischen den Anwendungsprozessen zweier Hosts über eine logische Verbindung und wird in der Regel für den Transport der Daten von Anwendungen eingesetzt, die nicht verlusttolerant sind.

Eine verbindungsorientierte Anwendungskommunikation erfordert zusätzlich zu den Service-Primitiven *Send* und *Receive,* die bereits bei der verbindungslosen Kommunikation über UDP vorhanden sein müssen, die Service-Primitive *Open, Close* und *Listen.* Darüber hinaus werden von TCP weitere *Service-Primitive* zur Verfügung gestellt, die im Gegensatz zu den bisher verwendeten Aktionen lediglich Events darstellen:

- *Connected:* Die Verbindung wurde aufgebaut.
- *Fail:* Der Verbindungsaufbau ist fehlgeschlagen.
- *Data Ready:* Der Datenstrom der Verbindung kann abgerufen werden.
- *Error:* Die Verbindung wurde aufgrund eines Fehlers geschlossen.
- *Closed:* Die Verbindung wurde geschlossen.

Die Detailbezeichnungen sind in der entsprechenden Spezifikation [PY97] zu finden. Der vereinfachte Zustandsautomat von TCP in Abb. 8.5 veranschaulicht die Zusammenhänge.

Die zuverlässige Kommunikation mittels TCP wird durch deinen *Automatic Repeat Request (ARQ)* Mechanismus ermöglicht. Die Kommunikation via TCP basiert darauf, dass ein Byte-Stream in Segmente zerlegt und diese Segmente entsprechend der von unteren Schichten festgelegten MTU über ein Netz verschickt werden. Dieses muss nicht verlustfrei arbeiten. TCP sorgt mit dem ARQ-Mechanismus dafür, dass der Empfänger den Erhalt jedes Segments (auch gebündelt) gegenüber dem Sender bestätigt. Erhält der Sender nach einem definierten *Timeout* keine Bestätigung, kann er davon ausgehen, dass das Segment verloren gegangen ist und veranlasst den erneuten Versand des Segments. So wird sichergestellt, dass der vollständige *Byte-Stream* übertragen wird. Basis dafür ist jedoch eine aktiv verwaltete Verbindung, die über einen Verbindungsaufbau zu initiieren ist. Die Verbindung zwischen Sender und Empfänger ist im Vergleich zu UDP bei TCP bidirektional.

Um darüber hinaus nicht nur die Zuverlässigkeit der Übertragung sicherzustellen, implementiert TCP Mechanismen zur Überlastvermeidung und Überlastkontrolle, um damit ein Kollabieren eines Netzes zu verhindern. Diese werden detailliert in Abschn. 8.2.2.4 diskutiert.

▶   **Wichtig** Aufgrund seiner Eigenschaften ist TCP das Transport-Layer-Protokoll der Wahl für Anwendungen, die keinen Verlust von Daten tolerieren. Im Vergleich zu Voice-over-IP, wo ein geringer Datenverlust zwar störend sein kann, jedoch für die Konversationspartner keinen Informationsverlust bedeuten muss, ist dies bei der Übertragung von Webseiten, Dateien oder auch beim Instant Messaging ein großes Problem, da die fehlenden Informationen nicht einfach aus dem Kontext der bereits erhaltenen Informationen abgeleitet werden können, wie es bei Sprachinformationen der Fall ist.

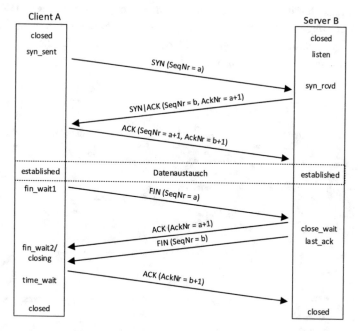

Abb. 8.5 Statemachine von TCP

8.2.1   Struktur eines TCP-Segments

In Abb. 8.6 ist die Struktur eines TCP-Segments veranschaulicht. Ein TCP-Segment besitzt eine maximale Länge von 65535 Byte und besteht aus einem komplexen Header (Länge von 20 Byte) sowie den zu übertragenden Daten.

Die Felder des TCP-Headers haben die folgenden Funktionen bzw. beinhalten die aufgelisteten Informationen:

- *Source Port* besitzt einen Wert zwischen 1 und 65536 und bildet die Referenz zum Quellprozess eines sendenden Hosts.
- *Destination Port* besitzt einen Wert zwischen 1 und 65536 und bildet die Referenz zum Zielprozess auf dem empfangenden Host.
- *Sequence Number (SeqNr)* gibt die mit dem Segment übertragenen Bytes an.
- *Acknowledgement Number (AckNr)* gibt die als nächstes erwarteten Bytes des durch TCP segmentierten Bytestreams an.
- *Data Offset* gibt an, ab welchem Byte der Header des TCP-Segments endet und somit die übertragenen Informationen bzw. Daten im Segment zu finden sind. Diese Angabe ist erforderlich, da die Headerlänge durch das Feld *Options* variieren kann.
- *Reserved* ist für die zukünftige Nutzung reserviert, wie beispielsweise bei Einführung weiterer Flags. Bereits definiert wurden in [RFB01] die Flags NS, CWR und ECE, welche die *Explicit Congestion Notification (ECN)* auf dem Internet Layer unterstützen sollen.
- *Window Size* spezifiziert die mögliche Übertragungsfenstergröße, die der Sender eines Segments bei der nächsten Übertragung zulässt.

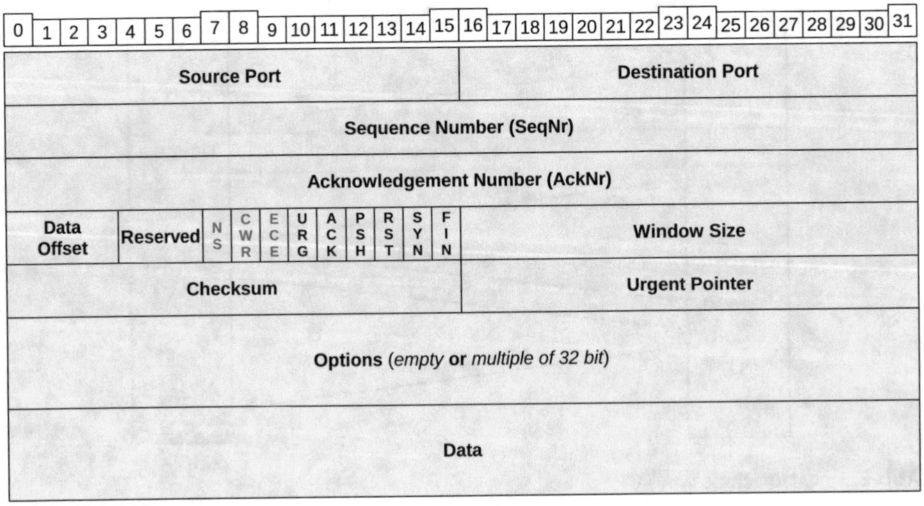

Abb. 8.6 Struktur eines TCP-Segments

- *Checksum* beinhaltet die Checksumme zur Prüfung der Validität des Segments.
- *Urgent Pointer* wird vom Empfänger ausgelesen, sofern das URG Flag gesetzt ist und veranlasst die Werte von *Urgent Pointer* und *Sequence Number* zu addieren, um das letzte Byte, das zum Anwendungsprozess schnell weitergeleitet werden soll, zu definieren.
- *Options* erlaubt die Festlegung weiterer Optionen (vgl. [Pos81d]) für eine Verbindung, wie beispielsweise der Maximum Segment Size (MSS)[2], also der maximal vom Empfänger akzeptierten Segmentlänge oder der *TCP User Timeout Option*, spezifiziert in [EG09].

Die Flags des TCP-Headers haben die folgenden Funktionen:

- *NS (Nonce Sum)* ist zum Fehler- und Angriffsschutz der ECN vorgesehen, sofern diese verwendet wird.
- *CWR (Congestion Window Reduced)* weist den Empfänger darauf hin, dass das Congestion Window verkleinert wurde.
- *ECE (Explizit Congestion Notification Echo)* weist den Sender darauf hin, dass ein CE-Paket (vgl. [RFB01]) empfangen wurde.
- *URG (Urgent)* weist den Empfänger darauf hin, dass der Urgent Pointer gesetzt ist.
- *ACK (Acknowledge)* bestätigt die Validität eines erhaltenen Acknowledgements.
- *PSH (Push)* weist den Empfänger an, das empfangene Segment umgehend an den Anwendungsprozess weiterzuleiten und somit im Netzestack des Betriebssystems nach oben zu pushen.
- *RST (Reset)* weist den Empfänger an, die bestehende Verbindung zum Sender zu beenden.
- *SYN (Synchronize)* weist darauf hin, dass ein Verbindungsaufbau stattfinden soll, und leitet die Synchronisierung der Sequence Number ein.
- *FIN (Finished)* weist den Empfänger darauf hin, dass der Sender die bestehende Verbindung beenden will.

Bei der Struktur des TCP-Segments ist darüber hinaus zu beachten, dass die vorgegebene Länge der Felder eingehalten werden muss, da nur so gewährleistet werden kann, dass der Empfänger das eingehende Segment richtig auswertet.

8.2.2   Arbeitsweise

8.2.2.1 Verbindungsaufbau

Der Aufbau einer TCP-Verbindung zwischen zwei Hosts erfolgt, wie in Abb. 8.7 dargestellt, über einen 3-Way-Handshake. Im ersten Schritt sendet der initiierende Host (in diesem Beispiel Client A) ein TCP-Segment an den Host (in diesem Beispiel Server B), mit dem eine zuverlässige, verbindungsorientierte Kommunikation stattfinden soll. Der Source Port

---

[2]Die maximale Segmentgröße kann einen 16 Bit großen Wert annehmen und somit 65535 Byte lang sein.

des Client A ist zufällig gewählt. Der Destination Port, der den Anwendungsprozess von Server B referenziert, wird entsprechend des aufzurufenden Dienstes gewählt. Bei der ersten gesendeten Nachricht setzt Client A das SYN-Flag und teilt damit Server B mit, dass er eine Verbindung zu diesem aufbauen möchte. Neben den genannten Parametern setzt Client A die Sequence Number SeqNr auf einen zufällig gewählten Wert a. Die *Sequence Number* wird zufällig gewählt, um die Wahrscheinlichkeit einer Kollision im Hinblick auf parallele Anfragen zu verhindern. Server B wertet die Nachricht aus und sendet ein TCP-Segment an Client A zurück. In diesem wird einerseits der Erhalt der Verbindungsanfrage bestätigt. Dazu wird in der Antwort das ACK-Flag gesetzt und die Acknowledgement Number $a + 1$ im Feld *AckNr* mitübertragen. Der Server B bestätigt damit nicht nur den Erhalt der SeqNr a, sondern gibt gleichzeitig an, dass er als nächstes die Sequence Number $a + 1$ erwartet. Andererseits wird im gleichen Paket von Server B das SYN-Flag gesetzt und ebenfalls eine Sequence Number mit einem zufällig gewählten Wert b, in diesem Fall von Server B gewählt, übertragen. Mit dieser kombinierten Nachricht bestätigt Server B den Aufbau der unidirektionalen Verbindung zwischen Client A und Server B und versucht gleichzeitig einen entsprechenden unidirektionalen Rückkanal aufzubauen, sodass netto eine bidirektionale Verbindung zwischen Client A und Server B entsteht. Client A bestätigt im dritten Schritt den Erhalt der Sequence Number b, teilt mit, dass als nächstes die Sequence Number $b + 1$ erwartet wird, und sendet die von Server B erwarteten Bytes (Sequence Number) an selbigen. Neben diesen Informationen zum Verbindungsaufbau werden weitere wichtige

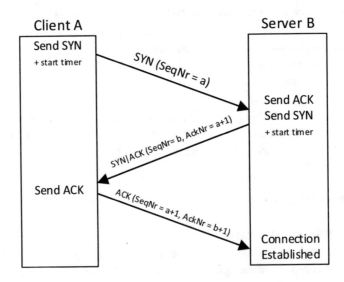

Abb. 8.7 Aufbau einer TCP-Verbindung

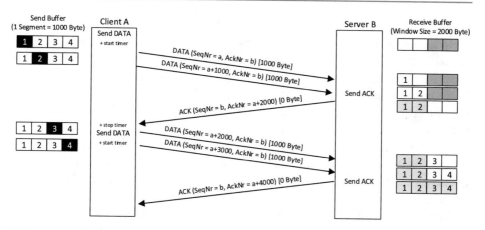

Abb. 8.8 TCP-Kommunikation

Informationen mitübertragen, wie beispielsweise der Port des aufgerufenen Server-Dienstes. Dies gilt für die gesamte Kommunikation. Während des Verbindungsaufbaus kann zudem die Window Size zwischen Sender und Empfänger ausgehandelt werden, die als Ausgangsbasis für die Kommunikation verwendet wird.

8.2.2.2 Kommunikation

Nach einem erfolgreichen Verbindungsaufbau gemäß des 3-Way-Handshake können zwei Hosts über TCP miteinander kommunizieren. Ein exemplarischer Kommunikationsablauf ist in Abb. 8.8 veranschaulicht, in der ein Client A an einen Server B Daten versendet. Die *Maximum Segment Size (MSS)* wurde im dargestellten Beispiel auf 1000 Byte festgelegt, sodass die vom Client erstellten Segmente maximal diese Größe haben können. Client A überträgt nun die ersten beiden Segmente, da der Server B beim Verbindungsaufbau bereits signalisiert hat, dass dieser eine *Window Size* von 2000 Byte zulässt. Client A überträgt im ersten Segment die zufällig gewählte Sequence Number, im zweiten Segment die um 1 erhöhte MSS. Diese wurde somit um die Größe des zuvor versendeten Segments erhöht. Damit ist der Puffer (entsprechend der Window Size) beim Server B gefüllt, sodass dieser den Erhalt der Pakete durch Senden eines Acknowledges bestätigen kann. Die Acknowledgement Number entspricht der zufällig gewählten Sequence Number erhöht um die Anzahl der erhaltenen Bytes (in diesem Fall 2000 Byte). Der Empfänger bestätigt damit nicht nur den Erhalt der Segmente, sondern gibt gleichzeitig damit an, dass er als nächstes das Segment $a + 2000$ aus dem Byte-Stream erwartet, den die TCP-Segmentierung beim Sender aufteilt, sodass die nächsten beiden Segmente verschickt werden. Die Empfangsfenstergröße (Window Size[3]) kann gleichzeitig erhöht werden.

---

[3] auch: Congestion Window Size.

Zwei Beobachtungen sind hierbei hervorzuheben: Die Sequence Number wird sender-seitig um die Anzahl der zuvor verschickten Bytes erhöht. Die Acknowledgement Number bestätigt, den Byte-Stream bis zum übermittelten Byte-Wert erhalten zu haben, und fordert gleichzeitig die darauf folgenden Bytes des Byte-Streams an. Beide Felder sind in ihrer Größe begrenzt und würden damit die Länge des Byte-Streams stark beschränken. Daher wird die Sequence Number nach $2^32 - 1$ übertragenen Bits auf den Wert 0 zurückgesetzt, sodass dieses vermeintliche Probleme direkt eliminiert ist.

In Abb. 8.9 ist das exemplarische Verhalten bei einem Kommunikationsfehler dargestellt, bei dem ein Paket nicht ankommt. Server B stellt dies fest, da er ein Paket mit einer nicht erwarteten Sequence Number erhält. Das Segment enthält also Teile des Byte-Streams, die nicht erwartet wurden, sodass ein Teil des Byte-Streams verloren gegangen sein muss. In diesem Fall bestätigt Server B das letzte, in richtiger Reihenfolge angekommene Seg-ment. Client A kann daraus ableiten, dass einzelne Segmente des Byte-Streams bei der Übertragung verloren gegangen oder fehlerhaft angekommen sind. Die Überlastkontrolle (Congestion Control) reduziert nun die Sendegeschwindigkeit, sodass wieder lediglich ein Segment (1 MSS) gesendet wird und erst nach dessen Bestätigung das nächste Segment folgt. Die verloren gegangenen Segmente werden dabei erneut verschickt (Retransmission). Das Verhalten des Congestion Management auf dem Transport Layer ist in Abschn. 8.2.2.4 dargestellt.

Dadurch ermöglicht TCP eine Ende-zu-Ende Flusskontrolle und den zuverlässigen Ver-sand von Daten.

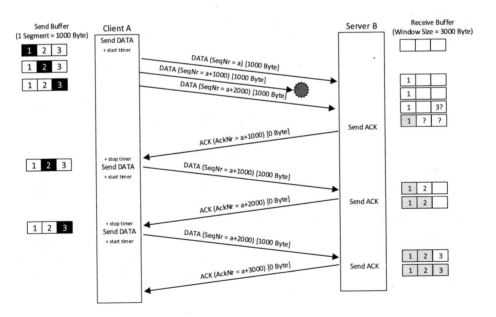

Abb. 8.9 TCP Kommunikationsfehler

8.2.2.3 Verbindungsabbau

Wurde die Übertragung durch Client A abgeschlossen, wird dieser den Verbindungsabbau einleiten. Dazu sendet Client A ein TCP-Segment mit gesetztem FIN-Flag und einer zufällig gewählten Sequence Number a an Server B. Dieser beendet die Verbindung durch Bestätigung des Verbindungsabbaus. Dazu wird mit einem TCP-Segment geantwortet, bei dem das ACK-Flag gesetzt ist und die Acknowledgement Number (AckNr) der um 1 Byte erhöhten Sequence Number a entspricht. Die Verbindung von Client A zu Server B ist damit beendet. Jedoch muss Server B seinerseits den aufgebauten Rückkanal ebenfalls beenden und sendet ein TCP-Segment mit gesetztem *FIN-Flag* zu Client A, der wiederum den Verbindungsabbau des Rückkanals bestätigt. Die bidirektionale Verbindung ist somit abgebaut. Erst damit entfällt auch der Verwaltungsoverhead für die Verbindung bei Server B, der als Dienstanbieter in der Regel eine Vielzahl paralleler Verbindungen verwalten muss (Abb. 8.10).

In weiteren Fällen kann es zu einem aktiven Abbau der Verbindung kommen. Der Empfänger Server B kann den Verbindungsabbau durch das Setzen des RST-Flags bei einer Antwort an Client A initiieren. Dies erfolgt insbesondere bei lokalen Fehlern. Sollte ein gesetzter Timeout beim Warten auf Pakete oder ähnlichem überschritten werden, so wird der Verbindungsabbau in der Regel ebenfalls initiiert.

8.2.2.4 Congestion Management

Congestion Management im Sinne der Transport-Protokolle und insbesondere TCP lässt sich in zwei Bereiche untergliedern:

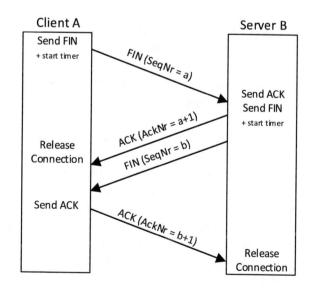

Abb. 8.10 Abbau einer TCP-Verbindung

- *Congestion Avoidance:* Da der Netzzustand in der Regel dem Sender von Daten unbekannt ist, sollen Congestion-Avoidance-Mechanismen auf dem Transport Layer dafür sorgen, dass der Empfänger sich durch ein zunächst zurückhaltendes Verhalten an den Netzzustand herantastet. Ziel ist es, den Verlust von Segmenten möglichst gering zu halten und das Netz nicht durch ein aggressives Sendeverhalten unnötig zu überlasten.
- *Congestion Control:* Paketverluste treten auf, wenn das Netz stark ausgelastet bzw. überlastet ist. Hohe Paketverlustraten führen zu einer Vielzahl an Retransmissions und verlangsamen eine Verbindung signifikant. Da zum Zeitpunkt der Überlast die Congestion Avoidance Mechanismen keinen Zweck mehr erfüllen, greifen zunächst Congestion Control Mechanismen, um quasi einen harten Bruch im Sendeverhalten zu erzeugen.

Das Congestion Management von TCP arbeitet zunächst proaktiv auf sich selbst bezogen, dann jedoch auch reaktiv bezogen auf den aktuellen Netzzustand nach dem Additive-Increase-/Multiplicative-Decrease-Prinzip.

Congestion Avoidance von TCP startet zunächst mit einem Slow-Start-Verfahren, bei dem die Congestion Window Size exponentiell erhöht wird, um so ein schnelles Herantasten an die maximal mögliche Senderate zu ermöglichen. Konkret bedeutet dies, dass sobald der Erhalt der zuvor gesendeten Segmente bestätigt wurde, die Anzahl der verschickten Segmente verdoppelt wird. Dies geschieht solange, bis ein Fehler auftritt oder ein zuvor festgelegter Schwellenwert *(Threshold)* erreicht wird. Wird letzterer erreicht, erfolgt kein exponentielles Wachstum der Congestion Window Size und somit Senderate, sondern lediglich ein linearer Anstieg *(Additive Increase),* um nach dem Herantasten eine selbst erzeugte Überlastsituation zu vermeiden. Sobald eine Überlastsituation auftritt, greifen die Congestion Control Mechanismen von TCP und es erfolgt eine schnelle Absenkung der Congestion Window Size (Multiplicative Decrease). Der Umfang der jeweiligen Reaktionen hängt signifikant vom TCP-Derivat ab.

8.1 Beschreiben Sie, welche der für TCP vorgestellten Eigenschaften/Fähigkeiten nicht von primärer Bedeutung für eine zuverlässige Verbindung sind.

Primär werden zwei Versionen von TCP eingesetzt: *Tahoe* und *Reno.*

Bei TCP in der Version *Tahoe* (vgl. Abb. 8.11) wird die Congestion Window Size nach einem Fehler auf 1 MSS zurückgesetzt, unabhängig von der Art des Fehlers. Anschließend werden Slow-Start- und *Congestion-Avoidance*-Phase erneut durchlaufen, bis die nächste Überlast erkannt wird. Der Threshold zum Übergang von Slow-Start-Phase in die Congestion-Avoidance-Phase wird jedoch neu festgelegt auf die Hälfte der zum Fehlerzeitpunkt vorliegenden Congestion Window Size. Treten keine Fehler auf, so wird die Congestion Window Size lediglich bis zu einem definierten Maximum erhöht, da bei einer zu großen Fenstergröße der Verlust bzw. der Aufwand für *Retransmissions* bei einem Verlust unverhältnismäßig groß wären und somit die durchschnittliche Verzögerung der Übertragung einzelner Segmente signifikant erhöhen würde.

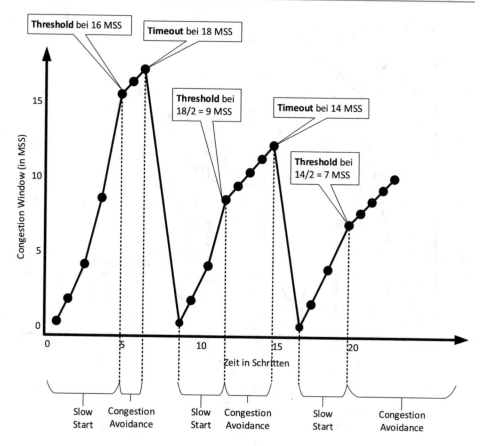

Abb. 8.11 TCP Congestion Control (Version Tahoe)

Bei TCP in der Version *Reno* (vgl. Abb. 8.12) erfolgt ein deutlich differenzierterer Umgang mit den auftretenden Fehlern. Folgende Situationen sind als Fehler zu bewerten und führen zu einem erneuten Versand der Daten: Erhält ein Empfänger Segmente nicht in der richtigen Reihenfolge (Out-of-Order-Segmente) oder ergeben sich Lücken im Byte-Stream, so wird dies als Fehler erkannt und durch Senden eines entsprechenden gleichen Acknowledgements des letzten In-Order erhaltenen Segments für jedes weitere *Out-of-Order-Segment* (Duplicate Acknowledgements), welches beim Empfänger eintrifft, eine Fast Retransmission sowie eine Anpassung der Ausgangsdatenrate beim Client verursacht und nicht gewartet, bis beim Sender ein Timeout auftritt. Dazu müssen drei *duplicate Acknowledgements* beim Empfänger eintreffen, damit dieser erkennt, dass die Daten erneut gesendet werden müssen. In diesem Fall wird direkt wieder mit einer Congestion-Avoidance-Phase begonnen, in der jedoch der Eingangswert neu auf die Hälfte der zum Fehlerzeitpunkt vorliegenden Congestion Window Size festgelegt wird. Dieses Verfahren nennt sich *Fast Recovery* und

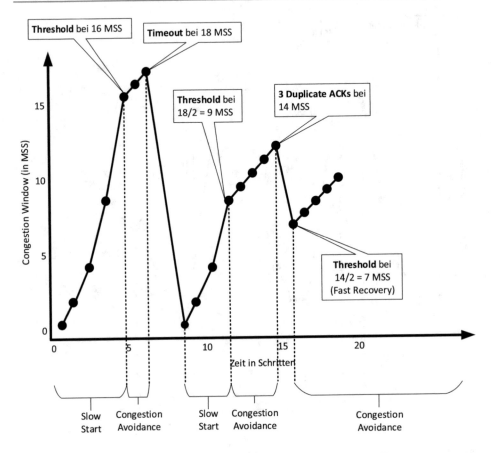

Abb. 8.12 TCP Congestion Control (Version Reno)

erlaubt im Vergleich zu TCP Tahoe eine schnellere Steigerung der Datenrate, da die Slow Start Phase in diesem Fall übersprungen wird.

Tritt jedoch beim Sender ein Timeout auf, wird auch bei TCP Reno die Congestion Window Size auf 1 MSS zurückgesetzt. Anschließend werden Slow-Start und Congestion-Avoidance-Phase erneut durchlaufen, bis die nächste Überlast erkannt wird. Der Threshold zum Übergang von Slow-Start-Phase in die Congestion-Avoidance-Phase wird jedoch neu festgelegt auf die Hälfte der zum Fehlerzeitpunkt vorliegenden Congestion Window Size. Treten keine Fehler auf, so wird die Congestion Window Size lediglich bis zu einem definierten Maximum erhöht, da bei einer zu großen Fenstergröße der Verlust bzw. der Aufwand für Retransmissions bei einem Verlust unverhältnismäßig groß wären und somit die durchschnittliche Verzögerung der Übertragung einzelner Segmente signifikant erhöhen würde.

8.2 Beschreiben Sie den Unterschied zwischen TCP Reno und Tahoe und argumentieren Sie, welche Variante die bessere ist.

Eine Erkennung von Überlast ist bei TCP somit dadurch realisiert, dass reaktiv der Sender nach dem Versand von Segmenten nur in einem definierten Zeitintervall (bis zu einem Timeout) auf eingehende Bestätigungen wartet und die Segmente danach als verloren ansieht und proaktiv der Empfänger dem Sender mitteilt, wenn beispielsweise Out-of-Order-Segmente eingetroffen sind.

Neben den hier benannten kumulierten Acknowledgements existiert weiterhin die Möglichkeit des Versands von *Selective Acknowledgements* (Selective ACKs), bei denen der Empfänger genau mitteilt, welche Pakete für ein *kumuliertes Acknowledgement* noch fehlen, sodass bereits erhaltene Segmente nicht verworfen und erneut gesendet werden müssen.

▶ **Wichtig** Ein bekanntes und nur bedingt behebbares Problem stellt die Tatsache dar, dass UDP keinerlei Überlastkontrolle etc. erhält, somit aggressiv Daten versendet und zu einer hohen Netzauslastung beitragen kann, die zur Folge hat, dass das Congestion Management parallel existenter TCP-Verbindungen greift, die Datenrate der TCP-Byte-Streams reduziert wird und damit noch mehr Kapazität für den unkontrollierten UDP-Verkehr bereitgestellt wird.

Literatur

[Ste07]   R. Stewart. Stream Control Transmission Protocol. RFC 4960 (Proposed Standard), September 2007. Updated by RFCs 6096, 6335, 7053.

[KHF06]   E. Kohler, M. Handley, and S. Floyd. Datagram Congestion Control Protocol (DCCP). RFC 4340 (Proposed Standard), March 2006. Updated by RFCs 5595, 5596, 6335, 6773.

[SCFJ03]   H. Schulzrinne, S. Casner, R. Frederick, and V. Jacobson. RTP: A Transport Protocol for Real-Time Applications. RFC 3550 (INTERNET STANDARD), July 2003. Updated by RFCs 5506, 5761, 6051, 6222, 7022, 7160, 7164.

[Pos80b]   J. Postel. User Datagram Protocol. RFC 768 (INTERNET STANDARD), August 1980.

[SHD91]   C. Shue, W. Haggerty, and K. Dobbins. OSI connectionless transport services on top of UDP: Version 1. RFC 1240 (Historic), June 1991.

[Pos81d]   J. Postel. Transmission Control Protocol. RFC 793 (INTERNET STANDARD), September 1981. Updated by RFCs 1122, 3168, 6093, 6528.

[BBP88]   R.T. Braden, D.A. Borman, and C. Partridge. Computing the Internet checksum. RFC 1071, September 1988. Updated by RFC 1141.

[Bra89]   R. Braden. Requirements for Internet Hosts – Communication Layers. RFC 1122 (INTERNET STANDARD), October 1989. Updated by RFCs 1349, 4379, 5884, 6093, 6298, 6633, 6864.

[JBB92]   V. Jacobson, R. Braden, and D. Borman. TCP Extensions for High Performance. RFC 1323 (Proposed Standard), May 1992.

[MMFR96]   M. Mathis, J. Mahdavi, S. Floyd, and A. Romanow. TCP Selective Acknowledgment Options. RFC 2018 (Proposed Standard), October 1996.

[APS99]   M. Allman, V. Paxson, and W. Stevens. TCP Congestion Control. RFC 2581 (Proposed
            Standard), April 1999. Obsoleted by RFC 5681, updated by RFC 3390.

[RFB01]   K. Ramakrishnan, S. Floyd, and D. Black. The Addition of Explicit Congestion Noti-
            fication (ECN) to IP. RFC 3168 (Proposed Standard), September 2001. Updated by
            RFCs 4301, 6040.

[EG09]   L. Eggert and F. Gont. TCP User Timeout Option. RFC 5482 (Proposed Standard),
            March 2009.

[PY97]   Y. Pouffary and A. Young. ISO Transport Service on top of TCP (ITOT). RFC 2126
            (Proposed Standard), March 1997.

Routing

9

Das Routing von Paketen ist ein essentieller Bestandteil der logischen Kommunikation und dient dazu, den optimalen Pfad für Pakete zwischen zwei Hosts durch ein logisches Netz zu finden. Grundlage für das Routing der Pakete ist die Suche nach Pfaden. Hierzu ist es notwendig, die optimalen Pfade unter Verwendung von *Graphenexplorationsalgorithmen* (vgl. Abschn. 9.1) zu finden. Da Netze jedoch nicht zentralisiert arbeiten, sondern darauf basieren, dass Pakete an verschiedenen Knoten entsprechend ihres Ziels optimal weitergeleitet werden, muss eine Abstimmung unter den Knoten hinsichtlich der Routinginformationen erfolgen, sodass dazu entsprechende *Protokolle* (vgl. Abschn. 9.2) eingesetzt werden, die das verteilte Wissen über die optimalen Pfade entsprechend kommunizieren und damit Routen bekannt machen.

9.1 Algorithmen

Algorithmen für das Routing lassen sich anhand verschiedener Charakteristika unterscheiden, wie beispielsweise der Skalierbarkeit in Bezug auf die maximale Anzahl von Hops im Netz, der Konvergenzgeschwindigkeit hinsichtlich der Dauer bis ein optimierter Graph für das Routing der Pakete erstellt wurde oder auch der Fähigkeiten in Bezug auf das *Load Balancing* zwischen verschiedenen Links. Des Weiteren wird zwischen *Least-Cost-Path*-Algorithmen und *Non-Least-Cost-Path*-Algorithmen unterschieden, die eine Pfadoptimierung anhand der kumulierten Linkkosten vornehmen bzw. nicht vornehmen.

Die beiden für das heutzutage eingesetzte Routing besonders relevanten Algorithmen sind der Distance-Vector-Algorithmus (vgl. Abschn. 9.1.1) sowie der Link-State-Algorithmus (vgl. Abschn. 9.1.2).

© Der/die Herausgeber bzw. der/die Autor(en), exklusiv lizenziert durch Springer Fachmedien Wiesbaden GmbH, ein Teil von Springer Nature 2020
P.-B. Bök et al., *Computernetze und Internet of Things,*
https://doi.org/10.1007/978-3-658-29409-0_9

9.1.1 Distance-Vector-Algorithmus

Der für das Routing in verschiedenen Routing-Protokollen eingesetzte Distance-Vector-Algorithmus basiert auf dem *Bellmann-Ford-Algorithmus*. Das Prinzip hinter diesem Algorithmus zur Suche nach optimalen Pfaden in einem Netz ist, iterativ immer längere Pfade in die Exploration des Netzes mit einzuschließen. Im ersten Schritt prüft der Algorithmus somit lediglich die Kantenkosten zu den von ihm direkt erreichbaren *Nachbarn*. Im zweiten Schritt werden die Informationen über die Nachbarn der direkten Nachbarn mit bei der Suche nach den optimalen Pfaden im Netz berücksichtigt. Im dritten Schritt kommen die Pfade zu den Nachbarn der Nachbarn der direkten Nachbarn hinzu und fließen in die Optimierung mit ein.

Formal beschrieben arbeitet der Algorithmus wie folgt: *root* ist der Wurzelknoten, von dem aus der Algorithmus betrachtet wird bzw. initiiert wird. $c_{i,j}$ seien die Kosten der Verbindung zwischen zwei Knoten i und j. Der optimale und somit kostengünstigste Pfad zwischen zwei Knoten i und j sei bezeichnet als $c_{i,j}(|hop|)$, wobei $|hop|$ die Anzahl der Hops auf dem Pfad zwischen den beiden Knoten darstellt.

In der *Initialisierungsphase* wird zunächst im betrachteten Wurzelknoten *root* für alle möglichen Knoten j, die nicht dem Wurzelknoten *root* selbst entsprechen, die Kosten $c_{root,j}(0)$ auf ∞ gesetzt, die Kosten für die Verbindung des Wurzelknotens zu ihm selbst $c_{root,root}(|hop|)$ auf 0 für alle Hops $|hop|$ bis hin zur maximalen Pfadlänge. Bei der Initialisierung ist $|hop| = 0$.

Bei der Suche nach den günstigsten Pfaden wird in jedem Iterationsschritt $|hop|$ um 1 erhöht und somit die zu analysierende Pfadlänge vergrößert. Es wird nun für alle Knoten j mit Vorgänger i der jeweils günstigste Pfad ermittelt. Dabei werden die hinzugekommenen Pfade berücksichtigt und der jeweils günstigste Pfad gesucht. Der günstigste Pfad für jeden Knoten j (ohne Wurzelknoten *root*) wird in jedem Iterationsschritt aktualisiert $c_{root,j}(|hop|+1) = min_i[c_{root,i}(|hop|) + c_{i,j}]$. Es wird also der Pfad über den Vorgänger gesucht, bei dem die Erweiterung des Suchraums bzw. der Pfadlänge zu minimalen Kantenkosten führt.

▶   **Wichtig** Der Algorithmus terminiert, sobald die maximale Pfadlänge des zu explorierenden Netzes erreicht wurde.

Ein Beispiel für die einzelnen Schritte des Algorithmus ist in Abb. 9.1 gegeben.

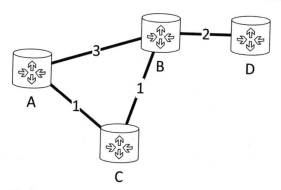

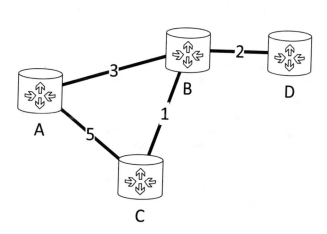

root = A	next hop = A	next hop = B	next hop = C	next hop = D
zu A	0	/	/	/
zu B	/	∞	∞	∞
zu C	/	∞	∞	∞
zu D	/	∞	∞	∞

Initialisierungsphase (|hop| = 0)

root = A	next hop = A	next hop = B	next hop = C	next hop = D
zu A	0	/	/	/
zu B	/	3	∞	∞
zu C	/	∞	1	∞
zu D	/	∞	∞	∞

1. Iterationsschritt (|hop| = 1)

root = A	next hop = A	next hop = B	next hop = C	next hop = D
zu A	0	/	/	/
zu B	/	/	2	∞
zu C	/	∞	1	∞
zu D	/	5	∞	∞

2. Iterationsschritt (|hop| = 2)

root = A	next hop = A	next hop = B	next hop = C	next hop = D
zu A	0	/	/	/
zu B	/	/	2	∞
zu C	/	∞	1	∞
zu D	/	/	4	∞

3. Iterationsschritt (|hop| = 3)

Abb. 9.1 Distance-Vector-Routing

9.1 Führen Sie den Distance-Vector-Algorithmus für das in Abb. 9.2 dargestellte Netz mit dem Wurzelknoten A aus und dokumentieren Sie die Tabelle in jedem Schritt.

Abb. 9.2 Distance-Vector-Szenario

9.1.2   Link-State-Algorithmus

Im Vergleich zum Distance-Vector-Algorithmus arbeitet der Link-State-Algorithmus zentralisiert und sucht somit von einem Wurzelknoten aus aktiv die günstigsten Pfade zu allen anderen Knoten. Der Link-State-Algorithmus basiert auf dem aus der Graphentheorie bekannten *Dijkstra*-Algorithmus zur Suche von kürzesten Pfaden.

Das Prinzip hinter diesem Algorithmus zur Suche nach optimalen Pfaden in einem Netz ist, *schrittweise* die erreichbaren Knoten zu explorieren, indem in jedem Iterationsschritt der *günstigste Knoten* der neu verfügbaren Knotenmenge hinzugefügt wird und alle Pfade mit dem neuen Wissen aktualisiert werden. Im ersten Schritt prüft der Algorithmus die Kantenkosten zu den von ihm direkt erreichbaren Nachbarn und wählt nur den Knoten mit den günstigsten Kantenkosten aus, um ihn in der Menge der erreichbaren Knoten aufzunehmen. Diese Menge bildet jeweils die Basis für den nächsten Iterationsschritt, in dem für genau diese Knotenmenge überprüft wird, welche weiteren Knoten von dort aus zu welchen Kosten erreichbar sind. Der je Iterationsschritt günstigste Knoten bezüglich der Kantenkosten wird dann in die Menge der erreichbaren Knoten aufgenommen. Der Algorithmus konvergiert, sobald keine neuen Knoten mehr exploriert werden können.

Formal beschrieben arbeitet der Algorithmus wie folgt: *root* ist der Wurzelknoten, von dem aus der Algorithmus betrachtet wird bzw. initiiert wird. *nodes* ist die Menge der bereits besuchten Knoten, zu denen die günstigsten Pfade identifiziert wurden. $c_{i,j}$ seien die Kosten der Verbindung zwischen zwei Knoten i und j. Der optimale und somit kostengünstigste Pfad zwischen zwei Knoten i und j sei bezeichnet als $c_{i,j}$ *(predecessor)*, wobei *predecessor* der direkte Vorgänger des erreichbaren Knoten ist. Durch diese jeweils abgelegte Zusatzinformation kann ein Baum aufgespannt werden.

In der *Initialisierungsphase* wird zunächst der betrachtete Wurzelknoten *root* in die Menge der besuchten Knoten *nodes* aufgenommen. Die Kosten $c_{root,j}(i)$ vom Wurzelknoten *root* zu allen möglichen Knoten j, die nicht dem Wurzelknoten *root* selbst entsprechen, werden für alle j auf ∞ gesetzt, die Kosten für die Verbindung des Wurzelknotens zu sich selbst $c_{root,root}(root)$ auf 0.

In jedem Iterationsschritt soll dann der am günstigsten erreichbare Knoten x gefunden werden, der noch nicht in der Menge *nodes* zu finden ist, sodass gilt: $c_{root,x}(i) = c_{root,j}(i)$ für alle bisher nicht besuchten Knoten j. Dieser Knoten x wird dann in die Menge *nodes* aufgenommen. Für alle bisher bereits identifizierten günstigsten Pfade $c_{root,j}(i)$ erfolgt zudem eine Aktualisierung, sofern sich durch den hinzugekommenen günstigsten Knoten x eine Kostenverbesserung zum Erreichen der Knoten $j \in nodes$ ergeben kann, sodass gilt: $c_{root,j}(i) = min(c_{root,j}(i), c_{root,x}(i) + c_{x,j})$ für den neuen Knoten j, der noch nicht in der Menge *nodes* zu finden ist. Es wird also jeweils geprüft, ob der neu hinzugekommene Knoten zu einem günstigeren Pfad zu einem der Knoten aus der Menge *nodes* führt und eine entsprechende Aktualisierung vorgenommen.

▶   **Wichtig** Sobald keine neuen Knoten mehr hinzukommen, terminiert der Algorithmus.

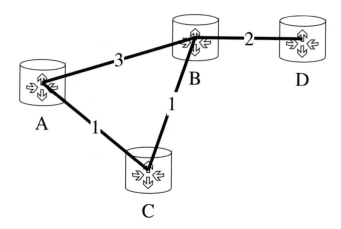

	root = A	*A → A*	*A → B*	*A → C*	*A → D*
Initialisierungsphase	*nodes = {}*	*0*	∞	∞	∞
1. Iterationsschritt	*nodes = {A}*	*I*	*AB (3)*	*AC (1)*	∞
2. Iterationsschritt	*nodes = {A,C}*	*I*	*ACB (2)*	*AC (1)*	∞
3. Iterationsschritt	*nodes = {A,C,B}*	*I*	*ACB (2)*	*AC (1)*	*ACD (4)*

Link-State-Algorithmus von *Wurzelknoten A* berechnet

	zu *A*	zu *B*	zu *C*	zu *D*
von *A*		*2 (via C)*	*1*	*4 (via B,C)*
von *B*	*2 (via C)*		*1*	*2*
von *C*	*1*	*1*		*3 (via B)*
von *D*	*4 (via B,C)*	*2*	*3 (via B)*	

Vollständige Routingtabelle

Abb. 9.3 Link-State-Routing

Ein Beispiel für die einzelnen Schritte des Algorithmus ist in Abb. 9.3 gegeben.

9.2 Führen Sie den Link-State-Algorithmus für das in Abb. 9.4 dargestellte Netz mit dem Wurzelknoten A aus und dokumentieren Sie die Tabelle in jedem Schritt.

Abb. 9.4 Link-State-Szenario

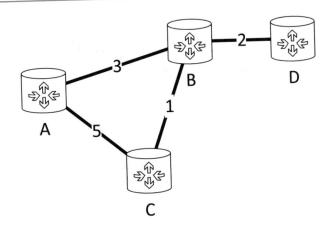

9.2   Protokolle

Protokolle für den Austausch von Routing-Informationen lassen sich in zwei Klassen unterteilen: *Interior Gateway Protocols* sind Protokolle, die innerhalb einer Domäne (Intra-Domain) bzw. innerhalb eines autonomen Systems (AS) eingesetzt werden, um lokale Routinginformation auszutauschen. Häufig sind diese Protokolle aufgrund der von ihnen eingesetzten Algorithmen zur Pfadsuche bezüglich der Größe der zu erkundenen Netze limiert und können nur eine beschränkte Anzahl von Hops und damit Pfaden betrachten. Diesem Problem Rechnung tragend, werden *Exterior Gateway Protocols* als Routing-Protokolle zwischen Domänen (Inter-Domain) eingesetzt, die es erlauben Routinginformationen zwischen autonomen Systemen bzw. zwischen den Domänen auszutauschen. Interior Gateway Routing Protocols sind somit in sogenannten *Networks of Nodes* einzusetzen und Exterior Gateway Protocols in sogenannten *Networks of Networks*.

Zu den am weitesten verbreiteten Intra-Domain Routing Protokollen gehören das in Abschn. 9.2.1 beschriebene Routing Information Protocol (RIP) sowie das in Abschn. 9.2.2 beschriebene Open Shortest Path First (OSPF) Protokoll. Im Bereich des Inter-Domain Routing wird das in Abschn. 9.2.3 beschriebene Border Gateway Protocol (BGP) eingesetzt. Alle dargestellten Protokolle entsprechen dem Quasi-Standard der eingesetzten Protokolle in herkömmlichen Computernetzen. Diese werden kontinuierlich weiterentwickelt, um neuen Gegebenheiten in den Netzen gerecht zu werden und damit die Effizienz der Kommunikation zu erhöhen. Im Bereich der mobilen, kabellosen Netze werden in Abhängigkeit vom Mobilitätsgrad der Teilnehmer andere Routing-Protokolle eingesetzt, die den häufigen Topologieänderungen dieser Netze Rechnung tragen, die bei herkömmlichen Computernetzen jedoch eher selten sind.

Obwohl das Routing selbst auf dem Network Layer anzusiedeln ist, ist die Berechnung der Routen sowie der damit verbundene Nachrichtenaustausch dem Application Layer zuzuordnen. Die Routing-Nachrichten werden daher unter Verwendung des User Datagram

Protocols (UDP) als Transport Layer Protokoll übertragen. Obwohl die *Routinginformationen* nahezu die wichtigsten Strukturinformationen für den Betrieb eines Netzes darstellen, wird hier die verbindungslose Kommunikationsvariante gewählt, um einerseits den dadurch induzierten Overhead zu reduzieren und andererseits die Performance des Austauschs der Routinginformationen – durch Verzicht auf einen Verbindungsaufbau und -abbau – zu erhöhen.

9.2.1 RIP

Das Routing Information Protocol (RIP) ist ein *Intra-Domain*-Routing-Protokoll (auch: Interior Gateway Protocol) und regelt den Austausch von Routinginformationen in einem Network of Nodes. Aufgrund seiner geringen Komplexität ist RIP weit verbreitet, sodass es regelmäßig weiterentwickelt und an die neuen Gegebenheiten der Netze angepasst wird. Spezifiziert wurde Version 1 von RIP (RIPv1) in [Hed88] in den 1980er Jahren. Eine Vielzahl von Erweiterungen führten 1998 zu der Spezifikation der Version 2 von RIP (RIPv2) in [Mal98]. Nahezu parallel dazu wurde mit dem Next Generation RIP (RIPng) in [MM97] eine auf IPv6 abgestimmte Erweiterung von RIPv1 spezifiziert, die bereits die signifikanten Änderungen von RIPv2 berücksichtigt. Alle Version von RIP unterscheiden sich primär im Format und den enthaltenen Informationen der ausgetauschten Routing-Nachrichten, die in den RFCs [Hed88, Mal98, MM97] bei Bedarf nachgeschlagen werden können.

Der Fokus in diesem Abschnitt liegt nicht auf dem Nachrichtenformat, sondern primär auf dem Protokollablauf, der mit RIP einhergeht. Für die Erkundung bzw. Berechnung der günstigen Routen zwischen zwei Teilnehmern verwendet RIP den *Distance-Vector*-Algorithmus (DV), der auf dem Bellmann-Ford-Algorithmus basiert. Die Informationen über die zu einem Zeitpunkt t optimalen Routen werden pro Router in drei Vektoren, die gemeinsam als Routing-Tabelle zu interpretieren sind, abgelegt:

- *Link Cost Vector:* Information über die Pfadkosten zum Ziel i.
- *Distance Vector:* Anzahl der Hops zum Ziel i.
- *Next Hop Vector:* Gibt den nächsten direkt verbundenen Hop j an, über den das Ziel i erreichbar ist.

Im *ersten Schritt* wird der Distance-Vector-Algorithmus auf jedem Router gestartet. Entsprechend des in Abschn. 9.1.1 beschrieben Algorithmus, wird die zu berücksichtigende Pfadtiefe bei der Berechnung schrittweise erhöht. Dabei werden zunächst die im initialisierenden Schritt ermittelten Pfade und Informationen in den genannten Vektoren hinterlegt. Anschließend werden die Vektoren im *zweiten Schritt* an die Nachbarknoten verschickt. Dabei wird das in RIP spezifizierte Nachrichtenformat verwendet. Entsprechend des Distance-Vector-Algorithmus werden die eigenen Vektoren jedes Routers mit den Informationen der von den Nachbarknoten erhaltenen Vektoren aktualisiert bzw. jeweils die optimalen Pfade daraus berechnet. Im Anschluss daran werden wiederum die zuvor aktualisierten Vektoren jeweils an die Nachbarknoten verteilt. Diese Prozedur ist abgeschlossen, sobald kein Router Änderungen der Kosteninformation erkennt und somit keine weiteren Updates der Routinginformationen an seine Nachbarn verschickt. Die Suche nach den optimalen Pfaden zwischen allen Knoten ist damit abgeschlossen und der Algorithmus konvergiert. Wird ein neuer Router ins Netz integriert, so sendet dieser selbstständig seine initialisierten Vektoren an alle Nachbarn, sodass ein erneuter Austauschprozess zwischen den Routern beginnt.

Für die *Initialisierungsphase* ist es ausreichend, wenn ein Router initiierend beginnt, da der Versand der eigenen Vektoren an die Nachbarn dazu führt, dass diese mit den eigenen Routinginformationen antworten. Nach der Initialisierungsphase gibt es sowohl einen reaktiven als auch einen proaktiven Mechanismus zur Aktualisierung der Routen:

- *Reaktiv:* Ändern sich die Kosten auf einer Verbindung zwischen zwei Routern, erfolgt eine Optimierung der eigenen Vektoren. Ändert sich durch die Optimierung ein einzelner Wert in den Vektoren, werden die Vektoren an alle Nachbarn verteilt und damit der Aktualisierungsprozess im gesamten Netz gestartet, bis alle Router jeweils wieder optimale Vektoren besitzen und keine Optimierung zu weiteren Änderungen der jeweiligen Vektoren führen.
- *Proaktiv:* Um die Aktualität der Routinginformationen auf allen Routern in einem Netz zu gewährleisten, werden die Vektoren periodisch (auch wenn lokal auf dem sendenden Router keine Änderung vorliegt) an die Nachbarn verschickt, um dadurch mögliche Ausfälle oder Änderungen der Netztopologie zu erkennen.

Bekannte *Nachteile* von RIP sind die Limitierung der maximalen Pfadlänge auf 15 Hops sowie das unperformante Konvergenzverhalten, das bei jeder Topologie- oder Linkkostenänderung von Bedeutung ist. Die Beschränkung der Pfadlänge versucht dabei dem schlechten Konvergenzverhalten des verwendeten Algorithmus Rechnung zu tragen bzw. dieses Problem zu minimieren. Eine proprietäre Alternative zu RIP ist das von Cisco entwickelte Interior Gateway Routing Protocol (IGRP), das eine maximale Pfadlänge von 255 Hops zulässt. Ein weiteres Problem, welches die meisten Routingprotokolle betrifft, ist die Schleifenbildung bei Routen. Die Problematik auf dem Network Layer ist ähnlich der Problematik auf dem Data Link Layer und der Schleifenbildung bei redundaten, geswitchten Netzen. Auch hier gibt es, ähnlich zum Spanning Tree Protocol, Techniken, diese Probleme zu lösen. Diese seien hier jedoch nicht weiter von Interesse.

9.2.2 OSPF

Open Shortest Path First (OSPF) ist ein Intra-Domain-Routing-Protokoll (auch: Interior Gateway Protocol) und regelt den Austausch von Routinginformationen in einem Network of Nodes. Spezifiziert wurde OSPF in [Moy91] als Ansatz für die Lösung der bei Einsatz von RIP entstehenden Probleme, wie beispielsweise der Schleifenbildung, der schlechten Skalierbarkeit und Konvergenzzeit sowie der Beschränkung auf eine kleine Anzahl von Hops. Durch die Beseitigung bzw. Reduzierung dieser Probleme von RIP ist OSPF auch für große *Unternehmensnetze* geeignet. Aufgrund einiger Erweiterungen wurde die Spezifikation [Moy91] durch [Moy94] und 1997 durch [Moy97] ersetzt. Seit 1998 ist die gültige Spezifikation [Moy98], die durch [BMF+09, LRM12, SWZ13, YRR13] ständig erweitert und aktualisiert wurde. Einige notwendige Erweiterungen und Änderungen, insbesondere in Bezug auf die Einführung von IPv6 und die Kompatibilitätsunterstützung durch OSPF, führten zur Spezifikation der [CFML08], die auch durch die Spezifikationen [SWZ13, YRR13] ergänzt wird. Die Versionen von OSPF unterscheiden sich primär im Format und den enthaltenen Informationen der ausgetauschten Routing-Nachrichten, die in den RFCs [Moy98, CFML08] bei Bedarf nachgeschlagen werden können.

Der Fokus in diesem Abschnitt liegt weder auf dem Nachrichtenformat noch der Detailstruktur der Routingtabellen oder der Hierarchisierung, sondern primär auf dem Protokollablauf und den grundlegenden Prinzipien, die mit OSPF einhergehen. Für die Erkundung bzw. Berechnung der günstigen Routen zwischen zwei Teilnehmern verwendet OSPF den Link-State-Algorithmus (LS), der auf Dijkstra's Algorithmus basiert. Die Informationen über die zu einem Zeitpunkt t bekannten optimalen Routen werden pro Router in einer Matrix abgelegt. Die letzte Zeile nach Terminierung des Algorithmus ist als Routing-Tabelle zu interpretieren:

- In der ersten Spalte wird die aktuell explorierte Knotenmenge *nodes* des Netzes verwaltet, die in jedem Iterationsschritt um einen Knoten erweitert.
- Für jede Pfadbeziehung zu allen anderen Knoten existiert eine eigene Pfadspalte bzw. es wird nach dem Fund eines weiteren Knotens im Netz eine Spalte ergänzt.
- In jeder Pfadspalte werden Informationen über die Verbindung des Wurzelknotens *root* zum entsprechenden Knoten abgelegt. Diese Information enthält neben den kumulierten Kosten der Teilpfade zudem Informationen über den Pfad, die Auskunft über die Hops auf dem Pfad zwischen Wurzelknoten *root* und dem jeweiligen Knoten der Pfadspalte geben.

Aus der Matrixdarstellung lässt sich ein Baum ableiten, in dem der jeweils günstigste Pfad zwischen dem Wurzelknoten *root* und einem anderen Knoten j hinterlegt ist.

Im *ersten Schritt* wird der Link-State-Algorithmus auf jedem Router gestartet. Dabei werden die günstigsten Pfade zu den Nachbarn berechnet und anschließend die initialisierte Routingtabelle (Matrix) per *Flooding*[1] im Netz verteilt. Die Router nutzen anschließend die empfangenen Informationen, um über den Link-State-Algorithmus die optimale Routing-

---

[1]Um trotz des Flooding-Mechanismus das Netz nicht zu stark zu belasten, ist die Kommunikationsstruktur von OSPF durch das sogenannte Area-Konzept hierarchisch aufgebaut. Der genaue Zusammenhang sei hier jedoch nicht weiter von Interesse und kann in den zuvor genannten RFCs nachgeschlagen werden.

matrix zu bestimmen. Durch das *Flooding* an alle Router – und nicht nur iterativ an die Nachbarn – erlaubt der Algorithmus eine bessere Skalierung und terminiert zudem deutlich schneller als beispielsweise der Distance-Vector-Algorithmus.

Für die Initialisierungsphase ist es ausreichend, wenn ein Router initiierend beginnt, da der Versand der eigenen Routingmatrix an die Nachbarn dazu führt, dass diese mit den eigenen Informationen antworten. Dies ist jedoch weiterhin implementierungabgängig. Nach der Initialisierungsphase gibt es sowohl einen reaktiven als auch einen proaktiven Mechanismus zur Aktualisierung der Routen:

- *Reaktiv:* Ändern sich die Kosten auf einer Verbindung zwischen zwei Routern, erfolgt eine Optimierung der eigenen Routingmatrix. Ändert sich durch die Optimierung ein einzelner Wert in der Matrix, werden die Routinginformationen per Flooding im Netz verteilt und damit der Aktualisierungsprozess auf allen Routern gestartet, sodass alle Router eine optimale Routingmatrix besitzen.
- *Proaktiv:* Um die Aktualität der Routinginformationen auf allen Routern in einem Netz zu gewährleisten, kann die Routingmatrix periodisch (auch wenn lokal auf dem sendenden Router keine Änderung vorliegt) verschickt werden, um dadurch mögliche Ausfälle oder Änderungen der Netztopologie zu erkennen.

9.2.3   BGP

Das Border Gateway Protocol (BGP) ist ein Inter-Domain-Routing-Protokoll (auch: Exterior Gateway Protocol) und regelt den Austausch von Routinginformationen in einem Network of Networks. BGP stellt den Quasi-Standard für das Internet dar. Spezifiziert wurde BGP ursprünglich in [LR90], die aktuellste eingesetzte Version 4 von BGP in [RLH06].

BGP als Exterior Gateway Protocol verwaltet komprimierte Informationen über eine Route durch verschiedene Netze im Gegensatz zu Interior Gateway Protocols, bei denen die Kosten aller Links im Detail von Interesse sind. BGP wird auf den Gateway-Routern einzelner autonomer Systeme (AS) eingesetzt. Diese tauschen AS-übergreifend untereinander periodisch Informationen darüber aus, welche andere Netze (bzw. AS) über die von ihnen verwalteten Netze erreichbar sind und unterhalten ebenfalls direkte Verbindungen zueinander, um Routinginformationen und andere Nachrichten periodische auszutauschen. Im Gegensatz zu OSPF und RIP werden die Nachrichten zwischen den BGP-einsetzenden Gateway-Routern nicht via UDP, sondern über TCP-Verbindungen ausgetauscht. Für das Border Gateway Protocol wurden vier Nachrichten definiert:

- *Open:* Nachricht zum Aufbau einer Verbindung.
- *Update:* Nachricht zum Update von Routen.
- *Keepalive:* Nachricht zum Aufrechterhalten einer Verbindung.
- *Notification:* Nachricht zur Fehlermeldung.

BGP setzt aufgrund der Skalierbarkeit und besseren Eignung für die Hierarchisierung der Routen Path Vector Routing als Algorithmus ein, unabhängig davon, ob im verwalteten AS Protokolle eingesetzt werden, die Distance Vector oder Link State zur Routenberechnung verwenden. Das Ergebnis für ein AS sind dann die Kosten des Pfades über ein oder mehrere AS hin zum Ziel, jedoch nicht die Kosten einzelner Links, wie es bei OSPF oder RIP der Fall wäre.

Literatur

[Hed88]   C.L. Hedrick. Routing Information Protocol. RFC 1058 (Historic), June 1988. Updated by RFCs 1388, 1723.

[Mal98]   G. Malkin. RIP Version 2. RFC 2453 (INTERNET STANDARD), November 1998. Updated by RFC 4822.

[MM97]   G. Malkin and R. Minnear. RIPng for IPv6. RFC 2080 (Proposed Standard), January 1997.

[Moy91]   J. Moy. OSPF Version 2.RFC 1247 (Draft Standard), July 1991. Obsoleted by RFC 1583, updated by RFC 1349.

[Moy94]   J. Moy. OSPF Version 2. RFC 1583 (Draft Standard), March 1994. Obsoleted by RFC 2178.

[Moy97]   J. Moy. OSPF Version 2. RFC 2178 (Draft Standard), July 1997. Obsoleted by RFC 2328.

[Moy98]   J. Moy. OSPF Version 2. RFC 2328 (INTERNET STANDARD), April 1998. Updated by RFCs 5709, 6549, 6845, 6860.

[BMF+09]   M. Bhatia, V. Manral, M. Fanto, R. White, M. Barnes, T. Li, and R. Atkinson. OSPFv2 HMAC-SHA Cryptographic Authentication. RFC 5709 (Proposed Standard), October 2009.

[LRM12]   A. Lindem, A. Roy, and S. Mirtorabi. OSPFv2 Multi-Instance Extensions. RFC 6549 (Proposed Standard), March 2012.

[SWZ13]   N. Sheth, L. Wang, and J. Zhang. OSPF Hybrid Broadcast and Point-to-Multipoint Interface Type. RFC 6845 (Proposed Standard), January 2013.

[YRR13]   Y. Yang, A. Retana, and A. Roy. Hiding Transit-Only Networks in OSPF. RFC 6860 (Proposed Standard), January 2013.

[CFML08]   R. Coltun, D. Ferguson, J. Moy, and A. Lindem. OSPF for IPv6. RFC 5340 (Proposed Standard), July 2008. Updated by RFCs 6845, 6860.

[LR90]   K. Lougheed and Y. Rekhter. Border Gateway Protocol (BGP). RFC 1163 (Historic), June 1990. Obsoleted by RFC 1267.

[RLH06]   Y. Rekhter, T. Li, and S. Hares. A Border Gateway Protocol 4 (BGP-4). RFC 4271 (Draft Standard), January 2006. Updated by RFCs 6286, 6608, 6793.

Domain Name System (DNS) 10

Das *Domain Name System (DNS)* ist einer der wichtigsten Bestandteile des Internets und wurde von der IETF mit einer großen Menge von RFCs spezifiziert (Auszugsweise: [Moc87a, Moc87b, 3rd13]). Seine Hauptaufgabe ist das Übersetzen von Domainnamen wie www.fh-stralsund.de[1] in IP-Adressen, damit sich die Nutzer nicht alle IPv4- und IPv6-Adressen merken müssen, um im Internet zu navigieren. Für die Auflösung der Domainnamen stellt DNS sicher, dass jeder Domainname einzigartig aufgelöst werden kann, im Domain Name System taucht also niemals ein Domainname mehrfach (an unterschiedlichen Stellen) auf.

Neben der Namensauflösung in IPv4-Adressen (A) und IPv6-Adressen (AAAA) bietet DNS weiterhin die Möglichkeit, den Namen eines E-Mail-Servers (MX) zu einer Domain herauszufinden, IP-Adressen zu Domainnamen aufzulösen (Rückwärtsauflösung, PTR) oder alternative Namen für eine Domain zu benennen (CNAME). Dabei werden alle Informationen, die im Domain Name System abgelegt werden, in sogenannten *Resource Records (RR)* vorgehalten.

In den nachfolgenden Kapiteln werden der Aufbau des DNS-Systems im Internet (Abschn. 10.1) und das DNS-Protokoll (Abschn. 10.2) im Detail erläutert.

10.1 Namensgebung und Kommunikationsstruktur

Das Domain Name System ist ein *hierarchisch* aufgebautes *dezentrales* System, um einerseits die Eindeutigkeit der Domainnamen zu gewährleisten (Hierarchie) und andererseits die durch viele Zugriffe entstehenden Netzlasten angemessen zu verteilen.

---

[1]Domainnamen sind oft Bestandteil von URLs (Uniform Resource Locator), z. B. http://www.fh-stralsund.de.

P.-B. Bök et al., *Computernetze und Internet of Things*, https://doi.org/10.1007/978-3-658-29409-0_10

Wie in Abb. 10.1 dargestellt wird, gibt es verschiedene DNS-Server für die unterschied-lichen Bestandteile eines Domainnamens. Ein *Fully Qualified Domain Name (FQDN)* ist ein absoluter Domainname, besteht meistens aus mehreren Labels und schließt immer mit einem Punkt (.) ab. Ein Beispiel:

$$\underbrace{www}_{\text{Subdomain}} . \underbrace{ei}_{\text{Subdomain}} . \underbrace{rub}_{\text{Domain}} . \underbrace{de.}_{\text{Top Level Domain (TLD)}}$$

In diesem Domainnamen gibt es vier Labels. Bei der Namensauflösung liest man den Domainnamen rückwärts und beginnt mit dem leeren *Root*-Label, dem abschließenden Punkt. Im Anschluss daran folgt die *Top Level Domain (TLD),* die oft ein länderspezifi-scher Code ist (z. B. .de oder .uk) oder die Domain in einen bestimmten Zusammenhang rückt (z. B. .edu für Education oder .org für Organisation). Dann folgt der *Domainname* und gegebenenfalls einige *Subdomainnamen,* wobei eine maximale Länge von 255 Zeichen inklusive aller Punkte eingehalten werden muss.

Abb. 10.1 zeigt, dass für jede Ebene ein DNS-Server zuständig ist. Dazu muss ergänzt werden, dass es wegen der Redundanz insgesamt 13 Root-DNS-Server gibt und die DNS-Auflösung von Subdomains auch von den DNS-Servern der Domain übernommen werden darf.

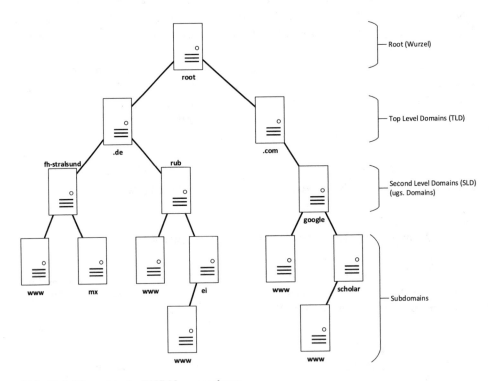

Abb. 10.1 Hierarchie der DNS-Namensgebung

10.2 Protokoll

Jedes Endgerät verfügt über eine Software-Komponente für die DNS-Auflösung, den *DNS Resolver*. Um einen Fully Qualified Domain Name aufzulösen, hangelt sich der Resolver beginnend bei den Root-Servern durch den DNS-Baum, bis der gewünschte Resource Record (z. B. A für eine IPv4-Adresse) aufgelöst werden kann.

An jeden DNS-Server in der Hierarchie wird die Frage nach dem RR für eine Domain gestellt. Wenn der angesprochene DNS-Server für diesen Domainnamen zuständig ist, gibt er einen entsprechenden Resource Record als Antwort zurück. Ist der DNS-Server nicht zuständig, kennt jedoch einen zuständigen DNS-Server, antwortet er mit einem Verweis auf den zuständigen DNS-Server (NS).

Bei der Auflösung des FQDN www.fh-stralsund.de würden sowohl der Root-Server, als auch der für .de zuständige DNS-Server eine Weiterleitung an den DNS-Server von fh-stralsund.de vornehmen, welcher schließlich mit dem gewünschten RR antwortet. Dieser beispielhafte Prozess wird in Abb. 10.2 graphisch beschrieben.

Man unterscheidet bei der DNS-Auflösung grundsätzlich zwischen einer *iterativen* und *rekursiven* Auflösung. Während der Resolver bei der iterativen Auflösung alle Anfragen von der Root-Ebene bis zu dem Nameserver der gesuchten Domain selbst senden muss, kann bei einer rekursiven Auflösung ein DNS-Server beauftragt werden, alle Anfragen zu übernehmen. Im rekursiven Fall genügt also eine DNS-Anfrage an einen DNS-Server, welcher dann selbstständig nach der Antwort sucht und diese in einem Paket an den Resolver zurück gibt.

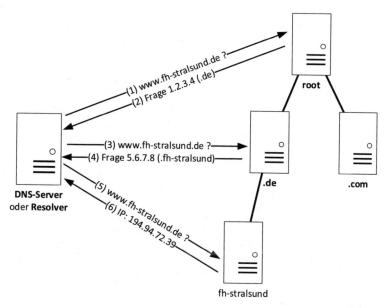

Abb. 10.2 Das Prinzip einer DNS-Anfrage

Die Root-Server und die Server der Top Level Domains unterstützen für gewöhnlich keine rekursive Auflösung, jedoch bekommt ein Endgerät bei der Einwahl in das Internet oftmals einen DNS-Server von seinem Provider gestellt, der eine rekursive Auflösung erlaubt.

Die DNS-Kommunikation zwischen dem Resolver und den DNS-Servern wird üblicherweise über das UDP-Protokoll transportiert, wobei Port 53/UDP für den DNS-Server reserviert ist. Die Kommunikation zwischen DNS-Servern (z. B. zum Abgleich der verwalteten Zonen oder Synchronisierung von Primary- und Backup-DNS-Servern) findet zum Teil auch über das Transportprotokoll TCP, ebenfalls mit Port 53, statt.

Dabei wird der in Abb. 10.3 dargestellte Protokollheader verwendet, welcher eine flexible Struktur aufweist, um DNS-Anfragen und Antworten mit unterschiedlichen Längen und Teilfragen sowie Teilantworten zu realisieren.

In dem Feld *Identification* steht eine zufällige Zahl, um das richtige Antwortpaket zu einer Anfrage zu identifizieren. Darauf folgen einige *Bits,* die in der Tab. 10.1 erläutert werden.

Weiterhin ist eine beliebige Anzahl von DNS-Anfragen in dem *Questions*-Block hinterlegt. Dieser Block ist zudem auch in den DNS-Antwortpaketen enthalten. In Antwortpaketen wird der *Answer*-Block mit den RR zu den Anfragen gefüllt, wenn sie beantwortet werden konnten. Im Block *Authority* sind autoritative Nameserver aufgeführt, d. h. DNS-Server, die für die Anfragen und Antworten zuständig sind. Unter anderem wird dieses Feld auch dazu verwendet, eine Anfrage an einen untergeordneten DNS-Server zu delegieren, wenn sie von dem angesprochenen Nameserver nicht beantwortet werden kann (z. B. root-Server ist nicht zuständig für www.fh-stralsund.de, Delegation an Top Level Domain .de).

Wenn in dem Authority-Block eine Delegation an einen zuständigen Nameserver erfolgt, geschieht das ebenfalls über einen FQDN (des DNS-Servers). Damit der Resolver im nächsten Schritt nicht erst einmal die zugehörige IP-Adresse zu dem delegierten DNS-Server auflösen muss, kann im *Additional*-Block direkt die zugehörige IPv4- oder IPv6-Adresse

0	1	2	3	4	5	6	7	8	9	10	11	12	13	14	15	16	17	18	19	20	21	22	23	24	25	26	27	28	29	30	31
Identification (for Request/Reply)																QR	Opcode				AA	TC	RD	RA	Z	AD	CD		Rcode		
Total Questions (Number)																Total Answer RRs (Number)															
Total Authority RRs (Number)																Total Additional RRs (Number)															
Questions [...]																															
Answer RRs [...]																															
Authority RRs [...]																															
Additional RRs [...]																															

Abb. 10.3 Der Header des DNS-Protokolls

Tab. 10.1 Bedeutung der Bits im DNS-Protokoll

QR	Query (0) oder Response (1), d. h. DNS-Anfrage oder DNS-Antwort
Opcode	Query-Typ, z. B. Query, Status, Update, etc.
AA	Authoritative Answer wird gesetzt, wenn der antwortende DNS-Server für die Domaine zuständig ist
RD	Recursion Desired ist in einer Anfrage gesetzt, die rekursiv aufgelöst werden soll
RA	Recursion Available beantwortet die Frage nach dem Wunsch der rekursiven Auflösung
Z	Reserviert
AD	Authenticated Data beschreibt, dass die RRs authentifiziert sind
CD	Checking Disabled deutet darauf hin, dass die gesendeten RRs nicht authentifiziert werden müssen
Rcode	Return Code ist der Antwortcode, z. B. NoError, ServFail, Refused etc.

zu dem DNS-Server mitgeteilt werden. Diese Adressen sind dem übergeordneten Server in der Regel ohnehin bekannt.

Tab. 10.2 gibt einen Überblick über einige häufig verwendete Resource Records (RR) für DNS-Anfragen und deren Antworten.

10.1 Gegeben sind die folgenden Informationen:

- Ihr PC = 192.168.0.1
- abc.de = 194.49.7.145
- DNS-Server (lokal) = 192.168.0.254
- DNS-Server *Root* (a.root-servers.net) = 198.41.0.4
- DNS-Server *.de* (a.nic.de) = 194.0.0.53
- DNS-Server *abc.de* (ns.work.de) = 212.12.32.174

Lösen Sie abc.de mit dem lokalen DNS-Server rekursiv auf. Tragen Sie die einzelnen Nachrichten in die nachfolgende Tabelle ein.

Tab. 10.2 Einige Resource Records (RR)

Type	Beschreibung
SOA	*Start of Authority* Parameter für die Zone (z. B. Gültigkeitsdauer)
NS	*Name Server* Ein weiterer Nameserver ($\rightarrow$ Aufbau der Hierarchie)
A	*IPv4 Adresse*
AAAA	*IPv6 Adresse*
MX	*Mail Exchange* Zuständiger Email-Server für die Domain
CNAME	*Canonical Name* Verweist auf einen anderen Namen
PTR	*Pointer* (Reverse Lookup). Auflösung von *IP-Adresse* zu Name. IP in der Form: 1.0.168.192.IN-ADDR.ARPA. für 192.168.0.1

Nr.	SRC-IP	DST-IP	Q/R	RR	FQDN	Antwort (RR)
1	192.168.0.1	192.168.0.254	Q	A	abc.de	-
2						
3						
4						
5						
6						
7						
8						

10.3   Einsatzmöglichkeiten

Das Domain Name System ist aus dem Internet nicht wegzudenken, da sich jeder Nutzer sonst eine ganze Menge von IP-Adressen merken müsste. Für einige IPv4-Adressen ließe sich das vielleicht noch realisieren, doch spätestens bei einem Umstieg auf das IPv6-System mit deutlich unhandlicheren Adressen wird die Bedeutung von DNS schnell klar.

Für größere Rechenzentren, die z. B. Webseiten bereitstellen, wird durch DNS eine weitere wichtige Funktion realisiert: die Lastverteilung (Load Balancing). Dabei gibt das DNS-System nicht nur einen A-Record (für eine IPv4-Adresse) zurück, sondern eine Liste, deren Reihenfolge sich bei jeder DNS-Anfrage ändert. Das Endgerät verwendet nun normalerweise die erste IPv4-Adresse aus der Liste (wenn verfügbar), sodass sich die Last aller Web-Anfragen auf mehrere gleich konfigurierte Webserver gleichmäßig verteilen lässt.

10.4 Kritik

Ein Hauptkritikpunkt am DNS-System ist die Unsicherheit. Durch DNS-Spoofing, also das Manipulieren der DNS-Auflösung, wird die Sicherheit im Internet regelmäßig stark beeinträchtigt. Angreifer manipulieren z. B. die DNS-Auflösung von eBanking-Servern so, dass die Kunden der Bank auf eine täuschend echt gestaltete Webseite umgeleitet werden und dort nach ihren PIN- und TAN-Informationen gefragt werden. Dieser Angriff ist auch als Phishing bekannt, da hier nach den geheimen Information von Endnutzern „gefischt" wird.

Eine Lösungsmöglichkeit für das DNS-Spoofing-Problem ist der DNSSEC-Standard (Domain Name System Security Extensions, u. a. [3rd99, AAL+05, WB13]), welcher digitale Signaturen über die gesendeten Resource Records versenden kann. Hierdurch wird dem Fälschen der RR-Einträge vorgebeugt, da nur Besitzer des richtigen privaten Schlüssels eine korrekte digitale Signatur erzeugen können.

Literatur

[Moc87a] P. V. Mockapetris. Domain names - concepts and facilities. RFC 1034 (INTERNET STANDARD), November 1987. Updated by RFCs 1101, 1183, 1348, 1876, 1982, 2065, 2181, 2308, 2535, 4033, 4034, 4035, 4343, 4035, 4592, 5936.

[Moc87b] P. V. Mockapetris. Domain names - implementation and specification. RFC 1035 (INTERNET STANDARD), November 1987. Updated by RFCs 1101, 1183, 1348, 1876, 1982, 1995, 1996, 2065, 2136, 2181, 2137, 2308, 2535, 2673, 2845, 3425, 3658, 4033, 4034, 4035, 4343, 5936, 5966, 6604.

[3rd13] D. Eastlake 3rd. Domain Name System (DNS) IANA Considerations. RFC 6895 (Best Current Practice), April 2013.

[3rd99] D. Eastlake 3rd. Domain Name System Security Extensions. RFC 2535 (Proposed Standard), March 1999. Obsoleted by RFCs 4033, 4034, 4035, updated by RFCs 2931, 3007, 3008, 3090, 3226, 3445, 3597, 3655, 3658, 3755, 3757, 3845.

[AAL+05] R. Arends, R. Austein, M. Larson, D. Massey, and S. Rose. Protocol Modifications for the DNS Security Extensions. RFC 4035 (Proposed Standard), March 2005. Updated by RFCs 4470, 6014, 6840.

[WB13] S. Weiler and D. Blacka. Clarifications and Implementation Notes for DNS Security (DNSSEC). RFC 6840 (Proposed Standard), February 2013.

Virtual Private Network (VPN)

Virtual Private Networks (VPN) sind eine wichtige Komponente der heutigen Netzkommunikation. Diese speziellen Netze unterscheiden sich in zwei Eigenschaften von herkömmlichen Netzen: VPNs sind *virtuell* und *privat*.

Die Eigenschaft *virtuell* hat zwei Bedeutungen in diesem Fall. Zum einen sind für VPNs *keine dedizierten Kommunikationskanäle* (Hardware, Verkabelung) notwendig, sondern die bestehende Netzinfrastruktur kann mitgenutzt werden. Zum anderen bedeutet es *Transparenz*. Für den Endbenutzer wird das Verhalten eines normalen Netzes nachgeahmt, sodass er mit Ausnahme der nicht sichtbaren Kabel keinen Unterschied feststellen kann.

Mit dem Begriff *privat* sind ebenfalls zwei Bedeutungen verbunden. Einerseits ist ein VPN obgleich der Mitnutzung bestehender Kommunikationskanäle *eigenständig,* d. h. abgetrennt von anderer Netzkommunikation auf diesem Kanal. Konkret bedeutet dies, dass die Kommunikation der Mitbenutzer der physikalischen Kanäle keinen manipulierenden Einfluss auf die VPN-Kommunikation nehmen kann. Andererseits wird mit dem Begriff privat verbunden, dass die Kommunikation des VPNs *vertraulich* ist. Für gewöhnlich wird die Vertraulichkeit der VPN-Kommunikation durch Verschlüsselung erreicht. Zudem ist für die Vertraulichkeit wichtig, dass die Identitäten der VPN-Endpunkte bekannt sind (Authentizität), denn wenn die VPN-Teilnehmer nicht wissen, mit wem sie kommunizieren, ist auch die Vertraulichkeit hinfällig. Üblicherweise kommt bei der Nennung von *Vertraulichkeit* und der damit induzierten *Authentizität* noch der *Schutz der Integrität* hinzu. Der Schutz der Datenintegrität (Schutz vor Veränderung der Daten durch Dritte) ist wiederum wichtig für die Eigenständigkeit des VPNs.

Abb. 11.1 stellt einen typischen Anwendungsfall eines VPNs dar.

P.-B. Bök et al., *Computernetze und Internet of Things*, https://doi.org/10.1007/978-3-658-29409-0_11

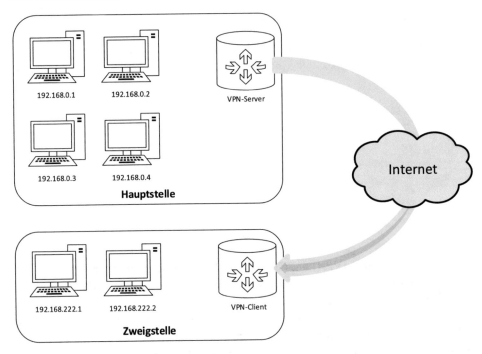

Abb. 11.1 Ein Virtual Private Network im Firmeneinsatz

11.1 Grundlagen

Virtual-Private-Network-Lösungen gibt es in verschiedenen Formen, wobei damit oft die Verbindung von zwei Netzen assoziiert wird, wie es in den Abb. 11.2 oder Abb. 11.1 dargestellt ist. Hierbei wird das VPN als Überbrückung eines oft nicht vertrauenswürdigen Netzes, wie dem Internet, verwendet.

Ein weiteres VPN-Szenario ist die mobile Einwahl eines Aussendienstmitarbeiters in das Netz der Firma. Dazu verwendet der Mitarbeiter einen VPN-Client, der eine Verbindung zwischen seinem mobilen Endgerät (z. B. ein Notebook oder Smartphone) und dem Netz der Firma herstellt (siehe Abb. 11.3). Nach dem Herstellen der Verbindung ist das mobile Endgerät virtuell in das Netz der Firma integriert.

Abb. 11.2 VPN zwischen zwei Netzen

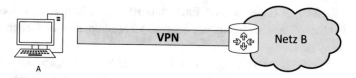

Abb. 11.3 VPN zwischen PC und Netz

Schließlich lässt sich mit der VPN-Technik auch eine Verbindung zwischen zwei Endgeräten herstellen, wie es Abb. 11.4 zeigt. Dieses eher unüblich anmutende Szenario kommt sehr häufig zum Einsatz, beispielsweise bei der Fernwartung mit Anwendungen wie SSH oder VNC. Auch einige Peer-to-Peer-Netze (z. B. Filesharing) erfüllen die Kriterien für eine VPN-Lösung, wobei diese oftmals einen weniger großen Fokus auf die Vertraulichkeit setzen.

Alle bisher dargestellten Formen von VPN-Netzen verwenden einen Fat-Client für die Verbindung zu dem virtuellen Netz. Das bedeutet, dass es auf der Seite des Anwenders eine Anwendung gibt, die sich einzig und allein um die Verbindung zu dem VPN-Netz kümmert. Ein Fat-Client ist allerdings kein Kriterium für ein VPN-Netz, denn auch die Verbindung mit Hilfe eines Thin-Clients darf man als VPN bezeichnen.

Eine Realisierung eines VPNs mit einem Thin-Client ist die Verwendung des Browsers, der mit Hilfe des TLS-Protokolls (HTTPS) eine verschlüsselte Verbindung zu einem Server aufbauen kann (Abb. 11.5). Durch diesen VPN-Tunnel können beliebige Inhalte zwischen Endgerät und Server ausgetauscht werden, wobei diese auf der Endgeräteseite jeweils durch den Browser dargestellt werden.

Die Verbindung einer Haupt- und einer Zweigstelle via VPN über das Internet ist ein sehr klassischer Anwendungsfall. Hierbei werden neben der reinen VPN-Funktionalität weitere Funktionen von den VPN Fat-Clients benötigt. Beide Fat-Clients müssen ein normales Routing zwischen zwei Subnetzen ermöglichen und je nach Anwendungsfall auch

Abb. 11.4 VPN zwischen zwei PCs

Abb. 11.5 VPN als Thin-Client

die Funktion des Internet-Gateways inkl. Firewall übernehmen. In Abb. 11.6 ist ein beispielhafter Aufbau eines VPNs dargestellt, bei dem die VPN-Endpunkte zusätzlich Router und Internet-Gateway sind.

In Abb. 11.6 sind das Internet und drei verschiedene Subnetze dargestellt. Die Hauptstelle verwendet das Subnetz 192.168.0.0/24, die Zweigstelle das Subnetz 192.168.222.0/24 und das VPN-Netz nutzt Adressen aus dem Bereich 10.0.0.0/24 (Bitmaske ist nicht dargestellt). Bei einer Kommunikation zwischen dem PC mit der IP-Adresse 192.168.0.1 und dem PC mit der Adresse 192.168.222.2 werden die Datenpakete zunächst an den Router 192.168.0.254 gesendet, welcher als Defaultrouter eingesetzt wird. Dieser Defaultrouter besitzt für die Zieladresse 192.168.222.2 einen Routingeintrag mit dem Zielrouter 10.0.0.2 (im VPN), sodass Datenpakete für 192.168.222.2 durch den VPN-Tunnel weitergeleitet werden.

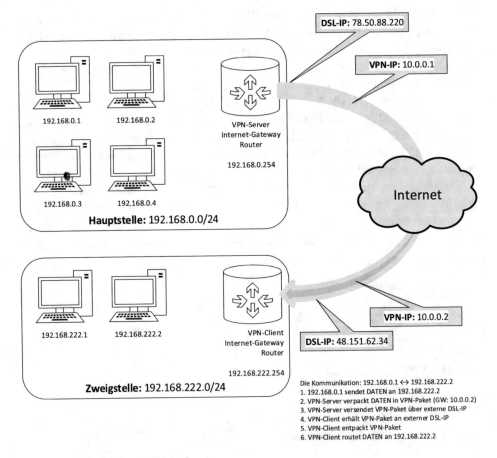

Abb. 11.6 Beispiel eines VPN-Aufbaus

Die verschlüsselten VPN-Pakete werden als Rohdaten über die externe IP-Adresse `78.50.88.220` an die externe IP-Adresse `48.151.62.34` versendet. Nachdem der VPN-Client (`48.151.62.34`) die Rohdaten entschlüsselt hat, kommt ein Datenpaket von `192.168.0.1` an die Adresse `192.168.222.2` zum Vorschein. Dieses Datenpaket wird schließlich zu dem Zielsystem `192.168.222.2` geroutet. Während der Übertragung durch das unsichere Medium Internet war das Datenpaket stets verschlüsselt (Vertraulichkeit und Integritätsschutz). Die Authentizität der beiden VPN-Endpunkte wird bei deren initialem Verbindungsaufbau sichergestellt.

Im Bezug auf die Sicherheit kann festgehalten werden, dass für den Einsatz einer VPN-Lösung die folgenden Sicherheitsanforderungen sinnvoll sind:

- Vertrauliche Kommunikation *(confidentiality)*
- Authentische Teilnehmer *(entity authentication)*
- Integritätsschutz der Daten *(integrity protection)*

Für die praktische Umsetzung gibt es eine Vielzahl von Implementierungen, von denen einige etwas detaillierter vorgestellt werden sollen. Die vorgestellten Lösungen verfolgen unterschiedliche Ansätze und erfüllen die Sicherheitsanforderungen auf unterschiedliche Art und Weise. Alle drei Lösungen haben Vor- und Nachteile, sodass sie für unterschiedliche Anwendungsfälle optimiert sind. Die folgenden drei Lösungen werden in den nächsten Abschn. 11.2, 11.3 und 11.4 vorgestellt:

- *PPP* – einfaches Konzept, einfache Authentifizierung
- *IPsec* – kompliziert, sehr hohe Sicherheit
- *TLS-VPNs* – relativ einfach, hohe Sicherheit

11.2   Point-to-Point Protocol (PPP)

Das Point-to-Point Protocol wurde erstmals im Jahr 1994 durch ein Request for Comments [Sim94] spezifiziert und seitdem mit einigen weiteren RFCs überarbeitet [Sim97, 3rd08, rA13]. PPP ist ein Tunnelprotokoll, welches häufig von Internetprovidern eingesetzt wird, z. B. für die Einwahl mit Modem-, ISDN- oder DSL-Verbindungen. Dabei arbeitet PPP auf der Sicherungsschicht des ISO/OSI-Schichtenmodells (Layer 2) an der Stelle des Ethernetprotokolls im üblichen TCP/IP-Protokollstapel (Abb. 11.7).

Neben dem PPP-Protokoll kommen weitere Hilfsprotokolle für den Aufbau und die Verwaltung eines VPN-Tunnels zum Einsatz: *LCP* und *NCP*.

Das *Link Control Protocol (LCP)* verwaltet die Datenverbindung (Aufbau, Abbau etc.), regelt die Authentifizierung und konfiguriert die Optionen des VPN-Tunnels.

Daneben wird das *Network Control Protocol (NCP)* verwendet, um die Netzschnittstelle auf der Clientseite zu konfigurieren. Im Fall des IP-Protokolls wird NCP durch das *Internet*

Abb. 11.7 Das
TCP/IP-Schichtenmodell mit
PPP

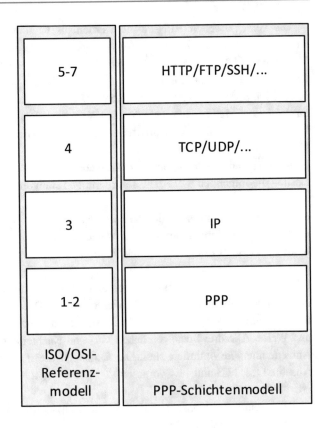

5-7	HTTP/FTP/SSH/...
4	TCP/UDP/...
3	IP
1-2	PPP
ISO/OSI-Referenz-modell	PPP-Schichtenmodell

Protocol Control Protocol (IPCP) vertreten, welches die IP-Adresse, das Defaultgateway, den DNS-Server und weitere Dinge konfigurieren kann.

Die Authentifizierung des Clients wird über ein Authentifizierungsprotokoll innerhalb von PPP abgewickelt, z. B. PAP [LS92] oder CHAP [Sim96], da sich diese Protokolle leicht in ein AAA-System[1] einbetten lassen, wie es bei vielen Providern eingesetzt wird.

Das *Password Authentication Protocol (PAP)* überträgt das Passwort des Clients im Klartext, wohingegen das *Challenge Handshake Authentication Protocol (CHAP)* eine Response aus dem vorher erhaltenen Challenge und dem Passwort mit Hilfe einer Einwegfunktion berechnet und überträgt. Ein bekannter Vertreter der CHAP-Protokolle ist das von Microsoft verwendete MSCHAPv2 [Zor00]. Bei allen Authentifizierungsprotokollen geht es um die Identität des Clients, eine Authentifizierung des Servers wird nicht vorgenommen.

Bei Einwahlverbindungen mit dem Modem oder ISDN wird PPP wie bereits beschrieben eingesetzt. Bei anderen Verbindungsarten, z. B. DSL oder ATM[2], kommt ein Zusatzprotokoll

---

[1]Triple-A-System: *Authentifizierung* (Identität des Clients), *Autorisierung* (Wird Client zugelassen?) und *Abrechnung* (Kosten für die Übertragung).

[2]Asynchronous Transfer Mode: Spezielle Netze im Hochleistungsbereich, z. B. Internet.

zum Einsatz, welches den Betrieb über anderen Protokollen der Sicherungsschicht erlaubt. Für DSL-Breitbandverbindungen kommt PPPoE (over Ethernet, [MLE+99]) zum Einsatz und bei ATM das PPPoA-Protokoll [GKL+98]. Bemerkenswert ist, dass bei allen bisher erwähnten Protokollen kein Mechanismus für die Vertraulichkeit vorgesehen ist, also alle Daten innerhalb des VPNs im Klartext übertragen werden. In Abb. 11.8 ist ein Konfigurationsdialog von Microsoft Windows 7 für die Konfiguration eines PPPoE-Tunnels abgebildet.

Neben PPPoE und PPPoA ist es auch möglich, PPP für VPN-Verbindungen durch das Internet zu verwenden. Für diesen Zweck wird das *Point-to-Point Tunneling Protocol (PPTP)* eingesetzt. Hierbei muss sich der Administrator allerdings bewusst sein, dass das Internet nicht als vertrauenswürdig gilt und im Fall einer Authentifizierung mit dem unsicheren PAP-Protokoll Zugangsdaten in die Hände Dritter gelangen können. Dies wird abgeschwächt durch das Nutzen eines CHAP-Protokolls, welches jedoch ebenfalls angegriffen werden kann.

Microsoft entwickelte das *MPPE*-Protokoll (Microsoft Point-to-Point Encryption [PZ01, Zor01]), das die VPN-Verbindung mit der RC4-Stromchiffre verschlüsselt. Aber auch dieses Protokoll vermag die geringe Sicherheit von PPP und seinen verwandten Protokollen nicht auf ein starkes Niveau heben.

Im Punkt Sicherheit lässt sich zusammenfassen, dass es weder eine Serverauthentifizierung (→ Man-in-the-Middle-Angriffe möglich) gibt, noch eine besonders starke Clientauthentifizierung (PAP, CHAP, MSCHAPv2). Für den Fall, dass eine Verschlüsselung auf den VPN-Tunnel angewendet wird, ist diese nicht besonders stark.

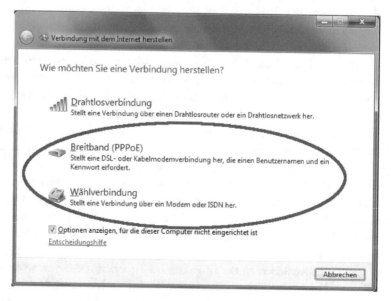

Abb. 11.8 PPP in der Microsoft-Windows-7-Konfiguration

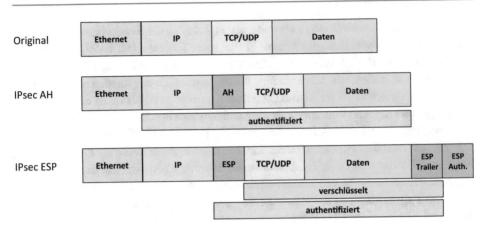

Abb. 11.9 IPsec im Transportmodus

11.3 IPsec

IPsec ist die Abkürzung von Internet Protocol Security, welches in den Request for Comments [KA98, RFB01, Mea02, Bri10] der Internet Engineering Task Force (IETF) spezifiziert wurde. Die VPN-Lösung IPsec geht dabei ganz anders vor als PPP, denn sie setzt oberhalb der Vermittlungsschicht (ISO/OSI-Layer 3) an und hat einen erheblich größeren Fokus auf der Sicherheit.

Besonders im professionellen Umfeld hat IPsec eine große Verbreitung, denn es wird von einigen Herstellern vertrieben sowie als Hardware- und Softwarelösung angeboten. Cisco Systems bietet IPsec als VPN-Client sowohl in Software als auch in Hardware in verschiedenen Produktserien an. Linux bietet mit `racoon` eine vollständige IPsec-Unterstützung mit Authentifizierung über das IKEv2-Protokoll. Microsoft verwendet IPsec als sichere Tunnellösung im L2TP-Protokoll ($\approx$ Mischung aus PPTP und L2F, Layer 2 Forwarding, über IPsec).

Bei IPsec wird zwischen unterschiedlichen Betriebs- und Sicherheitsmodi unterschieden. Als Betriebsmodi kommt entweder der Transport- oder Tunnelmodus zum Einsatz. In beiden Betriebsmodi kommt einer von zwei Sicherheitsmodi zum Einsatz: *AH (Authentication Header)* oder *ESP (Encapsulating Security Payload)*. Der Sicherheitsmodus AH authentifiziert die übertragenen Inhalte symmetrisch und schützt die Integrität der Daten. Zusätzlich zur Authentifizierung und dem Integritätsschutz bietet der Einsatz von ESP eine Verschlüsselung der Daten an. Nachfolgend wird die Verwendung von AH und ESP in dem Transportmodus erläutert.

Abb. 11.9 stellt die Veränderung der IP-Pakete im Transportmodus vor, wenn AH und ESP zum Einsatz kommen. Im Sicherheitsmodus AH wird hinter dem originalen IP-Header ein AH-Header eingefügt, in dem Mechanismen zur Authentifizierung der nach dem Etherneteader folgenden Daten untergebracht sind. Die wichtigsten Elemente sind hierbei ein

Message Authentication Code (MAC), der eine kryptographische Prüfsumme über die Daten mit Hilfe eines vorher ausgetauschten Passwortes (Pre-Shared Key) erzeugt. Weiterhin ist der *Security Parameter Index (SPI)* enthalten, der eine Referenz auf den verwendeten Algorithmus (z. B. HMAC-SHA1 oder HMAC-MD5) und den ausgetauschten Pre-Shared Key darstellt, damit auf der Empfängerseite der richtige Algorithmus und Pre-Shared Key ausgewählt werden kann.

Im ESP-Modus ist die Vorgehensweise relativ ähnlich, jedoch beginnt die Verschlüsselung erst hinter dem ESP-Header (denn dieser muss lesbar bleiben) und die Authentifizierung anders als im AH-Modus *nach* dem originalen IP-Header. Der ESP-Trailer enthält ein Padding für den Fall, dass die verschlüsselten Daten die Blockgröße der Chiffre nicht ausfüllen. Im ESP Authentication Header sind die Authentifizierungsinformationen (wie im AH-Header) untergebracht.

Der Transport-Modus eignet sich z. B. für die mobile Einwahl von Mitarbeitern, jedoch nicht für Überbrückung von zwei Netzen, da es keinen Tunnel gibt und die verwendeten IP-Adressen sichtbar bleiben. Für die Erzeugung eines VPN-Tunnels, durch den jegliche Kommunikation von aussen unsichtbar weitergeleitet wird, gibt es den IPsec Tunnel-Modus (Abb. 11.10).

Die Funktionsweise des Tunnelmodus unterscheidet sich insofern von dem Transportmodus, als dass ein äußerer IP-Header hinzugefügt wird. Würde eine Firma beispielsweise zwei Zweigstellen miteinander vernetzen, kämen als äußere IP-Adressen die von deren (DSL-)Providern zugewiesenen externen Adressen zum Einsatz. Innerhalb des Tunnels werden die internen IP-Adressen des VPN-Netzes verwendet. IPsec setzt ausschließlich symmetrische Kryptographie ein, bei der auf beiden Gegenstellen (VPN-Gateways) derselbe Schlüssel, der sogenannten Pre-Shared Key (PSK), hinterlegt ist.

Für den Betrieb von IPsec sind zwei Datenbanken wichtig (Abb. 11.11): die *Security Policy Database (SPD)* und die *Security Association Database (SAD)*. Die SPD enthält Informationen darüber, *wie* Datenpakete behandelt werden sollen, also ob ESP oder AH verwen-

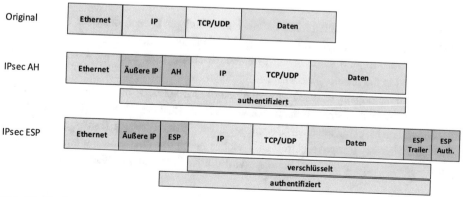

Abb. 11.10 IPsec im Tunnelmodus

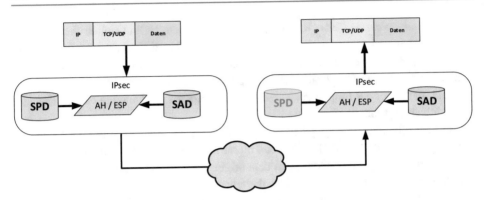

Abb. 11.11 IPsec – SPD und SAD

det werden und ob die Pakete im Transportmodus verarbeitet oder in einen neuen IP-Header (Tunnelmodus) gekapselt werden sollen. Weiterhin wird den Datenpaketen ein Security-Parameter-Index-Wert (SPI) zugewiesen. Die Entscheidung, wie Datenpakete behandelt werden, wird auf Basis von Quell- oder Ziel-IP-Adressen und dem verwendeten Transportprotokoll getroffen.

In der SAD ist für jeden Security-Parameter-Index-Wert (SPI) festgelegt, welche Schlüssel und welche Algorithmen[3] eingesetzt werden sollen. Dementsprechend muss die SAD auf beiden VPN-Gegenseiten synchron sein. Üblicherweise gibt es für jede unidirektionale Verbindung unterschiedliche Schlüssel.

Bis zu dieser Stelle wurden die Sicherheitsziele Vertraulichkeit (nur ESP) und Authentizität der Daten (ESP und AH) umgesetzt. Offen geblieben ist die Authentifizierung der Gegenstellen, welche allerdings keine Aufgabe des IPsec-Protokolls ist. Für die durchaus wichtige Authentifizierung der Gegenstellen ($\Rightarrow$ Mit wem kommuniziere ich eigentlich?) wird ein externes Protokoll wie das *Internet Key Exchange*-Protokoll (IKE) [Kau05, EH06, KHNE10, ETS10, SF13] hinzugezogen, welches die Gegenstellen z. B. mit X.509 Zertifikaten authentifiziert.

Das IKE-Protokoll (Abb. 11.12) ist ein eigenständiger Dienst, der über eine normale UDP-Kommunikation (Port 500) arbeitet. Nachdem die beiden Gegenstellen erfolgreich beidseitig authentifiziert wurden, wird für jede Richtung eine Security Association (SA) generiert und in die jeweiligen SADs geschrieben.

Ein negativer Aspekt an IPsec ist zum einen die Komplexität im Vergleich mit anderen Lösungen. Dies äussert sich durch einen komplexen Aufbau der Datenpakete, der auch Einfluss auf andere Mechanismen hat. Beispielsweise lässt sich IPsec im Transport/AH-Modus nicht ohne weiteres mit NAT betreiben, welches durch das NAT-Routing Änderungen an dem IP-Header vornimmt. Des Weiteren wird die Komplexität von IPsec dadurch erhöht,

---

[3]Man bezeichnet den verwendeten Algorithmus, den Schlüssel und den SPI-Wert als eine *Security Association (SA)*.

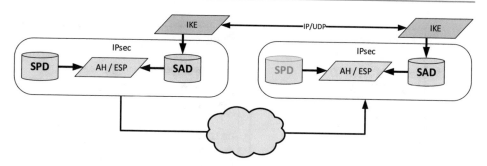

Abb. 11.12 IPsec – Internet Key Exchange (IKE)

dass viele unterschiedliche Lösungen für den Schlüsselaustausch (hier IKE) verfügbar sind, welche zum Teil nicht kompatibel miteinander sind. Für viele Administratoren wären somit VPN-Lösungen interessant, welche die hohe Sicherheit von IPsec bieten und zugleich weniger komplex und einheitlich sind. In Abschn. 11.4 wird eine solche Lösung vorgestellt.

11.4 TLS-basierte VPNs

Virtual-Private-Network-Lösungen auf Basis des TLS-Protokolls gewinnen zunehmend an Verbreitung und Beliebtheit. Durch die Verwendung des Transport-Layer-Security-Protokolls (TLS) wird ein als sehr sicher bekanntes Protokoll verwendet, um VPN-Tunnel aufzubauen. Genau so wie bei HTTPS, der TLS-Variante von HTTP, setzen TLS-basierte VPN-Lösungen auf der Anwendungsschicht (ISO/OSI-Layer 7) an. Dies hat den Vorteil, dass es mit anderen Netzmechanismen, wie NAT, zu keinen Kollisionen kommt.

Eine der bekanntesten VPN-Lösungen mit TLS-Basis ist OpenVPN [OT14], eine relativ einfach zu konfigurierende Lösung, die auf fast allen gängigen Betriebssystemen zur Verfügung steht. Um die Einfachheit der Konfiguration zu unterstreichen, ist eine vollständige Konfiguration für Server und Client in Abb. 11.13 dargestellt.

Diese Konfiguration verwendet für die Authentifizierung von Client und Server X.509 Zertifikate. Die Verschlüsselung und der Integritätsschutz wird mit Hilfe des TLS-Protokolls durchgeführt und lässt sich im Bezug auf die Algorithmen beliebig anpassen. Eine wesentlicher Punkt der Konfiguration ist die Auswahl des Devices (`dev`), bei denen es zwei Möglichkeiten gibt: `tun` und `tap`.

Wird als Device `tun` eingestellt, transportiert OpenVPN alle Protokolle ab der Vermittlungsschicht (ISO/OSI-Layer 3). Durch die Konfiguration eines `tap`-Devices wird das Tunneln von Protokollen auf der Sicherungsschicht (ISO/OSI-Layer 2) möglich, sodass z. B. auch veraltete Protokolle wie IPX durch das Internet getunnelt werden könnten.

Zusätzlich gibt es die Wahl zwischen der Verwendung des UDP oder TCP-Protokolls. An dieser Stelle sollte UDP deutlich bevorzugt werden, weil es keine Mechanismen für

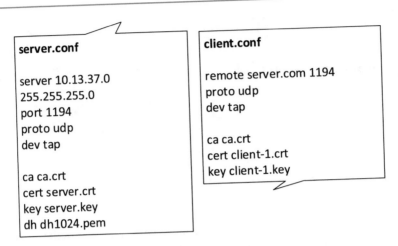

server.conf

server 10.13.37.0
255.255.255.0
port 1194
proto udp
dev tap

ca ca.crt
cert server.crt
key server.key
dh dh1024.pem

client.conf

remote server.com 1194
proto udp
dev tap

ca ca.crt
cert client-1.crt
key client-1.key

Abb. 11.13 Einfache OpenVPN-Konfiguration

Congestion Control anbietet, die mit den transportierten Protokollen innerhalb des Tunnels kollidieren könnten. Bei der Verwendung von TCP treten möglicherweise Probleme bei Paketverlusten auf, wenn innerhalb des Tunnels ebenfalls ein TCP-Paket übertragen wird, denn beide Protokolle würden versuchen, die Paketverluste auszugleichen.

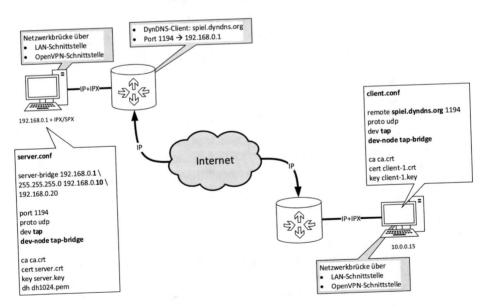

Abb. 11.14 VPN-Setup für ein IPX-Multiplayerspiel

Abb. 11.14 zeigt den Einsatz von OpenVPN in einem Szenario, wo das IPX-Protokoll durch das Internet getunnelt werden muss. Hierbei ist zu beachten, dass bei Heimanschlüssen – z. B. mit DSL-Router oder Kabel-Router – in der Regel dynamische IP-Adressen im Einsatz sind (oftmals Wechsel der Adresse nach 24 h). Als Lösung bietet sich ein dynamischer DNS-Dienst an, der die aktuell eingewählte IP-Adresse mit einem Domainnamen verknüpft, sodass andere auf diese Adresse zugreifen können. Darüber hinaus ist eine Weiterleitung des VPN-Verkehrs zu der VPN-Software auf den Endgeräten (Portweiterleitung bzw. DNAT im Router) obligatorisch.

Als Zusammenfassung der Eigenschaften von TLS-basierten Lösungen am Beispiel von OpenVPN lässt sich festhalten, dass durch die Verwendung von TLS ein hohes Sicherheitsniveau erreicht wird und durch den einfachen Aufbau der Pakete eine schnelle und reibungslose VPN-Lösung geschaffen wurde, die durchaus in Konkurrenz mit den etablierten Lösungen PPP und IPsec treten kann.

Literatur

[Sim94]   W. Simpson. The Point-to-Point Protocol (PPP). RFC 1661 (INTERNET STANDARD), July 1994. Updated by RFC 2153.

[Sim97]   W. Simpson. PPP Vendor Extensions. RFC 2153 (Informational), May 1997. Updated by RFCs 5342, 7042.

[3rd08]   D. Eastlake 3rd. IANA Considerations and IETF Protocol Usage for IEEE 802 Parameters. RFC 5342 (Best Current Practice), September 2008. Obsoleted by RFC 7042.

[rA13]   D. Eastlake 3rd and J. Abley. IANA Considerations and IETF Protocol and Documentation Usage for IEEE 802 Parameters. RFC 7042 (Best Current Practice), October 2013.

[LS92]   B. Lloyd and W. Simpson. PPP Authentication Protocols. RFC 1334 (Proposed Standard), October 1992. Obsoleted by RFC 1994.

[Sim96]   W. Simpson. PPP Challenge Handshake Authentication Protocol (CHAP). RFC 1994 (Draft Standard), August 1996. Updated by RFC 2484.

[Zor00]   G. Zorn. Microsoft PPP CHAP Extensions, Version 2. RFC 2759 (Informational), January 2000.

[MLE+99] L. Mamakos, K. Lidl, J. Evarts, D. Carrel, D. Simone, and R. Wheeler. A Method for Transmitting PPP Over Ethernet (PPPoE). RFC 2516 (Informational), February 1999.

[GKL+98] G. Gross, M. Kaycee, A. Li, A. Malis, and J. Stephens. PPP Over AAL5. RFC 2364 (Proposed Standard), July 1998.

[PZ01]   G. Pall and G. Zorn. Microsoft Point-To-Point Encryption (MPPE) Protocol. RFC 3078 (Informational), March 2001.

[Zor01]   G. Zorn. Deriving Keys for use with Microsoft Point-to-Point Encryption (MPPE). RFC 3079 (Informational), March 2001.

[KA98]   S. Kent and R. Atkinson. Security Architecture for the Internet Protocol. RFC 2401 (Proposed Standard), November 1998. Obsoleted by RFC 4301, updated by RFC 3168.

[RFB01]   K. Ramakrishnan, S. Floyd, and D. Black. The Addition of Explicit Congestion Notification (ECN) to IP. RFC 3168 (Proposed Standard), September 2001. Updated by RFCs 4301, 6040.

[Mea02]   M. Mealling. Dynamic Delegation Discovery System (DDDS) Part One: The Comprehensive DDDS. RFC 3401 (Informational), October 2002.

[Bri10]   B. Briscoe. Tunnelling of Explicit Congestion Notification. RFC 6040 (Proposed Stan-
             dard), November 2010.

[Kau05]   C. Kaufman. Internet Key Exchange (IKEv2) Protocol. RFC 4306 (Proposed Standard),
             December 2005. Obsoleted by RFC 5996, updated by RFC 5282.

[EH06]   P. Eronen and P. Hoffman. IKEv2 Clarifications and Implementation Guidelines. RFC
             4718 (Informational), October 2006. Obsoleted by RFC 5996.

[KHNE10]   C. Kaufman, P. Hoffman, Y. Nir, and P. Eronen. Internet Key Exchange Protocol Version
             2 (IKEv2). RFC 5996 (Proposed Standard), September 2010. Updated by RFCs 5998,
             6989.

[ETS10]   P. Eronen, H. Tschofenig, and Y. Sheffer. An Extension for EAP-Only Authentication
             in IKEv2. RFC 5998 (Proposed Standard), September 2010.

[SF13]   Y. Sheffer and S. Fluhrer. Additional Diffie-Hellman Tests for the Internet Key Exchange
             Protocol Version 2 (IKEv2). RFC 6989 (Proposed Standard), July 2013.

[OT14]   Inc. OpenVPN Technologies. Openvpn webseite, 2014. http://openvpn.net.

Sicherheit in Computernetzen

12

Die Sicherheit von Computernetzen, vor allem die Sicherheit im Internet, ist heute ein großes Thema. Berichte über Angriffe und Skandale im Bereich der IT-Sicherheit häufen sich und sind fast pausenlos in den Medien vertreten. In den nächsten Abschnitten gibt es zunächst eine Abgrenzung des Sicherheitsbegriffs (Abschn. 12.1), Angriffsmöglichkeiten auf der logischen Netzebene (Abschn. 12.2) und eine kurze Einführung in Firewalls in Abschn. 12.3.

12.1 Abgrenzung

Man unterteilt den Begriff IT-Sicherheit im Zusammenhang mit Computersystemen grundsätzlich in zwei Unterbegriffe: *Netzsicherheit* und *Anwendungssicherheit*.

Netzsicherheit bezieht sich dabei auf die Sicherheit der kommunizierten Daten durch das Netz. Darunter fallen neben den Sicherheitseigenschaften der Header einzelner Protokolle auch die Verschlüsselung bzw. Absicherung der Daten und die Kommunikationsinfrastruktur selbst, welche z. B. durch (Distributed)-Denial-of-Service-Angriffe beeinträchtigt werden kann.

Unter Anwendungssicherheit fällt die Sicherheit der Implementierungen auf den Endsystemen. Hier reicht die Definition von grundlegenden Softwarekomponenten, wie dem Netzwerkstack über fehlerhaft programmierte C-Anwendungen bis hin zu angreifbaren Web-Applikationen. Eine Kommunikationsschnittstelle ist nicht dringend notwendig, sodass sich der Begriff Anwendungssicherheit auch auf lokale Anwendungen beziehen kann.

© Der/die Herausgeber bzw. der/die Autor(en), exklusiv lizenziert durch Springer Fachmedien Wiesbaden GmbH, ein Teil von Springer Nature 2020
P.-B. Bök et al., *Computernetze und Internet of Things*,
https://doi.org/10.1007/978-3-658-29409-0_12

12.2   Angriffsmöglichkeiten auf der logischen Netzebene

Auf der logischen Netzebene gibt es eine Vielzahl von Möglichkeiten, um Endgeräte anzu-greifen. Dabei gibt es unterschiedliche Zielsetzungen, wie das Abhören oder Manipulieren der Netzkommunikation oder das aktive Stören von Diensten (Denial of Service).

Das Abhören von Netzkommunikation ist grundsätzlich ein *passiver* Angriff, bei dem der Angreifer keine Daten versenden muss. Hört der Angreifer in einem Broadcastmedium (z. B. Wireless LAN oder LAN mit Hub) die Kommunikation anderer Endgeräte ab, lässt sich dieses nicht feststellen, da von dem Angreifer keine Kommunikation ausgeht.

Wenn das Netz kein Broadcastmedium ist, z. B. ein übliches LAN mit einem Switch als Koppelelement, kann ein Angreifer nicht ohne Weiteres Abhören. Jedoch gibt es auch hier Möglichkeiten, die über ein Umleiten der fremden Kommunikation über das Endgerät des Angreifers führen. Mit diesem Schritt wird jedoch aus dem vormals passiven Angriff ein *aktiver* Angriff, der von anderen Netzteilnehmern potentiell bemerkt werden kann. Für das Umleiten der Kommunikation gibt es verschiedene Methoden, z. B. *ARP-Spoofing* (das Fälschen von ARP-Nachrichten), *ICMP-Redirect* oder *BPDU-Spoofing* (STP-Protokoll).

Der praktikabelste Angriff ist hier das ARP-Spoofing oder ARP-Poisoning, welches rela-tiv einfach realisierbar ist und eine gute Erfolgswahrscheinlichkeit aufweist. Der Angreifer versendet ein ARP-Request, wobei als Sender-IP-Adresse die IP-Adresse eines abzuhö-renden Hosts und als Sender-MAC-Adresse die MAC-Adresse des Angreifers eingetragen wird. Dadurch wird in den ARP-Tabellen der umliegenden Hosts der Eintrag für den abzu-hörenden Host mit der MAC-Adresse des Angreifers überschrieben. Daraus folgt, dass eine Kommunikation mit dem abzuhörenden Host zum Angreifer umgeleitet wird, welcher die Kommunikation nach dem Abhören oder Manipulieren an den richtigen Host weiterleiten kann.

Für IPv6 lässt sich derselbe Angriff mit dem NDP-Protokoll (NDP-Spoofing) realisieren.

Gelingt einem Angreifer das Umleiten der Kommunikation über sich selbst, ist natürlich nicht nur das Abhören, sondern auch das Manipulieren oder Unterbrechen der Kommunika-tion möglich. Somit lässt sich hiermit auch ein Denial of Service (DoS) realisieren. Andere Möglichkeiten für Denial of Service sind das Auslasten der Bandbreite eines Endgeräts (z. B. Flooding mit ICMP oder UDP-Paketen), das Auslasten von Ressourcen (z. B. SYN-Flooding[1]) oder das Ausnutzen von Implementierungsfehlern (z. B. Ping of Death nutzte Implementierungsfehler im IP-Stack von Windows aus).

---

[1] Der Angreifer startet einen TCP-Verbindungsaufbau (SYN) mit dem Opfer, sendet jedoch niemals ein abschließendes ACK. Das Opfer erhält so viele halboffene Verbindungen (es gibt nur 65536 Portnummern), dass eine neue Verbindung nicht mehr aufgebaut werden kann.

12.3   Firewall

Firewalls bieten eine Möglichkeit, die Sicherheit eines Netzes zu erhöhen, indem Netzkommunikation und im speziellen Angriffe blockiert werden. Man unterscheidet bei Firewalls zwischen Personal Firewalls und Firewalls auf einer dedizierten Hardware.

Eine *Personal Firewall (PFW)* ist auf dem Endgerät selbst installiert und ermöglicht es, *ausgehende* und *eingehende* Verbindungen zu blockieren. Bei den ausgehenden Verbindungen wird dies in der Regel prozessbasiert durchgeführt, sodass es oft eine Liste von Prozessen gibt, die kommunizieren bzw. nicht kommunizieren dürfen. Dadurch lässt sich unter Umständen die Kommunikation von Malware reglementieren, falls diese keinen Weg an der Firewall vorbei findet. Eingehende Kommunikation lässt sich mit einer PFW ebenfalls regeln, jedoch ist die Funktionsweise in diesem Fall dadurch eingeschränkt, dass die PFW auf dem Endgerät selbst installiert ist. Die meisten DoS-Angriffe lassen sich somit nicht bekämpfen. Weiterhin gibt es für einen Angreifer nach dem Überwinden der PFW in der Regel keine weiteren Hürden, um das System zu kompromittieren. Abb. 12.1 stellt die Funktionsweise einer Personal Firewall dar.

Eine *Firewall auf dedizierter Hardware* unterscheidet sich in einigen Punkten von einer Personal Firewall. Für gewöhnlich arbeitet so eine eigenständige Firewall als reiner Paketfilter, d. h. die Firewall kann auf verschiedenen ISO/OSI-Ebenen (z. B. Quell-MAC, Ziel-IP, Ziel TCP-Port, Webseite im HTTP-Request etc.) in die eingehenden und ausgehenden Netzpakete hineinsehen und das Datenpaket anhand unterschiedlicher Kriterien verschiedenen Filterzielen zuordnen. Die folgenden *Filterziele* stehen in den meisten Paketfiltern zur Verfügung:

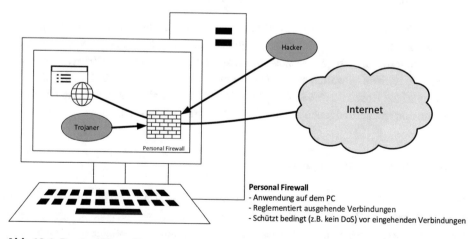

Abb. 12.1 Personal Firewall

- *ACCEPT* – die Kommunikation wird zugelassen.
- *DROP* – die Kommunikation wird direkt verworfen.
- *REJECT* – die Kommunikation wird verworfen, jedoch sendet die Firewall eine Fehlermeldung an den Absender.
  - *TCP Paket:* TCP-Paket mit *RST-Flag.*
  - *andere Pakete:* ICMP-Paket mit *Destination Unreachable* Type.

Außerdem unterscheidet man bei Firewalls verschiedene Konfigurationsansätze. Zum einen gibt es den *Whitelist*-Ansatz, bei dem erlaubte Dienste (ACCEPT) explizit konfiguriert werden und der Rest verboten (DROP/REJECT) wird. Zum anderen ist auch ein *Blacklist*-Ansatz möglich, bei dem grundsätzlich alles erlaubt (ACCEPT) ist, jedoch spezielle Dienste explizit verboten (DROP/REJECT) werden. Die höhere Sicherheit bietet der Whitelist-Ansatz, denn hier führt eine Fehlkonfiguration nicht direkt dazu, dass ein angreifbarer Dienst zugreifbar ist.

Firewalls werden mit Regelsätzen konfiguriert, die üblicherweise von oben nach unten ausgewertet werden. Eine Regel enthält wenigstens die folgenden Parameter:

```
PROTO Protocol FROM IP:Port TO IP:Port FILTERZIEL
```

Eine beispielhafte Firewallkonfiguration nach dem Whitelist-Ansatz:

```
DEFAULT DROP
PROTO tcp FROM 192.168.0.1:* TO 192.168.0.3:80 DROP
PROTO tcp FROM *:* TO 192.168.0.3:80 ACCEPT
PROTO udp FROM *:* TO 192.168.0.3:53 ACCEPT
```

Die Defaultregel (DEFAULT DROP) sagt aus, dass jegliche Kommunikation, auf die keine Filterregel zutrifft, dem Filterziel DROP zugeführt wird. Diese Regel darf über oder unter der Konfiguration stehen, wird jedoch stets zuletzt ausgewertet. Die anderen Regeln werden der Reihenfolge nach ausgewertet, sodass in diesem Fall der Zugriff von 192.168.0.1 auf TCP-Port 80 (an Host 192.168.0.3) blockiert wird, aber alle anderen zugreifen dürfen. Weiterhin dürfen alle Endgeräte auf den UDP-Zielport 53 (DNS) zugreifen.

12.3.1 Einsatzszenarien von Firewalls

In Abb. 12.2 ist ein Firewall-Szenario mit drei Zonen (DMZ, LAN und Internet) dargestellt. Die demilitarisierte Zone (DMZ) ist ein Netz, welches geringeren Sicherheitsansprüchen genügt und daher von dem lokalen Netz explizit getrennt ist. Üblicherweise steht z.B. ein Webserver, der aus dem Internet zugreifbar ist, in der DMZ. Falls ein Angreifer den Webserver übernehmen konnte, muss zunächst die Firewall überwunden werden, bis ein Zugriff auf wichtige Daten in dem lokalen Netz möglich ist.

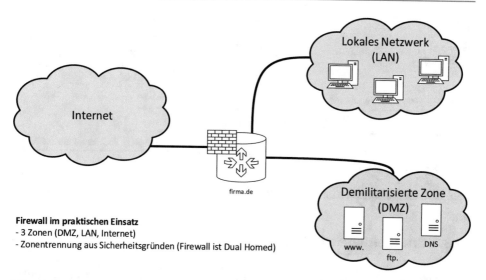

Abb. 12.2 Netzaufbau mit Firewall

Hinweis

Um die Sicherheit weiter zu erhöhen, empfiehlt der IT-Grundschutzkatalog [fSidIB14] des Bundesamtes für Sicherheit in der Informationstechnik (BSI), dass in einer Konfiguration mit LAN und DMZ eine äußere und eine innere Firewall zum Einsatz kommen. Diese sollen wie in Abb. 12.3 angeordnet werden. Durch eine zweistufige Firewallkonfiguration müsste ein Angreifer zusätzlich noch eine innere Firewall auf getrennter Hardware übernehmen, bevor ein Zugriff auf das LAN möglich ist.

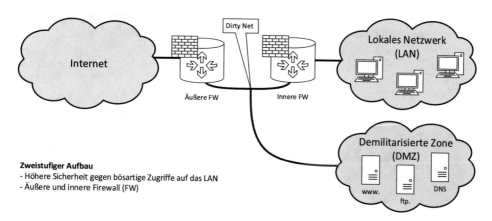

Abb. 12.3 Empfohlener Netzaufbau mit zwei Firewalls

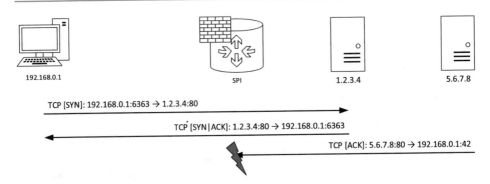

Abb. 12.4 Firewall mit Stateful Packet Inspection (SPI)

12.3.2 Erweiterungen für Firewalls

Die Standardfunktionalität von Paketfiltern kann durch gewisse Module erweitert werden. Sehr häufig kommt das *Stateful-Packet-Inspection*-Modul (SPI) zum Einsatz, welches für ausgegangene Netzpakete automatisch den Rückweg freischaltet (siehe Abb. 12.4). Alle anderen Pakete, die nicht zuvor ausgegangen sind und für die keine anderen Firewallregeln zutreffen, werden verworfen.

Darüber hinaus gibt es spezielle *Connection-Tracking*-Module, die in eine Kommunikation hineinsehen und neben dem Rückweg (über SPI) weitere Kommunikationswege freischalten. Damit aktives FTP (Abschn. 13.2.2) mit einer Firewall funktioniert, ist so ein Modul notwendig.

Literatur

[fSidIB14] Bundesamt für Sicherheit in der Informationstechnik (BSI). It-grundschutz, 2014. https:// www.bsi.bund.de/DE/Themen/ITGrundschutz/itgrundschutz_node.html.

Kommunikation auf Anwendungsebene

13

Mit der Kommunikation auf Anwendungsebene ist die netzunabhängige Kommunikation von mindestens zwei Anwendungsprozessen gemeint, welche von der Anwendungsschicht des ISO/OSI-Referenzmodells (siehe Abb. 13.1) umgesetzt wird. Die Adressierung von Elementen sowie die Ermöglichung verbindungsloser und verbindungsorientierter Kommunikation verschiedener Anwendungsinstanzen wird bereits durch die Protokolle der darunter liegenden Schichten sichergestellt, sodass diese als Dienst für die Anwendungsebene bereitstehen.

Nach Erläuterung der Codierung von Daten erfolgt eine zusammenfassende Beschreibung ausgewählter Protokolle der Anwendungsschicht, um einige generelle Prinzipien zu veranschaulichen. Abschließend wird die Sicherheit von Protokollen und Anwendungen diskutiert.

13.1 Codierung von Daten

Für den Transport von Daten gibt es eine Reihe von Möglichkeiten der Codierung auf der Anwendungsebene. Auf der Anwendungsebene geht es nicht um die Codierung von Bits oder der Wahl verschiedener ASCII-Codeseiten, sondern um das Format, wie die Daten innerhalb der Netzpakete angeordnet sind. In den folgenden Abschn. 13.1.1, 13.1.2 und 13.1.3 werden drei Möglichkeiten vorgestellt, die die Codierung der Daten unterstützen.

13.1.1 Internet Media Type (MIME)

Das Akronym *MIME* bedeutet ausformuliert *Multipurpose Internet Mail Extensions* und wurde ursprünglich für den Einsatz in E-Mails entwickelt, ist allerdings auch bei der

© Der/die Herausgeber bzw. der/die Autor(en), exklusiv lizenziert durch Springer
Fachmedien Wiesbaden GmbH, ein Teil von Springer Nature 2020
P.-B. Bök et al., *Computernetze und Internet of Things*,
https://doi.org/10.1007/978-3-658-29409-0_13

Abb. 13.1 ISO/OSI-
Referenzmodell

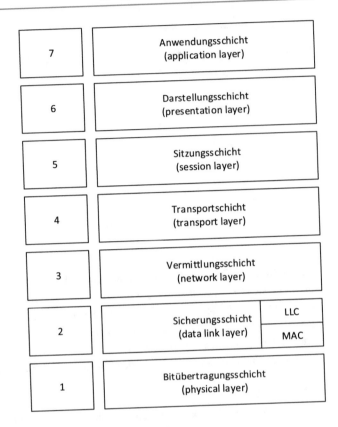

7	Anwendungsschicht (application layer)
6	Darstellungsschicht (presentation layer)
5	Sitzungsschicht (session layer)
4	Transportschicht (transport layer)
3	Vermittlungsschicht (network layer)
2	Sicherungsschicht (data link layer) — LLC / MAC
1	Bitübertragungsschicht (physical layer)

Kommunikation mit HTTP unabdingbar. Definiert wird MIME in den RFCs [Sir88, FB96, FM97, YSF12] der Internet Engineering Task Force (IETF).

▶ **Wichtig** Durch einen MIME-Typen wird der Inhalt von Daten beschrieben, beispielsweise gibt es definierte MIME-Typen für Audio, Video oder Text. Mit der Definition verschiedener MIME- oder Content-Typen wird die Codierung der Daten auf Anwendungsebene stark erleichtert, weil der jeweilige Empfänger darüber in Kenntnis gesetzt wird, welche Daten auf welche Weise auszuwerten sind.

13.1.2 XML

Die Extensible Markup Language (XML) definiert den kompletten Aufbau von Daten als hierarchisches Textdokument. Bereits seit dem Jahr 1998 gibt es einen Standard für XML, der von dem World Wide Web Consortium (W3C) veröffentlicht wurde. Die Syntax ist hierbei ähnlich zu HTML.

Abb. 13.2 XML-Beispiel

```
<?xml version="1.0" standalone="yes"?>
<communication>
    <sender>Hallo Welt</sender>
</communication>
```

Ein großer Vorteil von XML ist, dass es sehr leicht und eindeutig interpretiert werden kann. Mit XML ist es also möglich, ein Format zu entwickeln, das von vielen Anwendungen und Systemen interpretiert werden kann, ohne zusätzlichen Entwicklungsaufwand betreiben zu müssen. Dies wird erreicht durch XML-Parser Module, welche für fast alle Programmiersprachen verfügbar sind und sich leicht einbinden lassen.

Abb. 13.2 zeigt ein einfaches Beispiel eines XML-Dokuments, welches in dieser Form zum Transport von Daten verwendet werden kann.

Durch den hierarchischen Aufbau des XML-Dokuments ist es sehr leicht, komplexe Strukturen abzubilden. Auch binäre Daten können in XML eingebunden werden, diese werden jedoch zuvor mit BASE64 kodiert.

Insgesamt eignet sich XML mit einer sehr ausführlichen und von Menschen lesbaren Beschreibung der Struktur der XML-Kommunikation hervorragend für die Implementierung von Anwendungen, da Fehler bei der Übertragung leicht zu identifizieren sind. Auf der anderen Seite kann die ausführliche Beschreibung zum Nachteil werden, wenn es um effiziente Datenübertragungsprotokolle geht. Es ist zwar grundsätzlich möglich, XML-Daten zu komprimieren, jedoch sind durch die Übertragung der vollständigen Struktur sehr viele überflüssige Informationen enthalten, wenn die Struktur der Daten vorab bekannt ist.

13.1.3 TLV

Tag Length Value (TLV) ist ein Prinzip für den Aufbau von Kommunikationsnachrichten. Ein Datum innerhalb einer Nachricht besteht hierbei immer aus drei verschiedenen Feldern:

1. *Tag:* Beschreibung des Typs oder der Bedeutung der nachfolgenden Daten
2. *Length:* Die Länge der Daten, damit der Parser weiß, an welcher Stelle das nächste Datum im TLV-Format beginnt.
3. *Value:* Die eigentlichen Daten, deren Bedeutung in Tag und deren Länge in Length festgelegt wurde.

Im Bezug auf die Effizienz hat TLV gegenüber den anderen Möglichkeiten den Vorteil, dass es binär kodiert werden kann. Wenn es beispielsweise nur acht verschiedene Tags gibt, kann die Länge des Tag-Feldes auf 3 Bit beschränkt werden. Gleiches gilt für das Length-Feld, welches ebenso über eine definierbare feste Länge verfügt.

TLV eignet sich für Anwendungsfälle, in denen es auf die Effizienz der Übertragung ankommt oder bei denen es nicht ohne weiteres möglich ist, XML einzusetzen. Klassische Anwendungen sind also hocheffiziente Übertragungsprotokolle oder Anwendungen auf Embedded Systems.

13.2   Ausgewählte Protokolle

In diesem Kapitel werden die folgenden Protokolle zusammenfassend erläutert:

- Hypertext Transfer Protocol (HTTP)
- File Transfer Protocol (FTP)
- Simple Mail Transfer Protocol (SMTP)
- Post Office Protocol Version 3 (POP3)
- Internet Message Access Protocol (IMAP)
- Session Initiation Protocol (SIP)
- Real-Time Transport Protocol (RTP)

Der Fokus bei der Beschreibung der Protokolle liegt nicht in der detaillierten Erläuterung aller Teilschritte und Sonderfälle, die in den entsprechenden RFCs nachgelesen werden können, sondern auf der Beschreibung der Ablaufprinzipien der Protokolle und damit einerseits dem Zusammenhang mit dem genutzten Computernetz und andererseits dem Zusammenhang mit der nutzenden Anwendung.

13.2.1 Web-Browsing via HTTP

Mit *HTTP* wird das *Hypertext Transfer Protocol* abgekürzt, welches für die Kommunikation von Daten im *World Wide Web (WWW)* verwendet wird. Der hauptsächliche Einsatzzweck ist das Übertragen von Webseiten zwischen einem Webserver und einem Webbrowser. Webseiten enthalten normale Texte, multimediale Inhalte, wie Bilder oder Scripte, und werden meistens in der *Hypertext Markup Language (HTML)* formuliert. Zusätzlich zu den eigentlichen Daten werden Metadaten für die Darstellung, Kodierung und das Verhalten der beiden Kommunikationsteilnehmer übertragen.

Das HTTP Protokoll liegt derzeit in Standard 2 vor und wurde als HTTP/1.0 erstmals im Jahr 1996 spezifiziert [BLFF96]. Seit der ersten Spezifikation gab es 1999 [FGM+99] und 2014 [FR14c, FR14d, FR14b, FLR14, FNR14, FR14a] einige Überarbeitungen am HTTP-Standard. HTTP soll Daten zuverlässig übertragen und verwendet als Transportprotokoll TCP mit der Portnummer 80 (alternativ 8080) auf der Webserverseite. Die Kommunikation des HTTP-Protokolls besteht aus englischen Textnachrichten und ist mit Ausnahme der

```
GET / HTTP/1.1
Host: www.testseite.de
Connection: keep-alive
Cache-Control: max-age=0
User-Agent: Mozilla/5.0 (X11; Linux x86_64) AppleWebKit/535.1 (KHTML, like Gecko) Chrome/14.0.835.163 Safari/535.1
Accept: text/html,application/xhtml+xml,application/xml;q=0.9,*/*;q=0.8
Accept-Encoding: gzip,deflate,sdch
Accept-Language: de-DE,de;q=0.8,en-US;q=0.6,en;q=0.4
Accept-Charset: ISO-8859-1,utf-8;q=0.7,*;q=0.3

HTTP/1.1 403 Access Forbidden
Server: Microsoft-IIS/5.0
Date: Fri, 23 Sep 2011 18:09:06 GMT
Connection: close
Content-Type: text/html
Content-Length: 172

<html><head><title>Directory Listing Denied</title></head>
<body><h1>Directory Listing Denied</h1>This Virtual Directory does not allow contents to be listed.</body></html>
```

Abb. 13.3 Screenshot von Wireshark [Fou19] (HTTP/Follow TCP-Stream)

Übertragung von Binärdaten (z. B. Grafikdateien) menschenlesbar, was die Fehleranalyse deutlich beschleunigt.

In Abb. 13.3 ist der Nachrichtenaustausch zwischen einem Webbrowser und einem Webserver zu sehen. HTTP arbeitet zustandslos, d. h. eine Kommunikation besteht immer aus zwei Nachrichten:

1. *Anfrage* an den Webserver
2. *Antwort* von dem Webserver

Der Webserver bietet keine Möglichkeit, ohne vorherige Anfrage Daten zu senden. Weiterhin speichert der Webserver keine Informationen über zurückliegende Kommunikation mit einem Webbrowser, jedes Frage-Antwort-Paar ist unabhängig voneinander.

Manchmal ist es jedoch gewünscht, dass ein Webserver Daten ohne Anfrage sendet (z. B. Chat) oder Informationen über zurückliegende Kommunikation speichert (z. B. Anmeldung mit Benutzername und Passwort oder das Befüllen eines Warenkorbs). Beides ist heute umsetzbar, wird jedoch innerhalb der Webanwendung realisiert und verwendet weiterhin das Frage-Antwort-Prinzip von HTTP.

Übliche Anfragen an einen Webserver werden mit den Kommandos *GET, POST* oder *HEAD* eingeleitet, welche Daten von einem Webserver abfragen.

- Abfrage von Informationen xyz vom Webserver: GET xyz HTTP/1.1
- Antwort mit HTTP-Statuscode und Daten, z. B. HTTP/1.1 200 OK

Der Webserver antwortet auf eine Anfrage stets mit einem Statuscode und einer Klartextmeldung. Hierbei sind die Statuscodes in verschiedene Kategorien unterteilt: *1xx = Informationen, 2xx = Erfolg, 3xx = Umleitung, 4xx = Clientfehler, 5xx = Serverfehler.* Beispiele für Antworten des Webservers sind:

- `HTTP/1.1 200 OK`
  Alles in Ordnung, die angeforderten Daten folgen.
- `HTTP/1.1 403 Access Forbidden`
  Auf diese Daten darf nicht zugegriffen werden.
- `HTTP/1.1 404 Not Found`
  Die angeforderten Daten wurden auf dem Webserver nicht gefunden.

Webserver versenden ihre Daten kodiert als ASCII-Werte. Bei der Übertragung von HTML-Dokumenten sind in der Regel alle Zeichen kodierbar, allerdings kann es bei der Übertragung von Binärdaten, wie Grafikdateien, zu Problemen kommen, denn hier können auch nicht druckbare Zeichen enthalten sein. Damit Binärdaten über HTTP übertragen werden können, werden die Binärdaten vorher BASE64 kodiert [Jos06], welches eine 6-Bit-pro-Byte-Kodierung der ursprünglichen 8 Bit pro Byte erzeugt. Hierdurch werden die übertragenen Binärdaten um ungefähr den Faktor $\frac{4}{3}$ größer, können jedoch auch auf allen Systemen problemlos empfangen und dargestellt werden. Beispiel einer BASE64-Kodierung:

ASCII (10 Zeichen) BASE64 (16 Zeichen)

`Hallo Welt     SGFsbG8gV2VsdA==`

An dieser Stelle ist es wichtig anzumerken, dass BASE64 keine Verschlüsselung ist und insofern keinen Schutz vor dem Abhören bietet.

Webseiten, die lediglich statische HTML-Daten anzeigen, sind heute sehr selten geworden. Viele Dienste im Internet generieren dynamische Webseiten, die ihre Daten abhängig von den Eingaben der Benutzer aufbereiten und als HTML-Dokument darstellen. Man spricht von einer Webanwendung, die auf der Seite des Webservers in Sprachen wie PHP oder JSP vorliegt und oftmals eine Datenbankanbindung (z. B. MySQL) hat. Wenn der Benutzer Informationen an den Webserver senden möchte, z. B. das Aufnehmen eines Artikels in den Warenkorb, ermöglicht HTTP dies mit zwei unterschiedlichen Kommandos: *GET* und *POST*.

Die Übertragung der Benutzerdaten an den Webserver wird im Fall von GET in der aufgerufenen URL kodiert, z. B.

`GET /kontostand.php?KtoNr=12345&Pin=1337 HTTP/1.1.`

Bei POST werden die Parameter innerhalb der Anfragenachricht gespeichert, nicht in der URL. Änderungen der URL im Webbrowser weisen den Benutzer darauf hin, dass eine Webseite mit GET anstatt mit POST arbeitet.

Webseiten können mit HTTP nur unsicher übertragen werden. Für eine sichere Übertragung von Webseiten wird das HTTPS-Protokoll verwendet, welches den TCP-Port 443 verwendet. HTTPS ist die Erweiterung von HTTP mit dem TLS-Protokoll, welches den Webserver (und optional den Webbrowser) authentifiziert und sich um eine verschlüsselte und integritätsgeschützte Übertragung kümmert. Nach dem Aufbau der TCP-Verbindung zwischen dem Browser und dem Webserver wird zunächst der TLS-Verbindungsaufbau durchgeführt und daraufhin die nachfolgende normale HTTP-Kommunikation durch den sicheren TLS-Tunnel geleitet. Eine sichere HTTPS-Verbindung erkennt der Benutzer an dem `https://` in der URL und dem Bild eines Vorhängeschlosses neben der Adresszeile im Webbrowser.

13.2.2 Dateiübertragung via FTP

Das File Transfer Protocol *FTP* ermöglicht die effiziente Übertragung großer Datenmengen zwischen zwei Systemen. Im Vergleich zu HTTP wird FTP nicht für die Übertragung von Webseiten verwendet, sondern primär für Dateien jeglicher Art zwischen einem FTP-Server, der als Datei-Server fungiert, und einem FTP-Client, der notwendig ist, um über FTP auf die Dateien zuzugreifen bzw. bidirektional zu übertragen. FTP wurde in [PR85] spezifiziert und in verschiedenen weiteren Spezifikationen um Sicherheitsaspekte [Bel94, HL97], IPv6-Unterstützung [AOM98] und einer Aktualisierung in Bezug auf die verwendeten Zeichensätze [Cur99] ergänzt. Darüber hinaus existieren weitere Derivate des Protokolls, die unterschiedliche Verbesserungen einbringen bzw. einen leicht abgewandelten Fokus oder Verwendungszweck haben.

FTP soll eine zuverlässige und effiziente Übertragung von Dateien ermöglichen und verwendet als Transportprotokoll TCP. Die verwendeten Ports unterscheiden sich in Abhängigkeit davon, ob das aktive oder das passive FTP verwendet wird. FTP arbeitet mit zwei parallelen Verbindungen: Einer Verbindung zur Übertragung von Kommandos zwischen FTP-Client und FTP-Server und einer Verbindung (CONTROL), über die in Abhängigkeit der Kommandos die Daten übertragen werden (DATA). Der Grund dafür ist, dass auch bei der Übertragung von großen Dateien, die eine gewisse Zeit in Anspruch nimmt, weiterhin Kommandos zwischen FTP-Client und FTP-Server ausgetauscht werden können. Die einzelnen Kommandos sind in [PR85] spezifiziert und hier nicht weiter von Interesse.

Bei aktivem FTP (vgl. Abb. 13.4) ruft der FTP-Client, der selbst – wie üblich – einen zufälligen Source Port wählt, auf dem FTP-Server den Destination Port 21 auf, um eine bidirektionale CONTROL-Verbindung aufzubauen. Diese Verbindung wird für die Übertragung der Kommandos verwendet. Im Anschluss an den Aufbau der CONTROL-Verbindung wird die ebenfalls bidirektionale DATA-Verbindung zwischen einem clientseitig zufällig gewählten Port und dem FTP-Server Port 20 zur Übertragung der Daten geöffnet. Bereits beim Aufbau der CONTROL-Verbindung teilt der FTP-Client dem FTP-Server seinen zufällig gewählten Source Port mit, über den die Daten gesendet und empfangen werden können.

Bei passivem FTP (vgl. Abb. 13.5) ruft der FTP-Client, der selbst – wie üblich – einen zufälligen Source Port wählt, auf dem FTP-Server den Destination Port 21 auf, um eine bidirektionale CONTROL-Verbindung aufzubauen. Diese Verbindung wird für die Übertragung der Kommandos verwendet. Im Anschluss an den Aufbau der CONTROL-Verbindung wird die ebenfalls bidirektionale DATA-Verbindung zwischen einem clientseitig zufällig gewählten Port und einem vom FTP-Server zufällig gewählten Port zur Übertragung der Daten geöffnet. Bereits beim Aufbau der CONTROL-Verbindung teilt der FTP-Server dem

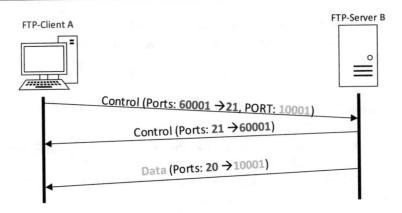

Abb. 13.4 Aktives FTP

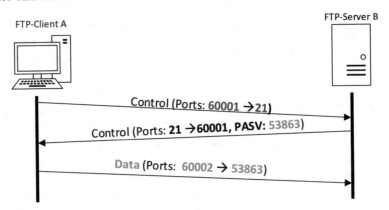

Abb. 13.5 Passives FTP

FTP-Client seinen zufällig gewählten Source Port mit, über den die Daten gesendet und empfangen werden können.

Der Unterschied zwischen aktivem und passivem FTP bezieht sich damit auf den Aufbau der DATA-Verbindung. Bei aktivem FTP kann der FTP-Server eine DATA-Verbindung zum FTP-Client aufbauen. Passives FTP muss somit dann verwendet werden, wenn der FTP-Server keine DATA-Verbindung zum FTP-Client aufbauen kann. Dies ist beispielsweise dann der Fall, wenn der FTP-Client hinter einer Firewall positioniert ist oder NAT aktiv ist. Durch passives FTP wird der FTP-Client in die Lage versetzt, eine DATA-Verbindung zum FTP-Server aufzubauen, wie es auch bei der CONTROL-Verbindung, also der Initiierung der Fall ist.

Die FTP-Übertragung ist nicht verschlüsselt. Ebenso wie für HTTP, existiert jedoch auch für FTP eine Ergänzung (SSH File Transfer Protocol [SFTP]), die eine sichere Übertragung ermöglichen kann.

13.2.3 E-Mail-Verkehr via SMTP, POP3 und IMAP

E-Mails sind elektronische Briefe (Texte & Dateien, z. B. Fotos), die in Sekundenschnelle an das andere Ende der Welt versendet werden können. Die *E-Mail (elektronische Post)* ist ein überaus stark verbreitetes Kommunikationsmittel und der meist genutzte Dienst des Internets.

An der Kommunikation einer E-Mail sind zwei verschiedene Server beteiligt. Zum einen gibt es den versendenden Server, welcher die E-Mail zunächst von dem Benutzer empfängt und dann an den E-Mailserver des Empfängers weiterleitet. Hierbei kommt sowohl für das Empfangen der E-Mail von dem Benutzer als auch für das Weitersenden das *Simple Mail Transfer Protocol (SMTP)* zum Einsatz, welches TCP als Transportprotokoll verwendet und unter der Portnummer 25 erreichbar ist.

Hat die E-Mail den E-Mailserver des Empfängers erreicht, gibt es für den Empfänger zwei verschiedene Möglichkeiten, diese E-Mail von dem Server abzurufen. Entweder kommt das *Post Office Protocol in Version 3 (POP3)* auf TCP-Port 110 zum Einsatz oder das *Internet Message Access Protocol (IMAP)* auf TCP-Port 143. Der gesamte Prozess wird in Abb. 13.6 grafisch veranschaulicht.

Alle drei Protokolle sind von Menschen lesbar und versenden ihre Kommandos als englische Befehle. Dies hat Vor- und Nachteile, denn einerseits können Fehler aufgrund der einfachen Darstellung schnell entdeckt werden, andererseits sind auch vertrauliche Informationen wie das Benutzerpasswort lesbar.

Abb. 13.7 zeigt eine exemplarische Kommunikation mit einem SMTP-Server, wobei die Kommunikation des Servers in Blau und die Kommunikation des Clients in Rot dargestellt wird. In derselben Form stellt Abb. 13.8 das POP3-Protokoll dar, welches für das Abrufen einer E-Mail von einem E-Mailserver zuständig ist.

Das POP3-Protokoll ermöglicht das Herunterladen von E-Mails von einem E-Mailserver, danach können diese offline betrachtet werden. Üblicherweise werden E-Mails nach dem Herunterladen von dem POP3-Server gelöscht, um Speicher zu sparen. Das IMAP-Protokoll

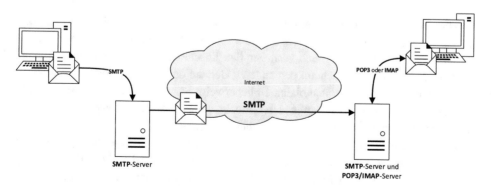

Abb. 13.6 Das Versenden und Abrufen einer E-Mail

```
220 3.mx.freenet.de ESMTP Exim 4.76 Mon,
16 Apr 2014 09:46:35 +0200
EHLO thinkpad.localnet
250-3.mx.freenet.de Hello thinkpad.localnet [12.34.78.10]
250-AUTH LOGIN PLAIN CRAM-MD5
AUTH LOGIN
334 Username:
***Username als BASE64***
334 Password:
***Password als BASE64***
235 Authentication succeeded
MAIL FROM:<absender@freenet.de> SIZE=348
RCPT TO:<andreas.noack@fh-stralsund.de>
DATA
***Daten***
250 OK
QUIT
221 Closing channel
```

Abb. 13.7 SMTP-Protokoll, Port 25/tcp

```
+OK <27747.1334558513@mx.email.de>
USER ***Username bzw. E-Mail-Adresse***
+OK user ok
PASS ***Klartext***
+OK 0 messages (0 octets).
LIST
+OK
1 ***Anzahl Bytes der E-Mail mit Index 1***
.
RETR 1
***E-Mail Inhalt ***
DELE 1
+OK
QUIT
+OK
```

Abb. 13.8 POP3-Protokoll, Port 110/tcp

funktioniert etwas anders: Die E-Mails werden nach dem Herunterladen nicht gelöscht. Dies hat den Vorteil, dass ein Nutzer seine E-Mails von verschiedenen Geräten aus betrachten kann und überall denselben Stand vorliegen hat. Löscht der Benutzer eine E-Mail explizit, wird diese Operation auch auf den anderen Geräten durchgeführt, sodass die Mailbox stets synchron auf allen Geräten bleibt. Üblicherweise hält eine E-Mailsoftware die TCP-Verbindung mit einem IMAP-Server stets aufrecht, wobei E-Mails von einem POP3-Server nur in regelmäßigen (konfigurierbaren) Abständen abgerufen werden.

Für die reibungslose Übertragung von E-Mails ist es wichtig, dass die jeweiligen SMTP-Server die Adressen Ihrer Kommunikationspartner (gemeint sind weitere E-Mailserver) kennen. Dieses Problem wird mit dem DNS-Standard gelöst, denn für jede Domain kann ein MX Ressource Record (*M*ail *EX*change) mit der Adresse des zuständigen SMTP-Servers für den Empfang von E-Mails hinterlegt werden.

Nachfolgend gibt es ein fiktives Beispiel für den Versand und Empfang einer E-Mail. Die Beteiligten sind `Alice` und `Bob`, wobei Alice eine E-Mail an Bob sendet:

1. `Alice <alice@firma.de>` schreibt in ihrer E-Mailsoftware eine Nachricht an `Bob` `<bob@zuhause.de>`.
2. Die E-Mailsoftware baut eine Verbindung zu dem SMTP-Server von `firma.de` auf, welcher nach der Ermittlung des MX-Records von `firma.de` unter `smtp.firma.de` zu erreichen ist.
3. Die E-Mailsoftware authentifiziert sich (Übertragung von Alices Benutzernamen und Passwort) und gibt eine Nachricht an `Bob` `<bob@zuhause.de>` in Auftrag.
4. Alices SMTP-Server ermittelt zunächst die Adresse von Bobs SMTP-Server anhand Bobs E-Mailadresse über das DNS-System: `mx.zuhause.de`.
5. Die E-Mail wird nun von Alices SMTP-Server `smtp.firma.de` an Bobs SMTP-Server `mx.zuhause.de` übertragen.
6. Bob hat in seiner E-Mailsoftware IMAP konfiguriert (`imap.zuhause.de`), welches (nach einer einmaligen Authentifizierung) eine neu eingegangene E-Mail von `Alice` `<alice@firma.de>` registriert und für Bob zur Verfügung stellt.

Schließlich sollte erwähnt werden, dass es für die Standards SMTP, POP3 und IMAP auch sichere Varianten gibt, die in jedem Fall vorzuziehen sind. Diese Varianten verwenden das SSL- oder TLS-Protokoll, um die Authentifizierung und E-Mailübertragung vor den Augen Dritter zu schützen. Auch bei diesen sicheren Protokollen gibt es noch einmal Unterschiede:

- Bei der SSL-Variante wird für die sichere Übertragung ein anderer TCP-Port verwendet, hier gibt es keinerlei Klartextkommunikation mehr.
  - SMTPS: 465/tcp
  - POP3S: 995/tcp
  - IMAPS: 993/tcp
- In der TLS-Variante wird *derselbe* Port wie für die Klartextkommunikation verwendet und nach dem Verbindungsaufbau mit dem Textkommando STARTTLS oder STLS auf eine gesicherte Verbindung umgestellt.
  - SMTP über TLS: 25/tcp
  - POP3 über TLS: 110/tcp
  - IMAP über TLS: 143/tcp

Beide Varianten sind gleichermaßen sicher, wobei die TLS-Variante zusätzliche Portnummern einsparen kann.

13.2.4 Voice-over-IP via SIP und RTP

Das Session Initiation Protocol *SIP* ermöglicht den Aufbau von Kommunikationsverbindungen zwischen mehreren Teilnehmern und ist in [RSC+02] spezifiziert. Im Vergleich zu HTTP und FTP ist SIP lediglich ein Protokoll einer Reihe von Protokollen, die zusammen eingesetzt werden, um die Sprach- oder Videotelefonie über das Internet Protokoll (IP) (auch: Voice-over-IP (VoIP) und Video-Telephony-over-IP (VToIP) genannt) zu ermöglichen. Im Zusammenhang mit SIP werden primär die folgenden Protokolle eingesetzt:

- Session Description Protocol (SDP)
- Real-Time Transport Protocol (RTP)
- Real-Time Control Protocol (RTCP)

Diese Protokolle gehören zum sogenannten SIP-Protokollstack (vgl. Abb. 13.9), dessen Protokolle verschiedene Aufgaben bei der Sprach- oder Videotelefonie über das Internet-Protokoll (IP) übernehmen.

Ein einfacher Verbindungsaufbau sowie eine abstrakte Darstellung der nachfolgenden Schritte ist in Abb. 13.10 veranschaulicht. Ein User Agent 1 startet über einen SIP-Proxy einen Verbindungsaufbau (INVITE) zu einem User Agent 2. Beide User Agents sind dem SIP-Proxy bekannt. Ein direkter Verbindungsaufbau ohne Registrierungselement ist im Allgemeinen nicht vorgesehen. Der SIP-Proxy meldet dem User Agent 1 zurück, dass er versucht, eine Verbindung für diesen zu User Agent 2 herzustellen (100 Trying), und schickt seinerseits eine Nachricht für den Verbindungsaufbau an User Agent 2 (INVITE). Ist der User Agent 2 generell erreichbar, wird dieser dem SIP-Proxy bestätigen, dass versucht wird, eine Verbindung herzustellen (100 Trying). Gleichzeitig erhält der SIP-Proxy die Mitteilung von User Agent 2, dass der Benutzer benachrichtigt wird, und es *klingelt* (180 Ringing). Diese Nachricht leitet der SIP-Proxy anschließend an User Agent 1 weiter. Letzt genannte Nachricht ist von besonderer Bedeutung, da nach ihrem Eintreffen bei User Agent 1 dessen VoIP/VToIP-Software oder -Gerät beispielsweise das aus der herkömmlichen Telefonie bekannte *Tut-Geräusch* erzeugen kann, das dem Anrufenden signalisiert, dass der Anrufer benachrichtigt wird und versucht wird, eine Verbindung aufzubauen. Sobald User Agent 2

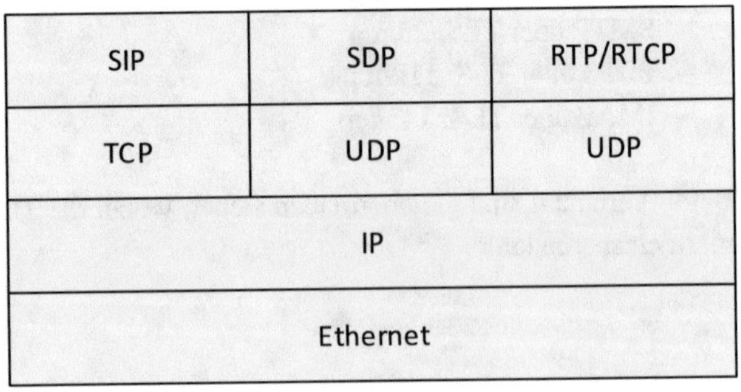

Abb. 13.9 SIP-Protokollstack

SIP	SDP	RTP/RTCP
TCP	UDP	UDP
IP		
Ethernet		

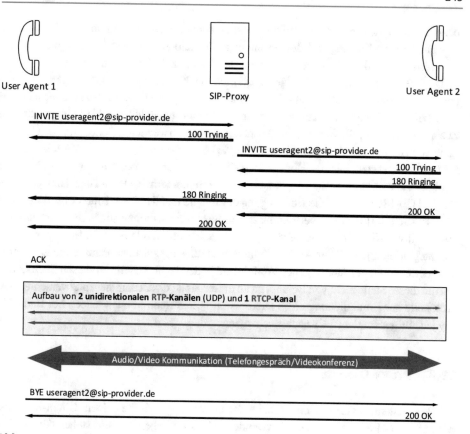

Abb. 13.10 SIP-Verbindungsaufbau

einer Verbindung zustimmt (abnimmt), wird eine Bestätigung an den SIP-Proxy geschickt (200 OK), der diese Nachricht anschließend an den User Agent 1 weiterleitet. Die Verbindung ist damit initialisiert und der Aufbau von zwei unidirektionalen RTP-Kanälen via UDP (Kommunikation zwischen den beiden beteiligten User Agents) sowie eines RTCP-Kontrollkanals kann erfolgen. Der Verbindungsaufbau erfolgt jedoch nicht mehr über den SIP-Proxy hinweg. Dieser ist lediglich für die Initialisierung der Verbindung verantwortlich. Da eine direkte Kommunikation einerseits viel performanter ist, andererseits der SIP-Proxy nicht mit der Weiterleitung von Multimediadaten unnötig belastet werden soll, erfolgt der Aufbau der Kommunikationskanäle zwischen den beiden User Agents. Hier liegt ein hybrides Client-Server/ Peer-to-Peer-Modell der Kommunikationsarchitektur von VoIP/VToIP via SIP zugrunde.

Wurden die genannten Verbindungen ebenfalls initialisiert, können Sprach- oder Videotelefonie zwischen den User Agents stattfinden. Die Aushandlung der Codecs für die Audiound Videodaten sei an dieser Stelle vernachlässigt. Sobald ein User Agent die Verbindung beendet (auflegt), wird eine Nachricht direkt an den anderen User Agent geschickt (in diesem Fall beendet User Agent 1 die Verbindung). Der andere User Agent bestätigt den Erhalt der Nachricht (200 OK) und beendet damit die Kommunikationsverbindungen.

Da SIP keinerlei Voraussetzungen bezüglich der Kodierung von Audio- und Videodaten definiert, müssen diese während der Initialisierungsphase bzw. des Verbindungsaufbaus zwischen den Teilnehmern auf Anwendungsebene ausgehandelt werden. Als Standard in Zusammenhang mit SIP hat sich zur Aushandlung der verwendeten Codecs für die Übertragung von Audio- und Videodaten das in [HJP06] spezifizierte Session Description Protocol (SDP) durchgesetzt. Für die Übertragung der Audio- und Videodaten wird nach einem erfolgreichen Verbindungsaufbau zwischen den Teilnehmern das Real-Time Transport Protocol (RTP) [SCFJ03] für die Übertragung der Inhalte und das Real-Time Control Protocol (RTCP) [SCFJ03] für die Übertragung der Kontrollinformationen sowie die Aushandlung von Quality-of-Service-Parametern eingesetzt. Beide Protokolle besitzen Ergänzungen für die Integration mit SDP zur Aushandlung von sitzungsspezifischen Parametern zur Steuerung der Qualität der übertragenen Audio- und Videodaten. Details zu diesen Protokollen sind an dieser Stelle nicht von Belang, da an dieser Stelle das Zusammenspiel verschiedener Protokolle zur Ermöglichung eines Dienstes im Fokus steht, können jedoch bei Bedarf in den jeweils genannten RFCs nachgeschlagen werden.

13.3 Proxy-Dienste

Ein Proxy ist ein Zwischenelement bei einer Verbindung zwischen einem Client-Host und einem Server-Host. Aufgrund der Verwendung eines Zwischenelements stehen Client-Host und Server-Host nicht mehr in direktem Kontakt zueinander und kontrollieren zudem nicht mehr autonom den vollständigen Kommunikationsablauf. Ein Proxy nimmt aus Sicht des Server-Hosts die Rolle eines Client-Hosts ein und aus Sicht des Client-Hosts die Rolle eines Server-Hosts. Sowohl Client-Host als auch Server-Host kommunizieren ausschließlich über den Proxy miteinander. Dadurch bleiben die eigentlichen Endpunkte der Kommunikation einander verborgen. Vom Prinzip her ist dieses Verfahren ähnlich zu NAT, wobei dort der ursprüngliche Client-Host weiterhin die Kontrolle über die Kommunikation behält. Dies ist bei Verwendung eines Proxys nicht mehr der Fall. Grundsätzlich werden zwei Proxy-Typen unterschieden:

- dedizierter Proxy (auch als Server-Proxy bezeichnet)
- generischer Proxy (auch als Circuit-Level-Proxy bezeichnet)

Ein dedizierter Proxy kann die Kommunikationskontrolle des Clients vollständig übernehmen und somit Verbindungen selbstständig aufbauen, abbauen und verwalten, wenn der Client Host eine Anfrage sendet. Dies wird z. B. häufig bei HTTP- oder HTTPS-Verbindungen verwendet. Insbesondere in Firmennetzen kommen dedizierte Proxys zum Einsatz, da es dadurch der Systemadministration leicht möglich ist, unternehmensweite Regeln durchzusetzen, wie beispielsweise bezüglich des Zugriffs auf Web-Dienste wie ICQ. Zusätzlich erlauben dedizierte Proxys in der Regel auch die Filterung von Inhalten und werden deshalb auch als Content-Filter bezeichnet. *Content-Filter* erlauben durch Analyse der passierenden Pakete beispielsweise Werbung, bekannte Viren, Würmer, Trojaner oder sonstige unerwünschte Inhalte zu erkennen und herauszufiltern. Sind diese zusätzlichen Funktionen in einem Proxy nicht vorhanden, wird dieser als generischer Proxy bezeichnet. Dieser entspricht dann, abgesehen vom Ablauf beim Verbindungsaufbau und Verbindungsabbau, dem Paket-Filter einer Firewall.

13.4 Sicherheit von Anwendungen und Protokollen

Die Sicherheit von IT-Systemen wird Tag für Tag wichtiger. Auf der Anwendungsebene lässt sich zwischen der Sicherheit von Anwendungen und Protokollen unterscheiden. Bei der Sicherheit von Anwendungen kommt es auf eine fehlerlose Programmierung und dem Verzicht auf anfällige Funktionen (z. B. `strcpy()` in C) an. Angriffe auf Netzanwendungen zielen darauf ab, Fehler in der Implementierung auszunutzen und die Programme in einen nicht vorgesehenen Zustand zu versetzen oder die Ausführung von Code vollständig zu übernehmen.

Kryptographische Protokolle hingegen werden für gewöhnlich während der Kommunikation angegriffen und durch das Ändern von übertragenen Daten beeinflusst.

13.4.1 Angriffsmöglichkeiten

Für den Angriff auf Netzprogramme gibt es eine Vielzahl von Werkzeugen, die, beispielsweise mit Hilfe von Fuzzing, alle möglichen Eingabewerte testen und die Reaktion des Programms auswerten. Andere Angriffswerkzeuge verfügen über eine Datenbank mit verwundbaren Programmen und den dazugehörigen Informationen, mit denen diese Sicherheitslücken ausgenutzt werden können (z. B. Metasploit [Rap14]).

Der Angriff auf kryptografische Protokolle gestaltet sich oftmals etwas schwieriger. Oftmals ist es eine Voraussetzung, dass der Angreifer Man-in-the-Middle ist, d. h. jegliche Kommunikation mitschneiden und verändern kann. Nachdem ein Angreifer Man-in-the-Middle geworden ist, z. B. durch ARP-Poisoning in einem LAN oder DNS-Cache-Poisoning im Internet, kann die von ihm weitergeleitete Kommunikation beeinflusst werden. Dies kann automatisiert geschehen, indem ein gewisses Programm z. B. alle Links in einem HTML-Dokument von „`https://`" auf „`http://`" ändert und damit TLS deaktiviert, oder manuell für jeden Einzelfall.

13.4.2 Schutzmöglichkeiten

Ganz grundsätzlich sollten Anwendungen mit Netzanbindung an das Internet jederzeit auf dem aktuellen Softwarestand gehalten werden. Denn wenn Sicherheitslücken in Anwendungen bekannt werden, bricht daraufhin oft eine ungezielte Angriffswelle los. Zusätzlich sollten auch alle anderen Softwarekomponenten eines Systems auf den aktuellen Stand gebracht werden, denn oft ist ein erfolgreicher Angriff das Ergebnis von einem Zusammenspiel mehrerer Komponenten.

Weiterhin ist es ratsam, eine Firewall einzusetzen, die lediglich die vorgesehene Kommunikation erlaubt. In dem Fall einer feindlichen Übernahme einer verwundbaren Netzanwendung kann ggf. verhindert werden, dass der Angreifer einen neuen Kommunikationskanal zur Fernsteuerung des übernommenen Systems aufsetzen kann.

Zusätzlich ist es sinnvoll, ein Intrusion-Detection- oder Prevention-System einzusetzen, damit Angriffe erkannt und abgewehrt werden können.

13.4.3 Intrusion Detection/Prevention

Die Überwachung eines Hosts/Netzes mit *signaturbasierter* oder *heuristischer* Erkennung von Angriffen wird von *Intrusion-Detection-Systemen (IDS)* bereitgestellt. IDS können je nach Ausführung verschiedene Bereiche überwachen:

- *Host-Based IDS*. Überwachung von lokalen Vorgängen mit Hilfe von Log-Dateien oder Systemzuständen (z. B. `tripwire` [Tri14]).
- *Network-Based IDS*. Überwachung der Kommunikation auf Auffälligkeiten (z. B. `snort` [Sou14], `arpwatch` [Lab07]).
- *Hybride IDS*. Überwachung von Hosts und Netz.

Intrusion Detection Systeme (IDS) arbeiten ausschließlich *passiv* und protokollieren oder melden Angriffe, die aufgrund von *einzelnen* oder *Ketten von Ereignissen* festgestellt wurden. *Intrusion-Prevention-Systeme (IPS)* sind spezielle IDS, die nach Erkennung eines Angriffs bestimmte Maßnahmen ergreifen können. Maßnahmen sind z. B. das Unterbrechen eines Angriffs oder das Blockieren des Angreifers.

IDS- und IPS-Systeme sollten generell *hinter* der Firewall eingesetzt werden, damit ohnehin verbotene Pakete nicht analysiert werden müssen (Rechenaufwand). Anderweitig kann der Rechenaufwand vor allem bei signaturbasierten Systemen sehr schnell in die Höhe schießen.

Literatur

[Sir88] M.A. Sirbu. Content-type header field for Internet messages. RFC 1049 (Historic), March 1988.

[FB96] N. Freed and N. Borenstein. Multipurpose Internet Mail Extensions (MIME) Part One: Format of Internet Message Bodies. RFC 2045 (Draft Standard), November 1996. Updated by RFCs 2184, 2231, 5335, 6532.

[FM97] N. Freed and K. Moore. MIME Parameter Value and Encoded Word Extensions: Character Sets, Languages, and Continuations. RFC 2231 (Proposed Standard), November 1997.

[YSF12] A. Yang, S. Steele, and N. Freed. Internationalized Email Headers. RFC 6532 (Proposed Standard), February 2012.

[BLFF96] T. Berners-Lee, R. Fielding, and H. Frystyk. Hypertext Transfer Protocol – HTTP/1.0. RFC 1945 (Informational), May 1996.

[FGM+99] R. Fielding, J. Gettys, J. Mogul, H. Frystyk, L. Masinter, P. Leach, and T. Berners-Lee. Hypertext Transfer Protocol – HTTP/1.1. RFC 2616 (Draft Standard), June 1999. Obsoleted by RFCs 7230, 7231, 7232, 7233, 7234, 7235, updated by RFCs 2817, 5785, 6266, 6585.

[FR14c] R. Fielding and J. Reschke. Hypertext Transfer Protocol (HTTP/1.1): Message Syntax and Routing. RFC 7230 (Proposed Standard), June 2014.

[FR14d] R. Fielding and J. Reschke. Hypertext Transfer Protocol (HTTP/1.1): Semantics and Content. RFC 7231 (Proposed Standard), June 2014.

[FR14b] R. Fielding and J. Reschke. Hypertext Transfer Protocol (HTTP/1.1): Conditional Requests. RFC 7232 (Proposed Standard), June 2014.

[FLR14] R. Fielding, Y. Lafon, and J. Reschke. Hypertext Transfer Protocol (HTTP/1.1): Range Requests. RFC 7233 (Proposed Standard), June 2014.

[FNR14] R. Fielding, M. Nottingham, and J. Reschke. Hypertext Transfer Protocol (HTTP/1.1): Caching. RFC 7234 (Proposed Standard), June 2014.

[FR14a] R. Fielding and J. Reschke. Hypertext Transfer Protocol (HTTP/1.1): Authentication. RFC 7235 (Proposed Standard), June 2014.

[Fou19] Wireshark Foundation. Wireshark webseite, 2019. https://www.wireshark.org.

[Jos06] S. Josefsson. The Base16, Base32, and Base64 Data Encodings. RFC 4648 (Proposed Standard), October 2006.

[PR85] J. Postel and J. Reynolds. File Transfer Protocol. RFC 959 (INTERNET STANDARD), October 1985. Updated by RFCs 2228, 2640, 2773, 3659, 5797, 7151.

[Bel94] S. Bellovin. Firewall-Friendly FTP. RFC 1579 (Informational), February 1994.

[HL97] M. Horowitz and S. Lunt. FTP Security Extensions. RFC 2228 (Proposed Standard), October 1997.

[AOM98] M. Allman, S. Ostermann, and C. Metz. FTP Extensions for IPv6 and NATs. RFC 2428 (Proposed Standard), September 1998.

[Cur99] B. Curtin. Internationalization of the File Transfer Protocol. RFC 2640 (Proposed Standard), July 1999.

[RSC+02] J. Rosenberg, H. Schulzrinne, G. Camarillo, A. Johnston, J. Peterson, R. Sparks, M. Handley, and E. Schooler. SIP: Session Initiation Protocol. RFC 3261 (Proposed Standard), June 2002. Updated by RFCs 3265, 3853, 4320, 4916, 5393, 5621, 5626, 5630, 5922, 5954, 6026, 6141, 6665, 6878.

[HJP06] M. Handley, V. Jacobson, and C. Perkins. SDP: Session Description Protocol. RFC 4566 (Proposed Standard), July 2006.

[SCFJ03] H. Schulzrinne, S. Casner, R. Frederick, and V. Jacobson. RTP: A Transport Protocol for Real-Time Applications. RFC 3550 (INTERNET STANDARD), July 2003. Updated by RFCs 5506, 5761, 6051, 6222, 7022, 7160, 7164.

[Rap14] Rapid7. Penetration testing software | metasploit. http://metasploit.org, 2014.

[Tri14] Inc. Tripwire. Tripwire webseite, 2014. http://www.tripwire.org/.

[Sou14] Inc. Sourcefire. Snort webseite, 2014. http://www.snort.org/.

[Lab07] Lawrence Berkeley National Laboratory. Arpwatch - an ethernet monitor program that keeps track of ethernet/ip address pairings. http://ee.lbl.gov/, 2007.

Teil IV
Performance Engineering

Quality of Service

14

Die Anforderungen von Anwendungen an die Performance eines Computernetzes divergieren in Abhängigkeit vieler Parameter. Anwendungen mit Echtzeitkommunikation oder interaktiver Benutzerkommunikation haben andere Anforderungen als E-Mail-Verkehr oder einfache Datentransfer. Anwendungen mit unterschiedlichen Anforderungen an die Performance konkurrieren stets um die zur Verfügung stehenden Ressourcen in einem Computernetz. Um allen Anforderungen an die Performance und damit die erreichbare Dienstgüte (Englisch: Quality of Service) gerecht zu werden, sind Mechanismen vorzusehen, die es erlauben, Verkehr differenziert zu behandeln und entsprechend ihrer Anforderungen im Computernetz weiterzuleiten. Maßgeblich sind hier die auf dem ISO/OSI Network Layer vorgesehenen Mechanismen für die Verkehrssteuerung und Verkehrsflussüberwachung, deren Realisierung und Verhalten direkten Einfluss auf die *Congestion-Management*-Mechanismen des ISO/OSI Transport Layer haben. Nachfolgend werden die Begriffe Dienstgüte und Quality of Service synonym verwendet.

14.1 Definition

Für den Terminus *Quality of Service (QoS)* existieren sowohl im englischsprachigen als auch im deutschsprachigen Raum viele verschiedene, nicht unbedingt klare Definitionen und damit verschiedene Meinungen davon, was als Dienstgüte zu bezeichnen ist. Die IETF[1] definiert die Dienstgüte wie folgt [WSS+01]:

> „At a high level of abstraction, *Quality of Service* refers to the ability to deliver network services according to the parameters specified in a Service Level Agreement. *Quality* is characterized by service availability, delay, jitter, throughput and packet loss ratio. At a network resource

---

[1] Internet Engineering Task Force

© Der/die Herausgeber bzw. der/die Autor(en), exklusiv lizenziert durch Springer
Fachmedien Wiesbaden GmbH, ein Teil von Springer Nature 2020
P.-B. Bök et al., *Computernetze und Internet of Things,*
https://doi.org/10.1007/978-3-658-29409-0_14

level, *Quality of Service* refers to a set of capabilities that allow a service provider to prioritize traffic, control bandwidth, and network latency."

Quality of Service bezieht sich demnach auf die Fähigkeit des Computernetzes die in einem *Service Level Agreements (SLAs)* spezifizierten Anforderungen einzuhalten. Dazu werden Mechanismen zur Priorisierung von Datenflüssen und zur Überwachung und Steuerung der Ressourcenaufteilung sowie der Verzögerung der Datenflüsse eingesetzt, um die im Service Level Agreement definierten Qualitätsanforderungen, beschrieben durch die Parameter Verfügbarkeit, Verzögerung, Jitter, Datenrate und Paketverlustrate, einzuhalten.
Eine etwas weiterreichende Definition wird in [Mel08] gegeben:

„QoS...

- describes requirements on the behavior of service providers;
- may be described according to multiple parameters (delay, etc.);
- means differnet levels of user statisfaction;
- involves the network as well as the applications;
- involves physical devices and terminals as well as software;
- may be considered at different communication layers (physical, data link, network, transport, application) middleware, etc.;
- requires the deployment of various mechanisms (negotiation, resource reservation, scheduling, routing, etc.)."

Es wird deutlich, dass die in [WSS+01] gegebene Definition darin wiederzufinden ist, jedoch die in [Mel08] zusätzlich ergänzten Details den Terminus *Quality of Service* noch besser beschreiben (vgl. [Bö12]).
In [Bö12] wird jedoch verdeutlicht, dass ein Problem der Definitionen stets ist, dass bei der Verwendung des Terminus nicht eindeutig ist, ob die spezifizierten Anforderungen, der Grad ihrer Einhaltung oder die entsprechenden Mechanismen gemeint sind, die eingesetzt werden, um die Einhaltung der Anforderungen zu gewährleisten. Übersetzt wird der Ausdruck *Quality of Service* häufig als Dienstgüte, was [Bö12] zu nachfolgenden Definitionen führt:

Definition „Mit der *Dienstgüte* werden Qualitätsanforderungen im Rahmen von Service Level Agreements spezifiziert, die im Computernetz einzuhalten sind. Dies betrifft das Computernetz, dessen Koppelelemente sowie die Hosts und deren Anwendungen. Aus einer unterschiedlichen Ausprägung der die Qualitätsanforderungen bestimmenden Parameter resultieren verschiedene Grade an Nutzerzufriedenheit. Qualitätsanforderungen werden durch Schwellen- und Grenzwerte der Dienstgüte-Parameter Verfügbarkeit, Verzögerung, Jitter, Datenrate sowie Paketverlustrate beschrieben. Der Grad der Dienstgüte gibt an, inwieweit die Qualitätsanforderungen eingehalten werden. Die Integration von Dienstgüte-Mechanismen ist für die Gewährleistung von Dienstgüte zwingend notwendig." □

Definition „Für die Gewährleistung von Dienstgüte und somit für die Einhaltung der spezifizierten Qualitätsanforderungen ist es notwendig, Netzverkehr zu priorisieren, optimiert im Computernetz weiterzuleiten, die Bandbreitenaufteilung zu kontrollieren sowie die entstehende Verzögerung bei der Übertragung auf verschiedenen Kommunikationsschichten[2] zu überwachen und zu steuern. Diese Funktionen werden als *Dienstgüte-Mechanismen* bezeichnet." □

Der Terminus Quality of Service beschreibt also eine Anforderung an die netzseitig zu erbringende Performance. Die Anforderung bezieht sich stets auf den einzelnen Datenfluss einer Anwendung oder eines Dienstes und wird anhand eines oder mehrerer Performance-Parameter beschrieben. Dazu zählen somit primär:

- die (maximal) zulässige Verzögerung,
- der (maximal) zulässige Verzögerungsjitter,
- die (maximal) zulässige Paketverlustrate,
- die minimal zur Verfügung stehende Übertragungsrate sowie
- die durchschnittlich zur Verfügung stehende Übertragungsrate mit zulässiger Abweichung.

Existieren – bezogen auf unterschiedliche Anwendungen und Dienste – verschiedene QoS-Anforderungen, so wird dabei von verschiedenen *QoS-Level* gesprochen. QoS-Anforderungen unterschiedlicher Art stehen in einer hierarchischen Relation zueinander und werden unterschiedlichen Verkehrsklassen zugeordnet und damit implizit, je nach Mechanismus zur Einhaltung der Anforderungen, priorisiert und dementsprechend behandelt. Die Qualität wird durch das Verhalten des Computernetzes, das sich wiederum auf das Verhalten jedes einzelnen Pakets auswirkt, bestimmt. Hier ergibt sich ein Wirkungskreislauf, da sich auch jedes weitere Paket auf das Verhalten des Computernetzes und somit ggf. auf sich selbst auswirkt. Die zuvor beschriebenen signifikanten Parameter erlauben es, die QoS-Anforderung, bezogen auf ein Paket, einen Datenfluss oder eine Anwendung bzw. einen Dienst, zu quantifizieren und somit die Dienstgüte zu steuern.

14.1.1 Verzögerung

Die entstehende Zeitdifferenz bei der Informationsübertragung zwischen einem Sender- und einem Empfängerknoten im Computernetz wird als Verzögerung bezeichnet. Die Verzögerung wird sowohl durch die vom Computernetz (Latenz der Koppelelemente, Ausbreitungsgeschwindigkeit des Signals auf dem Medium) als auch von weiteren Systemkomponenten (z. B. Verarbeitung durch die Anwendung, Betriebssystem, Netzkarte) induzierten Verzögerungen bestimmt. Je nach Anwendungsfall sind verschiedene Arten der Verzögerung, die

---

[2]Die Ebenen des ISO/OSI-Referenzmodells.

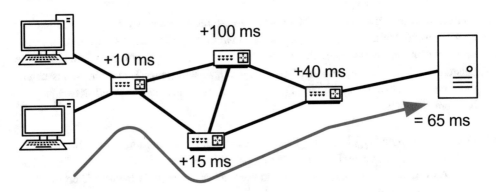

Abb. 14.1 Verzögerung

jeweils Auskunft über verschiedene Abschnitte einer Kommunikationsstrecke geben, von Interesse. Betrachtet man die Dienstgüte, wird in der Regel die *Ende-zu-Ende-Verzögerung* zugrunde gelegt. Bei einer Analyse des Computernetzes, bei der zur Verbesserung der Dienstgüte vorhandene Flaschenhälse identifiziert werden müssen, wird die sich auf einem Pfad zwischen den Endpunkten ergebende Verzögerung für jedes Koppelelement auf dem Pfad und somit für jeden Verbindungsabschnitt VAk erfasst und bewertet, wie in Abb. 14.1 dargestellt.

Gleichzeitig entspricht die Verzögerung einem Regelparameter, der unter Einsatz geeigneter Mechanismen erlaubt, Pakete eines Datenflusses A zum Vorteil eines Datenflusses B gezielt zu verzögern.

14.1.2 Verzögerungsjitter

Die verschiedenen Varianten der Verzögerung erlauben lediglich eine starre Quantifizierung der Verzögerung. Daher wird häufig auch die Abweichung von der mittleren Verzögerungszeit, die sich beispielsweise aufgrund des zeitlichen, von der Auslastung abhängigen Verhaltens der Warteschlangen in den Koppelelementen ergibt, berücksichtigt. Diese wird als Jitter bezeichnet. Häufig wird zeitlich beschränkt zulässiger Jitter für die Beschreibung maximal zulässiger *Abweichungen* verwendet (vgl. Abb. 14.2, Abschn. 1). Wird der definierte Wert in einer negativen Weise (eine zu hohe Verzögerung pro Paket) über einen längeren Zeitraum überschritten, gilt eine diesbezügliche QoS-Anforderung als nicht mehr eingehalten (vgl. Abb. 14.2, Abschn. 2). Für eine Übertragung von Sprachdaten kann dies bedeuten, dass die Verbindung sich derart verschlechtert, dass ein Gespräch nicht mehr möglich ist und unter Umständen die Verbindung terminiert werden muss. Wird auch der zulässige Jitter überschritten, wird die QoS-Anforderung keinesfalls mehr eingehalten (vgl. Abb. 14.2, Abschn. 3).

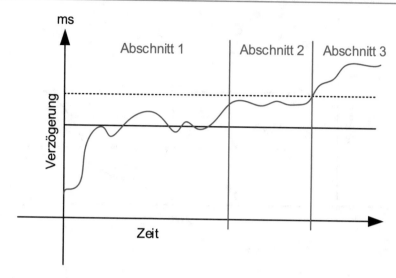

Abb. 14.2 Verzögerungsjitter

14.1.3 Datenrate

Die Datenrate (Bit/s) gibt an, inwieweit ein System dazu in der Lage ist, eine bestimmte Anzahl Datenbits in einem Zeitintervall zwischen zwei Punkten zu übertragen. Es werden drei verschiedene Formen der Datenrate unterschieden. Die Spitzendatenrate (SDR) beschreibt die kurzzeitig, höchstmögliche Datenrate, die durchschnittliche Datenrate (DDR), die im Mittel entstehende Datenrate und die minimale Datenrate (MDR) – in der Regel die *Mindestauslastung* des Übertragungsmediums. Für die Performance-Architektur von Bedeutung sind die minimale Datenrate (MDR), die in den meisten Fällen eine untere, häufig feste Schranke definiert, sowie die durchschnittliche Datenrate (DDR), die in Kombination mit einer zulässigen Abweichung über einen Zeitraum DELTA-T im Vergleich zur MDR eine weichere Anforderung definiert, bei der keine feste Schranke vorhanden ist. In Abb. 14.3 ist dies exemplarisch dargestellt. Wurde als QoS-Anforderung eine DDR mit einer entsprechend zulässigen Abweichung definiert, so würde die Anforderung über alle drei in der Abbildung dargestellten Abschnitte hinweg eingehalten werden. Ist jedoch eine MDR als Teil der QoS-Anforderung definiert, so wird zumindest in Abschn. 2 diese Anforderung nicht eingehalten.

14.1.4 Zuverlässigkeit

Die Zuverlässigkeit eines Systems gibt an, inwieweit ein System deterministisch und korrekt arbeitet. Sie gibt zudem Auskunft darüber, wie schnell sich ein System nach einem Ausfall

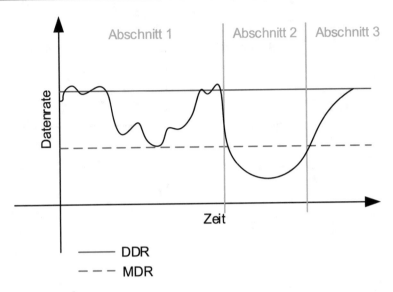

Abb. 14.3 Datenrate

wieder in den normalen Zustand versetzen lässt. Verschiedene Metriken erlauben Aussagen
über die Zuverlässigkeit des Systems. Für die Performance-Architektur und die Definition von Anforderungen bezüglich der Dienstgüte besonders relevant sind dabei sowohl die
Cell-Loss-Rate (CLR) als auch *Bit-Error-Rate (BER)*. Der Netzplaner mag sich fragen, wie
es bei den heutzutage verwendeten Techniken noch zu einem Verlust von Rahmen oder
Paketen kommen kann: In Überlastszenarien, bei denen Warteschlangen überlaufen, kommt
es dazu, dass Pakete gezielt verworfen werden. Häufig stellt die Verfügbarkeit als Teila-
spekt der Zuverlässigkeit bei der Betrachtung der Dienstgüte ebenfalls ein Merkmal dar, das
jedoch losgelöst davon betrachtet werden sollte. Die beiden zuvor genannten Performance-
Parameter beschreiben die Anforderungen der Anwendungen und Dienste an das Computernetz, sofern dieses oder die Anwendung bzw. der Dienst selbst zur Verfügung stehen.
Sollte das Computernetz bzw. eine Anwendung oder ein Dienst durch einen Ausfall oder
ein ähnliches Ereignis nicht zur Verfügung stehen, so sind die übrigen Parameter für diesen
Zeitraum nicht von Interesse. Dem entgegen steht, dass Verfügbarkeit auch bedeuten kann,
dass das Computernetz dafür sorgen muss, beispielsweise einen Dienst in jedem Fall zur
Verfügung zu stellen. Dann müssten die von diesem Dienst gesendeten Pakete in jedem Fall
im Computernetz weitergeleitet werden. Damit diese jedoch weitergeleitet werden können,
reicht es nicht aus, die *Verfügbarkeit* des Computernetzes zu betrachten, da diese nicht nur
durch das Computernetz sicherzustellen ist. Es muss eher die minimale Anforderung an
die Übertragungsgeschwindigkeit betrachtet werden. Diese muss in einem solchen Szenario für einen derartigen Dienst definiert sein. Ansonsten kann der Fall auftreten, dass dem
Dienst zwar eine Datenrate von 1 Bit/s zugesichert wird, diese jedoch für den Betrieb nicht
ausreichend und der Dienst damit nicht verfügbar ist.

14.2   Arbeitsweise der Mechanismen

Eine *Differenzierung* von Paketen und Datenflüssen bedeutet, dass die ursprüngliche Reihenfolge, die ohne eine aktive Steuerung entstehen würde, manipuliert wird, zugunsten der Datenflüsse, die hohe Anforderungen an die Performance des Computernetzes haben. Erfolgt keine Manipulation der Paketreihenfolge und somit keine Differenzierung von Datenflüssen, werden Pakete im Netz entsprechend ihrer Eingangsreihenfolge unpriorisiert weitergeleitet, wie in Abb. 14.4 veranschaulicht. Um Anwendungen und ihre Datenflüsse differenzieren zu können, werden einzelne Datenflüsse oder Klassen von Datenflüssen priorisiert, sodass dadurch eine Gewährleistung eines definierten QoS-Levels möglich wird, wie in Abb. 14.5 dargestellt. In der Regel erfolgt die Differenzierung auf dem Pfad zwischen Sender und Empfänger erstmalig auf den Edge-Routern in einem Netz.

In diesem Kapitel werden die einzelnen QoS-Mechanismen diskutiert, die in aller Regel notwendig sind, um über verschiedene Architekturen ein spezifisches QoS-Level zu gewährleisten. Der grundlegende Prozess ist in Abb. 14.6 veranschaulicht. Dieser Prozess, der auf den Beiträgen von Szigeti und Hattingh [SH05], Teare und Paquet [TP06] sowie Mir [Mir10] basiert, deren Ausführungen auch nachfolgend zugrunde gelegt werden, ist eine Aneinanderkettung mehrerer Mechanismen, die in ihrer Summe notwendig sind, um eine bestimmte Qualität im Netz für einzelne Datenflüsse gewährleisten zu können. Im Rahmen der Architekturen *IntServ* und *DiffServ* werden diese in unterschiedlicher Ausprägung und mit verschiedenen Eigenschaften realisiert.

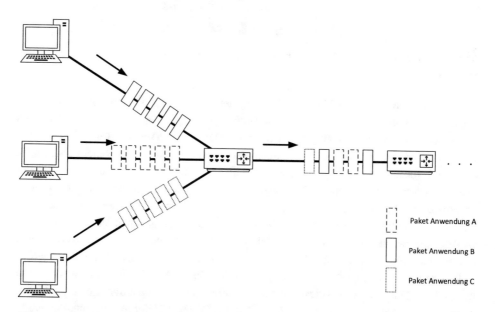

Abb. 14.4 Weiterleitung von Paketen ohne QoS

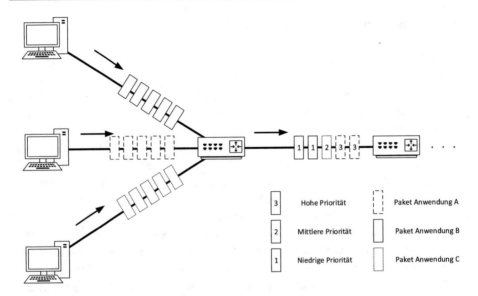

Abb. 14.5 Weiterleitung von Paketen mit QoS

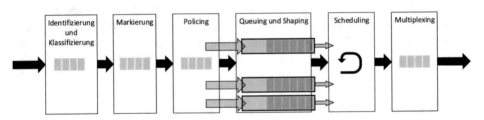

Abb. 14.6 Allgemeiner QoS-Prozess. (In Anlehnung an [SH05], [TP06])

Zunächst werden, wie in Abb. 14.6, die eingehenden Pakete analysiert, sodass eine Identifizierung des mit dem Datenfluss einhergehenden Dienstes durchgeführt werden kann und anschließend eine Klassifizierung (Zuordnung zu einer Verkehrsklasse) erfolgen kann. Identifizierung und Klassifizierung erfolgen nach zuvor spezifizierten Regeln und nutzen dazu die Informationen aus den Headern der Pakete, in der Ausprägung abhängig von der jeweiligen Analysetiefe. Die Zuordnung zu einer Verkehrsklasse ist Voraussetzung für den nachfolgenden Schritt der Markierung der Pakete, der insbesondere für die *zustandlose* DiffServ-Architektur bedeutsam ist, nicht jedoch für das *zustandsbehaftete* IntServ. Dabei wird beispielsweise im *Type-of-Service* Feld eines Pakets ein entsprechender Wert gesetzt, um den rechenintensiven Schritt der Identifizierung und Klassifizierung nicht auf jedem Koppelelement erneut durchführen zu müssen. Auf nachfolgenden Elementen wird dann lediglich die Markierung ausgelesen und die nachfolgend erläuterten Schritte durchgeführt.

Bevor Pakete in die Warteschlangen und somit Puffer der Koppelelemente eingereiht werden, werden Congestion Avoidance bzw. Policing-Mechanismen angewandt, um einerseits eine Überlastsituation in den Warteschlangen gezielt zu vermeiden bzw. andererseits einzelne Datenflüsse entsprechend des ihnen zugestandenen Ressourcenanteils zu regeln. Im Anschluss daran erfolgt die (möglicherweise verkehrsklassenabhängige) Einordnung in unterschiedliche Warteschlangen und darauf folgend die Abarbeitung der Warteschlangen entsprechend eines ausgewählten Schedulingalgorithmus oder einer Hierarchie von Algorithmen. Dieser Bereich kann als Congestion Management auf dem ISO/OSI Network Layer betrachtet werden (vgl. [SH05]), da vor oder im Überlastfall Pakete einzelner Datenflüsse gezielt verworfen oder verzögert werden können zugunsten von Datenflüssen höherer Priorität. Abschließend erfolgt durch die Ausgabe des Schedulers ein *Multiplexing* der in den Warteschlangen befindlichen Pakete. Die Art der Ressourcenzuteilung bzw. Ressourcenreservierung ist abhängig von der gewählten Architektur.

▶   **Wichtig** Im Gegensatz zum Congestion Management auf dem Transport Layer, erfolgt das Congestion Management auf dem Network Layer davon losgelöst und mit der Zielsetzung, mehrere Datenflüsse differenziert übertragen zu können. Durch das gezielte Verwerfen oder Verzögern von Paketen (Congestion Management) löst es jedoch ein Feedback an den Transport Layer und dessen Congestion Management aus, wie in den entsprechenden Kapiteln beschrieben.

14.2.1 Identifikation und Klassifizierung

Um eine differenzierte Behandlung von Datenflüssen zu ermöglichen, ist es zunächst notwendig, die Anwendungen, welche die verschiedenen Datenflüsse erzeugen, zu identifizieren und entsprechend zu klassifizieren. Dieses Vorgehen ist Grundlage und Voraussetzung für den Prozess der Gewährleistung von QoS und die Arbeit der QoS-Mechanismen, da die Ergebnisse der Identifizierung und Klassifizierung bestimmen, wie die QoS-Mechanismen die Datenflüsse differenzieren müssen und damit alle nachfolgenden Elemente darauf angewiesen sind, dass dieser Schritt fehlerfrei durchgeführt wird. Da dieser Schritt sehr rechenintensiv ist, wird er in aller Regel lediglich einmalig für eine Verbindung bzw. einen Datenfluss durchgeführt. Durch den nachfolgenden Schritt der Markierung können die Ergebnisse der Klassifizierung auch auf weiteren Koppelelementen verwendet werden.

Entscheidend für die Identifizierung und Klassifizierung sind die aus den Headern der weiterzuleitenden Pakete extrahierten Parameter. In [Bö12] werden basierend auf [SH05] und [Zan06]) verschiedene Parameterkombinationen in Abhängigkeit von den betrachteten Paketfeldern der analysierten Pakete beschrieben. Bei der Analyse auf IP-Paketebene (ISO/OSI Network Layer) werden in der Regel die folgenden Parameter analysiert:

- Quell-IP-Adresse
- Ziel-IP-Adresse
- ISO/OSI-Layer-4-Protokoll

An dieser Stelle wird davon ausgegangen, dass ein Client als Quelle bei einem Server als Ziel einen Dienst aufruft bzw. nutzt. Die Quell-IP-Adresse erlaubt es, einen Benutzer oder eine Benutzergruppe zu identifizieren, der/die eine Anwendung nutzen und für den/die definierte Qualitätsanforderungen vorliegen. Ist eine derartige Zuordnung möglich, kann eine unterschiedliche Qualität für verschiedene Benutzer und Benutzergruppen durch QoS Mechanismen gewährleistet werden. Anhand der aufgerufenen Ziel-IP-Adresse kann – sofern das Ziel bekannt ist – der angebotene Dienst identifiziert werden und somit beispielsweise direkt zugeordnet werden, ob es sich um den Aufruf einer Website handelt. Die Rückrichtung zwischen den beiden Kommunikationspartnern kann durch die QoS-Mechanismen analog behandelt werden, jedoch mit vertauschten IP-Adressen. Die infrage kommenden Dienste, die unter der Ziel-IP-Adresse angeboten werden, können zudem bereits über das ISO/OSI-Layer-4-Protokoll eingeschränkt werden, da es viele Dienste gibt, für die eindeutig ist, ob diese beispielsweise verbindungslos via UDP oder verbindungsorientiert via TCP arbeiten. In der Regel sind diese Informationen allein jedoch nicht ausreichend, um Datenflüsse und die genutzten Dienste ausreichend zu differenzieren.

Bei der erweiterten Analyse auf Segment-/Datagramm-Ebene (ISO/OSI Transport Layer) werden, zusätzlich zu den zuvor benannten Parametern, in der Regel die folgenden Parameter analysiert:

- Quell-Port
- Ziel-Port

Unter der gleichen Annahme wie zuvor, dass der Aufruf eines Dienstes durch den Client erfolgt, wird direkt deutlich, dass der Quell-Port keine signifikante Aussagekraft besitzt und der Mehrwert für die Differenzierung somit marginal ist, da der Quell-Port bei ausgehendem Verkehr zufällig gewählt wird. Halten sich die Dienstanbieter an die definierten Standards, so gibt der Ziel-Port Aufschluss darüber, welcher Dienst aufgerufen wird. Es kann anhand des Ziel-Ports somit unterschieden werden, ob es sich um eine Anwendung mit Echtzeitanforderungen, interaktiven oder asynchronen Anforderungen handelt und der Verkehr dementsprechend durch die QoS-Mechanismen differenziert und unterschiedlich behandelt werden muss. Bei der Rückrichtung einer bidirektionalen Kommunikation verhält es sich genau umgekehrt. Problematisch wird es jedoch, wenn Anwendungen gezielt falsche Ports verwenden, um sich einen Vorteil bei der Differenzierung zu verschaffen. Dies ist insbesondere dann der Fall, wenn eigentlich interaktive Anwendungen die Ports von Echtzeitanwendungen nutzen und somit dem System vortäuschen, höhere Anforderungen zu haben. Durch die gezielte Kombination der zuvor genannten Parameter auf ISO/OSI Network Layer und Transport Layer lässt sich dieses Problem zumindest minimieren.

Sind die zuvor betrachteten Informationen nicht ausreichend für eine genaue Differenzierung oder führen häufig zu Fehlern, ist es des Weiteren möglich, Informationen des ISO/OSI Application Layers für die Identifizierung und Klassifizierung heranzuziehen, indem das eingesetzte Application-Layer-Protokoll identifiziert und anhand dessen der jeweilige Dienst erkannt wird:

- ISO/OSI-Layer-7-Protokoll

Da beispielsweise Protokolle wie HTTP häufig als *Trägerprotokolle* für Daten anderer Anwendungen (z. B. File Sharing) verwendet werden, kann es notwendig sein, auch den Payload auf dem Application Layer zu analysieren, um eine genauere Identifizierung zu ermöglichen. Durch die Verschlüsselung des Application Layer Payloads ist es jedoch häufig schon schwer, das Protokoll zu identifizieren, geschweige denn den Payload analysieren zu können. Sowohl die reine Analyse der unterschiedlichen Header als auch proprietäre Verfahren, wie beispielsweise die Network-Based Application Recognition (NBAR) von Cisco (vgl. [SH05]), können oberhalb von ISO/OSI-Layer 3 verschlüsselten Verkehr nicht mehr problemlos identifizieren.

Bei der Auswahl der Analysemethode sind darüber hinaus zwei Dinge gegeneinander abzuwägen: Die Steigerung der *Identifizierungsgenauigkeit* durch die Analyse zusätzlicher Informationen und die *Performanceeinbußen,* die durch die Analyse zwangsläufig entstehen. Erfolgt die Identifizierung und Klassifizierung der Datenflüsse bereits auf dem verkehrsverursachendem Host selbst, so kann neben den zuvor genannten Parametern auch der paketerzeugende Systemprozess herangezogen werden, birgt jedoch wiederum die Gefahr, dass ein Host einfacher zu manipulieren ist und dementsprechend sichergestellt werden muss, dass ein Benutzer keinen Eingriff in die Klassifizierung verüben kann und auch die Anwendung selbst nicht opportunistisch handelt. Neben der genaueren Identifizierung und Klassifizierung ergibt sich zudem ein signifikanter Performancevorteil für das Computernetz, da diese rechenintensiven Vorgänge von den Routern auf die Hosts verlagert werden.

14.2.2 Markierung

Insbesondere bei zustandslosen QoS-Architekturen (z. B. DiffServ) ist es notwendig, Pakete zu markieren, um den rechenintensiven Schritt der Identifizierung und Klassifizierung nicht auf jedem Router wiederholen zu müssen, sondern damit einfach die Markierung ausgelesen und ausgewertet werden kann. Die Markierung erfolgt anhand zuvor festgelegter Regeln eines Netzplaners, der die Performanceanforderungen der Anwendungen kennen und aufbauend auf der Klassifizierung die Markierungen in Abhängigkeit der gewählten Architektur festlegen muss. Unterschiedliche Arten der Zuordnung sind beispielsweise in [SH05] und [Mel08] beschrieben.

Bei Einsatz von IPv4 auf dem ISO/OSI Network Layer und der Verwendung von DiffServ erfolgt die Markierung über das *Type-of-Service*-Feld (vgl. [NBBB98, RFB01]), bei Nutzung von IPv6 über das *Traffic-Class*-Feld (vgl. [DH98]). Eine Markierung entspricht in diesem Fall dem Wert der ausgewählten Verkehrsklasse für einen Datenfluss, die bestimmt, wie das Paket im Computernetz zu behandeln ist. Dieser Wert und die Art der Markierung ist architekturabhängig. Aufgrund der beschränkten Anzahl von Verkehrsklassen werden in der Regel mehrere Anwendungen einer Verkehrsklasse zugeordnet. Durch unterschiedliche *Verwurfswahrscheinlichkeiten* können diese Datenflüsse jedoch nochmals differenziert werden. IPv6 ermöglicht zudem eine direkte Unterscheidung von Datenflüssen innerhalb einer Verkehrsklasse durch Verwendung eines *Flow Labels* (vgl. [DH98]). Dies alleine ist jedoch kein QoS-Mechanismus und bringt erst durch Auswertung in Folgeschritten einen möglichen Vorteil.

Im Core-Bereich eines Netzes und insbesondere in High-Speed-Switching-Bereichen wird eine auf dem Network Layer vorgenommene Markierung häufig abstrahiert für den Data Link Layer, sodass eine zwar grobe, jedoch ausreichende Differenzierung auch auf dem Data Link Layer durchgeführt werden kann.

14.2.3 Congestion Avoidance

Das Problem der Überlast in Computernetzen resultiert aus einer Überlastung von mindestens einem Router derart, dass die vorhandenen internen Puffer die eingehenden Pakete nicht mehr zwischenspeichern können. Die Eingangsrate $Packet_{in}/Sekunde$ am Puffer ist somit bis mindestens zum Zeitpunkt des Pufferüberlaufs größer als die Ausgangsrate $Packet_{out}/Sekunde$ am Puffer. Wenn der Puffer in einem Gerät einmal überfüllt ist und die zuvor genannte Bedingung weiter zutrifft, müssen weitere eingehende Pakete direkt verworfen werden, da keine Zwischenspeicherung mehr möglich ist. Dieses Verhalten wird *Tail-Drop* genannt, da am Ende (Tail) des Puffers, der letztendlich nichts anderes als eine Warteschlange darstellt, die Pakete verworfen werden (Drop).

Das dadurch verursachte Problem, wenn alle eingehenden Pakete aufgrund des Pufferüberlaufs verworfen werden, entsteht jedoch erst auf dem ISO/OSI Transport Layer, der mithilfe des Transmission Control Protocols (TCP) dafür Sorge trägt, dass ein Byte-Stream vollständig vom Sender zum Empfänger übertragen wird. Das Verhalten auf dem ISO/OSI Network Layer gibt ein direktes Feedback an den Transport Layer, das sich wie folgt darstellt: Das Congestion Management von TCP reagiert auf übermäßig verzögert beim Empfänger ankommende Pakete (Timeout) und darüber hinaus auf den *Paketverlust* (Drop), der bei einem überfüllten Puffer zwangsläufig eintritt. Die eingehenden Pakete gehören in der Regel zu unterschiedlichen Anwendungsströmen unterschiedlicher Hosts. Werden diese Pakete durch den Tail-Drop-Effekt allesamt verworfen, so reagiert das Congestion Management aller davon betroffenen TCP-Verbindungen und würde eine Überlast erkennen und dementsprechend die Senderate anpassen. Dies passiert durch den beschrieben Effekt jedoch parallel bei allen TCP-Verbindungen, die somit ihre Senderate reduzieren. Die TCP-Verbindungen werden somit in ihrem Congestion-Management-Verhalten synchronisiert (auch als globale TCP-Synchronisation bezeichnet). Dieses Verhalten führt zunächst zu einer Unterauslastung des Netzes. Da die TCP-Verbindungen jedoch synchronisiert sind, kommt es anschließend wieder zu einer Überlastsituation, in der diese TCP-Verbindungen wieder in die Falle des Tail-Drops laufen können. Erst durch die Beendigung einer Vielzahl von Verbindungen kann der Netzzustand wieder normalisiert werden.

14.2.3.1 Random Early Detection (RED)

Das 1993 von Floyd und Jacobsen [FJ93] eingeführte Random-Early-Detection-Verfahren (RED) ermöglicht eine weitestgehende Beseitigung des Problems der globalen Synchronisation von TCP-Verbindungen, indem es zufällig eingehende Pakete auf einem Router verwirft, auch wenn der Eingangspuffer noch nicht gefüllt ist. Dadurch lassen sich die zuvor beschriebene *Überlastsituation* und das nachteilige Verhalten des TCP Congestion Managements nahezu unterbinden. Der Algorithmus arbeitet wie nachfolgend vereinfacht beschrieben.

Bei RED sind zunächst folgende Parameter bzw. Eigenschaften des Eingangspuffers (Warteschlange) von Bedeutung, die sich auf die durchschnittliche Warteschlangenlänge ($avg_{queue\ size}$) beziehen:

- Unterer Schwellenwert der Warteschlangenlänge $min_{avg_{queue\ size}}$
- Oberer Schwellenwert der Warteschlangenlänge $max_{avg_{queue\ size}}$

Um die Auswirkung von auftretenden Bursts zu minimieren, wird die durchschnittliche Warteschlangenlänge als gleitender Mittelwert (Exponential Moving Average) berechnet, damit RED aufgrund eines Bursts nicht überreagiert.

Zunächst wird bei jedem eintreffenden Paket überprüft, wie stark die Warteschlange zum Zeitpunkt des Eintreffens des Pakets ausgelastet ist und dementsprechend gehandelt:

- $avg_{queue\ size} < min_{avg_{queue\ size}}$
  Sofern der untere Schwellenwert der aktuellen durchschnittlichen Warteschlangenlänge nicht erreicht wird, wird das Paket direkt der Warteschlange zugeführt.
- $avg_{queue\ size} \geq max_{avg_{queue\ size}}$
  Sofern der obere Schwellenwert der aktuellen durchschnittlichen Warteschlangenlänge überschritten wird, wird das Paket direkt verworfen.
- $max_{avg_{queue\ size}} \geq avg_{queue\ size} \geq min_{avg_{queue\ size}}$
  Sofern der untere Schwellenwert der aktuellen durchschnittlichen Warteschlangenlänge überschritten, der obere Schwellenwert jedoch noch nicht erreicht wird, wird das Paket bewertet, wie nachfolgend beschrieben.

Für die Bewertung wird die Verwurfswahrscheinlichkeit (Drop Probability) P_{packet} eines jeden zu bewertenden Pakets berechnet:

$$P_{packet} = \frac{\alpha}{1 - \beta\alpha}$$

Die Variable α beschreibt den Bewertungsraum, der zwischen den beiden Schwellenwerten liegt:

$$\alpha = \frac{avg_{queue\ size} - min_{avg_{queue\ size}}}{max_{avg_{queue\ size}} - min_{avg_{queue\ size}}}$$

Erhöht sich die durchschnittliche Warteschlangenlänge $avg_{queue\ size}$, erhöht sich die Wahrscheinlichkeit, nach der ein Paket verworfen wird. Ist der obere Schwellenwert überschritten, wird ein Paket in jedem Fall verworfen.

Der Koeffizient β kann beispielsweise die Anzahl der bereits in die Warteschlange weitergeleiteten Pakete, abzüglich der bereits wieder versandten Pakete abbilden und gilt in der Regel pro Fluss. Diese Steuerungsgröße steuert somit die Geschwindigkeit, mit der Pakete bei einer drohenden Überlast verworfen werden. Letztendlich hängt diese Steuerungsgröße, ebenso wie die Schwellenwerte, von der Implementierung des Routers ab. Die Struktur des Algorithmus und der Bewertungsfunktion haben zur Folge, dass Datenflüsse mit einer Vielzahl von Paketen statistisch betrachtet häufiger von einem *Paketverwurf* betroffen sind, als Datenflüsse mit einer geringen Anzahl von Paketen.

Da es ausreicht, wenn ein Paket verworfen wird, damit das Congestion Management von TCP reagiert, führt das zufällige Verwerfen eines einzigen Pakets zu einer frühzeitigen Erkennung der Überlastsituation (deshalb: Random Early Detection) und einer Reaktion des Transport-Layer-Protokolls. Es ist jedoch weiterhin zu beachten, dass Anwendungen, die UDP als Transport-Layer-Protokoll verwenden, darauf in aller Regel nicht reagieren. Lediglich wenn Streaminganwendungen einen zu hohen Paketverlust realisieren, wechseln sie gegebenenfalls auf einen Codec mit niedrigerer Bitrate und erzeugen somit auch im Netz weniger Last. Durch die zufällige Auswahl der zu verwerfenden Pakete wird die globale Synchronisation der TCP-Verbindungen verhindert.

14.2.3.2 Weighted Random Early Detection (WRED)

Da RED noch keine Differenzierung unterschiedlicher Verkehrsklassen unterstützt, wurde als Ergänzung Weighted RED entwickelt, das eine Unterstützung von Verkehrsklassen durch zusätzliche *Gewichtung* der Schwellenwerte für jede Verkehrsklasse ermöglicht, sodass entsprechend des Gewichts die Drop Probability für jede Verkehrsklasse unterschiedlich sein kann. Für weitere Details dazu, sei auf die entsprechende Herstellerliteratur verwiesen, da auch hierbei die Realisierung herstellerabhängig umgesetzt wird.

14.2.3.3 Explicit Congestion Notification

RED und WRED arbeiten beide nach dem Prinzip, durch den gezielten Verwurf von Paketen eine Reaktion des Congestion Managements (in der Realität von TCP) des Senders hervorzurufen, sodass dieser seine Ausgangsdatenrate für einen spezifischen Datenfluss reduziert. Dieser Ansatz ist zwar praktikabel und nutzt vorhandene Gegebenheiten der Transport-Layer-Protokolle aus, ist jedoch in seiner Reaktionsgeschwindigkeit von den

Timeout-Parametern des Senders abhängig, sodass die Reaktion möglicherweise erst deutlich verzögert erfolgen kann. Darüber hinaus werden Pakete verworfen, deren Inhalt damit erneut das Netz belasten wird.

Die Explicit Congestion Notification wurde eingeführt, um eben diesen Zeitverlust und den entstehenden Overhead zu reduzieren. Ein vor der Überlast stehender oder bereits überlasteter Router nutzt dazu das *Explicit Congestion Notification* Flag in Richtung des Empfängers. Statt ein Paket zu verwerfen, wird dieses weitergeleitet und das entsprechende Flag im TCP Header gesetzt. Ein Empfänger, der dieses Flag interpretiert, kann im Acknowledgement zu dem erhaltenen Paket direkt die *Congestion Window Size* reduzieren, sodass der Sender beim Erhalt der Bestätigung direkt mitgeteilt bekommt, dass er beim nächsten Versenden lediglich einen Byte-Stream mit einem reduzierten Maximum übertragen darf. Dadurch müssen Pakete nicht erst verworfen werden, damit das *Congestion Management* von TCP aktiv wird, sondern es wird gezielt aktiviert und ein Warten auf das Feedback des Netzes ist nicht mehr notwendig.

14.2.4 Policing, Queuing und Shaping

Um Performanceanforderungen im Computernetz einhalten zu können, müssen die Koppelelemente (insbesondere die Router) in der Lage sein, die verschiedenen Datenflüsse unterschiedlich zu behandeln und zwischen diesen die Ressourcen aufzuteilen. Dafür müssen verschiedene Mechanismen eingesetzt werden, die diesen Vorgang unterstützen. Policing, Queuing und Shaping sind die dabei zunächst relevanten Disziplinen. Für die Kontrolle der Datenrate einzelner Datenflüsse werden zudem die Konzepte Leaky Bucket und Token Bucket diskutiert.

14.2.4.1 Policing
Policing (vgl. Abb. 14.7) bedeutet, dass Pakete gezielt verworfen werden, um eine mögliche Überlastsituation zu vermeiden oder einen möglicherweise aggressiven Datenstrom gezielt zu regulieren. Diese Regulierung kann beispielsweise über entsprechende Congestion-Avoidance-Algorithmen erfolgen. Policing unterstützt ein QoS System somit dabei sicherzustellen, dass die spezifizierten Performance-Anforderungen von Datenflüssen eingehalten werden können und sich Datenflüsse mit unterschiedlicher Priorität möglichst nicht gegenseitig beeinflussen. Vorteil des Einsatzes von Policing ist, dass es ein kurzfristiges Feedback an den Sender einer Nachricht gibt, da dieser die verloren gegangenen Pakete registriert und anschließend seine Ausgangsdatenrate reduzieren kann.

14.2.4.2 Queuing und Shaping
Queuing und Shaping (vgl. Abb. 14.8) folgen in der Regel auf das Policing. Auch hierbei wird die Datenrate eines Datenflusses reguliert, jedoch nicht durch Verwerfen, sondern

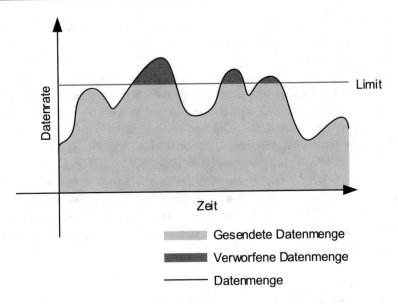

Abb. 14.7 Auswirkungen des Policing [Bö12]

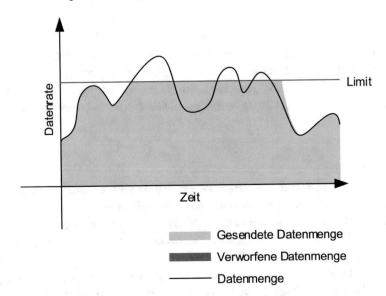

Abb. 14.8 Auswirkungen des Shaping. (In Anlehnung an [BT11])

durch die *Pufferung* von Paketen. Entsprechend ihrer Verkehrsklasse oder Serviceklasse werden Pakete in unterschiedlichen Warteschlangen zwischengespeichert, statt bei einer Überlast direkt verworfen zu werden. Die Pakete erfahren dadurch eine Verzögerung bei der Weiterleitung, die durch den Scheduling-Algorithmus, der die Warteschlangen bedient, bestimmt wird. Warteschlangen sind in diesem Kontext als *Ausgangspuffer* begrenzter Größe zu betrachten. Sollte es trotz des Einsatzes von Policing zu einer Überlastung einzelner Warteschlangen kommen, werden weitere Pakete direkt verworfen.

14.2.4.3 Leaky Bucket

Das Konzept des Leaky Bucket (vgl. Abb. 14.9) erlaubt es, für einen Datenfluss eine feste Ausgangsrate zu kontrollieren. Ein Leaky Bucket ist ein Puffer bzw. eine Warteschlange fester Länge, der/die eine definierte Ausgangsrate besitzt. Ist der Leaky Bucket voll und treffen weitere Pakete ein, werden diese direkt verworfen. Dies ist beispielsweise bei variablen Eingangsraten und auftretenden *Bursts* häufig der Fall. Der Leaky Bucket erlaubt damit, die Datenrate auf ein definiertes Maximum zu reduzieren und ist dadurch in der Lage, jegliche eingehende Bursts auf die Größe der Ausgangsdatenrate zu beschränken. Eine Implementierung kann variabel oder fest in Bezug auf die entnommene Paketgröße realisiert werden. Bei der Berücksichtigung variabler Paketgrößen wird pro Zeiteinheit eine feste Blockgröße aus dem Leaky Bucket entnommen und in einem weiteren Puffer zwischengespeichert, bis ein zu versendendes Paket vollständig ist. Hingegen erfolgt bei fester Paketgröße die Entnahme unter Einhaltung der Ausgangsrate pro Zeiteinheit erst nachdem die Paketgröße des nächsten Pakets erreicht wurde.

14.2.4.4 Token Bucket

Das Konzept des Token Bucket (vgl. Abb. 14.10) erlaubt es, für einen Datenfluss eine feste Ausgangsrate zu kontrollieren. Das Konzept beinhaltet einen Token Bucket sowie einen Packet Bucket, der den Puffer der Pakete darstellt. Der Packet Bucket wird durch die

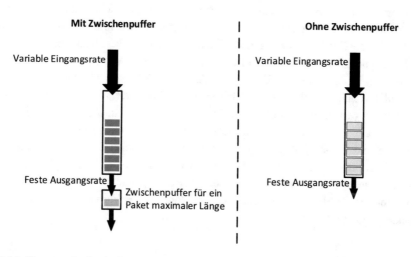

Abb. 14.9 Konzept des Leaky Bucket

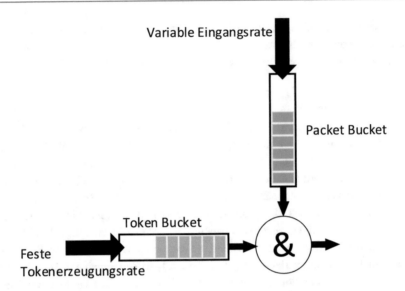

Abb. 14.10 Konzept des Token Bucket

eingehenden Pakete gefüllt. Die Größe des Token Buckets bestimmt die maximale *Burst-größe*, die empfangen werden kann. Ist der Token Bucket gefüllt und die Tokenrate niedriger als die Eingangsrate, werden die weiteren Pakete verworfen bis das Fassungsvermögen wieder ausreichend für mindestens ein Paket ist. Der Token Bucket enthält die Token und wird mit einer definierten *Token Arrival Rate* gefüllt. Diese entspricht dem Erwartungswert der durchschnittlich eingehenden Pakete in das System und bestimmt über einen längeren Zeitraum die durchschnittliche Datenrate.

Solange der Token Bucket nicht leer ist, werden Pakete aus dem Packet Bucket entnommen und ins Netz weitergeleitet. Jeder Token hat dabei einen festen Wert (beispielsweise in Byte). Für die Entnahme des nächsten Pakets aus dem Packet Bucket müssen im Token Bucket entsprechend viele Token vorliegen, sodass der Wert des zu entnehmenden Pakets erreicht wird. Ist der Token Bucket leer, verbleiben die Pakete zunächst im Packet Bucket, bis erneut ausreichend Token zur Verfügung stehen. Läuft der Token Bucket voll, werden weitere Token verworfen, statt diese quasi unendlich abzulegen, um die Abgangsrate beim Eintreffen weiterer Pakete im Packet Bucket nicht zu verfälschen. Die Token Arrival Rate sollte daher möglichst leicht über der Eingangsrate des Packet Buckets liegen, damit das Konzept es ermöglicht, ebenso wie der Leaky Bucket, die Datenflüsse zu glätten.

Die Implementierung ist aufgrund der beiden zu berücksichtigenden Komponenten deutlich komplexer als ein Leaky Bucket, da insbesondere die Verwaltung der Token einen signifikanten Overhead darstellt.

14.2.5 Scheduling

Die Grundlage des Traffic Shaping besteht darin, Pakete in unterschiedlichen logischen und physikalischen Warteschlangen zu puffern und entsprechend ihrer Priorität weiterzuleiten. Dabei können feststehende Ausgangsraten zugrunde liegen, welche gezielt die Datenraten reduzieren bzw. umverteilen und dadurch eine warteschlangenabhängige Verzögerung für jedes Paket induzieren. Die Warteschlangen werden dabei mit einem entsprechenden Scheduling-Algorithmus bedient bzw. abgearbeitet, die Pakete somit weitergeleitet.

Ein Scheduling-Algorithmus entscheidet entsprechend seiner Parametrierung, in welcher Reihenfolge und in welchem Umfang die Warteschlangen in jedem Schritt zu bedienen sind. Die jeweils ausgewählten Pakete, die parallel in den Warteschlangen vorhanden sind, werden anschließend durch Übergabe an einen Multiplexer in eine serielle, doch durch den Scheduling-Algorithmus modifizierte Reihenfolge gebracht und zum nächsten Hop weitergeleitet. Nachfolgend werden ausgewählte Scheduling-Algorithmen zusammenfassend erläutert.

14.2.5.1 First-in-First-Out (FIFO)

Der First-In-First-Out-Algorithmus (FIFO) ist der einfachste Algorithmus, der vorsieht, Pakete lediglich entsprechend ihrer Eingangsreihenfolge seriell weiterzuleiten. Eingesetzt wird FIFO daher sinnvollerweise in Systemen mit einer einzigen Warteschlange, da keine Form der Differenzierung von Datenflüssen ermöglicht werden kann.

14.2.5.2 Priority Queuing (PQ)

Der Priority-Queuing-Algorithmus (PQ) (vgl. Abb. 14.11) ist ein Algorithmus, der mehrere Warteschlangen mit unterschiedlicher Priorität bedient. In jeder Runde des Algorithmus wird die Warteschlange bedient, welche die höchste Priorität hat und gleichzeitig mindestens ein Paket beinhaltet und somit $queue_{size} > 0$ für die ausgewählte Warteschlange gilt. Ist in der Warteschlange mit der höchsten Priorität kein Paket vorhanden, wird die Warteschlange mit der nächst niedrigen Priorität dahingehend überprüft, ob mindestens ein Paket enthalten ist. Nachdem ein Paket entnommen wurde, kann die nächste Runde des Algorithmus wieder bei der Warteschlange mit der höchsten Priorität beginnen. PQ bietet einerseits den Vorteil, dass Warteschlangen mit höchster Priorität möglichst schnell bedient werden, führt jedoch gleichzeitig dazu, dass Warteschlangen mit niedriger Priorität nicht mehr bedient werden, wenn Warteschlangen mit hoher Priorität dauerhaft gefüllt sind. Dieses Verhalten wird *Queue Starving* (Aushungern der niedrigprioren Warteschlangen) genannt.

14.1 Gegeben sind die in Abb. 14.12 dargestellten Warteschlangen. Nehmen Sie an, dass in jeder Runde ein Paket nach dem Prioritätenscheduling abgearbeitet wird. Nach wie vielen

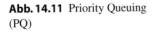

Abb. 14.11 Priority Queuing (PQ)

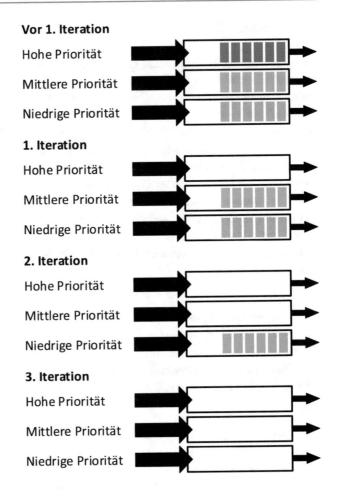

Vor 1. Iteration

Hohe Priorität

Mittlere Priorität

Niedrige Priorität

1. Iteration

Hohe Priorität

Mittlere Priorität

Niedrige Priorität

2. Iteration

Hohe Priorität

Mittlere Priorität

Niedrige Priorität

3. Iteration

Hohe Priorität

Mittlere Priorität

Niedrige Priorität

Runden sind alle Warteschlangen leer? Nach welcher Runde ist jede einzelne Warteschlange leer? Nehmen Sie an, dass keine weiteren Pakete den Warteschlangen zugeführt werden.

- Die Warteschlange mit hoher Priorität ist nach X Runden leer.
- Die Warteschlange mit mittlerer Priorität ist nach Y Runden leer.
- Die Warteschlange mit niedriger Priorität ist nach Z Runden leer.

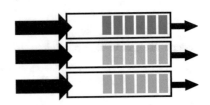

Abb. 14.12 Prioritätenscheduling

Vor 1. Iteration

Hohe Priorität

Mittlere Priorität

Niedrige Priorität

14.2.5.3 Round Robin (RR)

Der Round-Robin-Algorithmus (RR) (vgl. Abb. 14.13) ist ein Algorithmus, der mehrere Warteschlangen mit gleicher Priorität bedient. In jeder Runde des Algorithmus werden alle Warteschlangen nacheinander bedient, welche mindestens ein Paket beinhalten und somit $queue_{size} > 0$ für die jeweilige Warteschlange gilt. Dies bedeutet jedoch keineswegs, dass in jeder Runde genau ein Paket aus jeder Warteschlange entnommen wird. Vielmehr wird jede Warteschlange in jeder Runde für eine definierte Zeit bedient und entsprechend Daten entnommen und zwischengepuffert. Ist am Ende dieses Prozesses an einer Warteschlange ein vollständiges Paket im *Zwischenpuffer,* so wird das Paket weitergeleitet. Andernfalls werden erst in der nächsten und möglicherweise übernächsten Runde, abhängig von der Paketgröße, die restlichen Daten (bit- oder byteweise) aus der Warteschlange entnommen und das Paket weitergeleitet. RR bietet den Vorteil, dass alle Warteschlangen fair bedient werden und es nicht zum *Queue Starving* kommt. Da jedoch alle Warteschlangen gleichlange bedient werden und keine Priorisierung der Warteschlangen vorgenommen wird, ist eine Differenzierung von Datenflüssen nicht wirklich möglich.

14.2 Gegeben sind die in Abb. 14.14 dargestellten Warteschlangen. Nehmen Sie an, dass in jeder Runde ein Paket nach dem Round-Robin-Schedulingverfahren abgearbeitet wird. Nach wie vielen Runden sind alle Warteschlangen leer? Nach welcher Runde ist jede einzelne Warteschlange leer? Nehmen Sie an, dass keine weiteren Pakete den Warteschlangen zugeführt werden.

- Die oberste Warteschlange ist nach X Runden leer.
- Die mittlere Warteschlange ist nach Y Runden leer.
- Die untere Warteschlange ist nach Z Runden leer.

14.2.5.4 Weighted Round Robin (WRR)

Der Weighted-Round-Robin-Algorithmus (WRR) (vgl. Abb. 14.15) ist ein Algorithmus, der mehrere Warteschlangen mit unterschiedlicher Priorität bedient. In jeder Runde des Algorithmus werden alle Warteschlangen nacheinander bedient, welche mindestens ein Paket beinhalten und somit $queue_{size} > 0$ für die jeweilige Warteschlange gilt. In jeder Runde wird aus einer Warteschlange eine definierte Anzahl von vollständigen Paketen entnommen, die sich aus dem normalisierten Verhältnis von Priorität der Warteschlange und der darin durchschnittlich vorzufindenden Paketgröße bestimmt:

$Anzahl_i$ of packets served per round of queue i = $normalized$(priority/mean packet size)

Die durchschnittliche Paketgröße wird in der Realität nicht nach jedem eingehenden Paket neu bestimmt, sondern eher periodisch, um weder auf Bursts empfindlich zu reagieren, noch die Performance des Systems nachteilig zu beeinflussen. Die entnommenen Pakete werden

Abb. 14.13 Round Robin
(RR)

Vor 1. Iteration

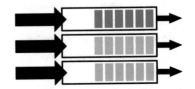

1. Iteration

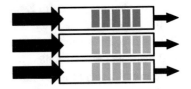

2. Iteration

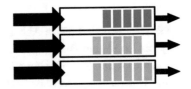

3. Iteration

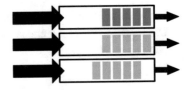

4. Iteration

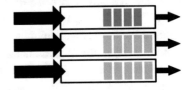

Abb. 14.14 Round Robin
Schedulingverfahren

Vor 1. Iteration

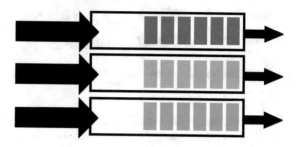

umgehend weitergeleitet, bevor die nächste Warteschlange nach demselben Prinzip bedient wird. WRR bietet einerseits den Vorteil, dass Warteschlangen entsprechend einer Priorität bedient werden, hat jedoch andererseits den Nachteil, dass die Priorität keineswegs zuverlässig zu einer bestimmten *Paketabgangsrate* führt, da die Priorität bzw. die Gewichtung

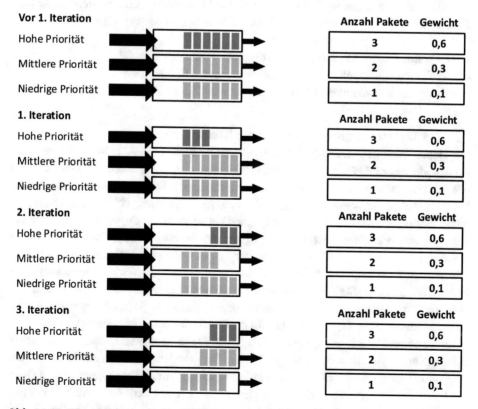

Abb. 14.15 Weighted Round Robin (WRR)

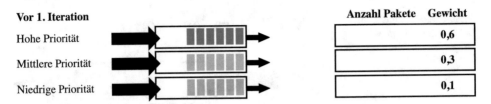

Abb. 14.16 Weighted Round Robin Schedulingverfahren

der Warteschlange ins Verhältnis zur durchschnittlichen Paketgröße gesetzt wird und dies bei vielen großen Paketen zu einer Reduzierung der Abgangsrate bezogen auf die Anzahl der Pakete führen kann, obwohl der Warteschlange eine hohe Priorität zugewiesen wurde.

14.3 Gegeben sind die in Abb. 14.16 dargestellten Warteschlangen. Nehmen Sie an, dass in jeder Runde ein Paket nach dem Weighted-Round-Robin-Schedulingverfahren abgearbeitet wird. Bestimmen Sie zunächst die Anzahl der Pakete, die gemäß Gewichtung in jeder Runde aus den jeweiligen Warteschlangen entnommen werden können. Nach wie vielen Runden sind alle Warteschlangen leer? Nach welcher Runde ist jede einzelne Warteschlange leer? Nehmen Sie an, dass keine weiteren Pakete den Warteschlangen zugeführt werden.

- Die Warteschlange mit hoher Priorität ist nach X Runden leer.
- Die Warteschlange mit mittlerer Priorität ist nach Y Runden leer.
- Die Warteschlange mit niedriger Priorität ist nach Z Runden leer.

14.2.5.5 Deficit Weighted Round Robin (DWRR)

Der Deficit-Weighted-Round-Robin-Algorithmus (DWRR) (vgl. Abb. 14.17) ist ein Algorithmus, der mehrere Warteschlangen mit unterschiedlicher Priorität bedient. In jeder Runde des Algorithmus werden alle Warteschlangen nacheinander bedient, welche mindestens ein Paket beinhalten und somit $queue_{size} > 0$ für die jeweilige Warteschlange gilt. Die Bedienung sieht so aus, dass für jede Warteschlange ein sogenannter *Deficit Counter* verwaltet wird, der quasi ein *Guthabenkonto* in Byte darstellt. In jeder Runde wird zunächst dieses Guthaben für jede Warteschlange entsprechend eines Quantums, welches die Priorität der Warteschlange darstellt, erhöht. Im Anschluss daran werden alle Warteschlange sukzessive bedient, bei denen der *Deficit Counter* mindestens der Größe des nächsten Pakets (Head) der Warteschlange entspricht. Das Paket wird in dem Fall aus der Warteschlange entnommen, weitergeleitet und der Deficit Counter um die Größe des entnommenen Pakets reduziert, bevor die nächste Warteschlange bedient wird. Eine Runde ist abgeschlossen, nachdem diese beiden Schritte für jede Warteschlange durchgeführt wurden. DWRR bietet bezüglich der Berücksichtigung von Prioritäten eine sehr hohe Genauigkeit und hat einen geringen Overhead, da jedes Mal nur die Größe des nächsten Pakets (Head der Warteschlange) bekannt sein muss und keine Mittelwerte aufwendig berechnet werden müssen. Ein Problem ist

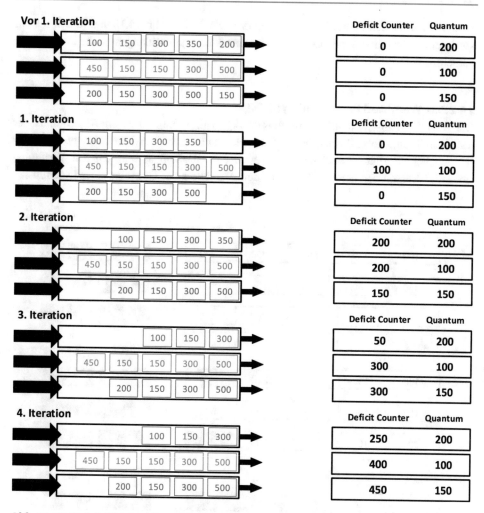

Abb. 14.17 Deficit Weighted Round Robin (DWRR)

jedoch der Deficit Counter, bei dem eine sogenannte *Insolvenz* eintreten kann. Da es passieren kann, dass der Deficit Counter erst nach mehreren Runden ausreichend gefüllt ist, kann eine Folge sein, dass Pakete solange in der Warteschlange pausieren, dass diese nicht mehr rechtzeitig beim Empfänger eintreffen und somit obsolet werden. Es wird dann von Insolvenz gesprochen, da der Deficit Counter (das Guthaben) nicht mehr rechtzeitig so groß sein wird, dass das Paket rechtzeitig weitergeleitet werden kann (die Insolvenz eintritt und das Paket nicht mehr gerettet werden kann). Forschungsansätze wie [BKTK11] versuchen dieser Insolvenz durch ein entsprechendes Verfahren entgegen zu wirken, sind jedoch noch in der Forschungsphase.

14.4 Finden Sie den Fehler im Scheduling (via DWRR) in Abb. 14.18 und führen Sie das korrigierte Scheduling durch. Geben Sie die korrekten Warteschlangeninhalte im 4. Iterationsschritt an.

14.2.5.6 Weighted Fair Queuing (WFQ)

Der Weighted-Fair-Queuing-Algorithmus (WFQ) (vgl. Abb. 14.19) ist ein Algorithmus, der nach dem Round-Robin-Prinzip arbeitet, jedoch erlaubt, mehrere Warteschlangen mit unterschiedlicher Priorität zu bedienen. Der Anteil eines Datenflusses an den zur Verfügung stehenden Ressourcen berechnet sich aus dem Verhältnis des Gewichts eines Datenflusses

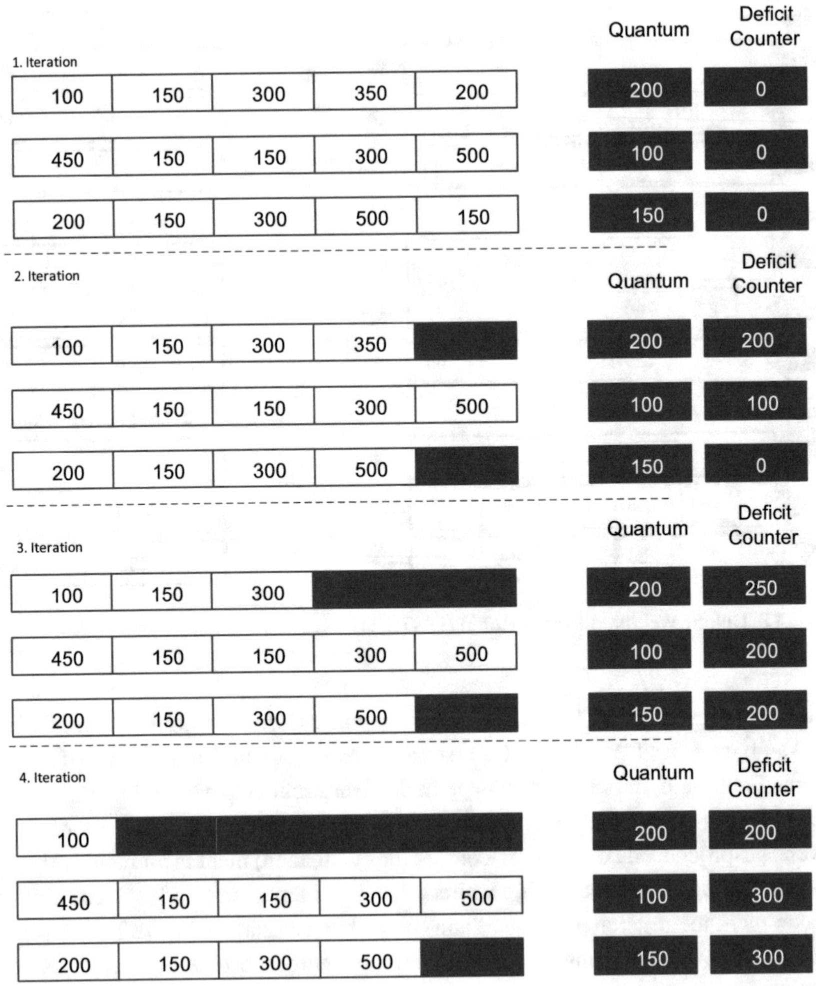

Abb. 14.18 DWRR-Szenario

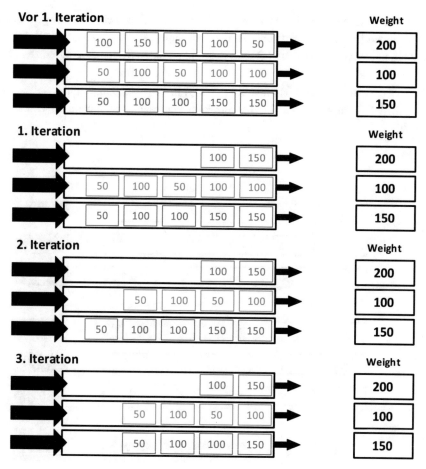

Abb. 14.19 Weighted Fair Queuing (WFQ)

(entspricht der Priorität) zur Summe der Gewichte aller Datenflüsse. Diesen Anteil an der zur Verfügung stehenden Datenrate erhält dann ein Datenfluss. Der Anteil einer Warteschlange entspricht dann der Summe der Anteile der einzelnen Datenflüsse, die in dieser Warteschlange verwaltet werden. Da in einer Warteschlange in der Regel Datenflüsse mit gleichen Anforderungen und Prioritäten verwaltet werden, ergeben sich keine Probleme bezüglich der Fairness und der vergebenen Prioritäten. Die Neuberechnung der Anteile sollte periodisch erfolgen, da zwar das Auftreten von Datenflüssen erkannt werden kann, das Ende eines Datenflusses jedoch nicht.

In jeder Runde des Algorithmus werden die Warteschlangen entsprechend des Round-Robin-Algorithmus nacheinander bedient. Dabei gelten die gleichen Regeln und Vorgehensweisen, wie schon beim Round-Robin-Algorithmus. WFQ bestimmt demnach lediglich die Bediendauer der einzelnen Warteschlangen auf Basis aller vorliegenden Gewichtungen im

System. WFQ bietet im Vergleich zu vielen anderen Algorithmen einen relativ geringen und nur einmaligen Berechnungsaufwand bei der Aufteilung der Ressourcen und wird deshalb bevorzugt, neben Weighted Round Robin, in kommerziellen Systemen eingesetzt.

14.5 Finden Sie den Fehler im Scheduling (WFQ) in Abb. 14.20 und führen Sie das korrigierte Scheduling durch. Geben Sie die korrekten Warteschlangeninhalte im 4. Iterationsschritt an.

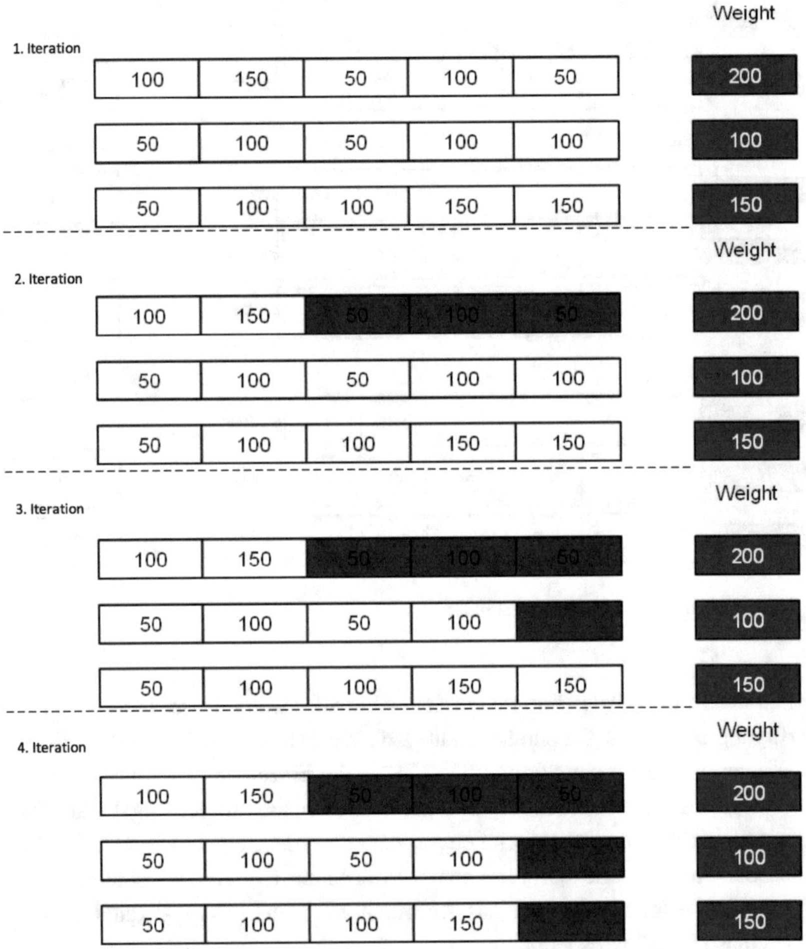

Abb. 14.20 WFQ-Szenario

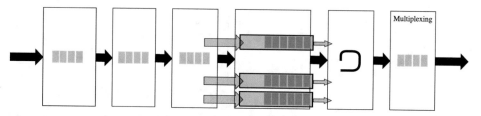

Abb. 14.21 Kette der Dienstgütemechanismen

14.6 Gegeben ist die in Abb. 14.21 dargestellte Struktur. Ergänzen Sie die Bezeichnungen der nicht benannten Elemente.

14.3   Integrated-Services-Architektur (IntServ)

Eine Integrated-Services-Architektur (IntServ) ermöglicht unter anderem eine Garantie von Dienstgüte für einzelne Datenflüsse, also die verbindliche Einhaltung der Qualitätsanforderungen [SPG97] für die Datenübertragung einer Anwendung auf dem vollständigen Pfad zwischen zwei Hosts. Dazu ist es jedoch notwendig, die Ressourcen auf dem vollständigen Pfad zwischen den Hosts und somit den Endpunkten der Anwendungskommunikation im Vorhinein durch Verwendung eines geeigneten Protokolls zu reservieren. Erst nach Abschluss dieser Reservierung kann die Übertragung der Daten zwischen den Endpunkten erfolgen. Bedingt durch die notwendige Reservierung von Ressourcen auf allen Koppelelementen des Kommunikationspfads ist eine Voraussetzung für IntServ, dass alle Koppelelemente diese Architektur und dementsprechend auch das gewählte Reservierungsprotokoll[3] unterstützen müssen (vgl. [BCS94, WSS+01] sowie [BDEGS08]). IntServ ist nicht zustandslos.

14.3.1 Grundlegende Arbeitsweise

Die grundlegende Arbeitsweise von IntServ kann in drei Phasen (vgl. Abb. 14.22) unterteilt werden, die nachfolgend abstrakt beschrieben werden:

- Initialisierungsphase (Verbindungsaufbau)
- Operationsphase (Datenübertragung)
- Terminierungsphase (Verbindungsabbau)

---

[3]Bei IntServ wird das Resource Reservation Setup Protocol (RSVP) [Wro97b] eingesetzt.

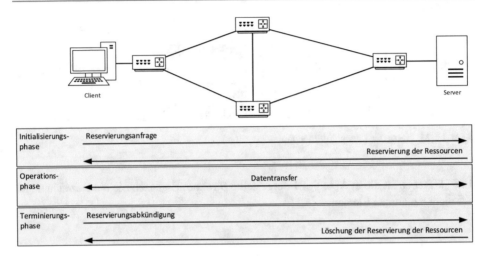

Abb. 14.22 Arbeitsweise und Struktur von IntServ

14.3.1.1 Initialisierungsphase

In der Initialisierungsphase einer Verbindung sieht die IntServ-Architektur vor, dass die notwendigen Ressourcen für die spätere Datenübertragung gemäß den Anforderungen einer Anwendung im Vorfeld einer Verbindung zu reservieren sind. Für die Reservierung wird das Resource Reservation Setup Protocol (RSVP) [BZB+97] verwendet. RSVP baut einen reservierten Pfad zwischen Sender und Empfänger auf. Gleichzeitig ist es in der Lage, auf Verbindungsausfälle zu reagieren und alternative Pfade dynamisch aufzubauen.

Vom Sender wird zunächst eine Anfrage an einen Empfänger geschickt, die den vollständigen Pfad und damit alle Router auf dem Pfad passiert. Der Empfänger erhält durch diese erste Nachricht Kenntnis über den vollständigen Pfad, der für die Verbindung gewählt wurde, und kann anschließend die Reservierung der Ressourcen bei allen Routern auf dem Pfad vornehmen (vgl. Abb. 14.23).

Im Rahmen der Reservierungsnachricht werden die für die beiden *Serviceklassen* notwendigen Performance-Parameter spezifiziert:

- Controlled Load Service Class: erforderliche Datenrate.
- Guaranteed Service Class: erforderliche Datenrate, maximal zulässige Verzögerung.

Die Router auf dem Pfad entscheiden nun, ob diese in der Lage sind, zusätzlich zu den bereits verwalteten Datenflüssen, den anfragenden Fluss unter Einhaltung der Performanceanforderungen zu bedienen. Das negative Feedback eines einzigen Routers verhindert den Verbindungsaufbau und den Start des Anwendungsflusses, da keine weitere Reservierung bei nachfolgenden Routern mehr vorgenommen wird. Nach der Reservierung auf dem vollständigen Pfad, kann die Datenübertragung beginnen. Die Router auf dem Pfad sind dann

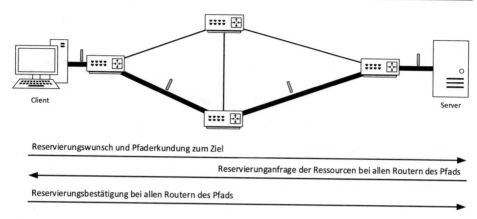

Abb. 14.23 Reservierung von Ressourcen

dafür verantwortlich, für die entsprechende Erfüllung der Performanceanforderungen Sorge zu tragen.

14.3.1.2 Operationsphase

Während der Operationsphase müssen die Router auf dem Pfad garantieren, dass jeder Datenfluss die ihm zugeteilten Ressourcen erhält, sodass dessen Performanceanforderungen eingehalten werden. Die Pakete werden dazu entsprechend der zur Verfügung stehenden QoS-Mechanismen in Warteschlangen gepuffert und dann durch einen *Scheduler* ausgewählt weitergeleitet. Jeder Router ist in der Operationsphase dafür eigenständig verantwortlich, die Ressourcen den verschiedenen Datenflüssen entsprechend ihrer Reservierung zuzuteilen. Dazu kann es erforderlich sein, Datenflüsse durch Policing zu regulieren, die mehr Ressourcen in Anspruch nehmen würden, als ursprünglich reserviert wurden. Dieses Verhalten ist jedoch nur dann notwendig, wenn ein Datenfluss andere Datenflüsse beeinträchtigt bzw. eine Überlastsituation auf dem Router entsteht. Eingesetzt werden können hierzu die diskutierten Mechanismen Leaky-Bucket oder Token-Bucket.

Um die Verfügbarkeit eines Pfades sicherzustellen bzw. regelmäßig zu überprüfen, werden vom Sender periodisch *Keep-Alive-Nachrichten* an den Empfänger geschickt, die einer *Reservierungsnachricht* entsprechen. Dadurch erhält der Empfänger mit jeder dieser Nachrichten den aktuellen vollständigen Pfad. Stimmt dieser nicht mehr mit dem ursprünglichen Pfad überein (z. B. aufgrund des Ausfalls eines Link), auf dem die Ressourcen reserviert wurden, kann dies durch den Empfänger erkannt und eine Reservierung der erforderlichen Ressourcen auf dem neuen Pfad durchgeführt werden (vgl. Abb. 14.24).

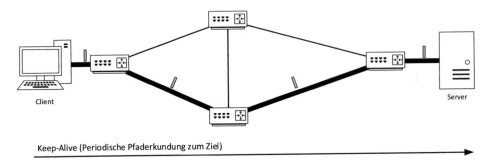

Keep-Alive (Periodische Pfaderkundung zum Ziel)

Abb. 14.24   Keep-Alive der Reservierung

14.3.1.3 Terminierungsphase

In der Terminierungsphase erfolgt die Abkündigung der Verbindung durch das Senden einer Release-Nachricht an den Empfänger, der wiederum eine entsprechende Nachricht an den Sender schickt, welcher alle Router auf dem reservierten Pfad passiert. Diese löschen nach Erhalt der Nachricht die entsprechende Reservierung (vgl. Abb. 14.25).

14.3.2 Serviceklassen

Bei IntServ werden generell zwei bzw. drei Serviceklassen unterschieden, die unterschiedliche Arten von Anforderungen der Anwendungen abdecken sollen:

- *Controlled Load Service Class:* In diese Klasse werden Anwendungen eingeordnet, die Schwankungen in der Verzögerung sowie der möglichen mittleren Datenrate tolerieren können. Dies sind insbesondere Anwendungen ohne Echtzeitanforderungen, die jedoch gleichzeitig Anforderungen als untere Schranke spezifizieren, damit die Anwendung

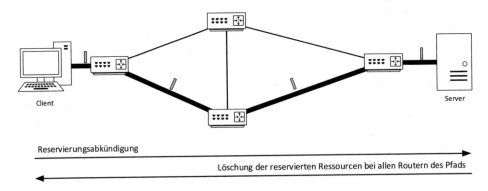

Reservierungsabkündigung

Löschung der reservierten Ressourcen bei allen Routern des Pfads

Abb. 14.25   Terminierung einer Verbindung und Löschung der Reservierung

akzeptabel (möglicherweise bezogen auf die Verzögerungstoleranz der Benutzer) betrieben werden kann. Die Controlled Load Service Class ist in [Wro97a] spezifiziert.

- *Guaranteed Service Class:* In diese Klasse werden Anwendungen eingeordnet, die keinen bzw. nur einen minimalen Verzögerungsjitter bei einer mittleren Datenrate erlauben. Dies betrifft insbesondere Anwendungen mit harten Echtzeitanforderungen, aber in bestimmten Fällen auch Sprach- und Videoübertragungen. Die Guaranteed Service Class ist in [SPG97] spezifiziert.

In eine dritte Klasse fallen alle Anwendungen, die keine besonderen Anforderungen haben und dem Best-Effort-Ansatz hinsichtlich ihrer Anforderungen genügen. Nur für die zuerst genannten Serviceklassen sind in der Initialisierungsphase die Anforderungen beim Verbindungsaufbau zu spezifizieren.

14.3.3 Eignung

Mit IntServ wurde versucht, die Einhaltung von unterschiedlichen Performanceanforderungen nicht nur zuverlässig zu gewährleisten, sondern ähnlich wie bei ATM zu garantieren. Die IntServ-Architektur erfüllt auch die damit verbundene Zielsetzung, hat sich jedoch aufgrund von drei Eigenschaften, die unabdingbar zur Erreichung der Zielsetzung sind und IntServ hinsichtlich der Leistungsfähigkeit überlegen machen, als schlecht skalierbare Lösung erwiesen, die den flächendeckenden Einsatz verhindert:

- *Komponenten:* Damit IntServ in der Lage ist, die durch die Anwendung gestellten Performanceanforderungen einzuhalten, ist es zwingend notwendig, dass alle Koppelelemente auf dem Pfad zwischen Sender und Empfänger IntServ-fähig sind, da ansonsten keine durchgängigen QoS-Garantien möglich sind. Koppelelemente auf diesem Pfad ohne Unterstützung können den unterschiedlichen Anforderungen der Anwendungen nicht Rechnung tragen.
- *Performance:* IntServ sieht vor, dass für jeden Datenfluss mit Performanceanforderungen eine Reservierung vorgenommen wird und damit der Zustand der Verbindung auf jedem Koppelelement zwischen Sender und Empfänger verwaltet wird. Bei großen Netzen bedeutet dies einen erheblichen Verwaltungsaufwand in jedem Koppelelement, der ein hohes Maß an Leistungsfähigkeit der Koppelelemente bedeutet, damit diese in der Lage sind, ohne Einbußen die Verbindungen zu verwalten.
- *Kosten:* Die beiden zuvor genannten Eigenschaften machen IntServ zusätzlich zu den Einschränken zu einer sehr kostenintensiven QoS-Architektur, die damit schon aus wirtschaftlichen Gründen häufig ausgeschlossen werden muss.

14.4   Differentiated-Services-Architektur (DiffServ)

Eine Differentiated-Services-Architektur (DiffServ) kann keine harte Garantie von Dienst-güte für einzelne Datenflüsse sicherstellen, da keine Reservierung von Ressourcen auf dem vollständigen Pfad zwischen zwei Endpunkten erfolgt. Stattdessen ermöglichen sie es, fest-gelegt über domänenspezifische Richtlinien, das *Weiterleitungsverhalten* der Router pro Verkehrsklasse festzulegen. DiffServ verwendet dazu eine Markierung der Pakete, die Aus-kunft über das zugeordnete Weiterleitungsverhalten *(Per-Hop-Behavior)* gibt. Insgesamt können bis zu 64 unterschiedliche Verhaltensweisen definiert und dementsprechend viele Verkehrsklassen unterschieden werden. Vorteil von DiffServ im Vergleich zu IntServ ist die erheblich bessere Skalierbarkeit, da das Verhalten pro Verkehrsklasse und nicht pro Daten-fluss festgelegt werden muss. Dieser Vorteil führt aber zu der Einschränkung, dass es keine Garantie der Dienstgüte geben kann, sondern lediglich eine abgeschwächte Gewährleistung (vgl. [Gro02, WSS+01, BDEGS08] sowie [AF08]). DiffServ ist zustandslos.

14.4.1 Grundlegende Arbeitsweise

Die Einhaltung bzw. Durchsetzung von QoS-Anforderungen im Computernetz erfolgt in mehreren Schritten (vgl. Abb. 14.26). Nachfolgend soll der Fokus auf das am weitesten verbreitete DiffServ-Modell gesetzt werden. Der erste und gleichzeitig wichtigste Schritt ist die richtige Klassifizierung von Datenflüssen und deren Paketen. Diese ist notwendig, um eine anwendungsspezifische und den QoS-Anforderungen der Anwendung entsprechende Behandlung von Verkehr im Computernetz durchführen zu können. Die Erkennung kann auf verschiedenen Ebenen ablaufen: auf dem Network Layer anhand der Ziel-IP-Adresse; auf dem Transport Layer anhand des TCP-/UDP-Zielports; auf dem Application Layer anhand des *Anwendungsprotokolls* oder anhand von Anwendungssignaturen.

Die Klassifizierung erfolgt in der Regel an einem der Edge-Router, der anhand der iden-tifizierten Klasse – in Abhängigkeit von der gewählten QoS-Architektur – den Verkehr mar-kiert. Da die Ziel-IP-Adressen häufig, insbesondere bei externen Zielen nicht bekannt sind und die TCP-/UDP-Zielports teilweise nicht globalen oder lokalen Standards entsprechend verwendet und des Weiteren Anwendungsprotokolle als Trägerprotokolle zweckentfrem-det werden, versuchen Hersteller heutzutage durch den Einsatz von *Anwendungssignaturen* die Erkennung von Anwendungen und Diensten und damit deren korrekte Klassifizierung sicherzustellen. Die Erstellung von Anwendungssignaturen und die dynamische Echtzei-terkennung von Anwendungen anhand ihrer Signaturen stehen heutzutage im Fokus vieler Forschungsbemühungen. *Maschinelles Lernen,* die Gewinnung von *Trainingsdatensätzen* etc. spielen dabei eine wichtige Rolle, stoßen jedoch spätestens dann an ihre Grenzen, wenn Anwendungsdaten verschlüsselt übertragen werden. Hier wird zwar versucht, anhand von Flusssignaturen die Anwendungen und Dienste zu identifizieren, zuverlässige Ergebnisse können jedoch nicht geliefert werden, ganz unabhängig davon, dass ein solches Verfahren

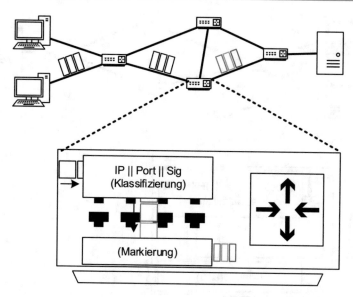

Abb. 14.26 Grundlegende Architektur

angreifbar ist und dadurch oft große Sicherheitsrisiken birgt. Werden Anwendungen und Dienste falsch klassifiziert, ist die entwickelte und implementierte QoS-Architektur nutzlos und führt in der Regel sogar zu einem nicht erwünschten Verhalten des Computernetzes. Eine Verlagerung der Funktion der Klassifizierung hin zu den Hosts stellt dabei eine interessante Lösung dar (vgl. Abb. 14.27). Auf einem Host kann ein Datenfluss direkt einem Prozess im Betriebssystem und somit einer Anwendung oder einem Dienst zugeordnet und dementsprechend markiert werden. Dass die *Markierung* in einem Computernetz nach einem einheitlichen Schema durchgeführt werden muss, ist selbstverständlich. Durch diesen frühen Zeitpunkt der Markierung kann der Verkehr und somit jedes einzelne Paket am Edge-Router korrekt identifiziert und der entsprechenden Verkehrsklasse zugeordnet werden.

Eine Markierung von Paketen kann sowohl auf dem Data Link Layer als auch auf dem Network Layer des ISO/OSI-Schichtenmodells erfolgen. An dieser Stelle wird jedoch der Fokus auf die Markierung im Network Layer gelegt, da dieser ein Computernetz unabhängig von der verwendeten Technik im Data Link Layer (z.B. Ethernet) vollständig abdeckt und somit die Einhaltung von QoS-Anforderungen auf dem vollständigen Pfad zwischen zwei Kommunikationsendpunkten im Computernetz ermöglicht. Bei Verwendung des Internet-Protokolls (hier Version 4) auf dem Network Layer kann innerhalb eines IP-Header-Feldes, dem *Type-of-Service*-Feld (*ToS*-Feld), eine Markierung gesetzt werden. Innerhalb dieses Feldes werden die obersten 6 Bit zur Markierung der Pakete verwendet. Dieser Bereich wird als Differentiated Service Code Point (DSCP) bezeichnet. Durch die verschiedenen Bitmuster lässt sich eine Unterscheidung von 64 Verkehrsklassen realisieren.

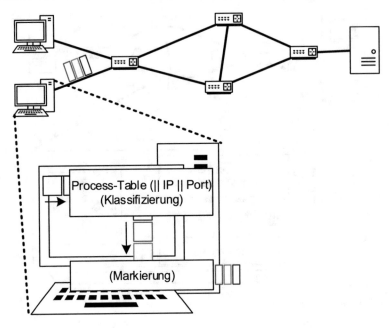

Abb. 14.27 Alternative Architektur

Verkehrsklassen definieren ein *Weiterleitungsverhalten* für Pakete, das pro Hop gesteuert werden kann (PHB = Per-Hop Behavior).

14.4.2 Per-Hop Behavior

Die unterschiedlichen Per-Hop Behavior (vgl. Abb. 14.28) werden in mehreren RFCs definiert, die in diesem Abschnitt diskutiert werden.

14.4.2.1 Class Selector (CSx)

Die Klasse Class Selector [NBBB98] belegt die drei höchstwertigsten Bit des DSCP-Wertes und erlaubt somit eine Gliederung in acht Teilklassen. Die drei niederwertigsten Bit sind bei dieser Klasse durchgehend mit dem Wert Null belegt. Diese nicht vollständige Ausnutzung der sechs zur Verfügung stehenden Bit ist historisch bedingt. Vor der Einführung von DiffServ und den *Differentiated Service Code Points* wurde für die Markierung von Verkehr ein Bereich mit der Bezeichnung IP Precedence (IPP) verwendet, der die drei höchstwertigsten Bit im *ToS*-Feld belegt (vgl. Abb. 14.28). Koppelelemente haben bei der Zuordnung von Paketen zu Verkehrsklassen lediglich die drei höchstwertigsten Bit ausgewertet. Diese Form wurde auch bei der Einführung von DSCP berücksichtigt, sodass die CS-Klassen kompatibel zu den entsprechenden IPP-Klassen/-Werten sind. Dadurch können auch ältere

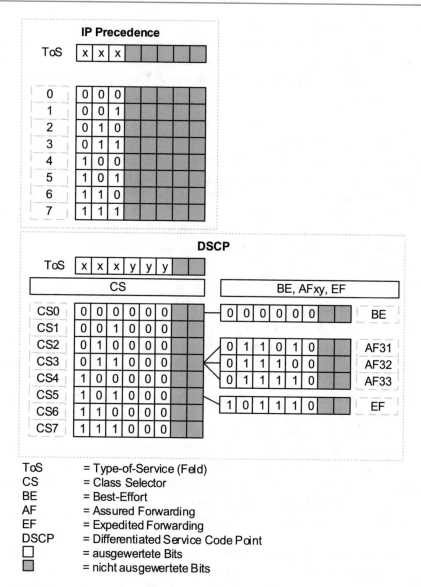

Abb. 14.28 DiffServ Per-Hop Behavior

Koppelelemente bei Verwendung von DSCP zumindest eine grobe Zuordnung der Verkehrsklassen vornehmen. Die drei niederwertigsten Bit werden von diesen Elementen nicht ausgewertet. Um eine weitere Detaillierung und die Abbildung weiterer Verkehrsklassen bzw. PHB-Klassen zu ermöglichen und diese von der Grobstruktur her zu vereinheitlichen, wurden die Klassen Best-Effort, Expedited Forwarding und Assured Forwarding definiert.

14.4.2.2 Best-Effort (BE)

Die Klasse Best-Effort entspricht der Standardverkehrsklasse, bei der keine besondere Behandlung des Verkehrs erfolgt. Sie bildet somit die niedrigste Klasse ohne jegliche Anforderungen und Garantien. Das Bitmuster zeigt, dass diese Klasse gleich der Klasse CS.0 ist (vgl. Abb. 14.28).

14.4.2.3 Expedited Forwarding (EF)

Der Klasse Expedited Forwarding [DCB+02] zugeordnete Datenflüsse werden unter Einhaltung einer minimalen Datenrate weitergeleitet, während sowohl Paketverlustrate, Verzögerung und *Verzögerungsjitter* vernachlässigbar klein bleiben. Diese Klasse ist somit für Anwendungen und Dienste geeignet, die eine minimale Datenrate benötigen, jedoch gleichzeitig eine gewisse Verlusttoleranz aufweisen (z. B. Voice-over-IP). Betrachtet man das Bitmuster (vgl. Abb. 14.28), zeigt sich, dass dies eine weitere Detaillierung der Klasse CS.5 darstellt.

14.4.2.4 Assured Forwarding (AF)

Bei der Klasse Assured Forwarding [HBWW99] existieren vier unterschiedliche Klassen, welche jeweils aufgeteilt werden in Subklassen, die sich im Verwurfverhalten von Pakten in Überlastsituationen unterscheiden. Die drei höchstwertigsten Bits definieren die Nummer der Klasse AF1 bis AF4. Die drei niederwertigsten Bits definieren die jeweiligen Vorgaben bzw. Wahrscheinlichkeiten für das Verwerfen von Paketen (010 = low; 100 = medium; 110 = high), wie in Tab. 14.29 dargestellt. Dabei ist zu beachten, dass das letzte Bit stets den Wert Null hat und somit der Dezimalwert der Subklassenbezeichnung aus dem Wert der beiden vorletzten Bits abgeleitet wird. Wie aus Abb. 14.28 ersichtlich wird, stellt jedoch jede AF-Klasse quasi eine genauere Spezifikation der im Bitmuster der drei höchstwertigsten Bits gleichen CS-Klasse dar. Den vier unterschiedlichen Klassen wird jeweils ein Minimum der zur Verfügung stehenden Ressourcen zugewiesen.

Eine Übersicht über die Zusammenhänge der verschiedenen Klassen ist in Tab. 14.30 zu finden.

Die Zuweisung der Klassen zu Datenflüssen sollte in Abhängigkeit von der Anzahl der Anwendungen und Dienste und deren unterschiedlichen Anforderungen erfolgen. So muss es nicht unbedingt sinnvoll sein, eine detaillierte Klassifizierung gemäß AF-Klassen vorzunehmen. Häufig kann bereits eine einfache Zuordnung zu CS-Klassen ausreichend sein.

Drop Precedence/AF Klasse	AF1	AF2	AF3	AF4
Low (1)	001010 (10)	010010 (18)	011010 (26)	100010 (34)
Medium (2)	001100 (12)	010100 (20)	011100 (28)	100100 (36)
High (3)	001110 (14)	010110 (22)	011110 (30)	100110 (38)

Abb. 14.29 Drop Precedence Codes

IP Precedence	Class Selector	Detaillierung		
7	CS7			
6	CS6			
5	CS5		EF	
4	CS4	AF41	AF42	AF43
3	CS3	AF31	AF32	AF33
2	CS2	AF21	AF22	AF23
1	CS1	AF11	AF12	AF13
0	CS0		BE	

Abb. 14.30 Übersicht der Zuordnung von PHBs

Um jedoch eine genaue Abbildung, beispielsweise von unterschiedlich zu priorisierenden Datenflüssen mit Sprachdaten, vornehmen zu können, sollten auch die Klassen BE, EF und AF verwendet werden und nicht ausschließlich die CS-Klassen. Allgemein kann angenommen werden, dass eine Klasse A, die einen höheren Wert als eine Klasse B hat, auch eine höhere Priorität als diese hat. Dies lässt jedoch nicht immer Rückschlüsse auf die herstellerabhängige Implementierung zu. Die hier vorgenommene Markierung erfolgt in der Regel auf Edge-Routern, manchmal jedoch auch auf den Endpunkten. Core-Router markieren Pakete nicht, sondern leiten diese lediglich anhand des durch den Wert im DSCP-Bereich des *ToS*-Feldes eines IP-Headers festgelegten Per-Hop Behavior entsprechend weiter.

Der Umgang mit zunächst klassifizierten und anschließend markierten Paketen stellt nun den steuernden Teil der Mechanismen zur Einhaltung der Anforderungen dar. Ob in Überlastsituationen oder zur Einhaltung von Service Level Agreements, in beiden Fällen stehen zwei Methoden zur Verfügung: die gezielte Verzögerung von Paketen eines Datenflusses *(Shaping)* oder das gezielte Verwerfen von Paketen eines Datenflusses *(Policing)*.

14.4.3 Umsetzung des Congestion Managements

Beim *Shaping* erfolgt zunächst die Einordnung der eingehenden Pakete in verkehrsklassenabhängige Warteschlangen. Die Abarbeitung der Warteschlangen erfolgt dann in einem Schedulingprozess, bei dem gemäß eines Scheduling-Algorithmus die Warteschlangen bedient bzw. abgearbeitet werden und somit Pakete entnommen und verschickt werden. Durch die Konfiguration des Scheduling lassen sich Pakete eines Datenflusses A zum Vorteil eines Datenfluss B gezielt verzögern. Existieren keine Warteschlangen bzw. sind diese bereits voll, werden neu ankommende Pakete verworfen. In diesem Fall ist keine aktive Überwachung der *Auslastung* des Mediums vorhanden, sodass der Fall der Überlast eintritt und Pakete verworfen werden müssen. Mechanismen wie die TCP-Überlastkontrolle versuchen durch eine aktive Überwachung der Paketverlustraten Überlastsituationen zu erkennen und umgehend, durch Drosselung des Datenstroms, zu reagieren.

Beim Policing wird hingegen der Durchfluss eines Datenflusses gemessen und Pakete gezielt verworfen, damit die vorgegebene Leistungsobergrenze beschränkt wird. Die Verwendung dieser Mechanismen ist nicht nur in Überlastsituationen sinnvoll. Die Regulierung von Datenflüssen ist bereits dann notwendig, wenn ein Computernetz nicht ausgelastet ist. Man nehme an, eine Anwendung mit *Bulk-Datenübertragung* nutzt – da nicht reguliert – die gesamte Datenrate aus und verdrängt so anderen Verkehr. Konkurrieren plötzlich mehrere Datenflüsse mit verschiedenen Anforderungen (Real-Time und nicht Real-Time), führt dies zu einer Überlastung und ggf. zum Ausfall bzw. der nicht korrekten Funktion der Real-Time-Anwendung.

14.4.4 Proprietäre Systeme

Die am Markt aktiven und konkurrierenden Hersteller von IT-Equipment für Computernetze bieten neben der jeweils spezifischen, meist hoch-konfigurierbaren Implementierung der in diesem Kapitel beschriebenen Mechanismen zusätzlich proprietäre Systeme zur Einhaltung von QoS-Anforderungen an. Aufgrund der Erfahrung vieler Hersteller in diesem Bereich nutzen diese ihr gesammeltes Wissen, um beispielsweise automatische Systeme zur Einhaltung von QoS-Anforderungen, die anhand bekannter Parameter (z. B. TCP-/UDP-Ports) die Performance der verschiedenen Datenflüsse und somit des Computernetzes auf Basis des vorhandenen Wissens selbstständig und teilweise autonom kontrollieren. Die Qualität eines solchen Systems hängt jedoch stark von der Vorgehensweise bei der Klassifizierung von Datenflüssen ab, welche wiederum von den Datenflüssen selbst abhängt. Darum ist – so vielversprechend die Beschreibung eines solchen Systems auch sein mag – zu prüfen, ob es mit dem Verkehr im Computernetz problemlos betrieben werden kann oder ob zusätzliche Konfigurationen, wie beispielsweise die QoS-Aktivierung von Endpunkten zur Identifikation von verschlüsseltem Verkehr und damit die Verlagerung der Klassifizierung vom Edge-Router zum Endpunkt, notwendig sind. Diese Analyse kann dazu führen, dass die Entscheidung gegen das proprietäre System fällt, da es zu Mehrkosten führt und aufgrund des vorliegenden Szenarios objektiv betrachtet nicht zu einem Mehrwert führt und damit nur eine teure, nicht nutzbare Funktion darstellt, auf die verzichtet werden kann.

Literatur

[WSS+01]   A. Westerinen, J. Schnizlein, J. Strassner, M. Scherling, B. Quinn, S. Herzog, A. Huynh, M. Carlson, J. Perry, and S. Waldbusser. Terminology for Policy-Based Management. RFC 3198 (Informational), November 2001.

[Mel08]   A. Mellouk. *End-to-end quality of service: engineering in next generation heterogenous networks*. ISTE, 2008.

[Bö12]   Patrick-Benjamin Bök. *Ein prozessmustergesteuerter Dienstgütealgorithmus für Computernetze*. Shaker Verlag, 1st edition, 2012.

[SH05]   T. Szigeti and C. Hattingh. *End-to-end QoS network design*. Networking technology series. Cisco Press, 2005.

[TP06]   D. Teare and C. Paquet. *Campus network design fundamentals*. Fundamentals Series. Cisco Press, 2006.

[Mir10]   N.F. Mir. *Computer and Communication Networks*. Prentice Hall, 2010.

[Zan06]   Sebastian Zander. Misclassification of Game Traffic based on Port Numbers: A Case Study using Enemy Territory. Technical Report 060410D, Centre for Advanced Internet Architectures, Swinburne University of Technology, Melbourne, Australia, 10 April 2006.

[NBBB98]   K. Nichols, S. Blake, F. Baker, and D. Black. Definition of the Differentiated Services Field (DS Field) in the IPv4 and IPv6 Headers. RFC 2474 (Proposed Standard), December 1998. Updated by RFCs 3168, 3260.

[RFB01]   K. Ramakrishnan, S. Floyd, and D. Black. The Addition of Explicit Congestion Notification (ECN) to IP. RFC 3168 (Proposed Standard), September 2001. Updated by RFCs 4301, 6040.

[DH98]   S. Deering and R. Hinden. Internet Protocol, Version 6 (IPv6) Specification. RFC 2460 (Draft Standard), December 1998. Updated by RFCs 5095, 5722, 5871, 6437, 6564, 6935, 6946, 7045, 7112.

[FJ93]   Sally Floyd and Van Jacobson. Random early detection gateways for congestion avoidance. *IEEE/ACM Trans. Netw.*, 1(4):397–413, 1993.

[BT11]   Patrick-Benjamin Bök and York Tüchelmann. *Planung und Auslegung von Computernetzen - Systematik und methodische Vorgehensweise*. W3L GmbH, 2011.

[BKTK11]   P.-B. Bök, K. Kohls, Y. Tüchelmann, and K. Kollorz. I-dwrr - an insolvency enabled scheduling scheme extending deficit weighted round robin. In *GLOBECOM Workshops (GC Wkshps), 2011 IEEE*, dec. 2011.

[SPG97]   S. Shenker, C. Partridge, and R. Guerin. Specification of Guaranteed Quality of Service. RFC 2212 (Proposed Standard), September 1997.

[Wro97b]   J. Wroclawski. The Use of RSVP with IETF Integrated Services. RFC 2210 (Proposed Standard), September 1997.

[BCS94]   R. Braden, D. Clark, and S. Shenker. Integrated Services in the Internet Architecture: an Overview. RFC 1633 (Informational), June 1994.

[BDEGS08] T. Braun, M. Diaz, J. Enríquez-Gabeiras, and T. Staub. *End-to-end quality of service over heterogeneous networks*. Springer-Verlag, 2008.

[BZB+97]   R. Braden, L. Zhang, S. Berson, S. Herzog, and S. Jamin. Resource ReSerVation Protocol (RSVP) – Version 1 Functional Specification. RFC 2205 (Proposed Standard), September 1997. Updated by RFCs 2750, 3936, 4495, 5946, 6437, 6780.

[Wro97a]   J. Wroclawski. Specification of the Controlled-Load Network Element Service. RFC 2211 (Proposed Standard), September 1997.

[Gro02]   D. Grossman. New Terminology and Clarifications for Diffserv. RFC 3260 (Informational), April 2002.

[AF08]   G.R. Ash and A. Farrel. *Network quality of service: know it all*. Morgan Kaufmann Know It All. Elsevier Science, 2008.

[DCB+02]   B. Davie, A. Charny, J.C.R. Bennet, K. Benson, J.Y. Le Boudec, W. Courtney, S. Davari, V. Firoiu, and D. Stiliadis. An Expedited Forwarding PHB (Per-Hop Behavior). RFC 3246 (Proposed Standard), March 2002.

[HBWW99]   J. Heinanen, F. Baker, W. Weiss, and J. Wroclawski. Assured Forwarding PHB Group. RFC 2597 (Proposed Standard), June 1999. Updated by RFC 3260.

Virtualisierung von Netzfunktionen

15

In einem Moment zu wissen, was im nächsten Moment benötigt wird, stellt jedwede Form von Netzbetreibern vor Herausforderungen, unabhängig davon, ob es sich beispielsweise um Stromnetze, Kommunikationsnetze oder Computernetze handelt. Ihnen ist gemein, dass sie heutzutage immer kurzfristiger flexibel auf die Nutzungsbedarfe reagieren müssen, idealerweise selbstständig, automatisiert und ohne einen Eingriff durch den Menschen. Gleichzeitig mit der wachsenden Anforderung nach Flexibilität geht die Anforderung nach effizienter *Ressourcenauslastung* einher, um jegliche Form von Netzen effizient hinsichtlich der Kosten betreiben zu können.

Im Umfeld von IT-Systemen werden Virtualisierungsmethoden seit Dekaden angewendet, um eine flexiblere und effizientere Nutzung der vorhandenen Ressourcen zu ermöglichen. *Cloud-Provider* machen sich dieses Prinzip zu Nutze, um günstig hochperformante Dienste anbieten zu können. Aufgrund gesteigerter Rechenleistung von Koppelelementen und Serversystemen wird heutzutage ein ähnlicher Ansatz auch in Kommunikationsnetzen und Computernetzen verwendet. Beide Netztypen werden nachfolgend zur Vereinfachung unter dem Begriff *Netze* zusammengefasst benannt.

In diesen Umgebungen kommt einerseits *Software-Defined Networking (SDN)* zum Einsatz, um die Konfiguration von Koppelelementen zunächst zu abstrahieren und anschließend deren Steuerung zu zentralisieren, sodass ein Netz durchgängig dynamisch konfiguriert und auf die Bedarfe von einzelnen Anwendungen angepasst werden kann. Andererseits hält mit *Network Function Virtualization (NFV)* ein weitergehender Ansatz Einzug in moderne Netze, der die Performancesteigerung von Koppelelementen und Serversystemen derart ausnutzt, sodass komplette Ketten aus Funktionen im Netz virtualisiert auf diesen Elementen hochperformant betrieben werden. Im Vergleich zur vereinheitlichten, zentralisierten Konfiguration, die bei SDN Anwendung findet, können dabei die Funktionen auf den Koppelelementen in sich austauschbar und dynamisch orchestriert werden.

P.-B. Bök et al., *Computernetze und Internet of Things*,
https://doi.org/10.1007/978-3-658-29409-0_15

Hinweis

Beide Ansätze können unabhängig wie auch ergänzend genutzt werden, um die Performance und Ressourceneffizienz von Netzen signifikant zu steigern.

In den folgenden Abschnitten werden die generellen Vorteile diskutiert und anschließend beide Ansätze dargestellt und miteinander in Zusammenhang gebracht.

15.1   Nutzen der Virtualisierung

Der Nutzen von Virtualisierung hat primär kaufmännische Ursprünge. Im Bereich von Serversystemen hat man frühzeitig erkannt, dass ein Großteil der zur Verfügung stehenden Ressourcen dediziert zugeordneter Hardware nicht durchgehend ausgelastet ist. Dies kann jegliche Elemente eines Serversystems betreffen: Die CPU, welche ausschließlich bei einer Vielzahl von Anfragen und Operationen eine signifikante Auslastung erreicht; den Arbeitsspeicher, welcher in Abhängigkeit von den verarbeiteten Daten und betriebenen Programmen dynamisch genutzt wird; oder den persistenten Speicher, der in Abhängigkeit von einem Dienst und dessen *Nutzungsgrad* belegt wird.

In der Regel wurden Systeme früher weniger wirtschaftlich dimensioniert, sondern so, dass auch bei angenommenen und zuvor berechneten Lastspitzen der Dienst zuverlässig zur Verfügung steht. Hinsichtlich der Skalierbarkeit von jeglichen Diensten ist die dedizierte Vorhaltung von Ressourcen weder nachhaltig noch wirtschaftlich. Mit der Methodik der Virtualisierung wurden Lösungen möglich, die eine dynamische, hochflexible und auslastungsorientierte Zuweisung jeglicher Ressourcen vornehmen und damit den Grundstein für das *Cloud Computing* gelegt haben. Cloud Computing hat aufgrund der wirtschaftlichen Vorteile eine enorme Entwicklung absolviert, da dabei Ressourcen nicht mehr zwangsweise dediziert bereitgestellt werden. Vielmehr kann hier hinsichtlich der Ressourcen beliebig skaliert werden, sodass auch hybride Modelle aus dedizierten und dynamischen Ressourcen realisiert werden können.

Grundgedanke jeglicher Virtualisierung, aber auch von Software-Defined Networking und Network Function Virtualization ist die Abstraktion von Funktionen sowie die Reduktion von Koppelelementen, Rechnersystemen und Serversystemen auf Basisfunktionen. Das bedeutet, dass die drei zuvor genannten Elemente zunächst *dumm* sind und erst durch eine Konfiguration ihre Intelligenz bzw. durch softwareseitige Erweiterungen ihre Funktionen erhalten, sodass diese gleichzeitig unabhängig von der zugrunde liegenden Hardware werden. Vorteilhaft ist zudem, dass man sich bei der Buchung bzw. dem Kauf eines Grundsystems nicht mehr unbedingt bis zum Ende des *Lebenszyklus* einer Komponente an deren Funktionsumfang binden muss, sondern flexibel Funktionen ergänzen, wieder entfernen und vollkommen bedarfsorientiert zum Einsatz bringen kann.

In Abb. 15.1 ist die klassische Virtualisierung von Ressourcen veranschaulicht. In diesem Konzept der Virtualisierung werden komplette Systeme inklusive eines Betriebssystems

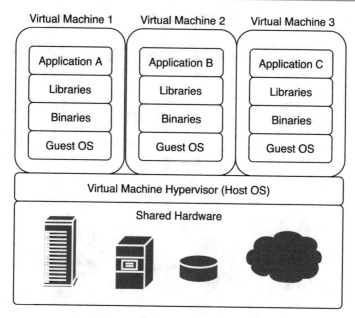

Abb. 15.1 Virtualisierung mit virtuellen Maschinen

virtualisiert. Innerhalb einer virtuellen Maschine werden dann das Betriebssystem die entsprechenden Bibliotheken sowie die Ressourcen separat für eine Anwendung bereitgestellt. Mehrere virtuelle Maschinen können sich gemeinsam ein physikalisches Host-System teilen. Die dynamische Zuteilung der Ressourcen erfolgt auf dem Host-System über einen Hypervisor, der entweder ein eigenes System ist, um virtuelle Maschinen zu betreiben, oder als Teil des Betriebssystems implementiert wird. Diese etablierte Struktur erlaubt die effiziente Zuteilung von Ressourcen und den Betrieb verschiedener Betriebssysteme auf einem physikalischen Host-System, hat jedoch zum Nachteil, dass prinzipiell für jede Anwendung eine virtuelle Maschine samt Betriebssystem aufgesetzt werden muss. Die Zuteilung der Ressourcen kann daher zum Teil herausfordernd werden, weil auch die Betriebssysteme und Anwendungen mit dieser Dynamik umgehen müssen.

Ein weitergehender Ansatz der letzten Jahre ist das Prinzip der Virtualisierung mithilfe von Containern, wie in Abb. 15.2 dargestellt. Der grundlegende Ansatz ist ähnlich zur klassischen Virtualisierung, jedoch wird der Hypervisor durch eine *Container Engine* ersetzt, die auf einem Betriebssystem läuft und in der die virtuellen Einheiten betrieben werden. Container enthalten analog alle Elemente, welche auch virtuelle Maschinen beinhalten, jedoch kein Betriebssystem. Die Container Engine übernimmt angepasst an das Host-Operating-System die Zuteilung der Ressourcen und kann dementsprechend die Ressourcen effizient für die einzelnen Container auf einem Host-System zuteilen. Der große Vorteil liegt in der Flexibilität und Skalierbarkeit, da nur ein Betriebssystem pro physikalischem System erforderlich ist. Container können daher einfacher verteilt und installiert werden, da

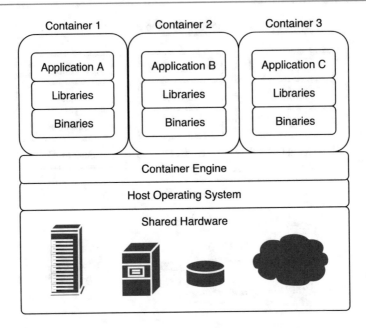

Abb. 15.2 Virtualisierung mit Containern

sie vollständige Anwendungspakete sind, die alle notwendigen Ressourcen (Bibliotheken und Anwendungen) enthalten, die für den Betrieb notwendig sind. Standardisierte Container für Server-Applikationen können beispielsweise beliebig geklont und damit hoch effizient ausgerollt werden. Der Einsatz von Containern innerhalb von virtuellen Maschinen ist selbstverständlich möglich, kann jedoch die Performance reduzieren. Generell ist der mit Containern gewählte Ansatz vom Prinzip her nicht neu, da beispielsweise bei der Verwendung von Java als Programmiersprache das Konzept von virtuellen Maschinen auf Host-Systemen, auf denen die Anwendungen *plattformunabhängig* ausgeführt werden, seit Dekaden angewandt wird.

Übertragen auf Software-Defined Networking und analog auch Network Function Virtualization, ergibt sich am Beispiel von SDN die in Abb. 15.3 dargestellte analoge Struktur. Auch dabei werden die Anwendungen bzw. Funktionen von einer Art Hypervisor *(Virtual Controller)* von den physischen Ressourcen separiert, jedoch ergibt sich bei SDN keine vollständige Virtualisierung, da in der Regel physikalische Koppelelemente mit statischen Fähigkeiten zum Einsatz kommen.

▶   **Wichtig** Im Kontext von Industrie 4.0 und 5 G Mobilfunktechnologie kommt
     es zu einer immer größer werdenden Konvergenz von Netzen. Waren in frühe-
     ren Zeiten insbesondere Fertigungsnetze (beispielsweise für die Übertragung
     von Messdaten, Einstellparametern und Maschinendaten) und Officenetze (bei-
     spielsweise für die Übertragung von E-Mails und anderen Dateien) in produzie-

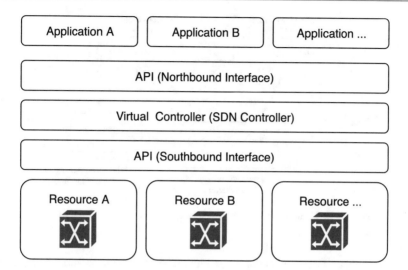

Abb. 15.3 Virtualisierung bei SDN

renden Unternehmen physikalisch und logisch getrennt voneinander, erleben wir heutzutage eine größere Durchgängigkeit. Diese ergibt sich beispielsweise schon dadurch, dass Kunden individualisierte Produkte bestellen können und damit aus der Bestellung über einen Webshop beispielsweise Konfigurationsinformationen an Maschinen in der Fertigung gegeben werden müssen. Anwendungen im Umfeld von BigData, Industrial Analytics oder Augmented Reality stellen neben *Industrial-IoT*-Anwendungen weitere Anforderungen an die Netze der Zukunft, die jedoch nicht in ihrer Gänze vorhersehbar sind. Gerade deshalb liegt die Zukunft von Netzen in deren Virtualisierung und flexiblen Konfiguration.

15.2   Software-Defined Networking

Software-Defined Networking (SDN) ist ein Paradigma für den flexiblen Betrieb von Netzen und ermöglicht eine Trennung der Hardware in Netzen (Koppelelemente, wie bspw. Switches, Router etc.) von der Software bzw. Konfiguration dieser Hardware. In Abb. 15.4 ist ein Netz abstrakt dargestellt. Dieses Netz beinhaltet verschiedene, miteinander verbundene Koppelelemente (Network Elements), deren Zweck die Weiterleitung von Daten ist. Innerhalb der Koppelelemente sind zwei Kernbereiche vorzufinden: Zum einen die Funktionen (auch als Applications oder Services bezeichnet) der Koppelelemente und zum anderen das Bindeglied zur physischen Infrastruktur, welches die Steuerung (auch als Control bezeichnet)

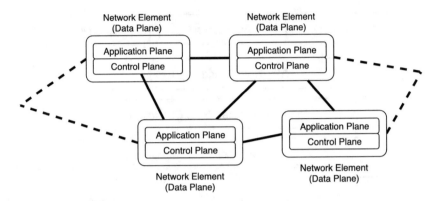

Abb. 15.4 Traditionelle Funktionsverteilung in Netzen

des Netzes und damit der Anwendung von Funktionen auf die *physikalische Infrastruktur* ermöglicht. In der Nomenklatur von Software-Defined Networking werden die Funktionen in die folgenden Ebenen (Planes) eingeteilt:

- Application Plane
- Control Plane
- Data Plane

Die Einteilung in diese logischen Ebenen hat den Vorteil, dass eine saubere Trennung von Aufgaben zwischen den verschiedenen Elementen möglich wird, die unabdingbar notwendig ist, um Hardware logisch zu abstrahieren und das Netz zentral gesteuert zu virtualisieren. Ohne diese Abstraktion wäre es nicht denkbar, zukünftige Netze als buchbaren Dienst zu gestalten und damit das Themenfeld Cloud-Computing von *Infrastructure-as-a-Service (IaaS)* auf *Network-as-a-Service (NaaS)* auszuweiten.

In Abb. 15.5 ist die dementsprechende Weiterentwicklung der abstrakten Struktur dargestellt, die durch Software-Defined Networking ermöglicht werden kann. Die Koppelelemente werden, wie bereits argumentiert, in einem Netz nach SDN-Paradigma einer Data Plane zugeordnet und stellen damit lediglich die virtuellen und physikalischen Komponenten dar, die Daten untereinander transportieren. Innerhalb der Koppelelemente befindet sich eine Flusskontrolle *(Flow Control)*, die durch die zentralisierte Control Plane gesteuert wird. Durch die zentrale Orchestrierung verteilter Systeme ist eine dynamische und anwendungsabhängige Steuerung des Netzes möglich. Die Funktionen, welche von Anwendungen genutzt werden können, um die Steuerung (Control Plane) der Koppelelemente (Data Plane) und ihrer Flusskontrolle (Flow Control) zu beeinflussen, werden logisch der Application Plane zugeordnet, die das Bindeglied zwischen Control Plane und Anwendungen repräsentiert.

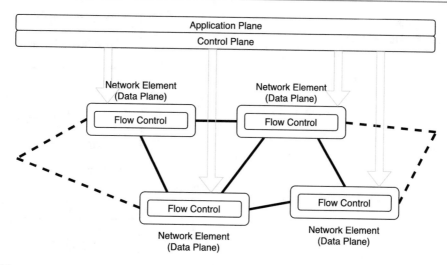

Abb. 15.5 Moderne Funktionsverteilung in Netzen

Eine stärkere Entkopplung, wie in Abb. 15.5 dargestellt, hat die folgenden Vorteile:

- dynamische Konfiguration ermöglicht flexiblere Reaktionen
- Funktionen können über flexible Konfigurationen gesteuert werden
- Flusskontrolle kann Ende-zu-Ende konfiguriert werden
- Eigenschaften und Verhalten eines Koppelelements sind nicht vollständig von Beginn an festgelegt
- Logik wird austauschbar und skalierbar, während die physikalischen Komponenten konstant bleiben

Im Folgenden werden die Architektur von Netzen nach SDN-Paradigma und die Funktionen der einzelnen Ebenen der Architektur detailliert beschrieben.

15.2.1 Architektur

Die Architektur eines Netzes bei Anwendung eines Software-Defined-Networking-Paradigmas teilt sich in drei Ebenen auf, wie in Abb. 15.6 veranschaulicht. Die Kommunikation zwischen den einzelnen Ebenen und auf gleicher Ebene erfolgt auf Basis standardisierter Schnittstellen. Dies ist notwendig, um alle nach einem Standard aufgebauten Netze dieses Paradigmas auf gleicher Basis betreiben und Komponenten verschiedener Hersteller transparent integrieren zu können. Es existieren diverse Implementierungen des Software-Defined-Networking-Paradigmas. Am bekanntesten sind die Implementierungen Open Flow [MAB+08] und OpenDayLight [The13]. Im Folgenden wird die Struktur unabhängig von

Abb. 15.6 Abstrakte
Ebenenstruktur bei SDN

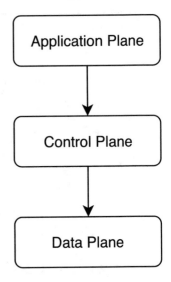

einer konkreten Implementierungsvariante beschrieben, sodass die zuvor genannten Referenzen zur Vertiefung genutzt werden können.

Das Schichtenmodell ermöglicht bekanntermaßen eine erhöhte Flexibilität und stellt
gleichzeitig die Kompatibilität der Elemente der jeweiligen Schichten sicher. Durch die
intelligente Entkopplung der *Applikationslogik* von der Steuerungslogik wird die Entkopplung der physikalischen und der virtuellen Infrastruktur ermöglicht. Durch dieses Vorgehen ergibt sich eine abstraktere Sicht auf das physikalische und logische Netz. Um diese
Architektur besser zu veranschaulichen, sind die in Abb. 15.6 abstrakt dargestellten Ebenen in Abb. 15.7 noch weiter detailliert und um das Konzept der Schnittstellen zwischen
den Ebenen erweitert. Das Zentrum bei Software-Defined Networking befindet sich in der
Control Plane und der Funktion als zentrale Steuereinheit innerhalb des SDN-Controller.
Die Control Plane ist über das Northbound Interface (NBI) mit der Application Plane und
über das Southbound Interface (SBI) mit der Data Plane verbunden. Über das Northbound
Interface wird das SDN-Netz um Funktionen erweitert, auf die von Anwendungen oder
Betriebssystemen aus zugegriffen werden kann, und so eine Steuerung des Netzes über
den SDN-Controller ermöglicht. Hingegen steuert der SDN-Controller konsequenterweise
über das Southbound Interface die der Data Plane zugeordneten Koppelemente (Network
Elements). Hersteller von SDN-kompatiblen Koppelelementen müssen dafür entsprechende
Modelle implementieren, die den einheitlichen Zugriff durch SDN-Controller ermöglichen.
Die konkrete Steuerung erfolgt dann beispielsweise über Protokolle wie OpenFlow [The13].
Ein SDN-Controller und somit die Control Plane können als Instanzen auf beliebigen Elementen (beispielsweise Servern) im Netz betrieben werden. Zur Steigerung der Perfor-
mance und zur besseren Skalierung, insbesondere in großen Netzen, ist es unabdingbar, dass
auch SDN-Controller miteinander kommunizieren, um übergreifend innerhalb und außer-

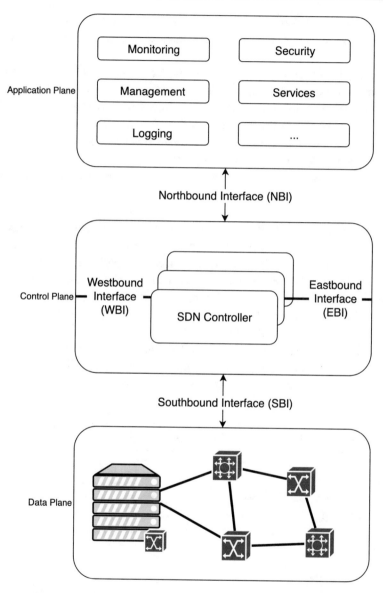

Abb. 15.7 Detailstruktur der Ebenen bei SDN

halb einer Control Plane das Netz und die Datenflüsse steuern zu können. Dazu existieren
im SDN-Paradigma das Westbound Interface (WBI) und das Eastbound Interface (EBI).
Hierbei existieren aktuell nur wenige Implementierungsansätze, da der ggf. domänenüber-
greifende Austausch eine Vielzahl von Herausforderungen mit sich bringt, ähnlich wie es

beim Austausch von Informationen zwischen Autonomen Systemen (AS) der Fall ist. In Abb. 15.8 ist die damit einhergehende Architektur exemplarisch veranschaulicht.

▶   **Wichtig** Eine besondere Herausforderung ist die idealerweise einheitlich zu nutzende Application Plane, die in jedem Fall Control Plane übergreifend implementiert sein muss, um eine Ende-zu-Ende Steuerung des Netzes und der Datenflüsse zu ermöglichen. Das beschriebene Prinzip ermöglicht theoretisch, dass die Application Plane um spezifische Funktionen erweitert werden kann und analog zu einem AppStore-Prinzip Funktionen gekauft und der Application Plane hinzugefügt werden können. Jedoch ist auch dies eine aktuelle Forschungsfrage.

In Abb. 15.9 ist exemplarisch eine Konkretisierung der ITU-T [ITU09] dargestellt. Die Application Plane beinhaltet auch hier Anwendungen (Applications) und Dienste (Services), die über das Verhalten des Netzes bestimmen sollen. Der vereinheitlichte Zugriff erfolgt über ein Application Control Interface, beispielsweise als REST-Schnittstelle implementiert. Diese Schnittstelle ermöglicht über das Northbound Interface (NBI) den vereinheitlichten Zugriff auf die Control Plane. Innerhalb der Control Plane existiert oberhalb der steuernden Funktionen (Network Control Functions) eine Schnittstelle, die den Zugriff über das Northbound Interface ermöglicht – das Application Control Support Interface. Unterhalb der steuernden Funktionen befindet sich eine Abstraktionsschicht für das zugrunde liegende Netz, das Data Plance Abstraction/Control Interface, über das vereinheitlicht die Koppelelemente gesteuert

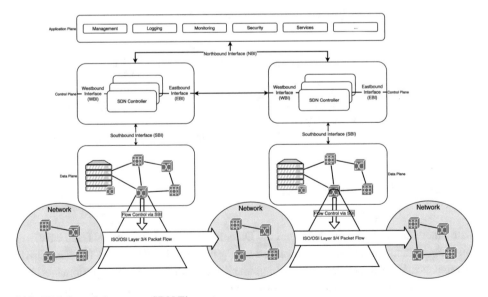

Abb. 15.8 Interaktionen von SDN Elementen

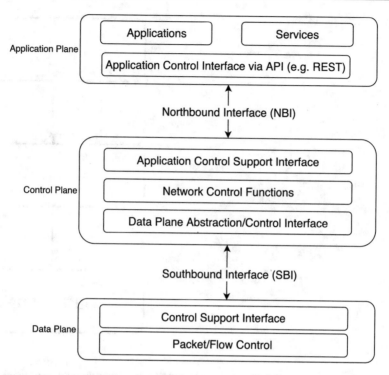

Abb. 15.9 Detailstruktur der Ebenen bei SDN nach ITU-T Y.3300

werden. Sie bilden zusammen den SDN-Controller. Über das Southbound Interface (SBI) erfolgt auch nach dieser Logik der vereinheitlichte Zugriff auf die Ressourcen der Data Plane. Diese werden über ein Control Support Interface angesprochen, das über entsprechende Modelle einen einheitlichen Zugriff auf Ressourcen ermöglicht. Die Koppelelemente müssen neben der zuvor genannten Schnittstelle eine Packet/Flow-Control implementieren, die dann entsprechend der Steuerung durch den SDN-Controller den Verkehr konditioniert.

15.1 Gegeben ist die in Abb. 15.10 dargestellte Struktur. Ergänzen Sie die Bezeichnungen der nicht benannten Elemente.

15.2.2 Application Plane

In der Application Plane werden Funktionen zur Überwachung und Steuerung der Ressourcen im Netz definiert. Die Ausführung der Funktionen erfolgt über den SDN-Controller (siehe 15.2.3) auf den entsprechenden Ressourcen, für welche diese Funktionen aktiviert

Abb. 15.10 SDN Struktur

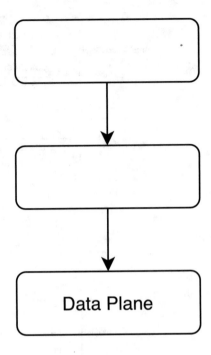

Data Plane

werden. Die folgenden Funktionen werden beispielsweise innerhalb der Application Plane realisiert:

- Monitoring
- Access Control
- Flow Control
- Logging
- Management

Dadurch werden bestehende Ansätze zukünftig vergleichsweise einfach realisierbar, wie beispielsweise die *prozessmustergesteuerte* Dienstgütekontrolle oder Information Centric Networking bzw. Traffic Engineering. Um dies jedoch realisieren zu können, muss innerhalb der Application Plane eine einheitliche Struktur bereitgestellt und genutzt werden, die abstrakt in Abb. 15.11 dargestellt ist. Die zuvor als Funktionen benannten Erweiterungen auf der Application Plane entsprechen quasi einzelnen Anwendungen (App 1...), die in sich genommen vollkommen frei in ihrer inhaltlichen Spezifikation sein können. Um jedoch im Kontext der SDN Application Plane Wirkung zu entfalten, müssen zwei Schnittstellen bedient werden:

- User Application Interface bzw. Business Application Interface
- Northbound Interface Connector

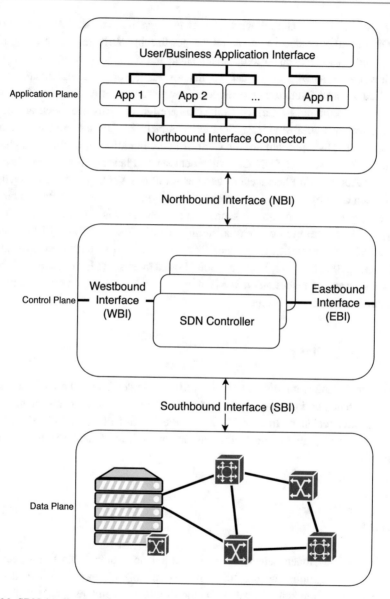

Abb. 15.11 SDN Application Plane

Damit Anwendungen, Betriebssysteme und andere Komponenten auf die in der Application Plane zur Verfügung gestellten Funktionen zugreifen können, müssen die einzelnen Anwendungen über das User Application Interface bzw. Business Application Interface verfügbar gemacht werden. Dies erfordert innerhalb der Anwendungen eine Konformität zu dieser Schnittstelle, die von Anwendungen, Betriebssystemen und anderen Komponenten angesprochen werden kann. Dadurch wird es überhaupt erst möglich, dass Anwendungen intelligent Dienste im Netz steuern und somit das gewünschte Verhalten von Netz und Verkehr entsprechend der jeweiligen Anforderungen entsteht. Es gibt jedoch dabei eine Ausnahme, nämlich wenn die Anwendungen der Application Plane horizontal miteinander verknüpft sind und lediglich Hilfsfunktionen für andere Anwendungen der Application Plane anbieten.

Über den Northbound Interface Connector greifen die Anwendungen auf den SDN-Controller und dessen abstrahierte Sicht auf das Netz zu. Diese Schnittstelle ermöglicht daher eine generalisierte Sicht auf die Control Plane Funktionen, damit diese gleichzeitig unabhängig vom jeweiligen SDN-Controller der Control Plane arbeiten können. Die Anwendungen der Application Plane steuern darüber somit das Verhalten und die Eigenschaften der virtuellen und physischen Koppelelemente (Data Plane), ohne die Netzstruktur oder die Koppelelemente und ihren Aufbau kennen zu müssen. Dieses Prinzip ist vergleichbar mit der Hypervisor-Funktion in der Virtualisierung. In RFC7426 [HPD+15] ist ein möglicher Network Service Abstraction Layer spezifiziert. Generell ist festzustellen, dass das Northbound Interface (NBI) im Vergleich zum Southbound Interface (SBI) nicht in gleichem Maße spezifiziert wurde, da insbesondere die Einbindung in Anwendungen eine vergleichsweise hohe Komplexität mit sich bringt.

15.2.3 Control Plane

In der Control Plane werden Funktionen zur Steuerung der Eigenschaften und des Verhaltens von virtuellen und physischen Ressourcen im Netz definiert und als Dienste in einem SDN-Controller realisiert. In Abb. 15.12 sind die Control Plane und die Funktionen des SDN-Controller abstrahiert dargestellt. Funktionen umfassen beispielsweise die folgenden Aufgaben:

- Routing
- Flow Prioritization
- Security

Die zuvor als Funktionen benannten Aufgaben auf der Control Plane entsprechen quasi jeweils einem Funktionssatz, der für sich genommen vollkommen frei in der inhaltlichen Spezifikation sein kann, jedoch auch eine Kombination untereinander ermöglicht. Die genannten Funktionen können dabei verschiedene Unterfunktionen beinhalten, sodass der Realisierung von intelligenten SDN-Controllern technisch kaum Grenzen gesetzt sind. Es könnten beispielsweise die folgenden Unterfunktionen auf Basis der Funktionssätze realisiert werden, teilweise auch als Kombination von Unterfunktionen anderer Funktionssätze:

- Weiterleitung von Paketen
- Dynamische Priorisierung einzelner Datenflüsse

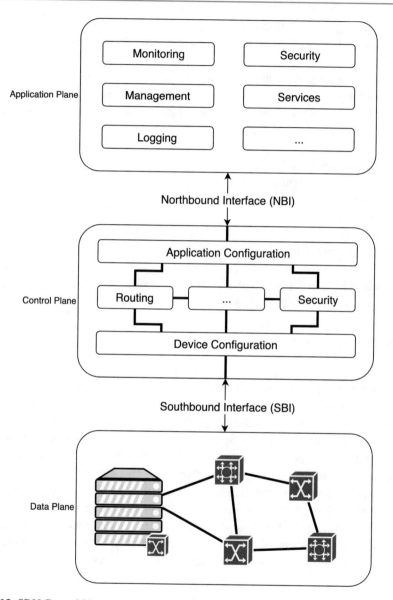

Abb. 15.12 SDN Control Plane

- Sicherheitsmechanismen zur Trennung von Datenflüssen unterschiedlicher Anwendungen
- Verwaltung der physikalisch-logischen Topologie
- Verwaltung und Konfiguration von logischen Koppelelementen
- Erfassung von Daten

- Überwachung der Netzauslastung
- Informationsbereitstellung für Anwendungen der Application Plane

Über die intelligente Kombination der Unterfunktionen der Funktionssätze lassen sich wiederum komplette Paradigmen für Netze abbilden, jedoch deutlich flexibler als mit herkömmlichen dedizierten Komponenten. Dies sind beispielsweise die folgenden Paradigmen, die hier nicht weiter detailliert werden sollen:

- Network Management
- High-Performance Switching
- Path Load Balancing
- Endpoint Load Balancing
- Network Slicing
- Service Chaining

Um jedoch im Kontext der SDN Application Plane und der Data Plane Wirkung zu entfalten, müssen zwei Schnittstellen bzw. Elemente bedient werden:

- Application Configuration
- Device Configuration

Über das Northbound Interface als Schnittstelle erhält die Control Plane die konkreten Anforderungen von den Anwendungen der Application Plane. Die Anforderungen können als eine Art Konfigurationsanforderung gesehen werden, die das erwartete Verhalten hinsichtlich verschiedener Funktionen beschreibt. Eine konkrete Umsetzung der Anforderungen erfolgt dann über den SDN-Controller der Control Plane. Die Ansteuerung der einzelnen Koppelelemente und ihrer Konfiguration erfolgt somit über den SDN-Controller mittels der Device Configuration. Die unterschiedlichen Funktionen der Control Plane und ihre durch die Application Plane gesteuerte Ausprägung spiegeln sich in Konfigurationen für die durch den SDN-Controller gesteuerten Koppelelemente der Data Plane wieder. Über das Southbound Interface (SBI) werden diese Konfigurationen dann dynamisch in die Koppelelemente gespielt und damit das gewünschte Verhalten des Netzes generiert.

15.2.4 Data Plane

Die Data Plane repräsentiert die Koppelelemente (Network Elements) im SDN-Paradigma. Ob diese Elemente lediglich virtuell vernetzt sind oder aber physikalisch dediziert existieren, ist für den steuernden *SDN-Controller* der Control Plane irrelevant. Die Elemente der Data Plane sind über entsprechende Kontrollflüsse in kontinuierlichem Austausch mit dem SDN-Controller, der auch über das Southbound Interface abgewickelt wird, wie in

Abb. 15.13 veranschaulicht. Der SDN-Controller der Control Plane programmiert und steuert dadurch die Ressourcen. Selbstverständlich erfolgen Entscheidungen immer noch lokal in den Koppelelementen, da alles andere nicht effizient abbildbar wäre. Wird beispielsweise für die Weiterleitung eines konkreten Datenflusses im SDN ein Pfad spezifiziert, so werden alle auf dem Pfad befindlichen Elemente der Data Plane entsprechend durch den SDN Controller konfiguriert. Konkret werden dazu Weiterleitungstabellen angepasst. Auf Basis dieser *Weiterleitungstabellen* wird es möglich, eine *Konditionierung* von Datenflüssen über

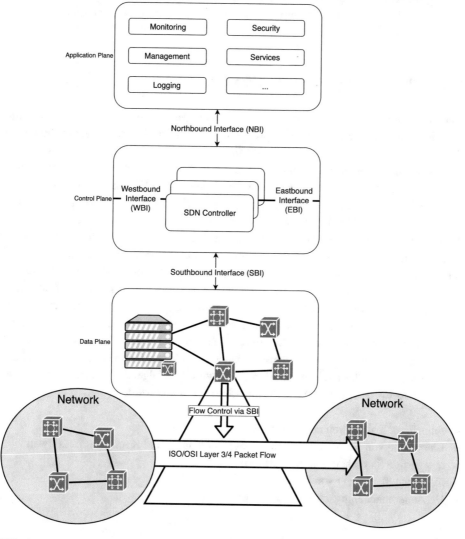

Abb. 15.13 SDN Data Plane

ein komplettes SDN-Netz Ende-zu-Ende vorzunehmen. Wie ein Fluss behandelt werden soll, wird dann letztendlich über die Anwendungen der Application Plane spezifiziert und kann somit auch aus den höher gelagerten Anwendungen heraus gesteuert werden.

▶ **Wichtig** Die konkrete Realisierung und die im Koppelelement eingesetzten Algorithmen und Standards sind in besonderem Maße herstellerspezifisch, sodass auf der Data Plane entsprechende Treiber zur Ansteuerung der jeweiligen Koppelelemente erforderlich sind. Die Steuerung hingegen ist über entsprechende Modelle vereinheitlicht und kann daher verhältnismäßig einfach über die Control Plane unter Verwendung der spezifischen Treiber eingespielt werden.

15.3 Network Function Virtualization

Network Function Virtualization (NFV) ist neben dem Software-Defined-Networking-Paradigma (SDN) ein weiterer vielversprechender Ansatz zur Effizienzsteigerung im Betrieb von Netzen. Im Vergleich mit Software-Defined Networking, bei dem die Abstraktion der Netzestruktur im Vordergrund steht und vereinheitlichte Koppelelemente konfiguriert werden und damit die Logik partiell virtualisiert wird, geht der NFV-Ansatz deutlich weiter. Bei NFV steht die vollständige Virtualisierung von Koppelelementen und ihrer Funktionen im Vordergrund, wie in Abb. 15.14 veranschaulicht. Virtualisierung heißt in diesem Sinne, dass die Funktionalität vollständig unabhängig von der genutzten Hardware wird und damit sehr weitgreifend ist. Im Vergleich zu SDN, bei dem das Weiterleitungsverhalten und die Konfiguration der Koppelelemente eher auf untere Schichten des ISO/OSI-Modells abzielt, liegt der Fokus bei NFV primär auf Funktionen, die den Schichten 3 bis 7 zuzuordnen sind. Damit kann für die nachfolgende Betrachtung der Einsatz von Network Function Virtualization als Ansatz für *Core-Switches* – insbesondere im High-Speed-Switching-Bereich – ausgeschlossen werden. Besonders interessant am NFV-Ansatz ist, dass Funktionen dynamisch hinzugefügt und wieder entfernt werden können, sodass dabei eine komplexe Verwaltung der Lebenszyklen aller Funktionen erforderlich wird. Die folgenden primären Ziele sollen durch den Network-Function-Virtualization-Ansatz erreicht werden:

- schnellerer Rollout von neuen Services
- Einsparung von Kosten durch geringeren Installations- und Konfigurationsaufwand
- langfristige Sicherheit von Investitionen
- elastische Skalierung von Netzen
- Herstellerunabhängigkeit im Netzbetrieb

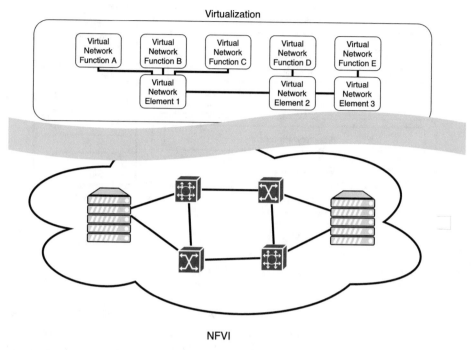

Abb. 15.14 Ende-zu-Ende Virtualisierung bei NFVI

Diese Ziele sollen nicht nur durch vereinheitlichte Hardware erreicht werden, sondern insbesondere durch Frameworks ermöglicht werden, wie beispielsweise die von der EU geförderte Plattform SONATA [pbG19].

15.3.1 Funktionsweise

Die Architektur des Network-Function-Virtualization-Ansatzes (NFV) wirkt auf den ersten Blick ähnlich zu der des Software-Defined Networkings und nutzt prinzipiell ähnliche Elemente, um die viel weitergehende, vollständige Virtualisierung von Netzen und Koppelelementen zu ermöglichen. In Abb. 15.15 ist die entsprechende Referenzarchitektur abstrakt dargestellt. Die Architektur beinhaltet drei zentrale Modulgruppen, die in den nachfolgenden Abschnitten beschrieben werden:

- NFV MANO (NFV Management and Orchestration)
- NFVI (NFV Infrastructure)
- OSS/BSS (Operational Support System/Business Support System)

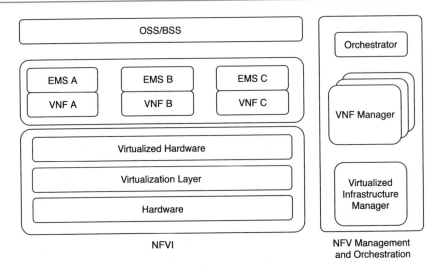

Abb. 15.15 Abstrahierte Referenzarchitektur von NFV

Zentrales Element von NFV sind die VNFs, die Virtualized Network Functions. Eine VNF ist idealerweise modular aufgebaut, austauschbar und sehr granular in ihrem Funktionsumfang. Mehrere VNFs können hintereinander geschaltet werden, sodass ein Datenfluss durch diese Kette von VNFs geleitet wird und ein vollwertiger Network Service repräsentiert wird. *Virtual Network Functions* müssen daher sehr einfach, gleichzeitig sicher und robust sein, aber auch automatisiert ausgerollt werden können und zu einem entsprechenden *NFV MANO Framework* kompatibel sein, um entsprechend nutzbar zu werden. Eine VNF kann beispielsweise eine der folgenden Aufgaben erledigen:

- Paketfilterung
- Priorisierung von Datenverkehr
- Trennung von Datenflüssen
- Firewall

15.3.1.1 NFV MANO
Die Modulgruppe Management and Orchestration (MANO) ist für den kompletten Lebenszyklus von Virtual Network Functions (VNF) verantwortlich. Dazu zählen die Verwaltung von VNF-Instanzen von der Generierung über eine mögliche Verkettung und Zuweisung bis hin zur Löschung bzw. Deaktivierung. Dafür existieren drei zentrale Elemente:

- Orchestrator
- VNF Manager (VNFM)
- Virtualized Infrastructure Manager (VIM)

Der Orchestrator ist verantwortlich für die Installation von einzelnen VNFs sowie für die Installation und Konfiguration komplexer Network Services, die aus einer Komposition mehrerer VNFs bestehen können. Dementsprechend ist dieser auch für die globale Verwaltung der Ressourcen innerhalb der NFVI zuständig. Dazu erfolgt ein Austausch mit dem VNF Manager (VNFM) sowie mit dem Virtualized Infrastructure Manager (VIM). Der VNF Manager ist verantwortlich für die Verwaltung einer VNF über deren kompletten Lebenszyklus hinweg. Ergänzend dazu ist es Aufgabe des Virtualized Infrastructure Manager mit den physikalischen Ressourcen zu interagieren, auf denen die VNF betrieben werden. NFV MANO ist somit ein zentrales, jedoch partiell ggf. verteilt arbeitendes System.

15.3.1.2 NFVI

Die Network Function Virtualization Infrastructure (NFVI) enthält die Ressourcen, die für den Betrieb der VNFs zur Verfügung stehen. Dies beinhaltet zum einen die physikalische Hardware, wie beispielsweise Koppelelemente und Server, zum anderen jedoch auch deren virtuelle Abstraktion zu virtueller Hardware. Der Virtualization Layer übernimmt die Rolle des Hypervisor oder der Container Engine. Eine zentrale Randbedingung ist zudem, dass VNFs niemals direkt auf einer dedizierten Hardware laufen können. Beide Themen werden in Abschn. 15.3.2 zusammenhängend erklärt.

Ein weiterer indirekter Teil der NFVI sind die VNFs selbst, die auf den verschiedenen Ressourcen betrieben werden. Darüber hinaus sieht das Konzept Verwaltungsentitäten vor, sogenannte Element Management Systems, die eine Art Netzmanagement-Komponente darstellen, um beispielsweise die in FCAPS spezifizierten Funktionen für die Steuerung eines Elements abzubilden.

15.3.1.3 OOS/BSS

Das Operational Support System (OSS) bzw. Business Support System (BSS) dienen beide der Betriebsunterstützung im Network-Function-Virtualization-Konzept. Das OSS ist für den Betrieb des Netzes verantwortlich, das BSS für die Anforderungsbearbeitung. Ein Provider wickelt beispielsweise über das BSS den Prozess einer Anfrage ab und übergibt dann die Umsetzung über das OSS in die Infrastruktur. Die existierenden Implementierungen vernachlässigen häufig eben diesen Anteil, der die Integration mit bestehenden Systemen bei Providern beinhaltet, sodass hier die größte Herausforderung in der Integration liegt. Ohne diese Integration ist die Einbindung von VNFs nicht möglich.

15.3.2 Virtualisierung

Die Virtualisierung im Kontext von Network Function Virtualization ist einerseits beschränkt auf höhere Schichten des ISO/OSI-Modells, ermöglicht dafür andererseits eine vollständige Virtualisierung der Funktion und nicht lediglich eine Abstraktion und partielle Virtualisierung, wie es bei Software-Defined Networking der Fall ist. In den vorherigen Abschnitten wurde bereits herausgestellt, dass insbesondere die schnelle und einfache Verteilung von Funktionen bzw. VNFs ein relevanter Vorteil des Ansatzes ist. Um Funktionen möglichst modular zu halten und schnell verteilen zu können, fällt eine Virtualisierung mithilfe von Virtual Machines bei Betrachtung der Komplexität und des Installationsaufwandes heraus. Die Verwendung von Containern (vgl. Abb. 15.16) bietet sich jedoch an, um betriebssystemunabhängig Funktionen einfach verteilen zu können.

Die große Herausforderung existiert daher primär im *Virtualization Layer* (vgl. Abb. 15.15), dessen Aufgabe es ist, gesteuert durch ein NFV MANO Framework, jegliche Ressourcen zu virtualisieren, auf denen VNFs bereitgestellt und betrieben werden sollen. Dementsprechend muss die etwas konkretere Ausgestaltung des Virtualization Layer erfolgen, wie in Abb. 15.17 veranschaulicht.

Zum einen muss der Virtualization Layer in der Lage sein, die zu kapselnden physischen und logischen, ggf. sogar virtuellen Ressourcen zu kapseln und in einem Modell abzubilden, was einen transparenten Zugriff auf diese Ressourcen durch die virtuellen Ressourcen einer NFVI ermöglichen muss. Auf der nächst höheren Ebene müssen die virtuellen Elemente der NFVI ebenfalls abstrahiert werden, um einen einheitlichen Zugriff zu ermöglichen.

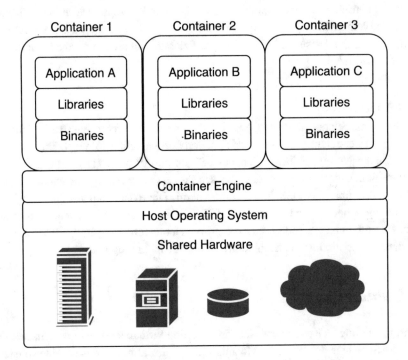

Abb. 15.16 Virtualisierung mit Containern

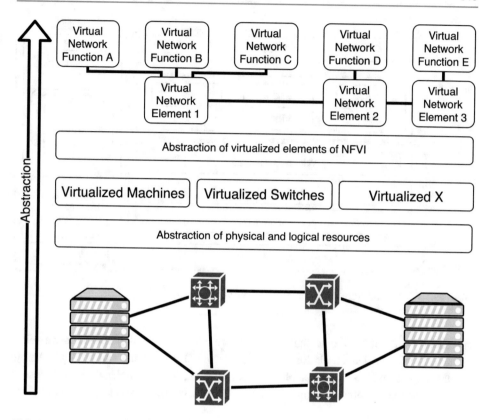

Abb. 15.17 Virtualisierung mit NFV

Dies lässt den Einsatz von beispielsweise Docker als Container-Virtualiserungsplattform und Kubernetes zur einfachen Verteilung in den Fokus rücken, wie es in einer Vielzahl der Projekte der Fall ist. Ausgehend von diesem generellen Blick auf NFV und dessen Virtualisierung ist die Ausgestaltung sehr spezifisch von der Implementierung abhängig.

15.4 SDN vs. NFV

Ein einfacher Vergleich von Software-Defined Networking und Network Function Virtualization als Ansätze für flexible und hochskalierbare Netze erscheint auf den ersten Blick naheliegend, da beide Ansätze eine Abstraktion der physikalischen Elemente gemein haben. Bei einer Zuordnung der Funktionsebenen von SDN zu NFV, ergibt sich das in Abb. 15.18 dargestellt Konstrukt. Die Elemente sind jedoch keineswegs vollständig vergleichbar, da SDN lediglich die *Konfiguration* und *Flusssteuerung* abstrahiert und damit virtualisiert und NFV hingegen die einzelnen Funktionen einer Ressource abstrahiert und virtualisiert. Dement-

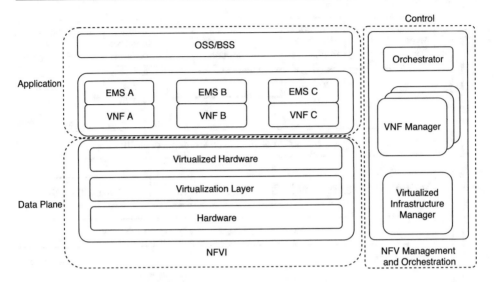

Abb. 15.18 Mögliche Abbildung von SDN auf NFV-Architektur

sprechend kann mit NFV eine signifikant größere *Flexibilität* und *Skalierbarkeit* erreicht werden. SDN kann jedoch als Beschleuniger für die Durchsetzung von NFV als Ansatz verstanden werden. Die bereits etablierten Mechanismen könnten unterstützend eingesetzt werden, um eine schnellere Konfiguration von VNFs und *Network Services* zu ermöglichen.

15.2 Gegeben ist die in Abb. 15.19 dargestellte Struktur. Ergänzen Sie die Bezeichnungen der nicht benannten Elemente.

15.3 Gegeben ist die in Abb. 15.20 dargestellte Struktur. Ergänzen Sie die Bezeichnungen der nicht benannten Elemente.

15.4 Gegeben ist die in Abb. 15.21 dargestellte Struktur. Ergänzen Sie die Bezeichnungen der nicht benannten Elemente.

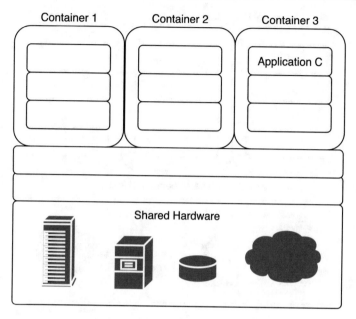

Abb. 15.19 Virtualisierung mit Containern

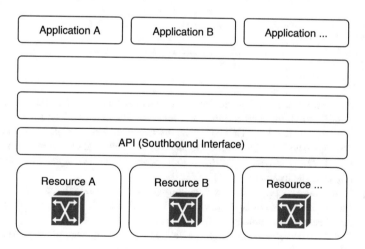

Abb. 15.20 SDN Virtualisierungsstruktur

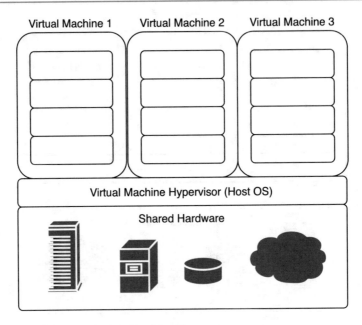

Abb. 15.21 Virtualisierung mit virtuellen Maschinen

Literatur

[MAB+08] Nick McKeown, Tom Anderson, Hari Balakrishnan, Guru Parulkar, Larry Peterson, Jennifer Rexford, Scott Shenker, and Jonathan Turner. Openflow: Enabling innovation in campus networks. *SIGCOMM Comput. Commun. Rev.*, 38(2):69–74, 2008.

[The13] The OpenDaylight Project, Inc. OpenDaylight - Technical Overview, 2013.

[ITU09] ITU-T. *ITU-T Y.3300 (06/2014) – Framework of software-defined networking*, 2009. http://handle.itu.int/11.1002/1000/12168.

[HPD+15] Evangelos Haleplidis, Kostas Pentikousis, Spyros Denazis, Jamal Hadi Salim, David Meyer, and Odysseas Koufopavlou. Software-Defined Networking (SDN): Layers and Architecture Terminology. RFC 7426, January 2015.

[pbG19] SONATA powered by 5GTango. Sonata powered by 5gtango nfv platform, December 2019.

Teil V
Internet of Things

Grundlagen für allgemeine Anwendungen

16

Internet of Things (IoT), zu deutsch das Internet der Dinge, ist mittlerweile in wichtiger Begriff in der modernen IT-Welt geworden. IoT ist ein Begriff, der die Vernetzung von Alltagsgegenständen beschreibt, doch die Definition ist nicht unbedingt klar oder eindeutig. Welche Gegenstände gehören zu dem Internet der Dinge und welche nicht?

Es gibt mehrere Kategorien von Geräten, die sich dem Internet der Dinge zuordnen lassen. Ein kleiner Auszug:

- bisher unvernetzte haushaltsnahe Geräte: *Auto, Toaster, Waschmaschine.*
- bereits vernetzte Geräte im Haushalt: *TV, Smartphone, Smarthome.*
- klassisch vernetzte Geräte und Koppelelemente: *Überwachungskamera, Router/ Accesspoint.*

Wahrscheinlich haben Sie bereits mehrere dieser Geräte im Einsatz, doch würden Sie Ihren Haushalt als Internet der Dinge bezeichnen? Die Frage bleibt ungeklärt, eine allgemein-gültige Definition für die Abgrenzung des IoT von klassischer Technik gibt es zur Zeit nicht. Deshalb folgen wir der Definition des Deutschen Bundestags aus dem Jahr 2012 für das Internet der Dinge. Das *Internet der Dinge* ist „*die technische Vision, Objekte jeder Art in ein universales digitales Netz zu integrieren*". In der Tat werden neben den bisher schon vernetzten Geräten, wie Smartphones, aktuellen TVs oder Accesspoints, immer mehr klassische Komponenten vernetzt und internetfähig gemacht.

Durch die Kommunikationsmöglichkeiten, die mit dem Internet der Dinge einhergehen, werden alltägliche Lebensprozesse verknüpft oder vereinfacht. Stellt der Kühlschrank fest, dass die Milch leer ist, bestellt er neue Milch bei einem Onlinehändler seines Vertrauens nach. An diesem Beispiel lässt sich einerseits erkennen, dass Prozesse vereinfacht, zusam-mengefasst bzw. bequem gemacht werden können. Viele Nutzer werden diese Vorteile zu schätzen wissen. Auf der anderen Seite wird aus diesem Beispiel auch ersichtlich, inwiefern es dadurch zu neuen Problemen kommt. Hersteller dieser neuen Komponenten werden mehr Daten sammeln und Einfluss auf Konsumentscheidungen nehmen können.

Wir gehen davon aus, dass sich das Internet der Dinge weiter durchsetzen wird, denn der Großteil der Bevölkerung wird vor allem die Vorteile durch die neuen Kommunikationsmöglichkeiten sehen. Etwaige Nachteile und Risiken werden aller Voraussicht nach vor allem von Skeptikern und Fachleuten gesehen.

16.1   Technologien

Ein großer Teil der neuen IoT-Geräte wird voraussichtlich nicht mit einem Netzkabel angeschlossen werden, aus Bequemlichkeitsgründen und in manchen Fällen sicherlich auch, weil es gar nicht anders möglich ist. Dieses Kapitel beschäftigt sich deshalb mit den drahtlosen Protokollen, die für die Einbindung von IoT-Geräten in Frage kommen. Hier gibt es zwei grundlegende Kategorien und jeweils eine Vielzahl von Vernetzungstechnologien.

1. *Standardisierte* Vernetzungstechnologien
   - *IEEE 802.3 Ethernet → Netzkameras...*
   - *IEEE 802.11 Wireless LAN → Tablets, eBook Reader...*
   - *IEEE 802.15.1 Bluetooth* oder deren Ableger (z. B. BLE) *→ Kopfhörer, Smartwatch...*
   - *IEEE 802.15.4 ZigBee → Smarte Lampen, LED-Leisten...*
   - *GSM/UMTS/LTE/5G → Smartphones, Alarmanlagen...*
   - *DECT → Funktelefone...*
   - *...*
2. *Proprietäre* Technologien
   Viele Produkte nutzen überwiegend lizenz- und genehmigungsfreie *ISM*-Frequenzen *(Industrial, Scientific and Medical Band)* zur drahtlosen Kommunikation. In dieser Kategorie gibt es viele Protokolle, von denen die meisten jedoch keine öffentliche Bezeichnung haben.

Neben den Technologien spielen aber auch die eingesetzten Netzprotokolle eine Rolle.

16.2   Protokolle

Für die Nutzung der drahtlosen Technologien werden Netzprotokolle benötigt. Zu standardisierten Technologien (vgl. Abb. 16.1) gibt es üblicherweise auch standardisierte Protokolle, manchmal auch mehrere Protokolle für eine Technologie.

Abb. 16.1 Übersicht standardisierte IoT-Protokolle

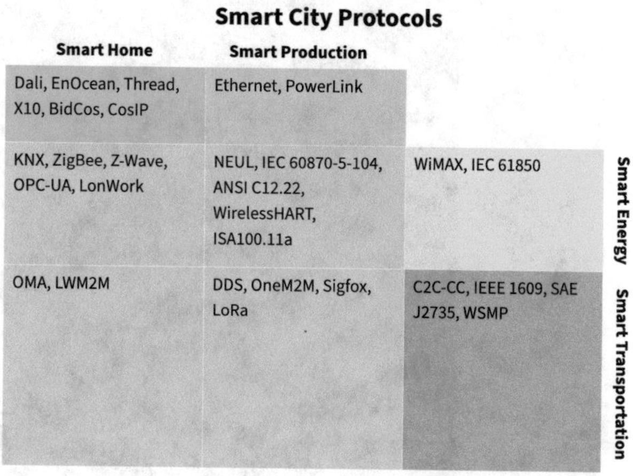

| Smart Home | Smart City Protocols | | Smart Energy / Smart Transportation |
	Smart Production		
Dali, EnOcean, Thread, X10, BidCos, CosIP	Ethernet, PowerLink		
KNX, ZigBee, Z-Wave, OPC-UA, LonWork	NEUL, IEC 60870-5-104, ANSI C12.22, WirelessHART, ISA100.11a	WiMAX, IEC 61850	
OMA, LWM2M	DDS, OneM2M, Sigfox, LoRa	C2C-CC, IEEE 1609, SAE J2735, WSMP	

- *Standardisierte* Protokolle (vgl. Abb. 16.1)
  - IEEE 802.11 Wireless-LAN-Protokoll
  - ZigBee, Z-Wave, EnOcean
  - WiMAX, LoRa, OPC-UA
- *Proprietäre* Protokolle
  - BidCOS, CosIP
  - weitere Protokolle ohne bekannte Bezeichnung

Regelmäßig kommen neue Protokolle oder Erweiterungen (insbesondere aus Sicherheitsgründen) hinzu, alte Protokolle sterben oft jedoch erst mit den Geräten.

16.1 Für die Nutzung von drahtlosen IoT-Technologien werden standardisierte Protokolle eingesetzt. Nennen Sie drei Protokolle für den Bereich Smart Home.

16.2 Nennen Sie, neben Smart Home, drei weitere Einsatzgebiete für IoT-Technologien.

16.3 Anwendungsbeispiel: Smarthome

Ein gutes Beispiel für das Internet der Dinge ist Smarthome (vgl. Abb. 16.2), denn viele der IoT-Geräte werden sich in den Haushalten wiederfinden. Bei Smarthome geht es vor allem um Geräte, um die alltäglichen Prozesse in Haushalten zu vereinfachen. Das Licht schaltet sich automatisch an, sobald der Bewegungsmelder eine Bewegung erkennt und es dunkel genug ist. Die Haustür verschließt sich automatisch um 23:00 Uhr oder verschiedene

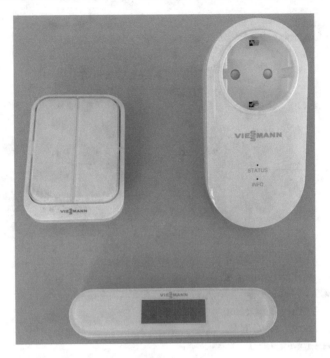

Abb. 16.2 Internet der Dinge – einige Smarthome-Geräte

Lichter und die Rollladen stellen sich auf den Wunsch der im Haus lebenden Personen ein, nun einen Kinofilm anzusehen.

Doch was haben viele IoT-Produkte gemein? Sie sind oft klein und sollen wenig Energie verbrauchen. Die kleine Baugröße und eine Beschränkung des Energieverbrauchs gehen jedoch oft mit wenig Sicherheit einher. Unsere Forschungsergebnisse und Eindrücke sind:

- Etwa 50 % der untersuchten Geräte, insbesondere preisgünstige, haben *keinerlei* Sicherheitsmechanismen!
- Es gibt relativ teure Geräte, die sich über Funk *physikalisch* zerstören lassen.
- Die Expertise vieler Hersteller im Bereich IT-Sicherheit ist *verbesserungswürdig*.

16.4   Grundlagen der digitalen Signalübertragung

Der Zugang zu nicht standardisierten drahtlosen Protokollen ist nicht so einfach wie das Analysieren von etablierten Standards, wie IEEE 802.11 WLAN oder IEEE 802.15.1 Bluetooth. Wo man bei etablierten Protokollen auf Standardsoftware, wie Wireshark [Fou19], zur Analyse setzen kann, fehlt es bei proprietären Protokollen einerseits an Hardware, die den direkten Zugriff auf das Protokoll ermöglicht, und andererseits an einer systematischen Darstellungsmöglichkeit.

Realtek
RTLSDR (RX)

Ettus
USRP-N210 (RX&TX)

Great Scott Gadgets
HackRF One (RX&TX)

Das Problem der Hardware lässt sich mit *Software Defined Radios (SDR)* lösen, diese Geräte sind in der Lage, Funkkommunikation auf fast beliebigen Frequenzen aufzuzeichnen und zu versenden. SDRs gibt es in unterschiedlichen Preisklassen, der Einstieg (nur Aufzeichnen, kein Senden) gelingt mit dem RTLSDR für wenige Euros. Die teuersten Geräte in diesem Segment, allerdings auch mit großer Genauigkeit und Flexibilität, bieten die USRP-Geräte von Ettus für mehrere Tausend Euros. Für wenige Hundert Euros lässt sich das HackRF One erwerben, das in einem weiten Frequenzband senden und empfangen kann und außerdem mobil ohne Steckdose einsetzbar ist.

Der Zugang zu der Arbeit mit *Software Defined Radios* ist allerdings nicht besonders einfach, denn was SDRs ausgeben und als Eingabe erwarten, sind kodierte Funkwellen. Nur mit der Kenntnis der Nachrichtentechnik lassen sich die kodierten Funkwellen in Bits und Bytes umwandeln, so wie wir es aus Wireshark und ähnlichen Tools kennen. Jedoch gibt es auch für die Arbeit mit Software Defined Radios Lösungen, die, ähnlich wie Wireshark, einen einfachen Zugriff auf die ausgetauschten Bytes möglich machen. Eine dieser Lösungen ist die Open Source Software *Universal Radio Hacker (URH)* [PN18, PN19].

Dieses Kapitel ist für Leser geschrieben, die unerfahren in der Nachrichtentechnik sind. Der Sinn und Zweck ist das Vermitteln von genau den Grundlagen, die für das Analysieren von Funksignalen mit Software Defined Radios (SDR) notwendig sind. Das Wissen der Nachrichtentechnik wird genutzt, um die elektromagnetischen Sinuswellen der Funkübertragung in Bits oder Bytes umzuwandeln.

Wenn *Daten* drahtlos versendet werden, geschieht das in *Wellenform,* zu sehen in Abb. 16.3.

Die *elektromagnetischen Wellen* lassen sich mit einer Sinuswelle $f(t) = \sin(2\pi F t)$ beschreiben, wobei t für die Zeit und F für die Frequenz der Welle steht.

Wie funktioniert das *Senden und Empfangen* [Sch19, Gmb19] von elektromagnetischen Wellen im Prinzip? Mit einem Oszillator-Schaltkreis wird an einer Sendeantenne ein elektromagnetisches Feld erzeugt. Kommt diese Radiowelle bei der Empfangsantenne *(Lichtgeschwindigkeit)* an, wird ein Strom mit derselben Frequenz induziert.

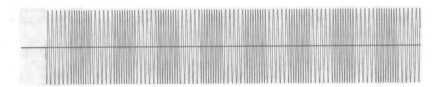

Abb. 16.3 Sinuswelle in der Funkübertragung

16.4.1 Digitale Modulation

Wie werden Informationen über eine elektromagnetischen Sinuswelle übertragen? Die Antwort darauf ist digitale Modulation!

Damit wir *Binärdaten (Bits)* über eine Sinuswelle übertragen können, müssen wir die Welle abhängig von der Information (z. B. 0- oder 1-Bit) verändern. Dazu bringen wir die Binärdaten (Bits) auf einem *analogen Trägersignal* $\sin(2\pi F t)$ auf, um sie zu versenden.

Das entstehende *analoge Signal* hat anschließend die Form: $A \cdot \sin(2\pi F t + \varphi)$. Wir transportieren unsere Binärdaten in *Amplitude A*, *Frequenz F* oder *Phase φ*. Hierdurch ergeben sich die digitalen Modulationsarten (siehe Abb. 16.4):

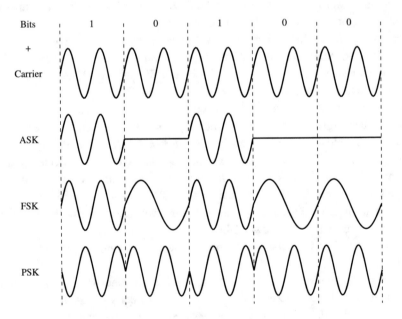

Abb. 16.4 Digitale Modulation

- Amplitude Shift Keying (ASK)
- Frequency Shift Keying (FSK)
- Phase Shift Keying (PSK)

Weiterhin lassen sich auch mehrere Positionen miteinander verknüpfen, wie bei der QAM (ASK+PSK) Modulation.

16.3 Nennen Sie drei digitale Modulationsarten.

16.4 Sie nehmen Funksignale mit einem Software Defined Radio auf. Wie gehen Sie vor, um das Hintergrundrauschen (Noise) zu minimieren?

16.4.2 Passband, Bandbreite und Noise

Zeichnet man Funksignale auf, hilft die Fast Fourier Transformation (FFT) dabei, die richtige Frequenz festzustellen. In Abb. 16.5 sieht man eine FFT-Darstellung einer Momentaufnahme eines Funksignals. Ersichtlich ist, wie oft die einzelnen Frequenzen zentriert um die *Passbandfrequenz* 433,92 MHz genutzt werden. Gleichzeitig erläutert Abb. 16.5 den Begriff der *Bandbreite,* eine Bandbreite von 3 MHz bedeutet hier, dass ein Frequenzbereich von 3 MHz – also −1.5 MHz und +1.5MHz – rund um die Passbandfrequenz 433,92 MHz aufgezeichnet wird. Weitere Nebenfrequenzen außerhalb der benötigten Bandbreite eines Signals werden als *Noise* (Rauschen) aufgenommen, ebenso wie Fehler bei der Übertragung. Nehmen Sie Funksignale mit einem Software Defined Radio auf, reduzieren Sie die Bandbreite so weit wie möglich, um das Hintergrundrauschen (Noise) zu minimieren.

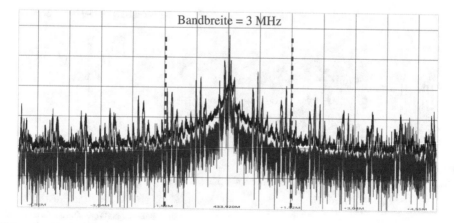

Abb. 16.5 FFT-Darstellung eines Signals – Bandbreite

Die Frequenzen 433,92 MHz, hier im Beispiel, und 868,3 MHz gehören zu den ISM-Bändern, ISM steht für Industrial, Scientific and Medical Band. Diese Frequenzbereiche sind für die öffentliche Nutzung freigegeben, so lange eine gewisse Nutzungsdauer pro Stunde nicht überschritten wird. Viele Smarthome-Geräte, vor allem die mit proprietären Protokollen, nutzen diese Frequenzen für ihre Kommunikation.

16.4.3 Funktionsweise von Software Defined Radios

Software Defined Radios nehmen Funksignale in mehreren Schritten auf, diese werden in Abb. 16.6 dargestellt. Zunächst werden die Sinuswellen der elektromagnetischen Schwingung des Hochfrequenzsignals (Passband) abgetastet, ein *Analog-to-Digital Converter (ADC)* misst den aktuellen Stand der Sinuswelle und weist jedem Ausschlag einen Zahlenwert zu. Laut dem *Nyquist-Shannon-Abtasttheorem* ist für eine korrekte Signalaufnahme die Abtastrate *(Sample Rate)* f_s mindestens doppelt so groß wie die maximale Frequenz im Signal f_{max}, also $f_s \geq 2 \cdot f_{max}$. Für ein 868,3 MHz-Signal würden wir somit eine Sample Rate von mehr als 1 GHz benötigen!

Es folgt ein sehr wichtiger Schritt: Der *Digital Down Converter (DDC)* verschiebt das Signal von der hohen Passbandfrequenz in eine niedrigere *Basisband*frequenz zwischen 1 kHz und 1 MHz, die sich erheblich leichter verarbeiten lässt. Hierdurch kann die Abtastung auch in Software geschehen. Das Passbandsignal wird mit $e^{-j2\pi f_c t}$ multipliziert, wobei f_c die *Trägerfrequenz* des Senders ist. Das Basisbandsignal hat zwei Komponenten, die *Inphase-* und die *Quadratur*-Komponente, ein IQ-Signal. Eine praktische Empfehlung für die Arbeit mit Software Defined Radios ist, dass *Sample Rate ≥ Bandbreite* eingestellt wird, damit alle unterschiedlichen Frequenzen sauber abgetastet werden können.

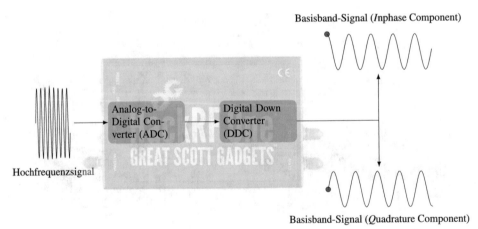

Abb. 16.6 Funktionsweise eines Software Defined Radios

Das Software Defined Radio liefert das Funksignal als *IQ-Signal* an die Software zur weiteren Verarbeitung aus.

16.5 Was besagt das *Nyquist-Shannon-Abtasttheorem?*

16.4.4 Signalverarbeitung in Software

Das IQ-Signal lässt sich als *komplexe Zahl* darstellen, wie es in Abb. 16.7 zu sehen ist.

Aus dem IQ-Signal, das auf dem Rohsignal $A \cdot \sin(2\pi F t + \varphi)$ beruht, werden die Informationen extrahiert, die sich in dem Parameter A, F oder φ befinden. Das IQ-Signal besteht aus vielen Samples. Die Anzahl der Samples wird hierbei durch die Sample Rate bestimmt, z. B. eine Million Samples pro Sekunde bei der Standardsamplerate 1 MS/s.

Für ein Sample $z_1 = (I_1, Q_1) = I_1 + i \cdot Q_1$ berechnen wir:

- *Momentane Amplitude* $A = \sqrt{I_1^2 + Q_1^2}$
- *Momentane Phase* $\varphi = \arctan\left(\frac{Q_1}{I_1}\right)$

Mit einem zweiten Sample $z_2 = (I_2, Q_2)$ können wir auch die *momentane Frequenz F* über die Differenz der Phasen berechnen: $\arctan\left(\frac{Q_2}{I_2}\right) - \arctan\left(\frac{Q_1}{I_1}\right)$.

Das Demodulieren, also das Überführen der Sinuswelle in Bits und Bytes geschieht in Software. Die *Quadratur Demodulation* nutzt das IQ-Signal mit den *momentanen* Amplituden, Phasen und Frequenzen, um ein Rechtecksignal zu erzeugen. Die ausgerechneten Amplituden, Frequenzen oder Phasen werden dafür über die Zeit aufgetragen.

In Abb. 16.8 sieht man das Rohsignal eines FSK-modulierten Signals. Durch das Auftragen der unterschiedlichen Frequenzen der Sinusschwingung über die Zeit entsteht das Rechtecksignal, in welchem man die übertragenen Informationen (hier: `10101010...`) schon erahnen kann. Selbstverständlich funktioniert dieses Quadratur-Demodulationsverfahren auch für andere Modulationsarten abseits von FSK, zum Beispiel ASK (Abb. 16.9).

Abb. 16.7 IQ-Signal

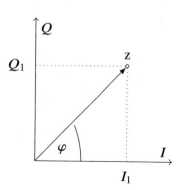

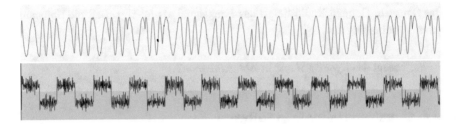

Abb. 16.8 Quadratur-Demodulation eines FSK-Signals

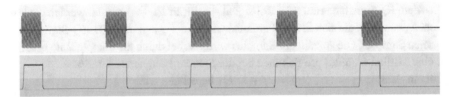

Abb. 16.9 Quadratur-Demodulation eines ASK-Signals

Dabei ist jedoch zu beachten, dass die Amplitude bei der Aufnahme schwanken kann. Ändert sich die Entfernung zum Sender oder auch nur die Position der Antenne, kann die Aufnahme wie in Abb. 16.10 aussehen. Aufgrund dieser Fehlerquelle vermeiden viele Hersteller die ASK-Modulation für komplexere Protokolle.

16.6 Viele Hersteller vermeiden die Verwendung der ASK-Modulation für komplexere Protokolle. Begründen Sie dieses Vorgehen.

16.4.5 Extraktion von Bits und Bytes

Damit aus einem Signal die richtigen Daten extrahiert werden können, müssen einige Dinge bedacht werden (Abb. 16.11):

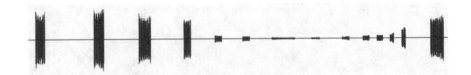

Abb. 16.10 Amplituden-Schwankungen eines ASK-Signals

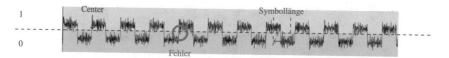

Abb. 16.11 Was bedeuten Center, Symbollänge und Fehlertoleranz?

- Center: In der *Quadratur Demodulation* legt das Center fest, welcher Wert an einer Stelle ausgelesen wird.
  Binäre Modulation (⇒1 Bit pro Symbol): Oberhalb = 1, Unterhalb = 0.
- Symbollänge: Ein Symbol (≈ *Bit*) wird durch mehrere *Samples* dargestellt. Die Symbollänge gibt an, wie viele Samples als ein Symbol ausgewertet werden sollen. Ändern Sie die *Sample Rate* für die Aufnahme, ändert sich die Symbollänge *proportional*. Deshalb wird manchmal der Begriff *Data Rate* = $\frac{\text{Sample Rate}}{\text{Symbollänge}}$ genutzt.
- Fehlertoleranz: Dieser Wert gibt an, wie viele *Fehler* innerhalb eines Symbols akzeptiert werden.

Wie findet man die richtigen Parameter für Center, Symbollänge und Fehlertoleranz in der Praxis heraus? Das *ASK*-Signal im Beispiel wurde mit 1 MS/s *Sample Rate* aufgezeichnet.

1. Finde Wert für Noise, sodass das Rauschen überdeckt wird (Abb. 16.12).
2. Setze *Center* auf einen Wert, sodass alle *Minima* darunter und alle *Maxima* des Signals darüber liegen, hier: 0,0538 (Abb. 16.13)
3. Selektiere das *kürzeste Symbol* und setze Anzahl der Samples (hier 501 Samples) grob gerundet bei *Symbol Length* bzw. *Bit Length* ein. Danach folgt ggf. Feintuning mit *Error Tolerance* (Abb. 16.13).

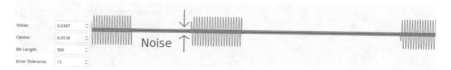

Abb. 16.12 Analoge Ansicht – Wert für Noise finden

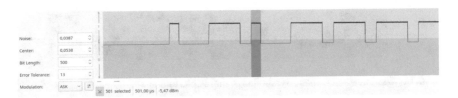

Abb. 16.13 Demodulierte Ansicht – Werte für Center und Symbollänge finden

16.4.6 Kodierung

In Abb. 16.14 sieht man die unterschiedlichen Schritte der Kodierung, die nach der Demodulation angewendet werden. Die *Leitungscodierung* extrahiert die logischen Bits aus dem digitalen Signal, wie in den letzten Kapiteln gesehen. Im einfachsten Fall der Leitungscodierung wird ein High-Symbol dem Bit 1 und ein Low-Symbol dem Bit 0 zugeordnet. Im Anschluss wird die *Kanalcodierung* umgekehrt, sie fügt Informationen zur Fehlererkennung/-Korrektur hinzu, meistens in Form von Checksummen wie Cyclic-Redundancy-Checks (CRC, orange in der Skizze). Die optionale *Quellencodierung,* welche Daten komprimiert (z. B. mit RLE) oder Daten verschlüsselt (z. B. mit AES), wird als letztes entfernt.

Abb. 16.14 Kodierung

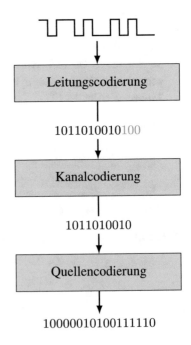

- Die *Non-Return-to-Zero (NRZ)* ist die Standardcodierung *(invertiert)*.

$$\rightarrow 1011\ (0100)$$

Bewegt sich das Rechtecksignal oberhalb von Center, wird eine 1 (0) ausgewertet. Ist es unterhalb von Center, wird eine 0 (1) weitergegeben. Die invertierte Variante nennt man *Non-Return-to-Zero Inverted (NRZ-I)*.

- Der *Morse Code* funktioniert so, dass kurze Pulse als 0-Bit und lange Pulse als 1-Bit ausgewertet werden.

$$\rightarrow 0100$$

Die Länge von kurzen und langen Pulsen ist üblicherweise konfigurierbar.

- Die *Redundanz*-Kodierung wiederholt Informationen mehrfach, um sicherzustellen, dass die Informationen beim Empfang korrekt aufgefasst werden.

$$\rightarrow 1011$$

- Die *Edge-Trigger*-Kodierung wertet nicht aus, ob der Signalpegel für einen gewissen Zeitraum auf Low oder High gehalten wird, sondern die Übergänge zwischen Low und High. Ein Symbol wird somit durch den Übergang (Flanke) von *High→Low* = 0 oder *Low→High* = 1 dargestellt.

$$\rightarrow 001f$$

Diese Kodierung ist *getaktet,* das bedeutet, dass für jedes Symbol *(binäre Kodierung: 0 oder 1)* immer ein Übergang erfolgt. Durch diesen regelmäßigen Übergang kann sich der Empfänger automatisch auf die genutzten Zeiten einstellen. Erfolgt kein Übergang, wird dies als Fehler bemerkt (f). Die dargestellte Kodierung bezeichnet man als *Manchester-Kodierung (I)*.

- Bei der *differentiellen Kodierung* wird immer dann ein 1-Bit ausgewertet, wenn es eine Veränderung gab. Hat sich der Signalpegel nicht verändert, wird ein 0-Bit gezählt.

$$\rightarrow 01110100$$

Ähnlich wie bei Edge Trigger geht es bei dieser Kodierung ebenfalls um die Flanken, deshalb kann der Signalpegel *(Startwert)* vor der ersten Flanke nicht gewertet werden und wird als Startwert festgelegt.

16.4.7 Zusammenfassung

Dieses Kapitel fasst zusammen, welche Schritte notwendig sind, um Funksignale mit Software Defined Radios zu empfangen und auch zu versenden. Die Darstellung in Abb. 16.15 beschränkt sich auf das Empfangen und Analysieren von Funksignalen.

Das drahtlose IoT-Gerät funkt ein analoges Signal, welches von dem lauschenden *Software Defined Radio* empfangen wird. Im ersten Schritt werden den elektromagnetischen Sinuswellen des Funksignals digitale Werte zugeordnet. Das geschieht mit einer vorher eingestellten Abtastrate (Sample Rate), üblicherweise ein oder zwei Millionen Samples pro Sekunde.

Für die hohen Frequenzen, beispielsweise aus den ISM-Bändern 433,92 MHz oder 868,3 MHz, müsste eine extrem hohe Abtastrate ($\geq$ Frequenz $\cdot$ 2) genutzt werden. Das *Complex Downsampling* verschiebt die Frequenz des Signals in einen niedrigeren Basisbandbereich zwischen 1 kHz und 1 MHz, der in Software verarbeitet werden kann.

Anschließend findet in Software die Demodulation statt, die eine Sicht auf die übertragenen Rohbits gewährt. Durch das Decoding werden die tatsächlichen logischen Bits des Protokolls aus den Rohbits berechnet und können im nächsten Schritt analysiert werden.

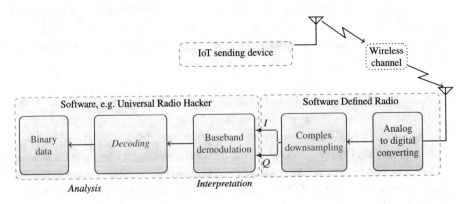

Abb. 16.15 Empfangen mit Software Defined Radios [PN18]

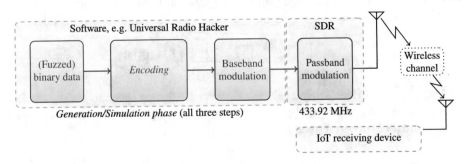

Abb. 16.16 Senden mit Software Defined Radios [PN18]

Abb. 16.16 zeigt, wie ein Software Defined Radio Funksignale zum Senden aufbereitet. Auf die logischen Bits des Protokolls wird zunächst die Kodierung aufgebracht. Beispielsweise eine NRZ-Kodierung (Non-Return-to-Zero) mit anschließender Prüfsumme. Danach erfolgt die digitale Modulation aus den Rohbits, nach der Kodierung wird eine Sinuswelle (IQ-Signal) in der Form $A \cdot \sin(2\pi F t + \varphi)$ erzeugt, wobei die Rohbits in der Amplitude A, der Frequenz F oder der Phasenverschiebung φ untergebracht werden.

Das Software Defined Radio verschiebt das erhaltene IQ-Signal von der niedrigen Basisband- in die Passbandfrequenz, z. B. 433,92 MHz, und versendet die Daten an das IoT-Gerät.

16.5 Drahtlose Smarthome-Technik

Das Haus der Zukunft ist intelligent – ein Smarthome. In einigen Jahren sind unsere Häuser vollautomatisch: Licht, Heizung, Türen und Fenster kommunizieren mit uns und untereinander, stellen sich auf die Bedürfnisse des Menschen ein. Wenn es draußen dunkel wird, fahren die Rollladen automatisch herunter und das Licht im Wohnzimmer schaltet sich an, wenn jemand im Raum ist. Verlässt der Hauseigentümer mit seinem Smartphone das Haus, verriegelt sich die Haustür von selbst, wenn ansonsten niemand mehr im Haus ist. Das Küchengerät schlägt ein neues Rezept vor und zeigt an, welche Zutaten in welcher Menge und Reihenfolge in das Gerät gefüllt werden müssen, der Rest passiert automatisch (Abb. 16.17).

Im Jahr des Erscheinen dieses Buchs sind die angeführten Beispiele bereits Realität, wenn auch nicht in allen Haushalten. Der Markt für Smarthome-Geräte wächst, immer mehr Hersteller und Produkte strömen auf den Markt: Brennenstuhl, Homematic (IP), innogy SmartHome (RWE), Magenta SmartHome... und noch viel mehr Hersteller und deren Produkte aus dem In- und dem Ausland!

Der Trend im Bereich Smarthome geht zur drahtlosen Verbindung, denn drahtlose Geräte lassen sich ohne teures Verlegen von Kabeln für Bussysteme im Haus einsetzen. Reichweite und Stabilität sind mittlerweile so ausgereift, dass drahtlose Smarthomegeräte eine echte Alternative zu den kabelgebundenen Systemen mit KNX oder EIB darstellen.

16.5.1 Risiken der Smarthome-Technik

Seit der Einführung der ersten Smarthome-Geräte ist bereits einige Zeit vergangen. Smarthome-Lösungen werden heute oft cloudbasiert, mit Steuerung über das Internet angeboten. Zusätzlich gibt es diverse Smartphone-Apps, um die Sensoren abzufragen und Aktoren zu steuern. Dies bedeutet viel Komfort, birgt allerdings auch Sicherheitsrisiken, die bereits seit längerer Zeit durch Spezialisten untersucht werden. Sogar die Bild-Zeitung berichtete schon über die Sicherheit von Smarthome-Systemen [BIL18], sodass wir annehmen können, dass Smarthome bereits in der Mitte der Gesellschaft angekommen ist. Die Untersuchung von Cloud-Lösungen und Apps sind die eine Sache, die Untersuchung der Funkprotokolle eine andere. Im Folgenden konzentrieren wir uns auf die Funkübertragung zwischen den Smarthome-Geräten.

Der Markt der Hersteller von Smarthome-Produkten ist geteilt – einerseits gibt es Hersteller, die auf standardisierte Protokolle wie ZigBee setzen, andererseits Hersteller, die ihre eigenen Protokolle entwickeln. Beide Varianten können Vorteile haben. Für standardisierte Protokolle spricht eine erprobte Stabilität und Interoperabilität mit anderen Herstellern. Für proprietäre Protokolle steht die hervorragende Anpassungsfähigkeit an das eigene Produkt und der Verzicht auf Lizenzgebühren. Was jedoch fast alle Smarthome-Produkte gemeinsam haben, ist die Tatsache, dass die Maße der Geräte oft klein sind und die meisten Geräte zudem wenig Energie verbrauchen sollen. Beide Eigenschaften beschränken die Speicher- und Rechenressourcen dieser Geräte und wirken sich in vielen Fällen abträglich auf die Sicherheit aus.

Für die Untersuchung von standardisierten Protokollnachrichten gibt es zumeist Spezialhardware, wie WLAN-Sticks, ZigBee- oder Bluetooth-Dongles. Eine Analyse der logischen

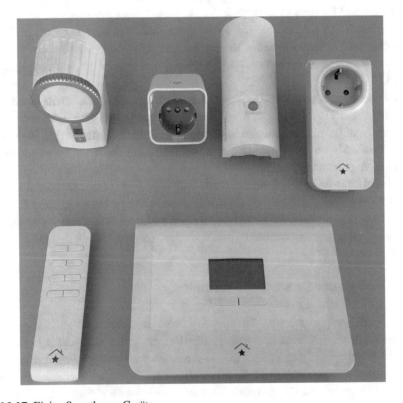

Abb. 16.17 Einige Smarthome-Geräte

Protokollnachrichten kann mit der Spezialhardware vorgenommen werden. Hingegen ist der Zugang zu nicht-standardisierten Protokollen erheblich schwieriger, denn es gibt meistens keine frei verfügbare Schnittstelle, um die logischen Protokollnachrichten der Funkkommunikation zu analysieren. Mit der Hilfe eines Software Defined Radios und entsprechender Analysesoftware ist es jedoch möglich, auch die Sicherheit von proprietären Smarthome-Protokollen zu untersuchen.

16.5.2 Proprietäre Smarthome-Protokolle

Der Aufbau von Smarthome-Protokollen unterscheidet sich. Je weniger Features ein System hat, desto einfacher ist das Protokoll. Wir unterscheiden die folgenden Arten von Smarthome-Protokollen:

1. *Trivial*
   - konstantes Signal
   - Aufbau meistens simpel, wenige Bits lang
   - schaltet Geräte wie Autoschranken, versenkbare Verkehrspoller...
2. *Stateless*
   - Adressierung von Geräten
   - Struktur einfach bis komplex
   - *uni*direktionale Kommunikation
3. *Stateful*
   - Struktur und Protokoll eher komplex
   - oft verschlüsselt
   - *bi*direktionale Kommunikation

Die meisten trivialen Protokolle bestehen nur aus der Übertragung einer Konstante, die nach dem Empfang eine Aktion auslöst. Entsprechend simpel ist die Beurteilung der Sicherheit, denn das Wiederholen einer aufgezeichneten Nachricht (*Replay*) genügt voraussichtlich, um die Aktion erneut auszulösen.

Dahingegen ist die Struktur nicht-trivialer Protokolle meist komplexer. Die klassische Struktur einer generischen Smarthome-Funknachricht sieht man in Abb. 16.18.

Ein Hinweis, der in der späteren Beurteilung der Sicherheit eine Rolle spielen kann: *Die fett gedruckten Protokollfelder in Abb. 16.18 werden oft durch die Hardware ausgewertet, gegebenenfalls ist kein Zugriff durch die Software-Logik möglich.*

| *Präambel* | *Synchronisation* | **Länge** | **Quelladresse** | **Zieladresse** | **Daten...** | *Checksumme* |

Abb. 16.18 Klassische Struktur einer Smarthome-Nachricht

- *Präambel* – Viele Nachrichten beginnen mit `10101010...` (`0xAA...`), damit sich die Empfangshardware zeitlich auf die Datenrate einrichten kann. Nach *Synchronisation* (*≠Präambel*) beginnt die eigentliche Nachricht.
- *Länge* – Länge *(oft)* in Bytes.
- *Adressen* – Feste Länge, oft gibt es zusätzlich *Broadcast*-Adressen.
- *Daten* – *Tür auf/Licht an/Bewegung erkannt?/Heizung = 13,37°C/...*
- *Checksumme* – Häufig CRC(-16), Polynom kann abweichen.

In der Praxis haben Smarthome-Protokolle oft weitere spezielle Protokollfelder oder Eigenarten:

- *Counter* oder *Sequenznummer*

In fortgeschrittenen Protokollen findet sich oft ein *Nachrichtenzähler (Counter),* der sich mit jeder Nachricht verändert. Implementierung in Hardware- *oder* Softwarelogik.
- *Kurze Daten*

Kurze Daten, beispielsweise 1 Bit: AN oder AUS, werden oft durch *Byte*-Werte ausgedrückt, z. B. AN=`0x60`/AUS=`0x06` oder ganz zufällig AN=`0x04`/AUS=`0x09`. Durch die längeren Werte wird die Informationsübertragung resistenter gegen Fehler bei der Auswertung.
- *Acknowledgements (ACK)*
  Versendete Nachrichten werden manchmal durch kurze *Acknowledgement-* Nachrichten des Empfängers *(enthält oft nur Adresse des Senders)* bestätigt.
- *Nachrichtentypen*

Type

Je komplexer ein Protokoll ist, desto wahrscheinlicher treten unterschiedliche *Nachrichtentypen* (Unterscheidung über Type-Feld) auf, z. B. DATA, ACK, Schlüsselaustausch, Challenge/Response...

- *Nachrichtenlängen*

  Viele proprietäre Smarthome-Protokolle sind *byte*weise codiert (*außer sehr kurze Protokolle*). Die einzelnen *Protokollfelder* haben somit oft eine Länge von n·Byte, wobei häufig $n = 1$ oder ein *Vielfaches von 2*.

- *Kryptographie im Smarthome*

  Aufgrund von eingeschränkten Resourcen nutzen Smarthome-Produkte auf der Funkschnittstelle überwiegend *symmetrische Kryptographie* (wenn überhaupt).

  Üblich ist auch *Data Whitening* ($\oplus$-*Verknüpfung mit pseudozufälligem Stream, z. B. LFSR*) mit dem Ziel, lange 0- und 1-Folgen zu verhindern. Bei langen gleichartigen Folgen erhöht sich die Fehlerwahrscheinlichkeit bei dem Empfangen. Der Stream ist meistens bekannt oder kann leicht berechnet werden.

16.7 Die meisten trivialen Protokolle bestehen nur aus der Übertragung einer Konstante, die nach dem Empfang eine Aktion auslöst. Warum kann ein solches Protokoll problematisch sein, obwohl es mit weniger Protokolloverhead auskommt?

16.8 Ergänzen Sie die klassische Struktur einer generischen Smart-Home-Funknachricht in Abb. 16.19.

16.5.3 Schwachstellen und Angriffe auf Smarthome Protokolle

Die Sicherheit von Smarthome-Produkten ist oft nicht perfekt. Einige Hersteller verlassen sich scheinbar darauf, dass es Spezialhardware benötigt, um die Nachrichten via Funk mitzulesen oder zu verändern. Im Folgenden listen wir eine Reihe von typischen Schwachstellen auf, die wir in frei verfügbaren Smarthome-Geräten identifizieren konnten:

- *Schlüsselaustausch* passiert nicht selten im Klartext oder ungeschützt.
- *Unabhängigkeit* von Hardware und Software-Logik, z. B. werden die Adressen oder Counter nicht von dem eingesetzten *MAC*, sondern nur von einer nicht-kryptografischen *Prüfsumme* geschützt, die Teil der Hardwareschicht ist. Obwohl die Adressfelder und die Nutzerdaten Protokollfelder im selben Protokoll sind, hat die Softwareschicht keinen Zugriff auf die Adressen, weil dieser Teil vor der Übergabe von Hardware- and Softwareschicht abgeschnitten wird.
- *Statemachine* – wenn Hardware- und Software-Logik nicht unabhängig sind, jedoch z. B. der interne *Counter vor* Prüfung des *MACs* erhöht wird.

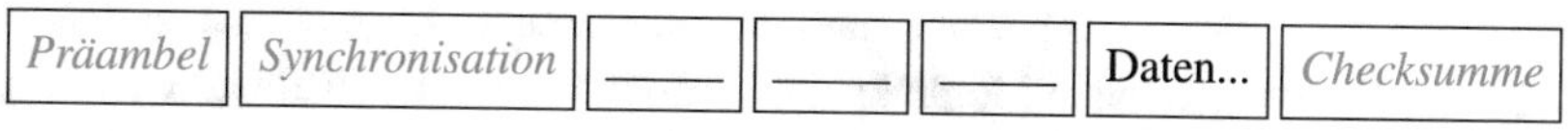

Abb. 16.19 Aufgabe zur klassischen Struktur einer Smarthome-Nachricht

- *Security-by-Obscurity* – Pseudokryptographie, meistens schwache "Verschlüsselung" mit XOR und Konstanten.
- *Schwache Kryptographie* – lineare Systeme, kurze Schlüssellängen oder schlechter Operationsmodus für Blockchiffren.
- *Relay/Jamming* – das System ist anfällig für Man-in-the-Middle Angreifer, z. B. die Verlängerung des Signals über Mobilfunk oder andere Medien. Das Protokoll reagiert ungeschickt auf ein Stören des Signals, verwendet z. B. alternative Kommunikationspfade mit geringerer Sicherheit.

Es gibt ein paar Ansätze, die man verfolgen kann, um auf die aufgezählten typischen Schwachstellen zu testen. Mit den folgenden Techniken ist es möglich, Schwachstellen in Smarthome-Protokolle zu identifizieren:

- *Replay/Preplay/Relay* – aufgezeichnete Protokollnachrichten werden erneut eingespielt und die Reaktion des Systems beobachtet (*Replay*). Verhindert man die eigentliche Übertragung und spielt das Frame selbst in einem anderen Kontext ein, bezeichnet man dies als (*Preplay/Delay*). Das Verlängern einer Funkkommunikation über einen anderen Kanal (z. B. WLAN oder Mobilfunk) nennt man *Relay* und eignet sich dazu, die physikalischen Entfernungen zwischen zwei Geräten zu beeinflussen.
- *Address-Spoofing* – das Ändern von Ziel-/Quelladresse in geschützter Kommunikation kann je nach Protokoll unvorhergesehene Effekte haben.
- *Out-of-Sync DoS* – einige Geräte reagieren nur, wenn der *Counter* in einem bestimmten Intervall liegt. Schlechte Implementierungen prüfen lediglich, ob $Counter_{neu} > Counter_{alt}$, führen jedoch keinen Plausibilitätstest durch. Wir erhöhen den Counter um einen sehr großen Wert und schließen dadurch Geräte aus, die normal weitergezählt haben.

16.6　Blick in die Zukunft

Das Internet of Things (IoT) ist nicht nur ein Buzzword, sondern der Vorstoß, viele alltägliche Geräte miteinander zu vernetzen. Durch diese Vernetzung erhöht sich der Komfort, die IoT-Geräte unterstützen uns mit ihren neuen Kommunikationsprozessen bei alltäglichen Dingen. Zum Beispiel bemerkt der Kühlschrank, wenn das letzte Paket Milch entnommen wurde und bestellt direkt nach. Das Haus erfasst, wann sein Besitzer auf Reisen ist und reduziert die Heizungsleistung.

Doch die vielen neuen Möglichkeiten bringen auch Risiken mit sich. Je mehr vernetzt wird, desto relevanter ist auch die Sicherheit der Kommunikation und der Daten. An dem Beispiel Smarthome haben wir gezeigt, dass das Internet der Dinge einerseits praktisch ist und sich andererseits viele neue Möglichkeiten auftun, unsere neuen alltäglichen Begleiter zu beeinflussen. Dabei haben wir uns auf die Funkkommunikation der IoT-Geräte konzentriert, die nur einen Teilbereich der gewonnenen Risiken durch das Smarthome abdeckt. Das Wissen über die Hintergründe der Funkkommunikation hilft uns, IoT-Geräte auf ihre Sicherheit zu untersuchen und selbst eine bessere Auswahl zwischen den am Markt verfügbaren Geräten treffen zu können. Weiterhin drängt dieses Wissen die Hersteller von IoT-Geräten dazu, sich mehr Gedanken über Sicherheit zu machen. Mit diesem Prinzip im Hinterkopf wurde die Software *Universal Radio Hacker* [PN19, PN18] entwickelt, die sich an IT-Interessierte ohne tiefere Grundlagen in der Nachrichtentechnik wendet. Viele elektrotechnische Aspekte werden abstrahiert und die Nutzer bekommen eine Interaktionsmöglichkeit mit den IoT-Funkprotokollen nach dem Vorbild von Wireshark [Fou19].

In Zukunft wird die Vernetzung weiter zunehmen und viele neue internetfähige Geräte werden hinzukommen. Dabei sollte stets beachtet werden, dass zusätzliche Kommunikation auch die Komplexität erhöht und die Sicherheit dabei im Auge behalten werden muss.

Literatur

[Fou19]   Wireshark Foundation. Wireshark webseite, 2019. https://www.wireshark.org.

[PN18]   Johannes Pohl and Andreas Noack. Universal Radio Hacker: A Suite for Analyzing and Attacking Stateful Wireless Protocols. In *12th USENIX Workshop on Offensive Technologies (WOOT 18)*, Baltimore, MD, 2018. USENIX Association.

[PN19]   Johannes Pohl and Andreas Noack. Universal Radio Hacker: investigate wireless protocols like a boss, 2019. https://github.com/jopohl/urh.

[Sch19]   Patrick Schnabel. Funktechnik (Grundlagen), 2019. https://www.elektronik-kompendium.de/sites/kom/0810301.htm.

[Gmb19]   CIRCUIT DESIGN GmbH. Leitfaden für HF-Entwickler, 2019. https://www.circuitdesign.de/products/tech_info/guide2.asp.

[BIL18]   BILD. Acht von 13 Sicherheits-Systemen sind nicht sicher!, 2018. https://www.bild.de/digital/multimedia/multimedia/grosser-smart-home-test-acht-von-13-sicherheitssets-sind-nicht-sicher-58108670.bild.html.

Grundlagen für industrielle Anwendungen 17

Im fertigungsnahen Umfeld des produzierenden Gewerbes werden Kommunikationsnetze eingesetzt, um die Datenübertragung zwischen den an der Fertigung beteiligten Komponenten sicherzustellen. Kommunikationsnetze ermöglichen den Austausch von Informationen und machen die moderne computergestützte Fertigung erst möglich. In diesem Kapitel werden die kommunizierenden Systeme und die eingesetzten Kommunikationsnetze vorgestellt. Dazu werden Referenzmodelle und Datenaustauschprotokolle betrachtet.

17.1 Komponenten im fertigungsnahen Umfeld

In diesem Abschnitt werden die Komponenten im fertigungsnahen Umfeld vorgestellt. Aufgrund der Vielzahl der existierenden Komponenten werden diese nicht im Detail beschrieben. Um die Komplexität der etablierten Architekturen zu verstehen, werden jedoch die grundlegenden Aufgaben der einzelnen Komponenten vermittelt.

17.1.1 Enterprise-Ressource-Planning-System (ERP)

Ein Enterprise-Ressource-Planning-System (ERP) ist eine integrierte *betriebswirtschaftliche* Standardsoftware. Sie wird eingesetzt um die Geschäftsprozesse eines Unternehmens informationstechnisch zu unterstützen. Auf Basis von standardisierten Modulen können das alle oder die wesentlichen Geschäftsprozesse sein.

▶   **Wichtig** Die vier klassischen *Anwendungsbereiche,* die von einem ERP-System
    abgedeckt werden, sind:

- das Finanzwesen,
- die Logistik,
- das Personalwesen,
- und die Produktion.

Jedem Anwendungsbereich sind bestimmte Aufgaben und Kernprozesse zugeordnet.
Bereichsübergreifende Funktionen, wie beispielsweise das Berichtswesen oder das
Dokumenten- und Workflowmanagement, ergänzen diese. Nachfolgend werden die Anwen-
dungsbereiche vorgestellt und beispielhaft die Aufgaben beschrieben. Eine ausführlichere
Beschreibung ist in [HG07] zu finden.

17.1.1.1 Finanzwesen

Zum Finanzwesen gehören das externe Rechnungswesen (Finanzbuchhaltung), das interne
Rechnungswesen (Controlling) und die Finanzwirtschaft. Kernprozesse des Finanzwesens
sind beispielsweise: Abschreibungen, Kostenarten-, -stellen- und -trägerrechnung sowie
Kontenclearing.

17.1.1.2 Logistik

Zur Logistik gehören die Bereiche der Beschaffung mit ihren Aufgaben, wie beispielsweise
Materialwirtschaft und Lagerverwaltung, sowie der Vertrieb mit seinen Aufgaben, wie beispielsweise Kundenverwaltung, Angebots- und Auftragsbearbeitung.

17.1.1.3 Personalwesen

Zu den Aufgaben des Personalwesens gehören beispielsweise die Mitarbeiterdatenverwal-
tung sowie die Lohn- und Gehaltsabrechnung, aber auch die Zeitwirtschaft und Karriere-
planung der Mitarbeiter.

17.1.1.4 Produktion

Für Unternehmen des produzierenden Gewerbes ist die Produktionsplanung und Produkti-
onssteuerung *(PPS)* von großer Bedeutung. Zu den vier Kernaufgaben der PPS zählen neben
der Produktionsprogrammplanung die Produktionsbedarfsplanung sowie die Planung und
Steuerung der Eigenfertigung und des Fremdbezugs. Zu den Querschnittsaufaben der PPS
zählen die Auftragskoordination, das Lagerwesen und das PPS-Controlling. Grundlage für
die PPS ist die Stammdatenverwaltung. Sie umfasst die Teileverwaltung, Stücklistenver-

waltung, Arbeitsplanverwaltung, Produktionsmittelverwaltung, Plandatenverwaltung, Auftragsverwaltung, Kundenverwaltung und Lieferantenverwaltung.

ERP-Systeme arbeiten in der Regel mittel- und langfristig, sodass auch nur eine grobe Planung der Produktion möglich ist. Als Datenbasis dienen meist ermittelte Durchschnittswerte, die in den Stammdaten hinterlegt worden sind. Eine optimierte anlagenspezifische Feinplanung erfolgt in der Regel in einem MES [HG07, KS13, WB06, Eve13, GF07].

17.1.2 Manufacturing-Execution-System (MES)

Ein MES (Manufacturing-Execution-System) ist ein *Fertigungsmanagementsystem* und wird auch als *Produktionsleitsystem* bezeichnet. Laut VDI-Richtlinie 5600 nehmen MES-Systeme folgende Aufgaben war:

- Auftragsmanagement
- Feinplanung und Feinsteuerung
- Betriebsmittelmanagement
- Materialmanagement
- Personalmanagement
- Datenerfassung
- Leistungsanalyse
- Qualitätsmanagement
- Informationsmanagement
- Energiemanagement

Weitere Richtlinien und Normen, die sich mit MES auseinandersetzen, sind beispielsweise NAMUR NA 94, ANSI/ISA 95, DIN EN 62264/IEC 62264, ISO 22400-2 und VDMA 66412.

Ein MES verbindet das ERP-System mit der Fertigung und kann als *Datendrehscheibe* fungieren. Es nutzt die Stammdaten aus dem ERP-System, beplant die zur Verfügung stehenden Maschinen mit den im ERP-System freigegebenen Aufträgen, berücksichtigt dabei weitere Kapazitäten, wie beispielsweise Personal und Fertigungshilfsmittel, und meldet den Status der jeweiligen Aufträge an das ERP-System zurück.

Ein MES kann die Daten von Maschinen und Anlagen aggregieren und ist so in der Lage, zeitnah auf Veränderungen innerhalb der Fertigung zu reagieren. Es unterstützt den Fertigungsplaner beispielsweise mit einer aktuellen Plantafel, visualisiert dem Maschinenbediener die Restlaufzeiten aller ihm zugeordneten Maschinen und unterstützt bei der Ermittlung betriebswirtschaftlicher Kennzahlen, sogenannter Key-Performance-Indicator *(KPI)*, wie beispielsweise dem „Overall Equipment Effectiveness" *(OEE)*, der die *Gesamtanlageneffektivität* beschreibt [Kle15, Rei17].

▶ **Wichtig** Ein *ERP-System* arbeitet in der Regel mittel- und langfristig, während ein *MES* eine optimierte anlagenspezifische Feinplanung ermöglicht. Durch das Einbeziehen aktueller *Maschinen- und Anlagendaten* kann zeitnah auf Veränderungen innerhalb der Fertigung reagiert werden. Ein entscheidender Erfolgsfaktor ist die Realisierung der *Datendurchgängigkeit*, da neben den aktuellen Maschinen- und Anlagendaten auch Stammdaten aus dem ERP-System benötigt werden. Wohldefinierte Schnittstellen sind essenziell.

17.1.3 Maschinen und Anlagen

Die *Maschinen und Anlagen* eines produzierenden Unternehmens befinden sich in der *Fertigung*. Dieser Bereich wird auch als *Shop Floor* bezeichnet. Abhängig vom jeweiligen Unternehmen können hier diverse Maschinen und Anlagen vertreten sein, die jeweils verschiedene Fertigungsverfahren zur Herstellung von Bauteilen nutzen. Eine Übersicht über die Fertigungsverfahren bietet die Norm DIN 8580. Aufgrund der hohen Vielfalt kann an dieser Stelle aber nur auf eine kleine Auswahl exemplarisch eingegangen werden. Nachfolgend werden sogenannte CNC-Maschinen näher betrachtet, da sie über einen komplexen Aufbau verfügen, der sich in gleicher oder ähnlicher Form in vielen Maschinen wiederfindet.

17.1.3.1 CNC(-Maschinen)

Maschinen können beispielsweise durch spanende Fertigungsverfahren, wie dem Fräsen, mit hohem Flexibilitätsgrad Fertigteile mit festgelegten Konturen aus einem Rohteil herstellen. Zwischen dem Werkzeug (Fräser) und dem Werkstück (Rohteil) findet dazu eine kontrollierte Relativbewegung statt. Vorschubantriebe bewegen meist das Werkstück entlang festgelegter Achsen und erzeugen so die Vorschubbewegung, während der Hauptantrieb (die Spindel) den Fräser rotieren lässt. Die Vorschubbewegungen können translatorisch und/oder rotatorisch sein und werden in modernen Fräsmaschinen von einer numerischen Steuerung, der sogenannten *CNC* (Computerized Numerical Control), berechnet. Moderne Fräsmaschinen werden daher auch als *CNC-Maschine* bezeichnet. Der Aufbau und die Funktionsweise einer CNC wird detailliert in [SKCS08] beschrieben. Das Handbuch [KS13] gibt zudem einen guten Überblick zu den CNC-Maschinen.

17.1.3.2 CNC-Programm

Als Berechnungsgrundlage für die zuvor erwähnte Vorschubbewegung dienen die Wegbedingungen und Weginformationen eines verfahrens- und maschinenspezifischen *CNC-Programms*. Dies wird auch als *NC-Programm* bezeichnet und enthält sogenannten NC-Code. Die CNC bestimmt durch Interpolation und kinematische Transformation daraus die Sollwerte für die Vorschubantriebe. Der Programmaufbau für numerisch gesteuerte Arbeitsmaschinen ist nach DIN 66025 standardisiert. NC-Programme können manuell an der Maschine erstellt oder computergestützt entwickelt werden. Auf die computergestützte Programmentwicklung wird in Abschn. 17.1.4 näher eingegangen. Neben Wegbedingungen und Weginformationen enthält ein NC-Programm meist auch Schaltbefehle.

17.1.3.3 SPS (PLC)

Schaltbefehle innerhalb des NC-Programms adressieren beispielsweise Hilfsfunktionen. Diese werden von einer sogenannten *SPS* (speicherprogrammierbaren Steuerung) umgesetzt, die auch *PLC* (Programmable Logic Controller) genannt wird. Derartige Steuerungen werden auch außerhalb von CNC-Maschinen eingesetzt – beispielsweise in der Prozessindustrie. *Aktoren,* die von der SPS angesteuert werden, führen die zuvor erwähnten Schaltbefehle aus.

17.1.3.4 E/A-Module (I/O-Module)

Die Ansteuerung von *Aktoren* kann mittels analoger und/oder digitaler Signale über *E/A-Module* (Eingabe/Ausgabe) erfolgen, die auch als I/O-Module (Input/Output) bezeichnet werden. Gleichzeitig überwacht die SPS den Zustand der Maschine mit Hilfe von *Sensoren,* die analoge oder digitale Signale an die E/A-Module liefern. Beispiele für typische Schaltfunktionen sind Spindel ein, Kühlmittel ein und der Werkzeugwechsel. Alternativ können Sensoren und Aktoren auch direkt über einen *Feldbus* angeschlossen werden. Feldbusse werden in Abschn. 17.4 gesondert behandelt.

17.1.3.5 Flexible Fertigung

Einzelne unverkettete CNC-Maschinen eignen sich zur Herstellung von Bauteilen in kleinen Stückzahlen.

Durch Verkettung mehrerer Maschinen, deren Bearbeitungsschritte sich ergänzen, kann eine *Transferlinie* gebildet werden. Transferlinien eignen sich zur Herstellung von Bauteilen in hoher Stückzahl, sind aber weniger flexibel als einzelne unverkettete CNC-Maschinen.

Ein *Bearbeitungszentrum* ist eine weiter ausgebaute CNC-Maschine, die u. a. über einen automatischen Werkzeugwechsler verfügt und dadurch mit geringeren Nebenzeiten produzieren kann.

Eine *flexible Fertigungszelle* (FFZ) ist ein weiter automatisiertes Bearbeitungszentrum, das beispielsweise über einen automatischen Werkstückwechsler verfügt.

Ein *flexibles Fertigungssystem* (FFS) besteht aus mehreren FFZs, die über ein automatisches *Werkstück-Transportsystem* miteinander verbunden sind. Ein FFS-*Leitrechner* überwacht die einzelnen Komponenten, koordiniert den Ablauf und übernimmt *DNC*-Funktionalitäten (Distributed Numerical Control). FFZ und FFS sind auch bei mittleren Stückzahlen noch flexibel und gleichzeitig wirtschaftlich einsetzbar.

▶ **Wichtig** Maschinen und Anlagen werden häufig von einer *SPS* und/oder *CNC* gesteuert. Über *E/A-Module* oder *Feldbusse* erfolgt die Interaktion mit *Sensoren* und *Aktoren*. Maschinen können einzeln oder verkettet betrieben werden, mit zusätzlichen Komponenten zunehmend automatisiert und von übergeordneten Rechnern koordiniert werden. Die Kommunikation erfolgt zunehmend auf Basis von *TCP/IP*. Moderne Maschinen verfügen über wohldefinierte Schnittstellen zum Datenaustausch mit übergeordneten Systemen. Ältere Maschinen benötigen ein entsprechendes Retrofit, mit dem diese Schnittstellen nachgerüstet werden.

17.1.4 Computer Integrated Manufacturing (CIM)

Unter Computer Integrated Manufacturing *(CIM)* versteht man den integrierten Einsatz von rechnergestützten Systemen im fertigungsnahen Umfeld. Man spricht daher auch von der computerunterstützten Fertigung. Systeme, die hier zum Einsatz kommen, werden auch als CAx-Systeme (Computer-Aided) bezeichnet. In diesem Abschnitt sollen die gängigen Systeme kurz vorgestellt werden, während in Abschn. 17.2.1 auf das Modell CIM näher eingegangen wird. Eine ausführliche Einführung in die computerunterstützte Fertigung gibt [Heh11].

17.1.4.1 CAD

Unter *CAD* (Computer-Aided Design) versteht man rechnerunterstütztes Konstruieren. Mit einem CAD-Programm werden am Computer Modelle der zu fertigenden Teile – meist in 3D und häufig als Volumenkörper – konstruiert. Das reicht von einfachen Bauteilen über komplexe Anlagen bis hin zu Autos und Schiffen. Aus den virtuellen Produkten, den 3D-Modellen, können 2D-Zeichnungen abgeleitet werden, mit deren Hilfe ein Maschinenbediener die CNC-Maschine manuell programmiert, um das Bauteil zu fertigen. Diesen Vorgang bezeichnet man als werkstattorientierte Programmierung (WOP) bzw. SFP (Shop Floor Programming). Häufig werden CAD-Modelle aber auch direkt weiterverarbeitet. Beispielsweise in CAE- oder CAM-Systemen.

17.1.4.2 CAE

Unter *CAE* (Computer-Aided Engineering) versteht man das rechnergestützte Auslegen von Produkten. CAD-Modelle können beispielsweise für sogenannte *FEM*- (Finite-Elemente-Methode) oder *CFD*-Analysen (Computational Fluid Dynamics) genutzt werden. Bei der FEM werden numerische Verfahren eingesetzt, um beispielsweise Festigkeits- und Verformungsuntersuchungen durchzuführen, während bei der CFD strömungsmechanische Probleme gelöst werden. So können mit der FEM Bauteile beispielsweise hinsichtlich Festigkeit analysiert und Gewicht optimiert werden. Einige CAE-Funktionen werden sogar von CAD-Systemen bereits unterstützt.

17.1.4.3 CAM

CAD-Modelle werden auch zur rechnerunterstützten Generierung des NC-Programms genutzt. Dafür kommen bereits in der Arbeitsvorbereitung sogenannte *CAM-Systeme* (Computer-Aided Manufacturing) zum Einsatz. CAM-Systeme unterstützen den Bediener beim Bestimmen der Verfahrbewegungen und der Schnittwerte (Parameter) für die CNC-Maschine. Dazu greift das CAM-System auch auf die Daten der *Werkzeugverwaltung* zurück. Das maschinenspezifische NC-Programm wird abschließend von einem maschinenspezifischen *Postprozessor* erzeugt.

Bevor das NC-Programm an die Maschine übertragen wird, wird meist noch eine *NC-Simulation* durchgeführt. Damit können Achsbewegungen kontrolliert und reale Kollisionen vermieden werden, was insbesondere bei der 5-Achs-Simultanbearbeitung sinnvoll ist.

Ähnliche CAM-Systeme kommen auch beim generativen Fertigen durch Schichtbauweise, wie dem Fused Filament Modeling *(FLM)*, zum Einsatz. Bei diesem Fertigungsverfahren wird das Bauteil schichtweise gefertigt. Die CAM-Software hat das CAD-Modell dazu in einzelne Schichten zerlegt und bestimmt innerhalb dieser Schichten den Verfahrweg des Extrusionswerkzeugs. Diese Software wird daher auch als *Slicer* bezeichnet. Fertigungsverfahren wie das FLM sind auch unter den Namen 3D-Druck oder Rapid Prototyping populär geworden. Während beim Fräsen Material abgetragen wird, wird beim generativen Fertigen Material schichtweise aufgetragen. Diese Verfahren sind in der VDI-Richtlinie 3405 und in [Geb13] beschrieben.

Die Funktionalitäten der beschriebenen Systeme können als Einzellösungen oder als integriertes System (*CAD/CAM*-System) genutzt werden.

17.1.4.4 DNC

Distributed Numerical Control *(DNC)* oder Direct Numerical Control sind Verwaltungssysteme für NC-Programme. Sie speichern die erzeugten NC-Programme und versorgen die CNC-Maschinen mit diesen. Gleichzeitig kann das DNC-System in einem Logbuch den Verkehr dokumentieren: Welches Programm wurde wann auf welcher Maschine genutzt und wann durch wen wie verändert. Auch eine Versionsverwaltung ist denkbar. DNC-Systeme können so hinsichtlich Rückverfolgbarkeit unterstützen.

17.1.4.5 CAQ

Mit einem *CAQ*-System (Computer-Aided Quality) kann auch die Qualitätssicherung rechnergestützt erfolgen. Ein CAQ-System kann beispielsweise bei der Planung und Durchführung von Qualitätssicherungsmaßnahmen unterstützen und Prüfergebnisse speichern. Messmaschinen können dazu automatisiert Messdaten an das CAQ-System senden.

17.1.4.6 PDM

Mit der rechnergestützten Produktentwicklungen fallen große Datenmengen an, die es zu verwalten gilt. Dafür haben sich weitere rechnergestützte Systeme etabliert: das *EDM* (Engineering-Data-Management) und das *PDM* (Produktdatenmanagement bzw. Product-Data-Management). Diese Funktionalitäten können auch in einer Software zusammengefasst werden, weshalb gelegentlich auch der Begriff *EDM/PDM*-System verwendet wird. Häufig wird aber auch nur der Begriff PDM verwendet und EDM als eine Funktion innerhalb des PDM verstanden. Das PDM ist die Basis für das *PLM* (Produktlebenszyklusmanagement bzw. Product-Lifecycle-Management) bei dem die Daten entlang des gesamtem Produktlebenszyklus betrachtet werden.

▶ **Wichtig** Unter *CIM* versteht man den integrierten Einsatz von rechnergestützten Systemen im fertigungsnahen Umfeld bzw. die *computerunterstützte Fertigung* durch *CAx-Systeme* (Computer-Aided) wie *CAD, CAE, CAM* etc. Die Kommunikation zwischen diesen Systemen erfolgt meist über standardisierte und/oder proprietäre Dateiaustauschformate. Die entsprechenden Informationen können von einem zentralen *PDM/PLM-System* verwaltet werden. Der Zusammenhang dieser Systeme wird im *Y-CIM-Modell* veranschaulicht. Die Vernetzung dieser Systeme kann auf Basis von *TCP/IP* erfolgen.

17.1 Systeme, die in der computerunterstützten Fertigung zum Einsatz kommen, werden als CAx-Systeme (Computer-Aided) bezeichnet. Nennen Sie drei CAx-Systeme.

17.2 Ordnen Sie die drei Begriffe der nachfolgenden Liste korrekt in Tab. 17.1 ein:

- Enterprise-Ressource-Planning-System (ERP)
- Speicherprogrammierbare Steuerung (SPS)
- Manufacturing-Execution-System (MES)

Tab. 17.1 Aufgabe 17.2

Ebene	Komponente
Fertigungsebene	
Unternehmensleitebene	
Fertigungsleitebene	

17.2 Referenzmodelle im fertigungsnahen Umfeld

Die Aufgaben der zuvor in Abschn. 17.1 vorgestellten Komponenten im fertigungsnahen Umfeld sind meist eng miteinander verknüpft und bauen teilweise aufeinander auf. Es sind daher Schnittstellen zwischen den einzelnen Komponenten notwendig. In diesem Abschnitt werden Referenzmodelle des fertigungsnahen Umfeldes vorgestellt, um die notwendigen Kommunikationswege aufzuzeigen.

17.2.1 Y-CIM-Modell

Aus der Literatur sind diverse CIM-Modelle bekannt. Die meisten von ihnen wurden um 1980–1990 vorgestellt. Zu dieser Zeit war die Umsetzung von *Computer Integrated Manufacturing* (CIM) jedoch nicht möglich, da es schlichtweg an einheitlichen Schnittstellen mangelte. Es fehlten einheitliche Standards für Austauschformate und Kommunikationswege. Viele Systeme waren daher Insellösungen und mit anderen Systemen über 1-zu-1-Verbindungen verbunden.

Mittlerweile sind einheitliche Kommunikationsstandards, wie Ethernet IEEE 802.3, siehe Abschn. 2.2.2, TCP, siehe Kap. 6, und IP, siehe Abschn. 8.2, auch im fertigungsnahen Umfeld weit verbreitet. Dadurch können Systeme heute enger miteinander verzahnt werden und Informationen über die Kommunikationsnetze des Unternehmens austauschen. Auch einheitliche Austauschformate haben sich etabliert.

Eine Übersicht über die CIM-Modelle wird in [MPM17] gegeben. Eines der bekanntesten Modelle ist das *Y-CIM-Modell* nach Scheer [Sch12]. Es veranschaulicht, wie in Abb. 17.1 dargestellt, die Zusammenführung der technischen (CAx) und betriebswirtschaftlichen (PPS/ERP) Systeme. In manchen Darstellungen des Y-CIM-Modells wird, wie beispielsweise in [Heh11], explizit ein zentrales PDM als gemeinsame Datenschnittstelle beschrieben.

Kommunikationsnetze können den Datenaustausch über externe Datenträger, wie beispielsweise USB-Sticks, ersetzen. In der Praxis sind aber auch heute noch USB-Sticks, Disketten und ggf. Lochstreifen im Einsatz, um Fertigungsinformationen auszutauschen. Diese werden noch eher selten, aber zunehmend häufiger vollständig digital über die Kommunikationsnetze des Unternehmens ausgetauscht. Zum einen ist die vollständige Digitalisierung der Fertigung noch nicht in allen Fertigungsbetrieben abgeschlossen oder angestoßen worden. Zum anderen sind aufgrund ihrer Langlebigkeit auch Maschinen im Einsatz, die für eine Anbindung an moderne Kommunikationsnetze nicht ausgelegt worden sind und beispielsweise über keinen Ethernet-Port verfügen. Kompakte IIoT-Komponenten, siehe Abschn. 17.3.3, bieten eine preiswerte Alternative zu aufwendigen Maschinenretrofits. Sie ermöglichen es beispielsweise grundlegende Maschineninformationen zu erfassen und diese den Leitebenen zwecks Planung zur Verfügung zu stellen.

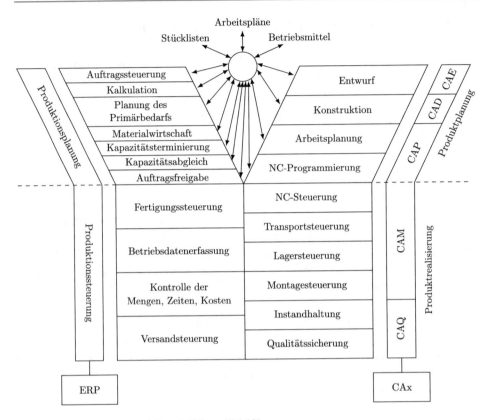

Abb. 17.1 Das Y-CIM-Modell nach Scheer [Sch12]

17.2.2 Automatisierungspyramide

Das Schaubild des *Referenzmodells* der sogenannten *Automatisierungspyramide* ist weit verbreitet und existiert in unterschiedlichen Granularitäten. Abb. 17.2 zeigt die vereinfachte Form der Automatisierungspyramide mit drei Ebenen [BS17]:

- die *Unternehmensleitebene,*
- die *Fertigungsleitebene,*
- und die *Fertigungsebene.*

Das *ERP-System* ist der *Unternehmensleitebene* zugeordnet, das *MES* der *Fertigungsleitebene* und die *Maschinen und Anlagen* sind der *Fertigungsebene* zugeordnet. Reaktionszeiten und Planungshorizonte sind im oberen Bereich der Automatisierungspyramide signifikant größer als im unteren Bereich. Beispielsweise kann in der Unternehmensleitebene eine Reaktionszeit von mehreren Tagen akzeptabel sein, während Entscheidungen in der

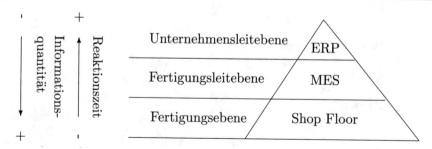

Abb. 17.2 Die vereinfachte Automatisierungspyramide

Fertigungsebene häufig automatisiert in wenigen Millisekunden getroffen werden müssen. Die Informationsquantität nimmt von oben nach unten zu, während die Informationsqualität eher abnimmt.

In der Norm ANSI/*ISA-95* (DIN EN 62264/IEC 62264) werden die Level 4 bis 0 definiert und die Fertigungsebene weiter unterteilt, wobei das *ERP* dem *Level 4* und das *MES* dem *Level 3* zugeordnet werden.

Mit Fokus auf die Prozessindustrie wird *Level 2* als *Prozessleitebene* bezeichnet. Hier werden meist *SCADA*-Systeme (Supervisory Control and Data Acquisition) eingesetzt, die technische Prozesse überwachen und steuern.

Level 1 kann in zwei weitere Ebenen unterteilt werden: In die *Steuerungsebene,* der die Steuerungen (wie SPS und CNC) zugeordnet sind, und die *Feldebene,* der die *Feldgeräte* zugeordnet sind. Den Feldgeräten können *Sensoren* (wie Taster, Schalter und Messfühler) und *Aktoren* (wie Antriebe und Ventile) zugeordnet sein. Level 0 repräsentiert die Fertigung bzw. den Prozess selbst. Die Level 2-0 werden in ANSI/*ISA-88* fokussiert behandelt.

Abweichend davon werden in [KS13] die Fertigungsleitebene als *Produktleitebene* und die Feldebene als *Sensor-Aktorebene* bezeichnet. Insbesondere in der Fertigungstechnik macht diese Bezeichnung mehr Sinn, da Sensoren und Aktoren in den dort eingesetzten Maschinen meist über E/A-Module mit der Steuerung verbunden werden. Daher werden diese Begriffe in Abb. 17.3 ergänzend verwendet.

Die Automatisierungspyramide ist ein ebenenorientiertes Modell und zeichnet sich dadurch aus, das die Daten von einer Ebene nur an die direkt angrenzenden Ebenen weitergeleitet werden. Die Daten werden ebenenweise durchgereicht.

17.2.3 Automatisierungsdiabolo

Das ebenenorientierte Modell der Automatisierungspyramide wird in der Literatur häufig angetroffen und wird auch hier aufgrund seiner Popularität und jahrzehntelangen Gültigkeit vorgestellt. In [VHBtH17] wird erklärt, dass es durch das *Automatisierungsdiabolo* abgelöst wurde. Auch in der VDI-Richtlinie 5600 wird in Blatt 3 diese Veränderung der

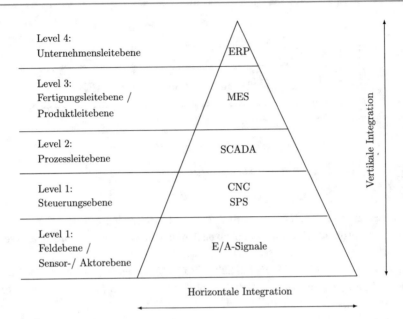

Abb. 17.3 Die erweiterte Automatisierungspyramide

Informationsarchitektur in der Fabrik dargestellt. Das in Abb. 17.4 dargestellte Automatisierungsdiabolo besteht aus zwei Bereichen, die durch das Informationsmodell verbunden sind und darüber kommunizieren. Im unteren Bereich wird der Produktionsprozess repräsentiert. Hier sind die Maschinen und Anlagen der Fertigungsebene mit ihren Feldgeräten und Steuerungskomponenten angesiedelt, im oberen Bereich die Unternehmens- und Fertigungsleitebene. Im Wesentlichen wird mit dem Automatisierungsdiabolo das Aufbrechen der starren hierarchischen Struktur der Automatisierungspyramide beschrieben. Dies setzt eine vertikale Durchgängigkeit der Daten voraus, siehe Abschn. 17.3.1, und erfordert standardisierte Schnittstellen zwischen den Systemen.

▶ **Wichtig** Im *ebenenorientierten Modell* der *Automatisierungspyramide* können die Daten nur von einer Ebene an die direkt angrenzenden Ebenen weitergeleitet werden. Das Modell des *Automatisierungsdiabolos* setzt dagegen auf *vertikale Datendurchgängigkeit.* Ein moderner Industrial-IoT-Sensor ist beispielsweise in der Lage Daten auf Basis von *TCP/IP* direkt via *MQTT* an die *Fertigungsleitebene* weiterzuleiten, sodass die Daten die *Steuerungsebene* und *Prozessleitebene* nicht passieren müssen.

Abb. 17.4 Automatisierungsdiabolo (vereinfacht)

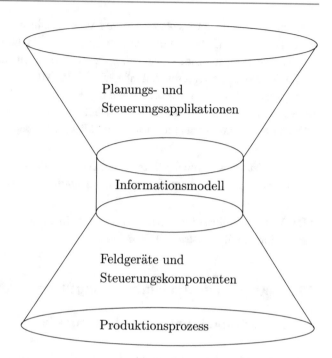

17.2.4 Referenzarchitekturmodell Industrie 4.0 (RAMI 4.0)

Das dreidimensionale Referenzarchitekturmodell Industrie 4.0 *(RAMI 4.0)* ist eine Referenzarchitektur für Industrie 4.0 und geht weit über die Beschreibung der hierarchischen IT-Struktur eines Unternehmens hinaus. RAMI 4.0 soll an dieser Stelle berücksichtigt werden, wird aufgrund der Komplexität jedoch nicht detailliert beschrieben. RAMI 4.0 schließt neben den Maschinen und Anlagen eines Unternehmens auch Produkte mit ein, berücksichtigt deren Produktlebenszyklus und die Zusammenarbeit mit Lieferanten und Kunden via Internet. Die Betrachtung erfolgt über sechs IT-relevante Schichten. Eine dieser Schichten ist die Kommunikationsschicht (Communication Layer). Sie realisiert die Netzkommunikation.

Eine Voraussetzung für die Realisierung von Industrie 4.0 (I4.0) ist die *vertikale und horizontale Datendurchgängigkeit,* siehe Abschn. 17.3.1. Daher sind einheitliche Standards für die Realisierung notwendig. Existierende Standards werden branchenübergreifend im Rahmenwerk eingeordnet. Bereiche, für die noch einheitliche Standards fehlen, und Bereiche, wo sich Standards überschneiden, werden identifiziert. Entsprechend werden neue Standards entwickelt und Vorzugsstandards definiert. Im Statusreport [VDI15] wird OPC UA, siehe Abschn. 17.5.2, als Ansatz für die Realisierung der Kommunikationsschicht aufgeführt.

Die I4.0-konforme Kommunikation erfolgt zwischen *I4.0-Komponenten.* Eine I4.0-Komponente kann aus einem oder mehreren Gegenständen *(Assests)* bestehen. Sie wird aber immer von einer *Verwaltungsschale* (Asset Administration Shell) umgeben. Die Verwaltungsschale umfasst die virtuelle Repräsentation und die fachliche Funktionalität eines Gegenstands. Gegenstände können einzelne Komponenten oder ganze Maschinen sein.

Das Referenzarchitekturmodell Industrie 4.0 (RAMI 4.0) ist in DIN SPEC 91345 [DIN16] standardisiert. Die Plattform Industrie 4.0[1], der Zentralverband Elektrotechnik und Elektronikindustrie (ZVEI)[2] und der Verein Deutscher Ingenieure (VDI)[3] stellen einschlägige Publikationen zum Thema Industrie 4.0 und RAMI 4.0 bereit.

17.3 Was ist der wesentliche Unterschied zwischen dem Referenzmodell der *Automatisierungspyramide* und dem des *Automatisierungsdiabolos?*

17.4 Was ist die *Verwaltungsschale* (Asset Administration Shell) im Kontext des Referenzarchitekturmodell Industrie 4.0 (RAMI 4.0)?

17.3 Kommunikation im fertigungsnahen Umfeld

17.3.1 Horizontale und vertikale Integration

Voraussetzung ist eine vertikale und horizontale Vernetzung der Komponenten sowie die Durchgängigkeit von Daten.

Die *vertikale Integration* verbindet die Komponenten unterschiedlicher Leitebenen miteinander. Sie ermöglicht es beispielsweise, dass Sensordaten aus der Feldebene bei Bedarf von der Fertigungsleitebene abgerufen werden können. So können aktuelle Maschinendaten zur Feinplanung der Fertigungsabläufe genutzt werden. In der Praxis werden bei Bedarf Gateways eingesetzt, um die Daten aus einer Ebene oder aus einem Netzesegment einer Komponente aus einem anderen Segment zugänglich zu machen, da häufig verschiedene Protokolle im Einsatz sind. Ein *Gateway* vermittelt zwischen den Protokollen.

Die *horizontale Integration* verbindet die Komponenten innerhalb einer Leitebene miteinander. Sie ermöglicht eine kollaborative Steuerung von Wertschöpfungsketten durch das Vernetzen mit Lieferanten und Kunden. Maschine-zu-Maschine-Kommunikation (M2M), siehe Abschn. 17.3.2, und das Industrial Internet of Things (IIoT), siehe Abschn. 17.3.3, unterstützen die horizontale und vertikale Integration bzw. Datendurchgängigkeit.

---

[1] https://www.plattform-i40.de/
[2] https://www.zvei.org/
[3] https://www.vdi.de/

17.3.2 Maschine-zu-Maschine-Kommunikation (M2M)

Mit Maschine-zu-Maschine-Kommunikation *(M2M)* (Machine-to-Machine Communication) ist der automatisierte Datenaustausch zwischen Maschinen gemeint. Die Kommunikation kann direkt zwischen Maschinen oder über eine Leitstelle stattfinden.

Beispiele für M2M sind *Messwertübertragung* und *Fernsteuerung*. Im fertigungsnahen Umfeld trifft das auf die Kommunikation zwischen MES und Produktionsmaschine zu. Die Produktionsmaschine versorgt das MES mit Maschinendaten, während das MES die Maschine mit Aufträgen und Fertigungsparametern oder (NC-)Programmen versorgt. Das Protokoll *OPC UA* (siehe Abschn. 17.5.2) hat sich in den letzten Jahren im fertigungsnahen Umfeld als Standardprotokoll für die Maschine-zu-Maschine-Kommunikation etabliert.

Der Begriff Maschine beschränkt sich nicht nur auf industrielle Fertigungsanlagen. M2M schließt auch die Kommunikation mit/zwischen beispielsweise Fahrzeugen und Containern ein. Ein großes Potential von M2M liegt u. a. im Bereich der Logistik.

17.3.3 Industrial Internet of Things (IIoT)

Auch das Internet der Dinge hat Einzug in das industrielle Umfeld erhalten. Dieser Trend wird als Industrial Internet of Things *(IIoT)* bezeichnet.

IIoT-Geräte sind häufig als eingebettetes System (embedded system) realisiert. Ausgestattet mit Sensoren können sie Messwerte aufnehmen und diese über ein entsprechendes Protokoll, wie beispielsweise MQTT, zur Weiterverarbeitung versenden. Mit MQTT können diese Daten zunächst an einen lokalen Broker oder direkt in die Cloud, beispielsweise Microsoft Azure, übertragen werden. Aufgrund der geringen Anschaffungskosten für die notwendige Hardware eignen sich IIoT-Geräte für preiswerte Nachrüstungen (Retrofits) von Maschinen und Anlagen. IIoT erhöht so die Datendurchgängigkeit im fertigungsnahen Umfeld und wird zum Enabler der Digitalisierung.

In Kap. 16 werden standardisierte Protokolle und Technologien für die IoT-Infrastruktur vorgestellt. In diesem Kapitel stehen primär die Daten-Protokolle im Vordergrund. Zu den populärsten Protokollen zählen:

- das Advanced Message Queuing Protocol *(AMQP)*,
- das Constrained Application Protocol *(CoAP)*,
- und das Message Queuing Telemetry Transport *(MQTT)*.

AMQP ist in der Version 1.0 [OAS12] spezifiziert und in dieser Version nach *ISO/IEC 19464* [ISO14] genormt.

CoAP wurde der Internet Engineering Task Force (IETF) 2014 als Request for Comments (RFC 7252) [SHB14] als Standard vorgeschlagen.

MQTT ist in der Version 3.1.1 [OAS15] nach *ISO/IEC 20922* [ISO16] genormt. Seit April 2019 ist MQTT in der Version 5.0 [OAS19] über die Organization for the Advancement of Structured Information Standards (OASIS) spezifiziert. Da die Bedeutung von MQTT als IoT-Protokoll in den letzten Jahren stark zugenommen hat, wird MQTT in Abschn. 17.5.3 näher beschrieben.

▶   **Wichtig** Mit *M2M*-Kommunikation ist der automatisierte Datenaustausch zwischen Maschinen gemeint. Er kann direkt zwischen Maschinen oder über eine Leitstelle stattfinden. Unter *IIoT* versteht man den Einsatz vom Internet der Dinge im industriellen Umfeld. Idealerweise ist IIoT-Hardware an die Einsatzanforderungen im fertigungsnahen Umfeld angepasst. Datenaustauschprotokolle, die sich im Rahmen von M2M und IIoT etabliert haben, sind unter anderem *OPC UA* (siehe Abschn. 17.5.2) und *MQTT* (siehe Abschn. 17.5.3).

17.5 Erläutern Sie die Begriffe vertikale und horizontale Integration.

17.6 Nennen Sie ein Merkmal, in dem sich das Industrial IoT vom Internet of Things (IoT) unterscheidet.

17.4   Netze im fertigungsnahen Umfeld

In den Abschn. 17.1 und 17.2 wurden Komponenten und Referenzmodelle des fertigungsnahen Umfeldes beschrieben. In diesem Kapitel werden Netze vorgestellt, um diese Komponenten miteinander zu verbinden.

17.4.1 Ethernet-basierte Systeme

Das Y-CIM-Modell, siehe Abschn. 17.2.1, zeigt, dass eine Vernetzung zwischen den Komponenten der Produktplanung und Produktrealisierung notwendig ist. Dies ist vereinfacht mit einer flachen Netzarchitektur in Abb. 17.5 dargestellt, bei der alle Komponenten über einen einheitlichen Kommunikationsstandard wie Ethernet verfügen und sich in einem gemeinsamen Netz befinden. Die Arbeitsplatzrechner (CAE, CAD und CAM) können dann direkt mit den Maschinen kommunizieren. Protokolle für den Datenaustausch mit Maschinen werden in Abschn. 17.5 gesondert behandelt.

In Abb. 17.6 wurden die Maschinen in ein separates Netz verschoben. Die Trennung der Netze kann ungewollt, aber notwendig sein, beispielsweise dadurch bedingt, dass die Maschinen über keine Ethernet-Schnittstelle, sondern nur über eine serielle Schnittstelle verfügen. Wenn beide Netze auf Ethernet basieren, kann eine Trennung der Netze dennoch

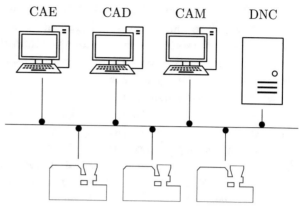

Abb. 17.5 Vereinfachtes Netz zur Kommunikation zwischen den Komponenten der Produktplanung und Produktrealisierung

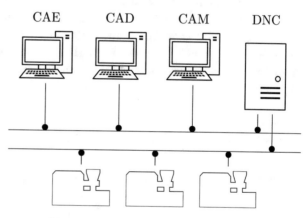

Abb. 17.6 Separierte Netze für Arbeitsplatzrechner und Maschinen

sinnvoll sein (siehe Abschn. 3.3.2). Auf das Einzeichnen aller notwendigen Koppelemente, wie beispielsweise einen Switch, wird bewusst verzichtet.

Im fertigungsnahen Umfeld werden Netze mit und ohne Echtzeitanforderung unterschieden. Die Komponenten der höheren Ebenen der Automatisierungspyramide, siehe Abschn. 17.2.2, können in der Regel *ohne Echtzeitanforderung* an die Netze miteinander verbunden werden. So werden meist Netze nach dem gängigen Ethernet-Standard IEEE 802.3, siehe Abschn. 2.2.2, eingesetzt, um die Unternehmensleitebene mit der Fertigungsleitebene zu verbinden. Abb. 17.7 zeigt die Vernetzung der Komponenten anhand des Referenzmodells der Automatisierungspyramide. ERP, PLM und MES befinden sich jeweils in einem eigenen Server-Netz, sind aber von einem gemeinsamen Netz aus erreichbar. Das gemeinsame Netz könnte ein globales Firmennetz sein, auf das auch die Arbeitsplatzrechner aus Abb. 17.5 und 17.6 zugreifen können.

An dieses Netz angebunden sind weitere Netze, die nicht direkt miteinander verbunden sind. Auf der rechten Seite in Abb. 17.7 dargestellt sind Steuerungen, wie sie im Feld eingesetzt werden. Die Sensoren (S) und Aktoren (A) sind über ein Feldbussystem an die jeweilige speicherprogrammierbare Steuerung (SPS) angeschlossen. Diese Steuerungen werden vom übergeordneten SCADA-System überwacht.

Der linke Teil ist jeweils an den Aufbau einer Maschinensteuerung angelehnt. Im mittleren Teil ist die SPS ein integraler Bestandteil der CNC. Sensoren und Aktoren sind über ein gemeinsames Feldbussystem angeschlossen, während die Servoantriebe und Motoren über ein eigenes System angeschlossen sind. Im linken Teil ist die SPS ein eigenes Hardwaremodul und am selben Feldbussystem angeschlossen wie die Servoantriebe. Die Sensoren und Aktoren sind hier über ein E/A-Modul der Steuerung angeschlossen. Die CNCs können vom Leitrechner verwaltet werden. Ein HMI (Human-Machine-Interface) ist die Schnittstelle zwischen Mensch und Maschine. Es ermöglicht Eingaben durch den Maschinenbediener und visualisiert die Maschinendaten.

Echtzeitfähige Netze werden primär im unteren Bereich der Automatisierungspyramide, siehe Abschn. 17.2.2, eingesetzt, um Komponenten der Sensor-/Aktorebene mit der Steuerungsebene zu verbinden. *Sensoren* (wie Taster, Schalter und Messfühler) und *Aktoren* (wie Antriebe und Ventile) werden über *Feldbussysteme* mit Steuerungen (wie SPS und CNC) verbunden.

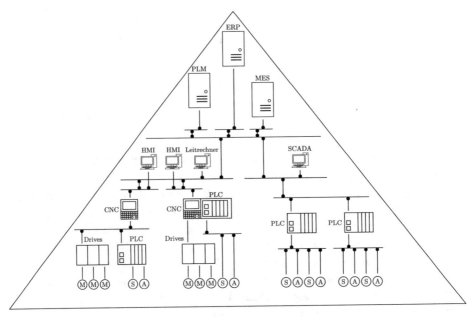

Abb. 17.7 Ausgewählte Komponenten in der Automatisierungspyramide

Bedingt durch das Industrial Internet of Things (IIoT), siehe Abschn. 17.3.3, werden auch weitere Standards an Bedeutung gewinnen. Nachfolgend wird auf die Feldbussysteme näher eingegangen.

17.4.2 Feldbussysteme

Feldbussysteme ersetzen die parallele Verdrahtung von Automatisierungskomponenten und helfen so, im Maschinen- und Anlagenbau den Verdrahtungsaufwand zu reduzieren und damit Kosten zu senken. Feldbussysteme für die industrielle Anwendung sind in den Normenreihen IEC 61158 und IEC 61784 standardisiert und Kommunikationsfamilien, sogenannte Communication Profile Families (CPF), zugeordnet.

Es existieren ethernetbasierte und nicht ethernetbasierte Systeme. Die *nicht ethernetbasierten Systeme* werden zwar zunehmend von den ethernetbasierten Systemen verdrängt, sind aber aufgrund der hohen Lebensdauer von industriellen Anlagen auch in den nächsten Jahren noch von Bedeutung.

Es existieren diverse Feldbussysteme, die sich teilweise massiv in ihren Eigenschaften unterscheiden (maximale Anzahl der Teilnehmer, zulässige Topologien, genutztes Übertragungsmedium und übliche Anschlusstechnik). Die Wahl des einzusetzenden Systems wird aber auch durch die Wahl der Steuerung mitbestimmt, da die meisten Steuerungshersteller einen bestimmten Standard favorisieren. Zu den bekanntesten Feldbussystemen zählen beispielsweise in Europa PROFIBUS und in den USA DeviceNet [KOV10].

Die nicht ethernetbasierten Systeme werden hier nicht weiter behandelt. Nachfolgend werden die ethernetbasierten Systeme näher beschrieben.

17.4.3 Echtzeitfähige ethernetbasierte Systeme

Ohne besondere Maßnahmen ist die Kommunikation mit Standard Ethernet IEEE 802.3 [IEE12b], siehe Abschn. 2.2.2, nicht echtzeitfähig. Das Mediumzugriffsverfahren CSMA/CD, siehe Abschn. 3.2.3, erkennt Kollisionen auf dem geteilten Medium und leitet entsprechende Gegenmaßnahmen ein. Dies führt jedoch zu unvorhersehbaren Verzögerungen im Datenverkehr. Die Datenübertragung ist daher *nicht deterministisch* und somit auch *nicht echtzeitfähig*.

Industrial Ethernet beschreibt allgemein die Verwendung von Ethernet im industriellen Umfeld, insbesondere zur Vernetzung von Geräten der Automatisierungstechnik. *Real-Time-Ethernet* beschreibt explizit die Verwendung von Ethernet im Kontext mit Echtzeitanforderungen. Häufig wird der Begriff Industrial Ethernet als Synonym für Real-Time-Ethernet (RTE) genutzt. In diesem Abschnitt werden explizit die echtzeitfähigen ethernetbasierten Systeme behandelt.

Etablierte Feldbussysteme, wie *PROFIBUS* und *DeviceNet,* wurden auf Basis von Ethernet zu *PROFINET* und *Ethernet/IP* weiterentwickelt und weitere Systeme, wie beispielsweise *EtherCAT,* haben sich am Markt etabliert, sind ebenfalls genormt und werden von Nutzerorganisationen, wie beispielsweise der EtherCAT Technology Group (ETG), weiterentwickelt. Aktuell sind laut [Sch13] über 30 Real-Time-Ethernet-Systeme bekannt, was eine Vorauswahl hinsichtlich bestimmter Kategorien notwendig macht.

Die Autoren des Dokumentes [LWM+16] selektierten nach technischen, normativen und marktwirtschaftlich-strategischen Aspekten, identifizierten so fünf Systeme und haben diese miteinander verglichen: PROFINET, POWERLINK, EtherNet/IP, EtherCAT und Sercos III. Diese Real-Time-Ethernet-Systeme basieren auf dem Ethernet-Standard, unterscheiden sich aber in ihren Ansätzen zur *Realisierung der Echtzeitfähigkeit* und in ihren Eigenschaften voneinander. Zudem existieren für einzelne Protokolle, wie beispielsweise PROFINET, verschiedene Leistungsklassen wodurch diese Protokolle besonders flexibel eingesetzt werden können.

Anhand des ISO/OSI-Referenzmodells, siehe Abschn. 2.3.1, sollen die unterschiedlichen Ansätze zur Realisierung von Echtzeit-Ethernet dargestellt werden.

Grundsätzlich werden drei Ansätze unterschieden:

- aufbauend auf der Transportschicht unter Verwendung von TCP/UDP/IP
- aufbauend auf Standard Ethernet IEEE 802.3 [IEE12b], siehe Abschn. 2.2.2
- Verwendung eines modifizierten Ethernet-Medienzugriffs

EtherNet/IP setzt auf der Transportschicht auf und kann auf TCP/IP oder UDP/IP basieren. Die Echtzeitmechanismen sind daher in den höheren Kommunikationsschichten implementiert. Für EtherNet/IP wird das nach IEC 61158 standardisierte *Common Industrial Protocol* (CIP-Protokoll) genutzt, um die weiche Echtzeitkommunikation von EtherNet/IP zu realisieren. Erweiterungen des CIP-Protokolls (CIP Motion und CIP Sync) reduzieren mittels Zeitsynchronisation nach *IEEE 1588* den Jitter und ermöglichen so auch die Ansteuerung von Servoantrieben [LWM+16, ODV07, ODV12, ODV16].

POWERLINK setzt auf Standard Ethernet IEEE 802.3 [IEE12b], siehe Abschn. 2.2.2 auf. Um die in Folge von Datenkollisionen auftretenden, unerwarteten Verzögerungen zu vermeiden, verhindert POWERLINK das Auftreten von Datenkollisionen. Das sogenannte *Managing Node* (MN) fordert die übrigen Teilnehmer des Netzes, die *Controlled Nodes* (CN), explizit zur Kommunikation auf und teilt jedem Teilnehmer seine Kommunikationszeit zu. Dazu sendet das Managing-Node nacheinander sogenannte *Poll Requests* an die jeweiligen Controlled-Nodes. Ein Controlled-Node antwortet unmittelbar auf den Poll Request mit einer *Poll Response,* die von allen anderen Teilnehmern auch empfangen werden kann. Ein *Kommunikationszyklus* besteht aus *isochroner* oder *zyklischer Phase* und *asynchroner* oder *azyklischer Phase. Multiplexing* in der isochronen Phase erlaubt eine optimierte Ausnutzung der Bandbreite. Die asynchrone Phase ermöglicht die Verwendung von nichtechtzeitfähigen Anwendungen und kann beispielsweise zur Parametrierung genutzt werden [LWM+16, EPS18].

EtherCAT setzt auf der Ethernet-Physik nach IEEE 802.3 auf. Ein *Summenrahmen-telegramm* wird vom *Master* ausgesandt. Es durchläuft nacheinander die *Slaves,* wird dort jeweils im Durchlauf ausgelesen und es werden Prozessdaten „on-the-fly" dem Telegramm hinzugefügt. *EtherCAT-Frames* werden, wie in Abb. 17.8 dargestellt, in Standard-Ethernetframes, siehe Abschn. 3.2.5, eingebettet. EtherCAT kann im zyklischen Betrieb auf Protokolle wie TCP/UDP/IP verzichten.

Hinweis

Der Wert *0x88A4* im *Typ*-Feld *(EtherType)* identifiziert den Frame als EtherCAT-Frame.

Müssen Daten geroutet werden, werden die EtherCAT-Frames entgegen Abb. 17.8 in UDP/IP-Datagramme verpackt [LWM+16, ETG18]. Die für den IP-Header notwendigen 160 Bit und die 64 Bit für den UDP-Header reduzieren die maximale Größe des EtherCAT-Telegramms von 1498 Byte auf 1470 Byte. Das EtherCAT-Telegramm besteht aus mindestens einem oder mehreren EtherCAT-Datagrammen. Jedes EtherCAT-Datagramm besteht aus einem EtherCAT-Datagramm-Header, den Daten und einem Workcounter.

PROFINET setzt auf das Provider-Consumer-Modell.

Sowohl *IO-Controller* als auch *IO-Devices* können von sich aus selbständig zyklische Daten versenden. Der IO-Controller, beispielsweise eine SPS, stellt als Provider Ausgangsdaten bereit und ist Consumer der Eingangsdaten. Ein IO-Device ist Provider der Eingangsdaten und Consumer der Ausgangsdaten des IO-Controllers. PROFINET ist ein breit angelegter Kommunikationsstandard und bietet drei aufeinander aufbauende Conformance Classes (CC): CC-A, CC-B und CC-C. CC-C erfüllt die hohen Anforderungen hinsichtlich Zeitsynchronisation, die zur Ansteuerung von Antrieben notwendig sind. Man spricht an

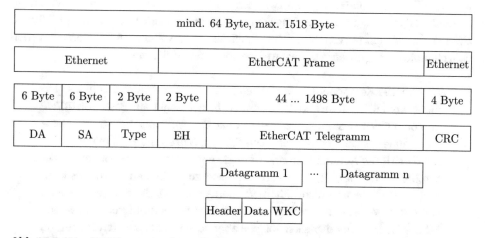

Abb. 17.8 EtherCAT-Frame eingebettet in Ethernetframe

dieser Stelle auch von *PROFINET IRT,* wobei IRT für isochrone Echtzeit steht. Der zyklische Datenaustausch kann ohne TCP/UDP/IP direkt auf Layer 2 erfolgen [LWM+16, PRO18].

Hinweis

Der Wert *0 × 8892* im *Typ*-Feld *(EtherType)* identifiziert den Frame als Echtzeit-PROFINET-Frame.

Für Protokolle, die auf Standard Ethernet IEEE 802.3 [IEE12b], siehe Abschn. 2.2.2, aufsetzen, ist keine spezielle Hardware in Form von ASICs notwendig. Der Betrieb ist mit Commercial-off-the-shelf-Hardware (COTS) möglich. Dadurch können Investitionskosten gering gehalten werden. Der Einsatz spezieller Hardware, beispielsweise in EtherCAT-Slaves, ermöglicht hingegen ein extrem hohes Maß an Zeitsynchronisation, was insbesondere in der Antriebstechnik, beispielsweise beim Ansteuern von Servoantrieben, von großer Bedeutung ist. Hier werden *Zykluszeiten* von weniger als einer Millisekunde verlangt und ein Jitter, der signifikant kleiner als eine *Mikrosekunde* ist. Einem Großteil der Automatisierungsanlagen genügen jedoch Zykluszeiten zwischen 10 und 100 ms. Die Wahl des Systems ist daher u. a. von der jeweiligen Applikation abhängig.

Für die Übertragung von sicherheitsrelevanten Daten wurden nach [LWM+16] für die jeweiligen Protokolle ergänzend weitere Protokolle entwickelt, wie beispielsweise CIP Safety, PROFIsafe, openSAFETY und Fail Safe over EtherCAT (FSoE), die auf dem „Black-Channel"-Prinzip basieren, in IEC 61784-3 angeführt sind und bis zur Sicherheitsstufe (safety integrity level) SIL 3 zertifiziert sind.

Dieser Abschnitt zeigt, dass trotz Einführung des Ethernet-Standards im Automatisierungsumfeld bisher kein einheitlicher Kommunikationsstandard erreicht werden konnte. Für die vertikale und horizontale Datendurchgängigkeit, siehe Abschn. 17.3.1, sind daher weiterhin Gateways notwendig, die zwischen den verschiedenen Protokollen vermitteln. Zukünftig können Echtzeitanwendungen auch mit *Time Sensitive Networking (TSN)* nach *IEEE 802.1* realisiert werden. In welchen Bereichen die zuvor genannten ethernetbasierten Echtzeitprotokolle dann ausgetauscht werden können wird sich zeigen.

▶ **Wichtig** Die Komponenten der höheren Ebenen der Automatisierungspyramide, wie ERP-System und MES, können in der Regel auf Basis von *TCP/IP* und dem *Ethernet*-Standard IEEE 802.3 *ohne Echtzeitanforderung* an die Netze miteinander verbunden werden. *Echtzeitfähige Netze* werden primär im unteren Bereich der Automatisierungspyramide eingesetzt, um Komponenten der *Sensor-/Aktorebene* mit der *Steuerungsebene* zu verbinden. Dazu existieren ethernetbasierte und nicht ethernetbasierte Systeme, die zwar zunehmend von den ethernetbasierten Systemen verdrängt werden, aufgrund der hohen Lebensdauer von industriellen Anlagen aber noch viele Jahren von Bedeutung sind.

17.7 Wie können Sensoren und Aktoren an eine speicherprogrammierbare Steuerung (SPS) angebunden werden?

17.8 Auf Basis welcher beiden Protokolle können Systeme der Unternehmensleitebene mit Systemen der Fertigungsleitebene kommunizieren?

17.9 Über welche entscheidende Eigenschaft verfügen die Protokolle *EtherCAT* und *PRO-FINET* im Gegensatz zu *IEEE 802.3 Ethernet?*

17.10 Wie kann ein EtherCAT-Frame von einem PROFINET-Frame unterschieden werden?

17.5   Ausgewählte Datenaustauschprotokolle

Im fertigungsnahen Umfeld sind diverse Kommunikationsprotokolle im Einsatz, sodass meist eine *heterogene Protokolllandschaft* vorliegt. Dies hat verschiedene Gründe.

- Mit der Anschaffung neuer Maschinen werden meist neue, modernere Protokolle eingeführt.
- Häufig sind bei Bestandsmaschinen aus IT-Sicht veraltete Protokolle im Einsatz, da industrielle Fertigungsanlagen im Vergleich zur Büro-IT-Hardware eine hohe Lebensdauer von 20 Jahren und mehr haben.
- Zudem werden Fertigungsanlagen in der Regel nach ökonomischen und fertigungstechnischen Aspekten und nicht nach Kommunikationseigenschaften ausgesucht. Ein Lieferantenwechsel kann zur Folge haben, dass wieder neue Kommunikationsprotokolle eingeführt werden.

Es ist daher kaum möglich alle relevanten Protokolle hier zu beschreiben, die im fertigungsnahen Umfeld eingesetzt werden. Es werden daher ausgewählte Protokolle vorgestellt:

- Euromap 63
- OPC UA
- MQTT

17.5.1 Euromap 63

Euromap 63 definiert den Datenaustausch zwischen Spritzgießmaschinen und einem Leitrechner. Das Protokoll ist *dateibasiert* und funktioniert nach dem *Request-Response*-Prinzip. Euromap 63 ist für die Schichten 5–7 des ISO/OSI-Referenzmodells, siehe Abschn. 2.3.1, spezifiziert. Für die Schichten 1–4 werden keine Vorgaben gemacht, sondern Beispiele vorgestellt, wie Ethernet IEEE 802.3, siehe Abschn. 2.2.2, und TCP/IP, siehe Kap. 6 und Abschn. 8.2.

Der Dateiaustausch erfolgt über einen Austauschordner, der meist auf einem zentralen Server angelegt wird. Dieser Ordner wird gemeinsam von der Maschine und vom Leitrechner genutzt. Er wird auch als *„Shared Folder"* oder *„Session Folder"* bezeichnet. Die Implementierung der Dateiübertragung ist nicht vorgegeben und variiert abhängig vom Maschinenhersteller. Es existieren zwei weit verbreitete Implementierungen:

- Die Maschine greift direkt auf den Austauschordner des Servers zu.
- Eine Anwendung vom Maschinenhersteller greift auf den Austauschordner des Servers zu, verwaltet den dateibasierten Datenaustausch und kommuniziert mit der Maschine über ein proprietäres Kommunikationsprotokoll des Maschinenherstellers.

Ergänzend dazu kann der Dateiaustausch über den lokalen Dateiaustausch des Betriebssystems, über das Samba-Protokoll und auch über das File Transfer Protocol (FTP), siehe Abschn. 13.2.2, erfolgen. In der Regel agiert die Maschine dann als FTP-Client.

Euromap 63 ist im Juli 2000 spezifiziert worden. Diesem Standard ging der auf Bitbus-basierende Standard Euromap 15 (1990–1993) voran. Im Jahre 2018 wurde Euromap 63 durch den neuen Standard Euromap 77 ersetzt. Euromap 77 basiert auf OPC UA, siehe Abschn. 17.5.2, und ist als sogenannte Companion Specification, siehe Abschn. 17.5.2.7, definiert. Aufgrund der langen Lebensdauer von Fertigungsmaschinen wird Euromap 63 aber auch in den nächsten Jahren noch von großer Bedeutung für die Anwender von Spritzgießmaschinen sein.

17.5.1.1 Funktionsweise

Die Funktionsweise der Kommunikation zwischen Leitrechner und Maschine ist in Abb. 17.9 dargestellt. Ein Leitrechner kann hier sowohl ein Parameterverwaltungssystem für Spritzgießmaschinen als auch ein Fertigungsplanungssystem (MES) sein.

Die Maschine prüft, ob für sie ein *Session Request File* im *Session Folder* angelegt wurde. Der Dateiname eines Session Request Files beginnt mit SESS, gefolgt von der vierstelligen Session-Nummer. Die Dateiendung ist REQ. Ein Session Request File trägt beispielsweise den Dateinamen SESS0001.REQ. Im weiteren Verlauf wird dieser Dateityp als *Request-File* bezeichnet.

Der Leitrechner legt ein *Job-File* und das Request-File an. Das Job-File (beispielsweise Report.JOB) ist das *Presentation Layer Request File* und enthält weitere Anweisungen für die Maschine. Über das Request-File (SESS0001.REQ) wird die Maschine angewiesen das Job-File Report.JOB auszuführen. Nach Bearbeitung des Job-Files legt die Maschine ein Log-File und ggf. ein Dat-File an. Das Log-File ist das *Presentation Layer Response File*. Das Dat-File ist das *Application Layer Response File* und enthält beispielsweise die vom Leitrechner angefragten Daten.

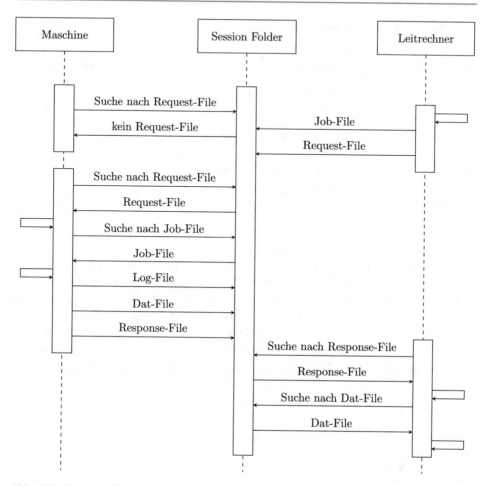

Abb. 17.9 Euromap 63-Kommunikation zwischen Leitrechner und Maschine

17.5.1.2 Dateistruktur

In diesem Abschnitt werden die Euromap-63-Dateien detaillierter vorgestellt. In Tab. 17.2 sind diese Zusammengefasst. Die Erläuterung der Inhalte erfolgt an einem Beispiel: Der Leitrechner fragt den aktuellen Zeitpunkt, den Zykluszähler der Spritzgießmaschine, den Maschinenstatus und die Zykluszeit ab.

Mit dem *Session Request File* SESS0001.REQ wird die Maschine in Zeile 2 angewiesen das Job-File Report.JOB auszuführen.

```
00000001 CONNECT;
00000002 EXECUTE "Report.JOB";
```

Request-File, Session Request File (SESS0001.REQ)

Tab. 17.2 Euromap-63-Dateien im Überblick

Bezeichnung	Beschreibung	Dateiendung	Beispiel
Request-File	Session Request File	REQ	SESS0001.REQ
Response-File	Session Response File	RSP	SESS0001.RSP
Job-File	Presentation Layer Request File	JOB	Report.JOB
Log-File	Presentation Layer Response File	LOG	Report.LOG
Dat-File	Application Layer Response File	DAT	Report.DAT

Mit dem *Presentation Layer Request File* (Job-File) wird die Maschine angewiesen einen Report zu erstellen (Zeile 2, Schlüsselwort *REPORT*). Als *Presentation Layer Response File* wird die Datei Report.LOG definiert (Zeile 1). Als *Application Layer Response File* wird die Datei Report.DAT definiert (Zeile 3). Die Maschine wird angewiesen die Datei Report.DAT zu überschreiben, falls diese bereits existiert. Mit den Zeilen 4–7 wird die Maschine angewiesen die Ergebnisse umgehend, aber nur einmalig zu ermitteln. Alternativen sind in der Spezifikation von Euromap 63 [Eur00] beschrieben. Abschließend werden in Zeile 8 mit dem Schlüsselwort *PARAMETERS* die Parameternamen gelistet, deren Werte abgefragt werden sollen: DATE (Datum), TIME (Uhrzeit), ActCntCyc (Zyklusnummer), ActStsMach (Maschinenstatus) und ActTimCyc (Zykluszeit).

```
JOB 00000001 RESPONSE "Report.LOG";
REPORT 0001_00000001
 REWRITE "Report.DAT"
 START IMMEDIATE
 STOP NEVER
 SAMPLES 1
 SESSIONS 1
 PARAMETERS
  DATE,
  TIME,
  ActCntCyc,
  ActStsMach,
  ActTimCyc;
```

Job-File, Presentation Layer Request File (Report.JOB)

Die Maschine dokumentiert im *Presentation Layer Response File* (Report.LOG), dass die Kommandos JOB und REPORT erfolgreich ausgeführt worden sind. Fehler, die beim Ausführen des Job-Files auftreten, werden hier dokumentiert. Wird beispielsweise ein Parameter abgefragt, der von der Maschine nicht unterstützt wird, folgt die Fehlermeldung *Unknown REPORT parameter* (Fehlernummer 00000006).

```
COMMAND 1 PROCESSED "JOB command" 20190824 17:20:12;
COMMAND 2 PROCESSED "REPORT command" 20190824 17:20:12;
```

Presentation Layer Response File (Report.LOG)

Die Maschine dokumentiert im *Session Response File* (SESS0001.RSP), dass die Kommandos im Session Request File (SESS0001.REQ) erfolgreich ausgeführt werden konnten. Im Request-File können mehrere Kommandos stehen. Konnte ein Kommando nicht ausgeführt werden, wird dies hier dokumentiert. Abhängig von der jeweiligen Maschine können zwischen PROCESSED und dem Semikolon auch noch Kommentare stehen, wie beispielsweise „CONNECT" für Zeile 1 und „EXECUTE Report.JOB" für Zeile 2 oder „The command is processed" für beide Zeilen.

```
00000001 PROCESSED;
00000002 PROCESSED;
```

Session Response File (SESS0001.RSP)

Das *Application Layer Response File* (Report.DAT) enthält die Werte der angefragten Parameter. In der ersten Zeile sind die Parameternamen gelistet. Nach einem Zeilenumbruch folgen die Parameterwerte. Diese sind wie die Parameternamen durch Kommata voneinander getrennt. Tab. 17.3 zeigt Parameternamen und Parameterwerte in tabellarischer Form. Auf die Interpretation der Werte wird im unteren Abschnitt näher eingegangen.

```
DATE,TIME,ActCntCyc,ActStsMach,ActTimCyc
20190824,17:20:12,1234,0A001,10
```

Application Layer Response File (Report.DAT)

REPORT ist eines von vielen *Application Layer Commands*. Bei den zuvor abgefragten Parametern handelt es sich um Ist-Werte der Maschine. Dies ist durch die drei Anfangsbuchstaben Act definiert. Sollwerte beginnen mit den drei Buchstaben. Beispielsweise SetTimCyc für den Sollwert der Zykluszeit. Mit dem Application Layer Command *SET* können diese Parametertypen gesetzt werden. Weitere Application Layer Commands sind GETINFO und GETID.

Mit *GETINFO* werden Informationen zur Hardware und Software der Maschine abgefragt. Das Ergebnis wird wieder im *Application Layer Response File* (hier GETINFO.DAT) gespeichert. Darunter sind u. a. Herstellername, Maschinentyp, Seriennummer der Maschine, Steuerungstyp und Versionsnummer zu finden.

Tab. 17.3 Application Layer Response File (Report.DAT) in tabellarischer Form

Name:	DATE	TIME	ActCntCyc	ActStsMach	ActTimCyc
Wert:	20190824	17:20:12	1234	0A001	10

```
JOB 00000001 RESPONSE "GETINFO.LOG";
GETINFO "GETINFO.DAT";
```

Presentation Layer Request File (GETINFO.JOB)

Mit *GETID* werden Informationen zu allen verfügbaren Parametern abgefragt:

```
JOB 00000001 RESPONSE "GETID.LOG";
GETID "GETID.DAT";
```

Presentation Layer Request File (GETID.JOB)

Das Ergebnis wird wieder im *Application Layer Response File* (hier GETID.DAT) gespeichert. Diese Datei wird zur Interpretation der abgefragten Werte in Report.DAT benötigt. Sie gibt Auskunft über die verwendeten Einheiten und das gewählte Format. Darüber hinaus werden hier die herstellerspezifischen Parameter beschrieben. Diese bieten über die Spezifikation hinaus weitere Informationen und Einstellmöglichkeiten. Sie sind an dem vorangestellten „@" zu erkennen (beispielsweise @MyParam1). Der Aufbau von GETID.DAT ist in Tab. 17.4 beschrieben. Der Parametertyp N definiert hier für ActCntCyc einen numerischen Wert ohne Nachkommastellen und für ActTimCyc einen numerischen Wert mit zwei Nachkommastellen. Der Parametertyp A definiert für ActStsMach einen alphanumerischen Wert.

```
...
ActCntCyc,N,10,0,0,"Cycles","Actual Cycle Count"
ActStsMach,A,5,0,0,"-","Actual Machine Status"
ActTimCyc,N,8,2,0,"Seconds","Actual Cycle Time"
...
```

Auszug aus dem Application Layer Response File (GETID.DAT)

► **Wichtig** *Euromap 63* ist eine dateibasierte Leitrechnerschnittstelle für Spritzgießmaschinen. Der Dateiaustausch erfolgt im sogenannten *Session Folder* und kann mit *Ethernet* IEEE 802.3 und *TCP/IP* über den lokalen Dateiaustausch des Betriebssystems, das Samba-Protokoll oder via FTP realisiert werden.

Tab. 17.4 Erläuterung des Application Layer Response File (GETID.DAT)

Parameter-name	Parametertyp	Ganzzahl-stellen	Nachkomma-stellen	Schreibzu-griff	Einheit	Beschrei-bung
ActCntCyc	N	10	0	0	Cycles	Actual Cycle Count
ActStsMach	A	5	0	0	–	Actual Machine Status
ActTimCyc	N	8	2	0	Seconds	Actual Cycle Time

17.11 Welcher Parameter in der Spezifikation Euromap 63 repräsentiert den aktuellen Maschinenstatus?

17.12 Erläutern Sie unter Zuhilfenahme der Spezifikation Euromap 63 [Eur00], wofür der Maschinenstatus 0A000 steht.

17.13 Beschreiben Sie bitte stichpunktartig wie ein bestimmter Parameter (beispielsweise ActCntCyc) gemäß der Spezifikation Euromap 63 von einer Spritzgießmaschine abgerufen wird. Nehmen Sie dazu an, dass die Dateien mit den Dateibezeichnungen SESS0001.REQ und REPORT0001.JOB bereits angelegt worden sind.

17.14 Erläutern Sie den Aufbau der Datei SESS0001.REQ gemäß der Spezifikation Euromap 63, die für Aufgabe 17.13 notwendig wäre.

17.5.2 OPC UA

OPC UA hat sich in den letzten Jahren zu einem der populärsten Kommunikationsstandards für das fertigungsnahe Umfeld etabliert, da es die *plattformunabhängige* und *herstellerüber-greifende* Zusammenarbeit von Maschinen ermöglicht. Mit OPC UA als gemeinsame Basis können Daten zwischen unterschiedlichen Systemen mit geringem Aufwand ausgetauscht werden. Der Einsatz von Gateways, die zwischen unterschiedlichen Protokollen vermitteln, kann damit stark reduziert werden. OPC UA eignet sich daher hervorragend für die *verti-kale* und *horizontale Vernetzung* von Komponenten. Viele Steuerungshersteller haben ihre Steuerungen daher mit OPC UA-Schnittstellen ausgestattet. Auch die populären Systeme der Leitebenen unterstützen OPC UA als Schnittstelle.

17.5.2.1 OPC UA und OPC Classic

Das Akronym OPC steht heute für „Open Platform Communications" und UA für Unified Architecture. Ursprünglich stand OPC für „OLE for Process Control" und verwies damit explizit auf das Microsoft System OLE (Object Linking and Embedding). Die ursprünglichen OPC-Standards basieren auf COM/DCOM (Distributed Component Object Model) und waren damit nur unter Microsoft Windows verfügbar. Diese Spezifikationen werden heute als *OPC Classic* bezeichnet und umfassen:

- OPC Data Access (OPC DA)
- OPC Alarms & Events (OPC AE)
- OPC Historical Data Access (OPC HDA).

OPC UA ist die Weiterentwicklung von OPC Classic. Es umfasst den Funktionsumfang von OPC Classic und ist abwärtskompatibel. Im Gegensatz zu OPC Classic ist OPC UA aber plattformunabhängig, sodass Implementierungen für diverse Betriebssysteme und Rechnerarchitekturen existieren. OPC UA ist in der Normenreihe *IEC 62541* standardisiert. Die Weiterentwicklung und Standardisierung erfolgen durch die OPC Foundation[4]. Diese stellt auch die *OPC-UA-Spezifikationen*[5] bereit. Aktuell (Stand August 2019) existieren 15 Teile der OPC-UA-Spezifikation: Teil 1–14 und Teil 100. Ergänzt wird der Umfang von OPC UA durch geräte- bzw. technologiespezifische Informationsmodelle, die von den jeweiligen Organisationen in Form von sogenannten „Companion Specifications" entwickelt und bereitgestellt werden (siehe Abschn. 17.5.2.7).

Der schichtweise Aufbau von OPC UA ist in Abb. 17.10 dargestellt. Die Darstellungsweise orientiert sich an denen, die aus [OPC18d] und [Uni19] bekannt sind, berücksichtigt aber das neue Kommunikationsmodell *Publish-Subscribe* (Pub/Sub) (siehe Abschn. 17.5.2.10). Die einzelnen Elemente der Abbildung werden im Laufe dieses Kapitels vorgestellt.

17.5.2.2 Funktionsweise

OPC UA unterstützt aktuell die beiden Kommunikationsmodelle *Server/Client* und *Pub/Sub*. Nachfolgend liegt der Fokus auf dem Kommunikationsmodell *Server/Client*. Auf das Kommunikationsmodell *Publish-Subscribe* (Pub/Sub) wird in Abschn. 17.5.2.10 näher eingegangen.

OPC UA basiert auf einer *serviceorientierten Architektur* und die Kommunikation funktioniert nach dem Prinzip *Request-Response*. *OPC-UA-Server* bieten Dienste *(Services)* an. Diese sind in sogenannte *Service-Sets* unterteilt und in Teil 4 der OPC-UA-Spezifikation [OPC17i] beschrieben. *OPC-UA-Clients* stellen *Anfragen,* um die bereitgestellten Dienste zu nutzen. Dazu senden sie eine *Service-Request-Message* an den Server.

---

[4]https://opcfoundation.org/
[5]https://reference.opcfoundation.org/

Abb. 17.10 Schichtenmodell von OPC UA

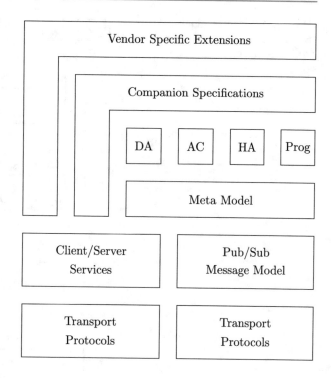

> ▶ **Wichtig** OPC UA ermöglicht die *plattformunabhängige* und *herstellerübergrei-fende* Zusammenarbeit von Maschinen und unterstützt die Kommunikations-modelle *Server/Client* und *Publish/Subscribe*. Es existieren Implementierungen für diverse Programmiersprachen, Rechnerarchitekturen und Betriebssysteme.

Welche Service-Sets bzw. Services ein Server anbietet, ist davon abhängig, welches *Server-Profil* der jeweilige Server unterstützt. Die Server-Profile sind in Teil 7 der OPC-UA-Spezifikation [OPC17f] spezifiziert und richten sich nach den verfügbaren Ressourcen und der Leistungsfähigkeit der jeweiligen Serverplattform. Beispiele sind das „Standard 2017 UA Server Profile" für PC-basierte OPC-UA-Server und das „Micro Embedded Device 2017 Server Profile" für weniger leistungsfähige Geräte mit geringen Ressourcen. Aus dem gewählten Server-Profil ergeben sich auch die Mindestanforderungen hinsichtlich der *Kodierung*, der bereitgestellten *Transportprotokolle* (siehe Abschn. 17.5.2.4) und *Sicher-heitsmechanismen* (siehe Abschn. 17.5.2.8).

Abb. 17.11 zeigt wie die Kommunikation zwischen OPC-UA-Client und OPC-UA-Server abläuft. Der Client sendet Anfragen (Requests) an den Server und erhält von ihm Antworten (Responses). Dieser Ablauf ist weitgehend vorgegeben und basiert auf den entsprechenden Services der Service-Sets:

Abb. 17.11 Kommunikation
zwischen OPC-UA-Client und
OPC-UA-Server

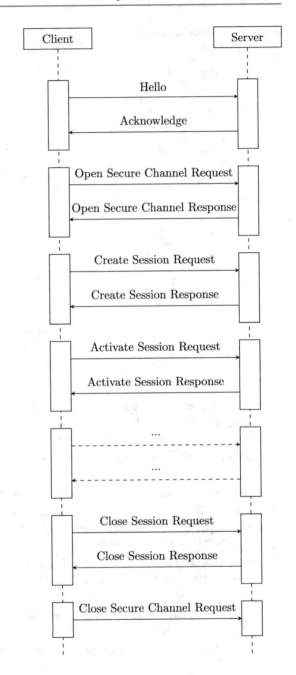

- *SecureChannel Service Set*
- und *Session Service Set*.

Bevor jedoch eine Session aufgebaut wird, erfragt der Client am *Discovery Endpoint* des Servers, welche *Session Endpoints* verfügbar sind. Ist der Discovery Endpoint des Servers nicht bekannt, kann ein Client diesen am Discovery Endpoint eines *Discovery Servers* erfragen, bei dem der Server registriert ist. Dazu wird das *Discovery Service Set* genutzt. Der Ablauf ist in Abb. 17.12 dargestellt. Ein Server kann mehrere Session Endpoints mit verschiedenen Sicherheitsoptionen anbieten. Auf diese wird in Abschn. 17.5.2.8 näher eingegangen. Nachfolgend wird der Funktionsumfang eines OPC-UA-Servers näher beschrieben.

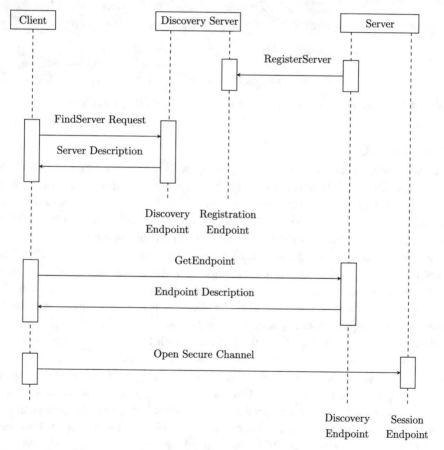

Abb. 17.12 Discovery-Prozess

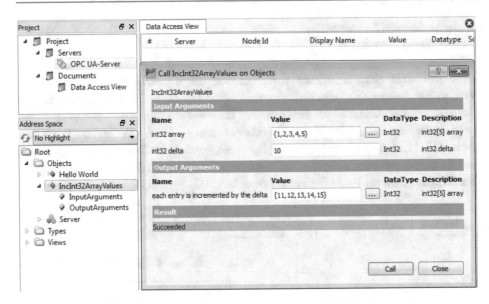

Abb. 17.13 Aufruf einer Methode IncInt32ArrayValues mit dem OPC-UA-Client UaExpert

17.5.2.3 Services

Die gestrichelten Pfeile in Abb. 17.11 stellen die individuelle Kommunikation zwischen Client und Server da. Hier können die Services aus verschiedenen Service-Sets genutzt werden. Mit Hilfe des Services *Browse* aus dem *View Service Set* kann der *Adressraum* des Servers durchsucht werden. Mit *Read* und *Write* aus dem *Attribute Service Set* können beispielsweise die Werte von *Variablen* gelesen bzw. geschrieben werden.

Mit dem Service *Call* aus dem *Method Service Set* kann eine Funktion *(Methode)* auf dem Server ausgeführt werden. Beim Aufruf können *Input-Argumente* an die Methode übergeben werden. *Output-Argumente* können als Ergebnis zurückgegeben werden. In Abb. 17.13 ist das Aufrufen einer Methode mit dem OPC-UA-Client UaExpert[6] dargestellt. Die verwendete Serverimplementierung basiert auf den Beispielen der OPC-UA-Implementierung „open62541" (siehe Abschn. 17.5.2.9). Die Methode wird vom OPC-UA-Server bereitgestellt und trägt den Namen „IncInt32ArrayValues". Diese Methode erwartet zwei Input-Argumente (InputArguments): Ein Array mit 5 Werten des Types Int32 und einen weiteren Wert, der auch vom Typ Int32 ist. Mit dem Ausführen der Methode (Call) werden die Input-Argumente, wie Parameter, an die Serverfunktion übergeben und dort verarbeitet. Die Methode IncInt32ArrayValues inkrementiert die Werte des ersten Input-Argumentes (hier {1,2,3,4,5}) jeweils um den Wert des zweiten Input-Argumentes (hier 10). Das Ergebnis (hier {11,12,13,14,15}) wird als Output-Argument (OutputArguments) an den Client

---

[6]https://www.unified-automation.com/de/produkte/entwicklerwerkzeuge/uaexpert.html

zurückgegeben. Int32 ist ein Datentyp für Variablen. Variablen-Datentypen und weitere *Nodes* werden in Abschn. 17.5.2.5 vorgestellt.

Mit den Diensten aus dem *MonitoredItem Service Set* und dem *Subscription Service Set* bietet OPC UA auch die Möglichkeit Nodes zu abonnieren *(subscribe)*. Ein OPC-UA-Client kann so beispielsweise einen OPC-UA-Server anweisen die Datenwerte von bestimmten Variablen zu überwachen. Diese werden dann als *MonitoredItem* bezeichnet und in *Subscriptions* gruppiert. Bei Änderungen informiert der Server den Client über die aktuellen Werte mit *Notifications*. Der Client ist damit nicht mehr gezwungen, die Werte zyklisch vom Server abzufragen (pollen); er ist dennoch stets über die aktuellen Werte informiert. Der Traffic zwischen Server und Client kann damit gering gehalten werden. Abb. 17.16 zeigt im Data Access View des OPC UA-Clients UaExpert vier Variablen, die überwacht werden.

17.5.2.4 Kodierung und Transportprotokoll

Für OPC UA sind drei Varianten zur Datenkodierung definiert [OPC17a]:

1. OPC UA XML (UA-XML)
2. OPC UA Binary (UA-Binary)
3. OPC UA JSON (UA-JSON)

Zudem sind drei Varianten für den Datentransport definiert:

1. OPC UA TCP (UA-TCP)
2. HTTPS
3. WebSockets (WSS)

Diese sind detailliert in Teil 6 der OPC-UA-Spezifikation beschrieben [OPC17e]. In Teil 7 [OPC17f] werden die folgenden Kommunikationsprofile beschrieben, die auf den erwähnten Varianten zur Datenkodierung und zum Datentransport basieren:

- UA-TCP UA-SC UA-Binary
- HTTPS UA-Binary
- HTTPS UA-XML
- HTTPS UA-JSON
- WSS UA-SC UA-Binary
- WSS UA-JSON

▶ **Wichtig** Für die Verwendung von OPC UA via TCP und UDP hat die Internet Assigned Numbers Authority (IANA) den *Port 4840* reserviert und für die Übertragung von OPC UA über TLS (IANA Service-Name: opcua-tls) den *Port 4843* [IAN19].

UA-SC steht für *OPC UA Secure Conversation* und ermöglicht die sichere Kommunikation mit UA-Binary. Für die übrigen Varianten wird für die sichere Datenübertragung die Verwendung des Transport-Layer-Security-Protokolls *(TLS)* empfohlen. Da sich *WS Secure Conversation* in der Industrie nicht durchgesetzt hat, wird die Variante *SOAP/HTTP* seit der Spezifikationsversion OPC UA 1.03 nicht weiter unterstützt [OPC17e] und hier daher auch nicht näher betrachtet. Das Thema Sicherheit wird im Kontext von OPC UA in Abschn. 17.5.2.8 gesondert behandelt.

> **Wichtig** Für alle spezifizierten Server- und Client-Profile gilt als Mindestanforderung das Unterstützen des Kommunikationsprofils *UA-TCP UA-SC UA-Binary*. Dieses Profil kommt mit nur sehr geringen Ressourcen aus und überträgt die Daten vergleichsweise effizient. Aufgrund der daraus resultierenden weiten Verbreitung steht dieses Kommunikationsprofil hier im Fokus. Die übrigen Profile werden nicht näher betrachtet.

17.5.2.5 Adressraum und Informationsmodell

OPC UA verfolgt einen objektorientierten Ansatz und ermöglicht eine hierarchische Strukturierung von Objekten, um Informationen darzustellen. *Objekte* enthalten, wie in Abb. 17.14 dargestellt, *Variablen, Methoden* und ggf. weitere Objekte. Variablen und Methoden wurden bereits in Abschn. 17.5.2.3 im Kontext von Diensten erwähnt, mit denen man diese verwenden kann.

Objekte und deren Komponenten werden im *Adressraum* (Address space) als Knoten (Node) repräsentiert. *Nodes* werden durch *Attribute* (Attributes) beschrieben und können mit Referenzen (References) auf andere Nodes verweisen. Dies ist in Abb. 17.15 dargestellt. Innerhalb des Adressraumes sind Nodes einmalig und werden eindeutig über das Attribut *NodeId* identifiziert. Ein Node ist immer eine *Instanz* einer NodeClass. Über das Attribut

Abb. 17.14 Modell eines OPC-UA-Objects

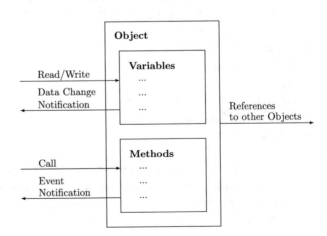

Abb. 17.15 Modell eines
OPC-UA-Nodes im
Adressraum

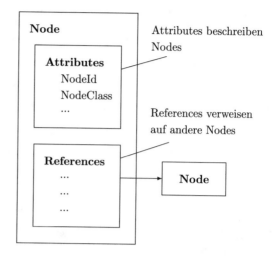

NodeClass wird die Klasse des Nodes beschrieben. Unterschieden werden verschiedene „Standard NodeClasses" (wie beispielsweise Variable, Method, Object...). Diese verfügen über individuelle Attribute, werden aber von einer gemeinsamen „Base NodeClass" abgeleitet.

Detailliert werden Adressraum und Informationsmodell in den Teilen 3 [OPC17c] und 5 [OPC17d] der OPC-UA-Spezifikation beschrieben. Auch die Onlinedokumentationen einiger Hersteller geben einen tieferen Einblick [Uni19]. In diesem Abschnitt kann nur ein kleiner Überblick gegeben werden.

Objekte selbst repräsentieren keine Datenwerte. Sie dienen als Container und schaffen Struktur. Objekte können *Variablen* enthalten, die *Datenwerte* repräsentieren. OPC UA unterstützt dafür diverse *Datentypen*. Beispielsweise für Zeichenketten (String) und Zahlen. Unterstützt werden neben Gleitkommazahlen (Float und Double) auch diverse vorzeichenlose (unsigned) und vorzeichenbehaftete (signed) ganzzahlige (integer) Datentypen in unterschiedlichen Größen, wie beispielsweise UInt32 oder Int16. Die Zahlen definieren jeweils die Anzahl der zur Verfügung stehenden Bytes, das U steht für unsigned. Mit Int16 können Zahlen zwischen -32768 und 32767 abgebildet werden, mit UInt32 zwischen 0 und 4294967295. OPC UA unterstützt auch die Verwendung von mehrdimensionale Datentypen (Arrays) und Strukturen (Structure). Für *Zeitstempel* wird in der Regel der Datentyp UtcTime genutzt. UtcTime entspricht dem Datentypen DateTime und orientiert sich an der koordinierten Weltzeit UTC (engl. coordinated universal time). DateTime repräsentiert die Zeit als die Anzahl von 100 Nanosekunden-Intervallen, die seit dem 1. Januar 1601 - 12:00 (UTC) vergangen sind, als Int64. Mit Hilfe der Struktur TimeZoneDataType kann auch die Lokalzeit genutzt werden. Der Offset zur UTC-Zeit und das Berücksichtigen der Sommerzeit können hinterlegt werden.

Abb. 17.16 zeigt auf der linken Seite den Adressraum eines OPC-UA-Servers mit mehreren Objekten und vier Variablen, die dem Objekt Pump (Manual) zugeordnet sind: Manufac-

Abb. 17.16 Darstellung des Adressraumes eines OPC-UA-Servers im OPC-UA-Client UaExpert mit Objekten und Variablen

turerName, ModelName, MotorRPM und Status. Die Variable MotorRPM ist ausgewählt. Die Eigenschaften des Variablen-Nodes sind auf der rechten Seite der Abbildung darge-stellt. Das sind u. a. die NodeId und die NodeClass aber auch der Datenwert (Value). Dieser Wert entspricht hier 50. In der Mitte der Abbildung dargestellt sind die Variablen, die vom OPC-UA-Client UaExpert überwacht werden. Ändert sich der Wert einer Variable wird dies hier dargestellt. Dazu wurden für die Werte eine Subscription angelegt.

17.5.2.6 Access-Type-Specifications

OPC UA bietet weitaus mehr als nur die Bereitstellung von Informationen. *Access-Type-Specifications* definieren Erweiterungen des Informationsmodells. Mit *Data Access* (DA) wird in Teil 8 der OPC-UA-Spezifikation [OPC17g] die Modellierung von Automatisie-rungsdaten beschrieben. Dazu werden beispielsweise Datentypen für analoge und diskrete Variablen und Einheiten (engineering units) definiert. In *Alarms and Conditions* (AC) wird in Teil 9 [OPC17h] ein Informationsmodell beschrieben, mit dem bestimmte Events aus-gelöst werden können, wenn bestimmte Bedingungen erfüllt sind. Beispielsweise kann ein Alarm ausgelöst werden, wenn die definierten Grenzen eines Wertes überschritten wer-den. *Historical Access* (HA) ist in Teil 11 [OPC18a] spezifiziert und erlaubt den Zugriff auf historische Daten. Mit *Programs* (Prog) werden in Teil 10 der OPC-UA-Spezifikation [OPC17b] Programme und deren Anwendung in OPC UA beschrieben. Ein Programm kann beispielsweise genutzt werden, um einen Batch-Prozess zu steuern.

17.5.2.7 Companion-Specifications

OPC UA kann durch das Erstellen neuer Informationsmodelle erweitert werden. Dies geschieht durch industrie- oder technologiespezifische Informationsmodelle. Diese werden als *Companion-Specifications* bezeichnet und von der OPC Foundation in internen Arbeitsgruppen oder in Zusammenarbeit mit anderen Organisationen erstellt [OPC18d].

Companion-Specifications stimmen den Funktionsumfang von OPC UA auf bestimmte Technologien oder Industriezweige ab. Sie legen beispielsweise fest, in welcher Form Informationen bereitgestellt werden, welche Objekte notwendig sind und welche Datentypen die dort enthaltenen Variablen verwenden. Dies vereinfacht die Integration von Geräten und Maschinen unterschiedlicher Hersteller, da diese so die gleichen Objekte verwenden und einen vergleichbaren Adressraum aufweisen. An dieser Stelle kann nicht auf die Details von Companion-Specifications eingegangen werden. Auch sollen nicht alle existierenden Spezifikationen vorgestellt werden. Dieser Abschnitt soll anhand weniger Beispiele nur einen Überblick vermitteln.

Beispiele für Companion-Specifications sind „UA for 61131-3 (PLCopen)", „UA for AutoId Devices (AutoId)" und „Euromap 77". UA for 61131-3 (PLCopen) [OPC10] definiert ein Informationsmodell um die IEC 61131-3-Architektur in OPC UA abzubilden. Damit können Steuerungsvariablen einer SPS via OPC UA beispielsweise für ein MES oder HMI zugänglich gemacht werden. Dazu wird u. a. das Mapping der IEC-61131-3-Variablendatentypen auf OPC-UA-Variablendatentypen beschrieben. UA for AutoId Devices (AutoId) [OPC16] definiert ein Informationsmodell für Auto-ID-Geräte, wie beispielsweise Barcode-Scanner oder RFID-Lesegeräte, und vereinfacht damit deren Anbindung an die IT-Systeme eines Unternehmens. Euromap 77 [EUR19] beschreibt eine Schnittstelle zum Datenaustausch zwischen Spritzgießmaschinen und einem MES auf Basis von OPC UA und löst damit den in Abschn. 17.5.1 beschriebenen Standard Euromap 63 ab. Weitere Companion-Specifications fokussieren andere Technologien, wie beispielsweise die industrielle Bildverarbeitung, CNC-Steuerungen, die Roboterkommunikation oder Feldgeräte. Nicht selten wird in der Beschreibung einer Companion-Specification auch explizit die Anbindung der jeweiligen Technologie an ein MES erwähnt [OPC19b]. Dies zeigt, dass OPC UA ein wichtiges Instrument für die *vertikale Integration* ist.

Diverse Companion-Specifications wurden für unterschiedliche Technologien und Industriezweige bereits veröffentlicht. Diese werden weiterentwickelt und stetig durch neue ergänzt. Die OPC Foundation informiert auf ihrer Website über die Aktivitäten [OPC19b]. Sie bietet neben den OPC-UA-Spezifikationen auch Companion-Specifications [OPC19a] an. Diese können ggf. auch über die Organisationen bezogen werden, mit der die jeweilige Spezifikation erarbeitet wurde.

▶ **Wichtig** *Companion Specifications* ermöglichen eine *geräte-* bzw. *technologiespezifische* Weiterentwicklung des in IEC 62541 defierten OPC-UA-Standards.

17.5.2.8 Sicherheit

OPC UA unterstützt eine umfangreiche Sicherheitsarchitektur mit Sicherheitskonzepten in der *Anwendungsschicht* und *Kommunikationsschicht*. Die Kommunikationsschicht liegt oberhalb der *Transportschicht*. Dies ist detailliert in Teil 2 [OPC18c] der OPC-UA-Spezifikation beschrieben.

Der Datenaustausch zwischen Server und Client erfolgt innerhalb einer *Session* in der Anwendungsschicht. Hier finden die *Benutzerauthentifizierung* (User Authentication) und die *Benutzerautorisierung* (User Authorization) statt. Beispielsweise kann es bestimmten Benutzern vorbehalten sein, auf Variablen schreibend zuzugreifen oder bestimmte Methoden aufzurufen. In Teil 3 [OPC17c] und Teil 6 [OPC17e] der OPC-UA-Spezifikation werden dazu wohldefinierte Rollen (well-known roles) beschrieben. Für die *Benutzeranmeldung* gibt es mehrere Möglichkeiten. Diese werden auch als *User-Token* bezeichnet:

- Anonyme Anmeldung (Anonymous),
- Benutzername und Passwort,
- X.509v3-Zertifikat (der Benutzername ist im Zertifikat enthalten),
- Kerberos-User-Token,
- Windows-Implementierung von Kerberos-Token
- und JSON Web Token (JWT) [JBS15].

Ein Server muss nicht alle Varianten der Benutzeranmeldung unterstützen. Die Verwendung des *Secure Channels* ist dagegen obligatorisch. Unterstützt werden drei mögliche Optionen für den Nachrichtenversandt. Diese werden auch als *Message-Security-Modes* bezeichnet:

- None (keine Sicherheit)
- Sign (Nachricht wird nur signiert aber nicht verschlüsselt)
- SignAndEncrypt (Nachricht wird signiert und verschlüsselt)

Abb. 17.17 zeigt, dass ein Secure Channel verwendet wird, obwohl keine Sicherheitseinstellungen vorgenommen worden sind. Das hier gewählte Profil entspricht:

- UA-TCP, UA-SC, UA-Binary
- Security-Mode: None
- Security-Policy: None
- User-Token: Anonymous

Eine *Security-Policy* legt die zu verwendenden Sicherheitsmechanismen fest. OPC UA unterstützt diverse Security-Policies. Darunter:

- None
- Aes128-Sha256-RsaOaep

No.	Time	Source	Destination	Protocol	Length	Info
120	40.427311	192.168.88.144	192.168.88.147	OpcUa	82	Acknowledge message
121	40.433616	192.168.88.147	192.168.88.144	OpcUa	187	OpenSecureChannel message: OpenSecureChannelRequest
122	40.433921	192.168.88.144	192.168.88.147	OpcUa	189	OpenSecureChannel message: OpenSecureChannelResponse
123	40.439624	192.168.88.147	192.168.88.144	OpcUa	153	UA Secure Conversation Message: GetEndpointsRequest
124	40.439832	192.168.88.144	192.168.88.147	OpcUa	577	UA Secure Conversation Message: GetEndpointsResponse
125	40.450477	192.168.88.147	192.168.88.144	OpcUa	111	CloseSecureChannel message: CloseSecureChannelRequest
133	40.474696	192.168.88.147	192.168.88.144	OpcUa	116	Hello message
135	40.474782	192.168.88.144	192.168.88.147	OpcUa	82	Acknowledge message
136	40.479972	192.168.88.147	192.168.88.144	OpcUa	187	OpenSecureChannel message: OpenSecureChannelRequest
137	40.480118	192.168.88.144	192.168.88.147	OpcUa	189	OpenSecureChannel message: OpenSecureChannelResponse
138	40.484517	192.168.88.147	192.168.88.144	OpcUa	367	UA Secure Conversation Message: CreateSessionRequest
139	40.484649	192.168.88.144	192.168.88.147	OpcUa	679	UA Secure Conversation Message: CreateSessionResponse
140	40.491267	192.168.88.147	192.168.88.144	OpcUa	197	UA Secure Conversation Message: ActivateSessionRequest
141	40.491411	192.168.88.144	192.168.88.147	OpcUa	150	UA Secure Conversation Message: ActivateSessionResponse
142	40.496062	192.168.88.147	192.168.88.144	OpcUa	504	UA Secure Conversation Message: ReadRequest
143	40.496150	192.168.88.144	192.168.88.147	OpcUa	293	UA Secure Conversation Message: ReadResponse

```
▶ Frame 136: 187 bytes on wire (1496 bits), 187 bytes captured (1496 bits)
▶ Ethernet II, Src:                          , Dst:
▶ Internet Protocol Version 4, Src: 192.168.88.147, Dst: 192.168.88.144
▶ Transmission Control Protocol, Src Port: 49775, Dst Port: 4840, Seq: 63, Ack: 29, Len: 133
▼ OpcUa Binary Protocol
    Message Type: OPN
    Chunk Type: F
    Message Size: 133
    SecureChannelId: 0
    SecurityPolicyUri: http://opcfoundation.org/UA/SecurityPolicy#None
    SenderCertificate: <MISSING>[OpcUa Null ByteString]
    ReceiverCertificateThumbprint: <MISSING>[OpcUa Null ByteString]
    SequenceNumber: 51
    RequestId: 1
  ▶ Message : Encodeable Object
```

Abb. 17.17 Mitschnitt aus Wireshark für Kommunikation zwischen OPC-UA-Client und OPC-UA-Server mit UA-TCP, UA-SC, UA-Binary, Security-Mode: None, Security-Policy: None

- Basic256Sha256
- Aes256-Sha256-RsaPss
- PubSub-Aes128-CTR
- PubSub-Aes256-CTR
- Basic128Rsa15
- Basic256

Diese Security-Policies sind detailliert in in der OPC-UA-Spezifikation in Teil 7 [OPC17f] und online im Interactive Profile Viewer[7] der OPC Foundation beschrieben. Die Security-Policies PubSub-Aes128-CTR und PubSub-Aes256-CTR sind derzeit noch nicht in der OPC-UA-Spezifikation in Teil 7 [OPC17f], aber bereits im Interactive Profile Viewer enthalten.

Die Security-Policies Basic128Rsa15 und Basic256 verwenden den 2017 geknackten Hash-Algorithmus *SHA1* [rJ01] (siehe [SBK+17]). Die Verwendung dieser Security-Policies

---

[7]http://www.opcfoundation.org/profilereporting

ist daher nicht mehr zu empfehlen. Für die Server-Client-Kommunikation sollten daher die Security-Policies Basic256Sha256 oder, wenn möglich, Aes256-Sha256-RsaPss gewählt werden, da beide den Hash-Algorithmus *SHA-256* aus der SHA2-Familie [rH06] nutzen, aber nach BSI-Richtlinie BSI TR-02102-1 [BSI19] die Verwendung von RSA-PSS (siehe Aes256-Sha256-RsaPss) gegenüber PKCS.1v1.5-Padding (siehe Basic256Sha256) vorzuziehen ist.

OPC UA verwendet in diesen Security-Policies mit RSA ein *asymmetrisches Kryptosystem* und benötigt eine Public-Key-Infrastruktur *(PKI)*. Server und Client benötigen dafür jeweils ein *Schlüsselpaar,* bestehend aus dem *öffentlichen Schlüssel* (engl. public key, daher auch *Public-Key*) und dem *privaten Schlüssel* (engl. private key, daher auch *Private-Key*). Deren Verwendung ist in Abb. 17.18 dargestellt.

Der *Private-Key* wird stets geheim gehalten. Ein Teilnehmer kann damit seine *Nachrichten signieren* und verschlüsselte *Nachrichten entschlüsseln,* die mit dem zugehörigen Public-Key verschlüsselt worden sind. Die Public-Keys werden ausgetauscht. Ein Teilnehmer kann mit dem *Public-Key* eines anderen Teilnehmers Nachrichten für diesen *verschlüsseln* und die *Signatur* einer Nachricht, die er von diesem erhalten hat, *überprüfen.* Durch das Signieren einer Nachricht kann eine Absenderauthentifizierung durchgeführt und die Datenintegrität sichergestellt werden. Durch das Verschlüsseln einer Nachricht kann die Vertraulichkeit der Informationen gewahrt werden.

▶   **Wichtig** Für OPC UA werden *X.509*v3-Zertifikate genutzt.

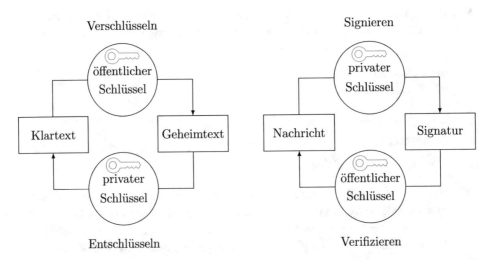

Abb. 17.18 Verwendung von öffentlichem und privaten Schlüssel zum Verschlüsseln (links) und Signieren (rechts) von Nachrichten

*X.509*v3-Zertifikate [ITU19] enthalten Angaben, die den Teilnehmer und dessen Public-Key identifizieren. Ein Zertifikat kann vom Teilnehmer selbst oder von einer *Zertifizierungsstelle,* der *CA* (engl. certificate authority), ausgestellt bzw. signiert worden sein. Ein selbst signiertes Zertifikat wird auch als solches bezeichnet (engl. self-signed certificate). Die Verwendung einer CA bietet einige Vorteile gegenüber der Verwendung von selbst signierten Zertifikaten. Die Teilnehmer müssen nicht individuell jedem Zertifikat vertrauen, was einen manuellen Eingriff erfordert. Zertifikate, die von einer vertrauenswürdigen CA signiert worden sind, werden automatisch als vertrauenswürdig eingestuft. Die Verwaltung der Zertifikate erfolgt teilnehmerseitig in einem *Zertifikatsspeicher* (engl. certificate store). Dies können beispielsweise ein dateibasierter Zertifikatsspeicher oder der Microsoft Windows Zertifikatsspeicher sein.

Vertrauenswürdige Zertifikate werden in der *Trust-List* gespeichert, nicht-vertrauenswürdige bzw. *abgelehnte Zertifikate* werden in der *Rejected-List* abgelegt. Erstmalig kann einem selbst signierten Zertifikat nicht vertraut werden, sodass es zunächst in der Rejected-List abgelegt wird. Sofern der Administrator dem selbst signierten Zertifikat vertraut, kann er es manuell in die Trust-List überführen. Zertifikate werden in einer *Zertifikatsperrliste,* der *CRL* (engl. certificate revocation list), eingetragen, wenn sie bereits vor Ablauf ihres Gültigkeitsdatums ungültig werden sollen. Mögliche Gründe dafür sind:

- falscher Zertifikatsinhalt
- oder die Verwendung eines unsicher gewordenen Schlüssels, weil dieser beispielsweise publik geworden ist.

17.5.2.9 Implementierungen

Implementierungen sind für diverse Rechnerarchitekturen und Betriebssysteme verfügbar. Das reicht von Anwendungen auf Industrie-PCs und Servern über eingebettete Systeme bis hin zu mobilen Applikationen für das Smartphone oder Tablet. Viele Softwaresysteme verfügen bereits über integrierte OPC-UA-Lösungen. OPC UA kann ein fester Bestandteil des jeweiligen Systems sein oder als erweiterndes Modul ergänzt werden. Mittlerweile wird OPC UA auch von allen populären Steuerungsherstellern angeboten, was die Datendurchgängigkeit im fertigungsnahen Umfeld deutlich verbessert. Es wird zwischen Server- und Client-Implementierungen unterschieden. Herstellerabhängig sind auch Pub/Sub-Kommunikationserweiterungen verfügbar.

17.5.2.9.1 Server-/Client-Implementierungen

OPC-UA-Server können Informationen bereitstellen. *OPC-UA-Clients* können diese Informationen abrufen. Dies ist in Abb. 17.19 dargestellt. Der OPC-UA-Client in System 1 stellt eine Anfrage (Request) an den Server in System 2 und erhält eine Antwort (Response). So können beispielsweise Maschinendaten von einem Steuerungsrechner bereitgestellt und von einem MES (siehe Abschn. 17.1.2) genutzt werden. Da OPC UA mittlerweile in so ziemlich

Abb. 17.19 Server-/Client-
Implementierung: Der
OPC-UA-Client in System 1
stellt eine Anfrage (Request) an
den Server in System 2 und
erhält eine Antwort (Response)

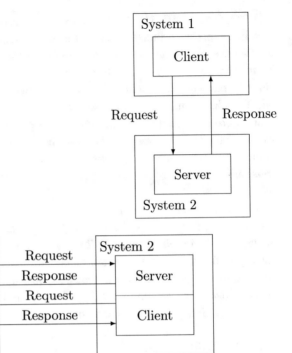

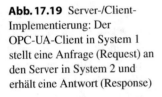

Abb. 17.20 Server- und Client-Implementierungen: System 1 und System 2 stellen sich gegenseitig
Anfragen und beantworten diese

allen Ebenen der Automatisierungspyramide (Abschn. 17.2.2) vertreten ist, kann damit auch
die hierarchische Struktur der Automatisierungspyramide aufgebrochen und abgeflacht werden, siehe Automatisierungsdiabolo (Abschn. 17.2.3). OPC UA ist damit ein Protokoll, das
vertikale und horizontale Datendurchgängigkeit schafft.

17.5.2.9.2 Server- und Client-Implementierungen

Es existieren auch Systeme mit *Server- und Client-Implementierungen.* Diese Systeme stellen gleichzeitig die Funktionalitäten eines Servers und eines Clients bereit. So können
beispielsweise Steuerungen untereinander kommunizieren und Daten direkt miteinander
austauschen. Dies ist in Abb. 17.20 dargestellt.

Die OPC Foundation stellt eine Liste mit OPC-UA-Produkten[8] bereit. Aktuell (stand
September 2019) sind dort über 500 Produkte gelistet. Aufgrund der hohen Anzahl an OPC-
UA-fähigen Produkten, können diese nicht im Rahmen dieses Kapitels vorgestellt werden.
Ausgewählte Implementierungen werden nachfolgend als Referenzsystem genannt.

---

[8]https://opcfoundation.org/products

17.5.2.9.3 Aggregating OPC-UA-Server

Verfügt ein System über ausreichend Ressourcen, weil der OPC UA-Server beispielsweise auf einem Server oder leistungsstarken PC betrieben wird, können gleichzeitig mehrere Verbindungen aufgebaut werden. Die ist in Abb. 17.21 für einen Server und in Abb. 17.22 für drei Server mit je drei Clients dargestellt.

Ein eingebettetes System, wie beispielsweise ein Feldgerät, verfügt meist nur über sehr geringe Ressourcen. Stellt ein solches System einen OPC-UA-Server bereit, sollte die Anzahl der Verbindungen gering gehalten werden. In diesem Fall ist es nicht sinnvoll, dass jede Komponente die benötigten Daten direkt von diesem OPC-UA-Server abfragt. Abhängig vom OPC-UA-Serverprofil (siehe Abschn. 17.5.2.2) ist die Anzahl der zulässigen Verbindungen limitiert. Damit die Daten dennoch allen Systemen zugänglich gemacht werden können, kann ein *Aggregating OPC UA Server* eingesetzt werden. Dieser kann die Anzahl der Zugriffe auf die (engl. aggregated) Server und damit die Anzahl der notwendigen Verbindungen insgesamt auf ein Minimum reduzieren. Die Funktionsweise ist in Abb. 17.23 dargestellt. Mehrere Clients kommunizieren mit einem Server, haben aber gleichzeitig Zugriff auf die Daten mehrerer Server. Die Firma Prosys bietet ein solches Produkt unter dem Namen *OPC UA Historian*[9] an.

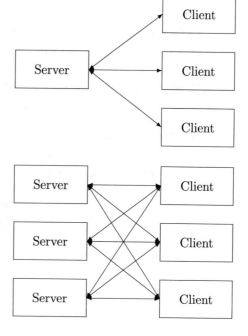

Abb. 17.21 Mehrere Clients kommunizieren gleichzeitig direkt mit einem Server

Abb. 17.22 Mehrere Clients kommunizieren gleichzeitig direkt mit mehreren Servern

---

[9]https://www.prosysopc.com/products/opc-ua-historian/

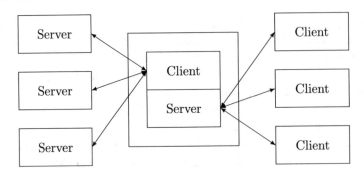

Abb. 17.23 Mehrere Clients kommunizieren mit einem Server, haben aber gleichzeitig Zugriff auf die Daten mehrerer Server

17.5.2.9.4 Client-Implementierungen zur Server-Evaluation

Der OPC-UA-Client UaExpert von Unified Automation hat sich zu einem Referenzwerkzeug etabliert, um die Anbindung von OPC-UA-Servern zu testen und diese zu erkunden. Der UaExpert ist für die Betriebssysteme Microsoft Windows und Linux verfügbar. Der UaExpertMobile ist eine Variante für das Betriebssystem Android. Der Matrikon FLEX UA Mobile Explorer[10] wird für die Betriebssysteme Android und Apple iOS bereitgestellt.

17.5.2.9.5 Proxy und Wrapper

Für die *Abwärtskompatibilität* von OPC UA nach OPC Classic werden sogenannte UA-Wrapper und UA-Proxy angeboten. Mit einem *UA-Proxy* kann ein OPC-Classic-Client (OPC DA) Daten von einem OPC-UA-Server abrufen. Mit einem *UA-Wrapper* kann ein OPC-UA-Client Daten von einem COM-basierten OPC-Classic-Server (OPC DA) abrufen. Unter dem Namen UaGateway[11] bietet die Firma Unified Automation einen Wrapper/Proxy an.

17.5.2.9.6 Datendrehscheiben

OPC UA hat sich im fertigungsnahen Umfeld als der universelle Kommunikationsstandard etabliert. Moderne Systeme werden daher häufig direkt mit einer OPC-UA-Schnittstelle ausgeliefert. Ältere Systeme können eventuell mit einem Retrofit OPC-UA-fähig gemacht werden. Alternativ können auch spezielle Anwendungen genutzt werden, um ältere Systeme OPC-UA-fähig zu machen. Der Kepware OPC Server KEPServerEX[12] tritt beispielsweise als OPC-UA-Server auf. Über spezielle Treiber können diverse Datenquellen angebunden werden. Beispielsweise können die Maschinendaten einer Spritzgießmaschine via Euromap-63-Schnittstelle aggregiert und über den OPC-UA-Server bereitgestellt werden.

---

[10] https://www.matrikonopc.com/campaigns/opc-ua/FLEX_Mobile_Explorer.aspx

[11] https://www.unified-automation.com/de/produkte/wrapper-und-proxy/uagateway.html

[12] https://www.kepware-opcserver.de

Eine weitere Anwendung, wie der Inray OPC-Router[13], kann darauf aufbauen, als OPC-UA-Client auf diese Daten zugreifen und sie gezielt an bestimmte Systeme weiterleiten. Die Daten können so beispielsweise direkt über SAP-spezifische Schnittstellen, wie RFC (Remote Function Call) oder IDoc (Intermediate Document), oder SOAP Webservices an das SAP ERP-System übertragen werden.

SAP bietet aber auch eine eigene Anwendung an: SAP Plant Connectivity (PCo). Damit können Produktionsdaten direkt an die zentrale SAP-Informationsplattform SAP MII (Manufacturing Integration and Intelligence) übertragen und den übrigen Systemen zugänglich gemacht werden.

17.5.2.9.7 Kommunikationsstacks und SDKs

Für die Entwicklung von OPC-UA-fähigen Anwendungen werden häufig ein OPC-UA-Kommunikationsstack und ein SDK (Software Development Kit) genutzt. Ein *OPC-UA-Kommunikationsstack* stellt die zur Kommunikation notwendigen Funktionen bereit. Das schließt beispielsweise die Kodierung/Dekodierung und den Transport der Nachrichten mit ein. Ein *OPC-UA-SDK* stellt Bibliotheken bereit, die diese Funktionen für die Anwendungsentwicklung abstrahieren und damit den Zugriff auf die Funktionen des Stacks vereinfachen. Kommunikationsstacks werden u. a. von der OPC Foundation bereitgestellt. SDKs sind in der Regel kommerzielle Lösungen, die über einen entsprechenden Kommunikationsstack verfügen. Angeboten werden u. a. Lösungen für ANSI-C, C++, C# zur Verwendung mit dem .NET Framework, Delphi und Java. Zu den populärsten Anbietern zählen u. a. Unified Automation[14], Prosys[15], Matrikon[16] und Softing[17]. Diese Firmen bieten auch spezielle OPC-UA-Produkte an. Darüber hinaus werden OPC-UA-Implementierungen auch unter Open-Source-Lizenzen angeboten. Beispielsweise:

- ASNeG OPC UA Stack[18], für C++, Lizenz: Apache License Version 2.0,
- Free OPC-UA Library[19], für C++ und Python, Lizenz: GNU Lesser General Public License v3.0,
- open62541[20], geschrieben in C (C99), Lizenz: Mozilla Public License v2.0 und
- NodeOPCUA[21], geschrieben in JavaScript und NodeJS, Lizenz: MIT License.

Eine ausführlichere Auflistung wird im Repository von open62541 bereitgestellt [Pub19].

---

[13]https://www.opc-router.de

[14]https://www.unified-automation.com

[15]https://www.prosysopc.com

[16]https://www.matrikonopc.com

[17]https://industrial.softing.com

[18]https://github.com/ASNeG/OpcUaStack

[19]https://github.com/FreeOpcUa

[20]http://open62541.org

[21]http://node-opcua.github.io

17.5.2.10 Das Kommunikationsmodell *Publish-Subscribe* (Pub/Sub)

Das Kommunikationsmodell *Publish-Subscribe* (Pub/Sub) ist in Teil 14 [OPC18b] der OPC-UA-Spezifikation beschrieben. *Publisher* senden Nachrichten an die nachrichtenorientierte (engl. message oriented) *Middleware*. *Subscriber* sind die Empfänger und Nutzer der enthaltenen Daten. Die Middleware vermittelt die Nachrichten zwischen Publisher und Subscriber. Es wird zwischen brokerbasierten und brokerlosen Middleware unterschieden. Bei der *brokerlosen Kommunikation* können die Daten via OPC UA UDP übertragen werden. Bei der *brokerbasierten Kommunikation* können das Advanced Message Queuing Protocol (AMQP) oder MQTT (siehe Abschn. 17.5.3) genutzt werden. Da ein OPC-UA-Server klassischerweise die Datenhoheit hat, werden *OPC-UA-Server* als *Publisher* und *OPC-UA-Clients* als *Subscriber* implementiert. Diese Rollenverteilung ist jedoch nicht zwingend vorgeschrieben [OPC18b].

17.15 Nehmen Sie an, dass Sie für den OPC-UA-Server einer Maschine das Informationsmodell definieren sollen. Die Maschine kann bis zu 20 Teile pro Sekunde fertigen. Welchen Datentypen würden Sie für die Realisierung eines Teilezählers wählen, um die Anzahl der gefertigten Teile für einen Leitrechner bereitzustellen? Begründen Sie die Wahl. Gehen Sie davon aus, dass die Maschine 24 h an 7 Tagen die Woche produziert und nur im Betriebsurlaub während der Weihnachtsfeiertage (24.12.-26.12.) ausgeschaltet wird. Nach dieser Zeit ist der Zähler automatisch auf null zurückgesetzt worden. Ein Überlaufen des Zählers ist unter praktischen Gesichtspunkten zu vermeiden, wobei der Speicher des Rechners möglichst effizient genutzt werden soll.

17.16 Nehmen Sie an, dass Sie für den OPC-UA-Server einer Maschine das Informationsmodell definieren sollen. Den Teilezähler haben Sie bereits realisiert. Bilden Sie den Maschinenstatus mit Hilfe von Variablen ab. Stellen Sie sicher, dass erkennbar ist, ob die Maschine im Automatikbetrieb produziert und ob eine Störung vorliegt. Wie würden Sie vorgehen? Die Wahl des Variablennamens und des Datentyps sowie die entsprechende Interpretation obliegt Ihnen.

17.17 Ergänzen Sie bitte den zuvor in Aufgabe 17.16 beschriebenen Maschinenstatus um die Information, dass der Motor der Maschine eingeschaltet ist. Wie würden Sie vorgehen?

17.18 Nennen Sie die drei möglichen Optionen für den Nachrichtenversand *(Message-Security-Modes)*, die OPC UA bereitstellt.

17.5.3 MQTT

MQTT ist ein leichtgewichtiges Protokoll und funktioniert nach dem *Publish-Subscribe*-Prinzip (Pub/Sub). MQTT ist in den Schichten 5-7 des ISO/OSI-Referenzmodells, siehe

Abschn. 2.3.1, angesiedelt und setzt auf TCP/IP auf. Abweichend davon existiert MQTT-SN (siehe Abschn. 17.5.3.7).

17.5.3.1 Grundprinzip

Ein *MQTT-Client* sendet (engl. publish) eine Nachricht an einen *MQTT-Broker*. Dieser Client wird als *Publisher* bezeichnet. Der Broker, der auch als Server bezeichnet wird, verteilt diese Nachricht wiederum an alle Clients, die das entsprechende *Topic* abonniert haben (engl. subscribe). Ein solcher Client wird als *Subscriber* bezeichnet. Ein *Topic* ist eine Zeichenkette, die zur Adressierung der Nachricht genutzt wird. Eine Nachricht wird als *Application Message* bezeichnet. Ihr Aufbau wird in Abschn. 17.5.3.4 erläutert.

Abb. 17.24 zeigt ein Anwendungsbeispiel für die Kommunikation zwischen Broker, Publisher und Subscriber. Drei Geräte messen physikalische Größen und senden diese Daten an einen Broker. Ein Gerät (hier Publisher 1) misst die Temperatur (engl. temperature) und die relative Luftfeuchtigkeit (engl. humidity) in einem Raum (room1). Zwei Drucksensoren (hier Publisher 2 und Publisher 3) messen an Maschine 1 (machine1) den Druck (engl. pressure) in Bauteil 1 (part1) und Bauteil 2 (part2). Das Wissen um die jeweiligen Größen wird in Abb. 17.24 genutzt, um die Topics zu benennen (hier beispielsweise „room1/temperature" und „machine1/part1/pressure"). Zwei Geräte rufen diese Daten vom Broker ab: Subscriber 1, bspw. ein SCADA-System, das alle Topics abonniert hat, und Subscriber 2, hier ein Tablet, das nur ein Topic abonniert hat. Beide Geräte können die Daten nutzen, um sie beispielsweise in individuellen Dashboards zu visualisieren.

In Abschn. 17.5.3.5 werden MQTT-Implementierungen näher vorgestellt. In Abschn. 17.5.3.6 wird das Anwendungsbeispiel der Abb. 17.24 anhand des MQTT-Brokers Eclipse Mosquitto[22] und den zugehörigen Clients nachgestellt. Nachfolgend wird in Abschn. 17.5.3.2 die Funktionsweise von MQTT näher beschrieben.

> ▶ **Wichtig** MQTT unterstützt das Kommunikationsmodell *Publish/Subscribe*. Clients können Nachrichten (bestehend aus *Topic* und *Payload*) an einen *Broker* senden *(publish)* und Topics abonnieren, um Nachrichten zu erhalten *(subscribe)*. Der Broker dient als Vermittler. Es existieren Implementierungen für diverse Programmiersprachen, Rechnerarchitekturen und Betriebssysteme.

17.5.3.2 Funktionsweise

Die Funktionsweise der Kommunikation zwischen MQTT-Broker und MQTT-Clients ist in Abb. 17.25 dargestellt. Client A repräsentiert den Subscriber, der Nachrichten erhalten möchte. Client B repräsentiert den Publisher, der Nachrichten sendet.

Für den Verbindungsaufbau sendet Client A zunächst ein *CONNECT*-Paket als Connection-Request und erhält vom Broker als Bestätigung ein *CONNACK*-Paket (Connect-

---

[22]https://mosquitto.org/

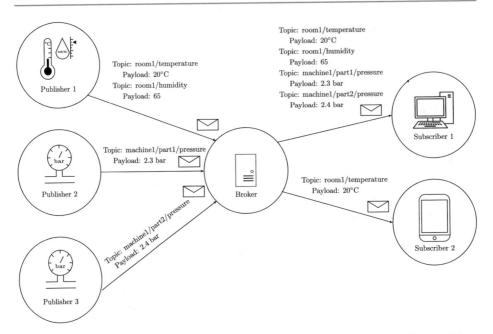

Abb. 17.24 Anwendungsbeispiel der MQTT-Kommunikation zwischen Broker, Publisher und Subscriber

Acknowledge). Client B ist in Abb. 17.25 bereits mit dem Broker verbunden und sendet zyklisch eine Publish-Message *(PUBLISH)*. Diese hat den *QoS-Level 0*. Die unterschiedlichen QoS-Level werden in Abschn. 17.5.3.3 näher beschrieben.

Client A abonniert nun das Topic, das von Client B Daten enthält und sendet dazu ein *SUBSCRIBE*-Paket an den Broker. Als Bestätigung erhält Client A vom Broker ein *SUBACK*-Paket. Der MQTT-Broker leitet nun die entsprechenden Nachrichten von Client B an Client A weiter.

Die erste von Client B an den Broker gesendete Nachricht wurde nicht an Client A weitergeleitet, da Client A zu diesem Zeitpunkt das entsprechende Topic noch nicht abonniert hatte. Optional kann ein sogenanntes *Retain-Flag* in der Publish-Message gesetzt werden. Hätte Client B dies getan, so hätte der Broker bereits die erste Nachricht von Client B an Client A weitergeleitet.

Mit dem *UNSUBSCRIBE*-Paket teilt Client A dem Broker nun mit, dass er dieses Topic nicht mehr abonnieren möchte. Der Broker bestätigt dies mit einem *UNSUBACK*-Paket und leitet die Nachrichten zu diesem Topic nicht mehr weiter. Hätte Client A noch weitere Topics abonniert, würden diese Nachrichten noch weitergeleitet werden. Mit Erhalt des *DISCONNECT*-Pakets schließt der Broker die Verbindung zu Client A.

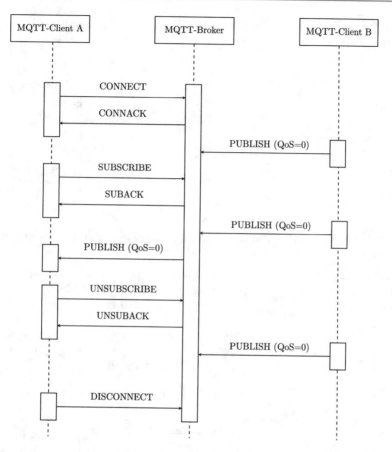

Abb. 17.25 MQTT-Kommunikation zwischen Broker, Publisher und Subscriber mit QoS-Level 0

17.5.3.3 Quality of Service (QoS)

In Abb. 17.25 wurde die Kommunikation mit dem *QoS-Level 0* beschrieben. Dabei wird eine Nachricht gesendet, der Empfang jedoch nicht bestätigt (fire-and-forget). Es wird beim Sender keine lokale Kopie der Nachricht angelegt, die erneut gesendet werden könnte.

Nachfolgend wird die Kommunikation mit *QoS-Level 1* (Abb. 17.26) und *QoS-Level 2* (Abb. 17.27) vorgestellt.

▶ **Wichtig** Mit *QoS-Level 1* wird sichergestellt, dass der Empfänger die Nachricht mindestens einmal erhält. Mit *QoS-Level 2* wird sichergestellt, dass der Empfänger die Nachricht exakt einmal erhält.

Abb. 17.26 zeigt, dass Client B eine Nachricht mit *QoS-Level 1* an den Broker sendet. Dieser leitet die Nachricht an Client A mit QoS-Level 0 weiter. Der Empfang eines *PUBLISH-*

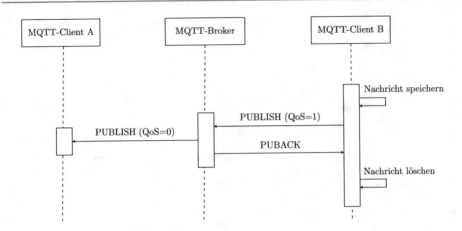

Abb. 17.26 Ausschnitt aus MQTT-Kommunikation zwischen Broker, Publisher und Subscriber mit QoS-Level 1

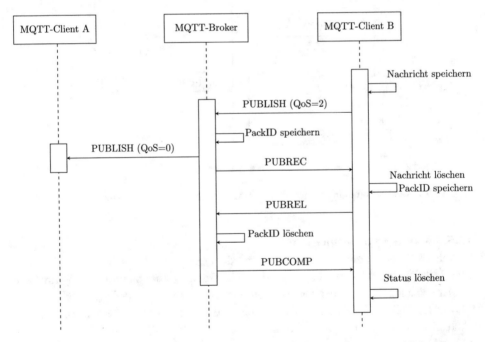

Abb. 17.27 Ausschnitt aus MQTT-Kommunikation zwischen Broker, Publisher und Subscriber mit QoS-Level 2

Paketes mit QoS-Level 1 wird mit dem Versenden eines *PUBACK*-Paketes (Publish-Acknowledgement) bestätigt. Der Sender hat vor dem Absenden des PUBLISH-Paketes eine lokale Kopie angelegt. Diese wird erst gelöscht, wenn der Sender das zugehörige *PUBACK*-Paket erhalten hat.

Abb. 17.27 zeigt, dass Client B eine Nachricht mit *QoS-Level 2* an den Broker sendet. Dieser leitet die Nachricht an Client A mit QoS-Level 0 weiter. Der Broker speichert den *Packet-Identifier* (PackID) und bestätigt den Empfang des *PUBLISH*-Paketes mit dem Versenden des *PUBREC*-Paketes (Publish received). Client B hat vor dem Absenden des PUBLISH-Paketes eine lokale Kopie der Nachricht angelegt. Diese wird gelöscht, wenn er das zugehörige *PUBREC*-Paket erhalten hat. Gleichzeitig speichert er den Packet-Identifier des *PUBREC*-Paketes. Ein *PUBREL*-Paket (Publish release) ist die Antwort auf ein PUBREC-Paket. Ein *PUBCOMP*-Paket (Publish complete) ist die Antwort auf ein PUBREL-Paket und damit das vierte und letzte Paket eines Datenaustauschs mit QoS-Level 2.

Es steht dem Empfänger einer Nachricht (hier dem Broker) frei, eine Nachricht auch erst nach dem Versenden des *PUBACK*-Paketes (QoS-Level 1) oder *PUBCOMP*-Paketes (QoS-Level 2) weiterzuleiten [OAS19]. Dies ist in Abb. 17.28 der Fall. Abb. 17.28 zeigt beispielhaft einen Kommunikationsmitschnitt mit Wireshark. Der Broker leitet die Nachricht erst nach dem Versenden des *PUBCOMP*-Paketes weiter. In diesem Beispiel gilt:

- MQTT-Client A (Subscriber) IP-Adresse: 192.168.88.126
- MQTT-Broker IP-Adresse: 192.168.88.144
- MQTT-Client B (Publisher) IP-Adresse: 192.168.88.155

In Telegramm (No.) 20 sendet Client A (192.168.88.126) den Subscribe-Request für das Topic „room1/temperature" an den Broker (192.168.88.144). In Telegramm 34 sendet Client B (192.168.88.155) eine Nachricht an den Broker (192.168.88.144). Diese enthält den Wert 20 (Message: 20) für das Topic „room1/temperature". In Telegramm 39 leitet der Broker (192.168.88.144) die Nachricht an Client A (192.168.88.126) weiter, da er das Topic zuvor abonniert hat.

▶ **Wichtig** Für die Verwendung von *MQTT* via TCP und UDP hat die Internet Assigned Numbers Authority (IANA) den *Port 1883* reserviert und für die Übertragung von sicherem MQTT (IANA Service-Name: secure-mqtt) den *Port 8883* [IAN19].

Für die sichere Datenübertragung wird die Verwendung des Transport-Layer-Security-Protokolls *(TLS)* empfohlen. Sowohl die Spezifikation für MQTT 3.1.1 [OAS15] als auch die für MQTT 5.0 [OAS19] verweisen auf RFC 5246 (TLS Version 1.2) [DR08].

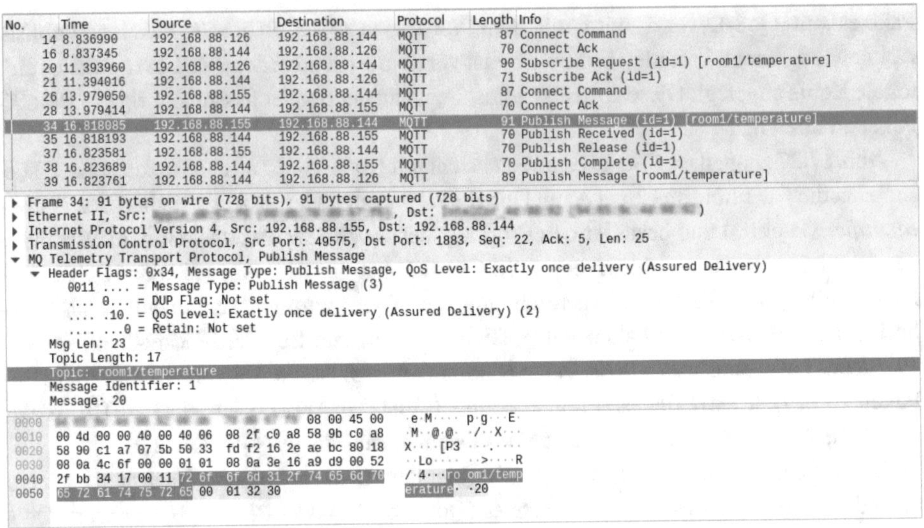

No.	Time	Source	Destination	Protocol	Length Info
14	8.836990	192.168.88.126	192.168.88.144	MQTT	87 Connect Command
16	8.837345	192.168.88.144	192.168.88.126	MQTT	70 Connect Ack
20	11.393960	192.168.88.126	192.168.88.144	MQTT	90 Subscribe Request (id=1) [room1/temperature]
21	11.394016	192.168.88.144	192.168.88.126	MQTT	71 Subscribe Ack (id=1)
26	13.979050	192.168.88.155	192.168.88.144	MQTT	87 Connect Command
28	13.979414	192.168.88.144	192.168.88.155	MQTT	70 Connect Ack
34	16.818085	192.168.88.155	192.168.88.144	MQTT	91 Publish Message (id=1) [room1/temperature]
35	16.818193	192.168.88.144	192.168.88.155	MQTT	70 Publish Received (id=1)
37	16.823581	192.168.88.155	192.168.88.144	MQTT	70 Publish Release (id=1)
38	16.823689	192.168.88.144	192.168.88.155	MQTT	70 Publish Complete (id=1)
39	16.823761	192.168.88.144	192.168.88.126	MQTT	89 Publish Message [room1/temperature]

```
▶ Frame 34: 91 bytes on wire (728 bits), 91 bytes captured (728 bits)
▶ Ethernet II, Src:                          , Dst:                          )
▶ Internet Protocol Version 4, Src: 192.168.88.155, Dst: 192.168.88.144
▶ Transmission Control Protocol, Src Port: 49575, Dst Port: 1883, Seq: 22, Ack: 5, Len: 25
▼ MQ Telemetry Transport Protocol, Publish Message
  ▼ Header Flags: 0x34, Message Type: Publish Message, QoS Level: Exactly once delivery (Assured Delivery)
        0011 .... = Message Type: Publish Message (3)
        .... 0... = DUP Flag: Not set
        .... .10. = QoS Level: Exactly once delivery (Assured Delivery) (2)
        .... ...0 = Retain: Not set
    Msg Len: 23
    Topic Length: 17
    Topic: room1/temperature
    Message Identifier: 1
    Message: 20
```

```
0000                          08 00 45 00    ·e·M····   p·g··E·
0010  00 4d 00 00 40 00 40 06  08 2f c0 a8 58 9b c0 a8    ·M··@·@·   ·/··X···
0020  58 90 c1 a7 07 5b 50 33  fd f2 16 2e ae bc 80 18    X····[P3   ········
0030  08 0a 4c 6f 00 00 01 01  08 0a 3e 16 a9 d9 00 52    ··Lo····   ··>····R
0040  2f bb 34 17 00 11 72 6f  6f 6d 31 2f 74 65 6d 70    / ·4···ro  om1/temp
0050  65 72 61 74 75 72 65 00  01 32 30                   erature·   ·20
```

Abb. 17.28 Kommunikationsmitschnitt aus Wireshark für MQTT-Kommunikation zwischen Broker, Publisher und Subscriber mit QoS-Level 2

17.5.3.4 Telegrammaufbau

Jedes MQTT-Telegramm enthält einen *fixen Header,* ggf. einen *variablen Header* und ggf. einen *Payload.* In Anlehnung an Abb. 17.28 repräsentiert Abb. 17.29 den zugehörigen fixen Header (hier Header Flags: 0×34) für das markierte PUBLISH-Paket.

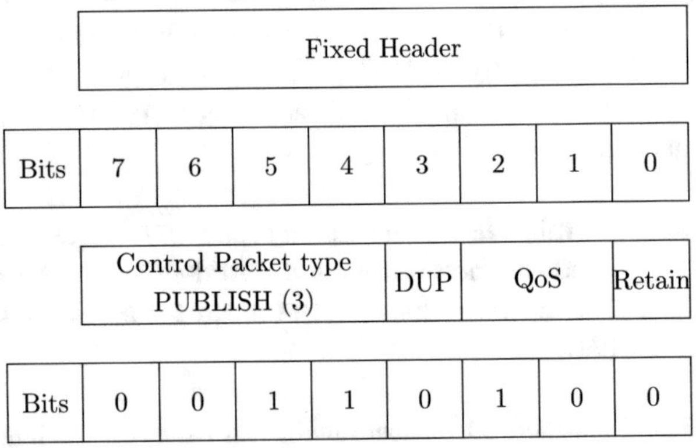

Abb. 17.29 Fixer Header am Beispiel eines PUBLISH-Paketes

			Fixed Header				

Bits	7	6	5	4	3	2	1	0

	Control Packet type PUBLISH (3)				DUP	QoS		Retain

Bits	0	0	1	1	0	1	0	0

Die Bits 7-4 im ersten Byte definieren den *Pakettypen* (MQTT Control Packet Type) als vorzeichenlose Ganzzahl (unsigned Integer). In Abb. 17.28 repräsentiert die Dezimalzahl 3 den Pakettypen PUBLISH. Die Bits 3-0 definieren paketspezifische Flags. Für den Pakettypen PUBLISH sind es das DUP-, QoS- und Retain-Flag. Das DUP- und Retain-Flag sind nicht gesetzt. Diese sind in [OAS19] detailliert beschrieben. Der QoS-Level ist binär 10 (dezimal 2). Der *variable Header* definiert:

- die Nachrichtenlänge (hier Msg Len: 23),
- die Länge des Topics (hier Topic Length: 17),
- das Topic selbst mit seinen 17 Zeichen (hier: „room1/temperature")
- und den Message Identifier (hier 1).

Der *variable Payload* ist hier 20.

17.5.3.5 Implementierungen

Es sind diverse Implementierungen von MQTT verfügbar. MQTT ist in mehreren Programmiersprachen und für diverse Plattformen implementiert worden. Man unterscheidet zwischen den Broker- und Client-Implementierungen. Darüber hinaus werden auch diverse Bibliotheken für eigene Implementierungen angeboten.

17.5.3.5.1 MQTT-Broker

Zu den populärsten MQTT-Brokern zählen beispielsweise:

- Eclipse Mosquitto
- und HiveMQ[23].

Mosquitto ist ein leichtgewichtiger Open-Source-MQTT-Broker, basiert auf der Programmiersprache C, ist für diverse Plattformen verfügbar und unterstützt MQTT in den Versionen 3.1, 3.1.1 und 5.0.

   HiveMQ basiert auf der Programmiersprache Java und ist in verschiedenen Varianten verfügbar. Neben den kommerziellen Varianten gibt es auch eine Open-Source-Implementierung: die Community Edition (CE). Die kommerziellen Varianten von HiveMQ unterstützen Clustering und eignen sich daher für die Implementierung eines hochverfügbaren und skalierbaren MQTT-Brokers. Auch HiveMQ unterstützt MQTT in den Versionen 3.1, 3.1.1 und 5.0.

   Ein weiterer populärer Broker ist *RabbitMQ*. RabbitMQ ist allerdings kein MQTT-Broker im eigentlichen Sinne, sondern ein AMQP-Broker, der über ein entsprechendes Plugin mit MQTT-Clients kommunizieren kann.

17.5.3.5.2 MQTT-Clients

Zu *Evaluationszwecken* eignen sich die Kommandozeilen-Tools *mosquitto_pub* als *MQTT-Publishing-Client* und *mosquitto_sub* als *MQTT-Subscribing-Client*. Sie ermöglichen es beispielsweise, gezielt eine Nachricht an einen Broker zu senden, das entsprechende Topic

---

[23] https://www.hivemq.com/

zu abonnieren und so die an den Broker gesandte Information wieder abzuholen. Die beiden Clients werden in Abschn. 17.5.3.6 in einem Anwendungsbeispiel genutzt. Eine kombinierte Lösung mit grafischer Oberfläche bietet die Java-Implementierung MQTT.fx[24]. MQTT-Implementierungen lassen sich auch in populären Systemen finden. Das Programm *SAP Plant Connectivity* (SAP PCo) kann eingesetzt werden, um Daten von einem Quellsystem aus dem fertigungsnahen Umfeld an ein Zielsystem zu übertragen. Dabei kann ein MQTT-Broker ein mögliches Quellsystem sein. SAP PCo subscribed von diesem Broker und kann die Daten an ein Zielsystem, wie beispielsweise SAP Manufacturing Integration and Intelligence (SAP MII), weiterleiten.

17.5.3.5.3 Datendrehscheiben und Clouddienste

In Abschn. 17.5.2.9 wurden bereits *Datendrehscheiben* vorgestellt. Der Kepware OPC-Server KEPServerEX verfügt über einen MQTT-Client-Treiber und kann damit Daten von einem MQTT-Broker abrufen (engl. subscribe) und diese via OPC UA bereitstellen. Der Inray OPC-Router verfügt ebenfalls über eine MQTT-Client-Implementierung. Er kann Daten beispielsweise von einem OPC-UA-Server abrufen und diese via MQTT an einen Broker weiterleiten (engl. publish).

Auch Microsoft Azure und Amazon Web Services (AWS) bietet die Möglichkeit Daten via MQTT entgegen zunehmen. Dazu werden die Daten via MQTT beispielsweise an einen Microsoft Azure IoT Hub gesendet. Dieser funktioniert wie ein MQTT-Broker, nimmt die Daten entgegen und leitet sie an die entsprechenden *Clouddienste* weiter.

17.5.3.5.4 MQTT-Bibliotheken

Für die *Entwicklung* eigener MQTT-Clients kann auf eine Vielzahl von Bibliotheken zurückgegriffen werden. Das Open-Source-Eclipse-Paho-Projekt[25] stellt beispielsweise MQTT-Client-Bibliotheken für eine Vielzahl von Programmiersprachen, wie C, C++, Java und Python, bereit. CocoaMQTT[26] ist eine in Swift geschriebene Bibliothek für die Entwickung von MQTT-Clients für OS X und iOS und auch für node-red[27] – das eine datenstromorientierte Programmierung ermöglicht – gibt es MQTT-Implementierungen.

17.5.3.6 Anwendungsbeispiel

Basierend auf der in Abschn. 17.5.3.5 vorgestellten Implementierung Mosquitto (Broker und Clients) wird hier das Anwendungsbeispiel aus Abb. 17.24 auszugsweise nachgestellt. Dazu werden zunächst Subscriber 2 und Publisher 1 näher betrachtet. Subscriber 2 hat lediglich das Topic „room1/temperature" abonniert. Dies kann mit mosquitto_sub wie folgt nachgestellt werden:

---

[24]https://mqttfx.jensd.de/

[25]https://www.eclipse.org/paho/

[26]https://github.com/emqx/CocoaMQTT

[27]https://nodered.org/

```
$ mosquitto_sub -t "room1/temperature" -v
```

Subscriber 2 erhält nur für dieses Topic Nachrichten. Publisher 1 sendet den Payload („20 °C") für das Topic „room1/temperature" an den Broker:

```
$ mosquitto_pub -t "room1/temperature" -m "20 °C"
```

Als Standardeinstellung würde mosquitto_sub in der Kommandozeile nur den Payload ausgeben. Durch Verwendung des Verbose-Flags (-v) erfolgt die Ausgabe in der Form Topic Payload:

```
$ mosquitto_sub -t "room1/temperature" -v
room1/temperature 20 °C
...
```

17.5.3.6.1 Wildcards

Im Anwendungsbeispiel wurde gezeigt, dass sich Topics mit Hilfe des *Topic-Level-Separators* (/) hierarchisch strukturieren lassen. Mit Hilfe von sogenannten *Wildcards* können gleichzeitig mehrere Topics gleicher und unterschiedlicher Hierarchiestufen abonniert werden. Man unterscheidet:

- Multi-Level-Wildcards (#)
- und Single-Level-Wildcards (+).

Würde beispielsweise Subscriber 2 alle Informationen zu „room1" benötigen, also die Temperatur (engl. temperature) und die relative Luftfeuchtigkeit (engl. humidity), kann er diese gleichzeitig mit Hilfe einer *Multi-Level-Wildcard* (#) abonnieren:

```
$ mosquitto_sub -t "room1/#" -v
```

Subscriber 2 erhält so durch Verwendung der Multi-Level-Wildcard die Nachrichten zu allen Topics, die mit „room1" beginnen – beispielsweise auch „room1/pressure" und „room1/corner1/temperature", nicht aber „room2/temperature". Subscriber 1 hat alle Topics abonniert. Auch dies kann mit Hilfe einer Multi-Level-Wildcard erfolgen. Subscriber 1 erhält so durch Verwendung der Multi-Level-Wildcard Nachrichten zu allen Topics vom Broker:

```
$ mosquitto_sub -t "#" -v
```

Angenommen, dass Subscriber 2 die Drücke (engl. pressure) aller Bauteile in Maschine 1 (machine1) benötigt, so kann er diese auch mit Hilfe einer *Single-Level-Wildcard* (+) abonnieren:

```
$ mosquitto_sub -t "machine1/+/pressure" -v
```

Er erhält damit auch die Werte für „machine1/part3/pressure" und „machine1/object3/pressure", nicht aber für „machine1/part1/speed" .

17.5.3.6.2 JSON

Der *Payload* kann auch strukturiert im Datenaustauschformat *JSON* (JavaScript Object Notation) [Bra17] übertragen werden. Dies erlaubt, dass beispielsweise mehrere physikalische Größen als sogenannte *Key-Value-Pairs* (Name/Wert-Paare) mit einer Nachricht versandt werden können. Ein entsprechendes JSON-Objekt für das Topic „room1", das die Temperatur (engl. temperature) und die relative Luftfeuchtigkeit (engl. humidity) enthält, könnte wie folgt aussehen:

```
{
   "temperature": "20 °C",
   "humidity": 65
}
```

Das Versenden erfolgt mit:

```
$ mosquitto_pub -t room1 -m
"{\"temperature\": \"20 °C\", \"humidity\": 65}"
```

Alternativ können physikalische Größen damit auch separiert und strukturiert übertragen werden. Das Separieren einer physikalischen Größe in Einheit und Zahlenwert kann die nachfolgende Weiterverarbeitung des Topics „room1/temperature" vereinfachen:

```
{
   "unit": "degree celsius",
   "value": 20
}
```

Das Versenden erfolgt mit:

```
$ mosquitto_pub -t room1/temperature -m
"{\"unit\": \"degree celsius\", \"value\": 20}"
```

Entscheidend ist für die erfolgreiche Anwendung, dass die abonnierende Clientseite das jeweilige Format verarbeiten kann. Für die Programmiersprache Python existiert beispielsweise eine vorinstallierte Bibliothek zum Verarbeiten von JSON.

17.5.3.6.3 Bidirektionale Kommunikation

Bisher wurde davon ausgegangen, dass ein Gerät entweder als Publisher oder als Subscriber agiert. Ein Gerät kann aber sowohl als Publisher als auch als Subscriber agieren. Das ist dann vorteilhaft, wenn eine *bidirektionale Kommunikation* gewünscht ist, weil Geräte beispielsweise neben *Sensoren* auch über *Aktoren* verfügen. Dies ist beispielhaft in Abb. 17.30 dargestellt.

Gerät 1, das in Abb. 17.24 ursprünglich nur die Temperatur und Luftfeuchtigkeit gemessen hat, verfügt in Abb. 17.30 nun zusätzlich über einen *Regler* und ein *Stellglied* zum Regeln der Raumtemperatur. Gerät 2, das in Abb. 17.24 ursprünglich nur den *Temperatur-Istwert* abgerufen hat, kann nun in Abb. 17.30 auch einen *Temperatur-Sollwert* vorgeben. Die Topics müssen entsprechend angepasst werden.

Das Topic „room1/temperature" wird dazu aufgeteilt in:

- „room1/temperature/actual"
- und „room1/temperature/set".

Ergänzend dazu könnten analog auch die Parameter des Reglers und die Konfiguration des Temperatursensors gesetzt und abgerufen werden.

17.5.3.7 MQTT für Wireless Sensor Networks

Ergänzend zu den in Abschn. 17.3.3 vorgestellten MQTT-Spezifikationen existiert eine weitere Spezifikation für kabellose (auch nicht IP-basierte) Sensornetze: *MQTT-SN* [SCT13]. MQTT-SN wurde zuvor auch MQTT-S genannt. Diese kabellosen Sensornetze werden auch als Wireless Sensor Networks (WSNs) bezeichnet. MQTT-SN hat den Anspruch zu MQTT weitgehend kompatibel zu sein, unterscheidet sich aber in einigen Punkten. Diese sind in der Spezifikation von MQTT-SN [SCT13] näher beschrieben.

MQTT-SN-Clients können über *MQTT-SN-Gateways* mit einem *MQTT-Broker* kommunizieren. Ein *Transparent Gateway* übersetzt nur zwischen den Protokollen und leitet die Nachrichten von einem MQTT-SN-Client je über eine eigene Verbindung weiter an den MQTT-Broker. Ein *Aggregating Gateway* hat nur eine Verbindung zum Broker. Die Anzahl der Client-Verbindungen zum Broker können so gering gehalten werden.

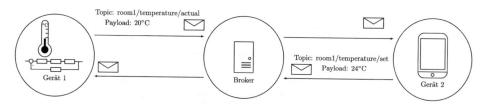

Abb. 17.30 Anwendungsbeispiel für bidirektionale MQTT-Kommunikation zwischen zwei Geräten über einen Broker

Während ein MQTT-SN-Gateway zwischen MQTT-SN-Netzen und MQTT-Netzen vermittelt, kann ein *MQTT-SN-Forwarder* genutzt werden, um zwischen verschiedenen *MQTT-SN-Netzen* zu vermitteln.

17.19 Welche zwei Ports sind für MQTT reserviert?

17.20 Was ist der wesentliche Unterschied zwischen einem MQTT-Telegramm, das mit dem *Quality of Service (QoS)-Level 1* verschickt wird, und einem Telegramm, das mit dem *QoS-Level 2* verschickt wird?

17.21 Wozu werden *Wildcards* unter MQTT eingesetzt?

17.22 Wie und wo wird der *QoS-Level* eines MQTT-Telegramms definiert?

Literatur

[HG07]   Martin Hesseler and Marcus Görtz. *Basiswissen ERP-Systeme*. W3L AG, 2007.

[KS13]   Helmut A. Kief, Hans B.; Roschiwal and Karsten Schwarz, editors. *CNC-Handbuch 2015/2016*. Carl Hanser Verlag, 2013.

[WB06]   Manfred Weck and Christian Brecher, editors. *Werkzeugmaschinen 4*. Springer Vieweg, 2006.

[Eve13]   W. Eversheim. *Organisation in der Produktionstechnik: Band 1: Grundlagen*. VDI-Buch. Springer Berlin Heidelberg, 2013.

[GF07]   K.H. Grote and J. Feldhusen. *Dubbel: Taschenbuch für den Maschinenbau*. Springer Berlin Heidelberg, 2007.

[Kle15]   J. Kletti. *MES - Manufacturing Execution System: Moderne Informationstechnologie unterstützt die Wertschöpfung*. Springer Berlin Heidelberg, 2015.

[Rei17]   G. Reinhart. *Handbuch Industrie 4.0: Geschäftsmodelle, Prozesse, Technik*. Carl Hanser Verlag GmbH & Company KG, 2017.

[SKCS08] S.H. Suh, S.K. Kang, D.H. Chung, and I. Stroud. *Theory and Design of CNC Systems*. Springer Series in Advanced Manufacturing. Springer London, 2008.

[Heh11]   P. Hehenberger. *Computerunterstützte Fertigung: Eine kompakte Einführung*. Springer Berlin Heidelberg, 2011.

[Geb13]   Andreas Gebhardt. *Generative Fertigungsverfahren: Additive manufacturing und 3D-Drucken für Prototyping - Tooling - Produktion*. Hanser-Verlag, München, 4., neu bearb. und erw. aufl edition, 2013.

[MPM17]   Tobias Meudt, Malte Pohl, and Joachim Metternich. Modelle und Strategien zur Einführung des Computer Integrated Manufacturing (CIM) - Ein Literaturüberblick, 2017.

[Sch12]   A.W. Scheer. *CIM Computer Integrated Manufacturing: Towards the Factory of the Future*. Springer Berlin Heidelberg, 2012.

[BS17]   Andreas Bildstein and Joachim Seidelmann. *Migration zur Industrie- 4.0-Fertigung*, pages 227–242. Springer Berlin Heidelberg, Berlin, Heidelberg, 2017.

[VHBtH17] Birgit Vogel-Heuser, Thomas Bauernhansl, and Michael ten Hompel, editors. *Herausforderungen und Anforderungen aus Sicht der IT und der Automatisierungstechnik*, pages 33–44. Springer Berlin Heidelberg, Berlin, Heidelberg, 2017.

[VDI15]   VDI Verein Deutscher Ingenieure e.V. VDI/VDE-Gesellschaft Mess- und Automatisie-
           rungstechni und ZVEI - Zentralverband Elektrotechnik und Elektronikindustrie e.V. Sta-
           tus Report: Referenzarchitekturmodell Industrie 4.0 (RAMI4.0), 2015.

[DIN16]   DIN Deutsches Institut für Normung e.V. DIN SPEC 91345:2016-04: Referenzarchitek-
           turmodell Industrie 4.0 (RAMI4.0), 2016.

[OAS12]   OASIS (Organization for the Advancement of Structured Information Standards). Advan-
           ced Message Queuing Protocol (AMQP) Version 1.0, 10 2012. http://docs.oasis-open.
           org/amqp/core/v1.0/amqp-core-complete-v1.0.pdf.

[ISO14]   ISO (International Organization for Standardization). ISO/IEC 19464:2014-05: Infor-
           mation technology – Advanced Message Queuing Protocol (AMQP) v1.0 specification,
           2014.

[SHB14]   Z. Shelby, K. Hartke, and C. Bormann. The Constrained Application Protocol (CoAP).
           RFC 7252 (Proposed Standard), June 2014.

[OAS15]   OASIS (Organization for the Advancement of Structured Information Standards). MQTT
           Version 3.1.1 Plus Errata 01, 12 2015. http://docs.oasis-open.org/mqtt/mqtt/v3.1.1/mqtt-
           v3.1.1.pdf.

[ISO16]   ISO (International Organization for Standardization). ISO/IEC 20922:2016-06 (E): Infor-
           mation technology - Message Queuing Telemetry Transport (MQTT) v3.1.1, 2016.

[OAS19]   OASIS (Organization for the Advancement of Structured Information Standards). MQTT
           Version 5.0, 03 2019. https://docs.oasis-open.org/mqtt/mqtt/v5.0/mqtt-v5.0.pdf.

[KOV10]   Frithjof Klasen, Volker Oestreich, and Michael Volz, editors. *Industrielle Kommunikation
           mit Feldbus und Ethernet*. VDE Verlag, 2010.

[IEE12b]   IEEE 802.3 Working Group. Ieee standard for ethernet. IEEE 802.3-2012, IEEE Computer
           Society, 2012.

[Sch13]   Jürgen Schwager. Informationsportal für Echtzeit-Ethernet in der Industrieautomation,
           2013. http://www.realtime-ethernet.de/.

[LWM+16]   Luca Lachello, Peter Wratil, Anton Meindl, Stefan Schönegger, Bhagath Singh
           Karunakaran, Huazhen Song, and Stéphane Potier. Industrial Ethernet Facts: Die
           5 wesentlichen Systeme, 2016. https://www.ethernet-powerlink.org/fileadmin/user_
           upload/Dokumente/Industrial_Ethernet_Facts/EPSG_IEF3rdEdition_de.pdf.

[ODV07]   ODVA Inc. Network Infrastructurefor EtherNet/IP: Introduction and Considerations,
           2007. https://www.odva.org/Portals/0/Library/Publications_Numbered/PUB00035R0_
           Infrastructure_Guide.pdf.

[ODV12]   ODVA Inc. EtherNet/IP for Real-Time, Machine-to-Machine Control, 2012. https://
           www.odva.org/Portals/0/Library/Publications_Numbered/PUB00279R0_EtherNetIP
           %E2%80%93for-Real-Time-Machine-to-Machine-Control.pdf.

[ODV16]   ODVA Inc. The Common Industrial Protocol (CIP) and the Family of CIP Networks,
           2016. https://www.odva.org/Portals/0/Library/Publications_Numbered/PUB00123R1_
           Common-Industrial_Protocol_and_Family_of_CIP_Networks.pdf.

[EPS18]   EPSG (Ethernet POWERLINK Standardization Group). POWERLINK Basics, 2018.
           https://www.ethernet-powerlink.org/fileadmin/user_upload/Dokumente/Downloads/
           General_Documents/PL_FLY_Basics_de_WEB__1.pdf.

[ETG18]   ETG (EtherCAT Technology Group). EtherCAT - Der Ethernet-Feldbus, 2018. https://
           www.ethercat.org/download/documents/ETG_Brochure_DE.pdf.

[PRO18]   PROFIBUS Nutzerorganisation e. V. (PNO) and PROFIBUS & PROFINET
           International (PI). PROFINET Systembeschreibung Technologie und Anwen-
           dung,   2018.   https://de.profibus.com/index.php?eID=dumpFile&t=f&f=82431&
           token=056ec23a1f6860dc926064f796d49f75c7d72a76.

[Eur00]   Euromap. EUROMAP 63: Data Exchange Interface. Technical recommendation, Euro-
           map, 07 2000. http://www.euromap.org/files/eu63.pdf.

[OPC18d]   OPC Foundation. OPC Unified Architecture - Interoperabilität für Industrie 4.0 und das Internet der Dinge, 06 2018.

[Uni19]   Unified Automation GmbH. Online Reference Documentation, 2019.

[OPC17i]   OPC Foundation. OPC Unified Architecture Specification Part 4: Services Release 1.04, 11 2017.

[OPC17f]   OPC Foundation. OPC UA Specification: OPC 10000-7: OPC Unified Architecture Part 7: Profiles Release 1.04, 11 2017.

[OPC17a]   OPC Foundation. OPC UA Specification: OPC 10000-1: OPC Unified Architecture Part 1: Overview and Concepts Release 1.04, 11 2017.

[OPC17e]   OPC Foundation. OPC UA Specification: OPC 10000-6: OPC Unified Architecture Part 6: Mappings Release 1.04, 11 2017.

[IAN19]   IANA (Internet Assigned Numbers Authority). Service Name and Transport Protocol Port Number Registry, 07 2019. https://www.iana.org/assignments/service-names-port-numbers/service-names-port-numbers.txt.

[OPC17c]   OPC Foundation. OPC UA Specification: OPC 10000-3: OPC Unified Architecture Part 3: Address Space Model Release 1.04, 11 2017.

[OPC17d]   OPC Foundation. OPC UA Specification: OPC 10000-5: OPC Unified Architecture Part 5: Information Model Release 1.04, 11 2017.

[OPC17g]   OPC Foundation. OPC UA Specification: OPC 10000-8: OPC Unified Architecture Part 8: Data Access Release 1.04, 11 2017.

[OPC17h]   OPC Foundation. OPC UA Specification: OPC 10000-9: OPC Unified Architecture Part 9: Alarms and Conditions Release 1.04, 11 2017.

[OPC18a]   OPC Foundation. OPC UA Specification: OPC 10000-11: OPC Unified Architecture Part 11: Historical Access Release 1.04, 01 2018.

[OPC17b]   OPC Foundation. OPC UA Specification: OPC 10000-10: OPC Unified Architecture Part 10: Programs Release 1.04, 11 2017.

[OPC10]   OPC Foundation and PLCopen. OPC UA Companion-Specification: OPC 30000: OPC UA for Programmable Logic Controllers based on IEC61131-3 Release 1.00, 03 2010.

[OPC16]   OPC Foundation and AIM. OPC UA Companion-Specification: OPC 30010: OPC UA for AutoId Devices Release 1.00, 04 2016.

[EUR19]   EUROMAP. EUROMAP 77: OPC UA interfaces for plastics and rubber machinery - Data exchange between injection moulding machines and MES Release 1.00a, 01 2019.

[OPC19b]   OPC Foundation. UA-InformationModels, 05 2019. https://opcfoundation.org/wp-content/uploads/2019/05/UA-InformationModels-2919-05-14.pdf.

[OPC19a]   OPC Foundation. OPC UA Information Models, 2019. https://opcfoundation.org/developer-tools/specifications-opc-ua-information-models.

[OPC18c]   OPC Foundation. OPC UA Specification: OPC 10000-2: OPC Unified Architecture Part 2: Security Model Release 1.04, 08 2018.

[JBS15]   M. Jones, J. Bradley, and N. Sakimura. JSON Web Token (JWT). RFC 7519, 05 2015.

[rJ01]   D. Eastlake 3rd and P. Jones. US Secure Hash Algorithm 1 (SHA1). RFC 3174 (Informational), September 2001. Updated by RFCs 4634, 6234.

[SBK+17]   Marc Stevens, Elie Bursztein, Pierre Karpman, Ange Albertini, and Yarik Markov. The first collision for full sha-1. In Jonathan Katz and Hovav Shacham, editors, *Advances in Cryptology – CRYPTO 2017*, pages 570–596, Cham, 2017. Springer International Publishing.

[rH06]   D. Eastlake 3rd and T. Hansen. US Secure Hash Algorithms (SHA and HMAC-SHA). RFC 4634 (Informational), July 2006. Obsoleted by RFC 6234.

[BSI19]   BSI - Bundesamt für Sicherheit in der Informationstechnik. BSI - Technische Richtlinie (BSI TR-02102-1): Kryptographische Verfahren:Empfehlungen und Schlüssellängen, 02 2019.

[ITU19]   ITU-T - TELECOMMUNICATION STANDARDIZATION SECTOR OF ITU (International Telecommunication Union). RECOMMENDATION ITU-T X.509 - Information technology - Open Systems Interconnection - The Directory: Public-key and attribute certificate frameworks, 10 2019.

[Pub19]   Publishers of open62541. List of Open Source OPC UA Implementations, 04 2019. https://github.com/open62541/open62541/wiki/List-of-Open-Source-OPC-UA-Implementations.

[OPC18b]   OPC Foundation. OPC UA Specification: OPC 10000-14: OPC Unified Architecture Part 14: PubSub Release 1.04, 02 2018.

[DR08]   T. Dierks and E. Rescorla. The Transport Layer Security (TLS) Protocol Version 1.2. RFC 5246 (Proposed Standard), August 2008. Updated by RFCs 5746, 5878, 6176.

[Bra17]   T. Bray. The JavaScript Object Notation (JSON) Data Interchange Format. RFC 8259, 12 2017.

[SCT13]   Andy Stanford-Clark and Hong Linh Truong. MQTT For Sensor Networks (MQTT-SN)Protocol Specification Version 1.2, 11 2013. http://mqtt.org/new/wp-content/uploads/2009/06/MQTT-SN_spec_v1.2.pdf.

Lösungen

Probleme aus Kap. 2

2.1
- Unterschiedlicher Anteil an Bandbreite für Sprache und Daten.
- Mehr Sprachkanäle bei digitaler Sprachübertragung.
- Sprachkanäle werden reserviert bei Annex A,B und Bandbreite bleibt ungenutzt.
- Annex J nutzt die Bandbreite dynamisch aus, da Sprache über VoIP übertragen wird.
- Kein SDSL, da keine Symmetrie bei Upstream/Downstream.

2.2
- Sprachkanäle werden nicht wie bei Annex A,B reserviert und Bandbreite bleibt nicht ungenutzt.
- Annex J nutzt die Bandbreite dynamisch und effizienter aus, da Sprache über VoIP übertragen wird.
- Bandbreite wird, wenn keine Telefonate stattfinden, für gewöhnliche Daten benutzt.
- Provider müssen keine Ressourcen ungenutzt vorhalten, sondern können diese effizient zuteilen.

Probleme aus Kap. 3

3.1 Die Lösung finden Sie in Abb. A.1.
- 0×0800 (hexadezimal)

© Der/die Herausgeber bzw. der/die Autor(en), exklusiv lizenziert durch Springer
Fachmedien Wiesbaden GmbH, ein Teil von Springer Nature 2020
P.-B. Bök et al., *Computernetze und Internet of Things*,
https://doi.org/10.1007/978-3-658-29409-0

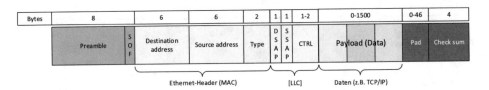

Bytes	8	6	6	2	1	1	1-2	0-1500	0-46	4
	Preamble	S O F	Destination address	Source address	Type	D S A P	S S A P	CTRL	Payload (Data)	Pad	Check sum

Ethernet-Header (MAC)   [LLC]   Daten (z.B. TCP/IP)

Abb. A.1 Lösung zum Ethernetframe

3.2
- MPLS ermöglicht eine verbindungsorientierte Übertragung von Netzpaketen in einem verbindungslosen Netz. Es wird eingesetzt, um den Determinismus hinsichtlich Durchsatz und Latenz zu verbessern.
- Typische Einsatzfelder sind VoIP, Videostreaming oder Verbindungen zwischen zwei Firmenstandorten.

3.3 Die Lösung finden Sie in Abb. A.2.

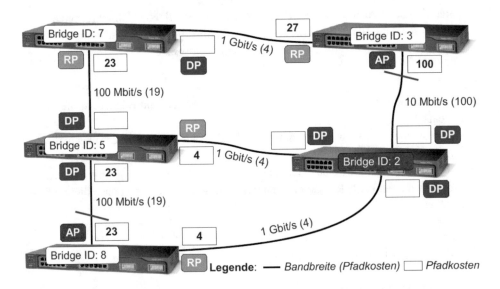

Abb. A.2 Lösung zum STP-Szenario

Probleme aus Kap. 4

4.1

- Im Gegensatz zu Ethernet können bei einer Datenübertragung im WLAN Kollisionen nicht sofort entdeckt werden, da die Sender nicht gleichzeitig empfangen können (Half-Duplex). Daher wird versucht, Kollisionen aktiv zu vermeiden.

1. STA_A identifiziert freien Kanal oder wartet eine zufällige Zeit.
2. STA_A sendet ein RTS *(Request-to-Send)* auf diesem Kanal, um einen Übertragungszeitraum zu reservieren.
3. STA_B antwortet mit CTS *(Clear-to-Send)* zur Bestätigung der Reservierung.
4. STA_A sendet die Daten.
5. STA_B antwortet mit einem ACK *(Acknowledgement)*, um den Erhalt der Daten zu bestätigen.

Die Lösung finden Sie in Abb. A.3.

4.2

- Wabenförmig, es gibt wiederkehrende Zellstrukturen.

4.3

- EUTRAN (Definition der physikalischen Luftschnittstelle) und EPC (Kernnetz).

4.4

- Aufgrund der Resource Block Allocation.
- Die Basisstation weist den Endgeräten die entsprechenden Resource Blocks zu.

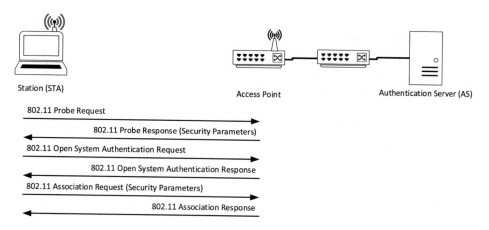

Abb. A.3 Lösung zum WLAN-Verbindungsaufbau

Probleme aus Kap. 6

6.1 Die kleinste Adresse des Netzes, die *Netzadresse,* und die größte Adresse des Netzes, die *Broadcastadresse,* sind reservierte Adressen und dürfen nicht von Endgeräten verwendet werden.

6.2
1. 10.0.0.0/8
2. 172.16.0.0/12
3. 192.168.0.0/16

6.3 Ein Host ist wie folgt konfiguriert: 172.17.88.13/20.
1. Der Host ist Teil eines privaten Netzes, da der Adressbereich 172.16.0.0/12 für private Netze reserviert ist.
2. Subnetzmaske: 255.255.240.0
3. Der Hostanteil besteht aus 12 Bits, da der Netzanteil der Adresse 172.17.88.13/20 aus 20 Bits besteht.
4. Als Defaultgateway ist die Adresse 172.16.80.1 eingestellt.
5. Der Server hat die Adresse 172.16.95.254.

6.4 Gegeben seien die beiden Hostadressen 10.4.92.19/30 und 10.4.92.21/30.
- Nein, die Hosts sind nicht Teil des gleichen Subnetzes.
- 10.4.92.19/30
  - Netzadresse: 10.4.92.16/30
  - Broadcastadresse: 10.4.92.19
- 10.4.92.20/30
  - Netzadresse: 10.4.92.20/30
  - Broadcastadresse: 10.4.92.23

6.5 Gegeben seien die beiden Hostadressen 192.168.10.3/21 und 192.168.12.9/21.
- Ja, die Hosts sind Teil des gleichen Subnetzes.
- 192.168.10.3/21
  - Netzadresse: 192.168.8.0/21
  - Broadcastadresse: 192.168.15.255
- 192.168.12.9/21
  - Netzadresse: 192.168.8.0/21
  - Broadcastadresse: 192.168.15.255

6.6
- VLSM-Netz: 192.168.0.0/24
- Netzadresse: 192.168.0.0

- Broadcastadresse: 192.168.0.255
- Anzahl der nutzbaren IP-Adressen: 254

- VLSM-Netz: 10.5.0.0/20
- Netzadresse: 10.5.0.0
- Broadcastadresse: 10.5.15.255
- Nutzbare IP-Adressen (von-bis): 10.5.0.1–10.5.15.254

6.7 Ein ARP-Request signalisiert die Suche nach der MAC-Adresse, die zu der IPv4-Adresse in dem Feld Target IP address passt.

6.8 Das Programm traceroute nutzt das Internet Control Message Protocol (ICMP).

6.9 Die Lösung finden Sie in Abb. A.4.

6.10 Der Wert in dem Feld *Time to Live (TTL)* wird in jedem Router (Hop) auf dem Pfad um 1 vermindert, bevor das Paket weitergeleitet wird. Als Konsequenz aus der Änderung des TTL-Wertes muss auch die Header Checksum angepasst werden.

6.11
1. 192.168.0.3 Route: lokales Netzwerk, kein Router! [B]
2. 192.168.1.3 Route: 192.168.0.254 [F]
3. 10.0.13.3 Route: 192.168.0.253 [E]
4. 10.0.15.3 Route: 192.168.0.252 [D]

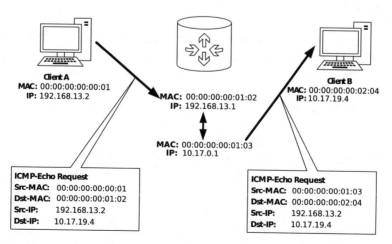

Abb. A.4 Lösung der Aufgabe zum Routing-Prinzip

6.12   Kunde A: 10 Blöcke in Folge mit Bitmaske /24
- Erste Adresse (Netzadresse): 13.37.240.0
- Letzte Adresse (Broadcastadresse): 13.37.249.255

Kunde B: 1 Block mit 32768 Adressen

- Bitmaske: /17
- Erste Adresse (Netzadresse): 13.37.0.0
- Letzte Adresse (Broadcastadresse): 13.37.127.255

Kunde C: je 1 Block mit /18, /19 und /20

- Erste Adresse (Netzadresse) /18: 13.37.128.0
- Letzte Adresse (Broadcastadresse) /18: 13.37.191.255
- Erste Adresse (Netzadresse) /19: 13.37.192.0
- Letzte Adresse (Broadcastadresse) /19: 13.37.223.255
- Erste Adresse (Netzadresse) /20: 13.37.224.0
- Letzte Adresse (Broadcastadresse) /20: 13.37.239.255

Vorgehensweise: Die Netze werden der Größe nach vergeben, d. h. zuerst Kunde B, dann C, dann A. Größere Netze sind in Bezug auf die Netzadresse unflexibler als kleine Netze, daher werden die unflexibleren Netze zuerst vergeben.

6.13   Mit Source Network Address Translation (SNAT) wird es möglich, ein ganzes Subnetz mit privaten IP-Adressen über eine oder wenige öffentliche IP-Adressen an das Internet anzuschließen. Siehe dazu auch Abb. 6.24.

6.14   Das Verfahren Destination Network Address Translation (DNAT) wird auch als Port-Forwarding bezeichnet. Siehe dazu auch Abb. 6.25.

Probleme aus Kap. 8

8.1
- Jegliche Congestion-Management-Eigenschaften können entfallen.
- Relevant ist lediglich ARQ für die zuverlässige Verbindung.

8.2

- Unterschied in der Reaktion auf Fehler.
- Schnelleres Recovery bei Reno, dadurch schneller wieder höhere Datenrate.
- Reno reagiert je nach aufgetretenem Fehler anders, sodass es beispielsweise unterschiedlich stark die Ausgangsrate drosselt.

Probleme aus Kap. 9

9.1 Die Lösung finden Sie in Abb. A.5.

9.2 Die Lösung finden Sie in Abb. A.6.

root = A	next hop = A	next hop = B	next hop = C	next hop = D
zu A	0	/	/	/
zu B	/	∞	∞	∞
zu C	/	∞	∞	∞
zu D	/	∞	∞	∞

Initialisierungsphase ($|hop| = 0$)

root = A	next hop = A	next hop = B	next hop = C	next hop = D
zu A	0	/	/	/
zu B	/	3	∞	∞
zu C	/	∞	5	∞
zu D	/	∞	∞	∞

1. Iterationsschritt ($|hop| = 1$)

root = A	next hop = A	next hop = B	next hop = C	next hop = D
zu A	0	/	/	/
zu B	/	3	/	∞
zu C	/	4	/	∞
zu D	/	5	∞	∞

2. Iterationsschritt ($|hop| = 2$)

root = A	next hop = A	next hop = B	next hop = C	next hop = D
zu A	0	/	/	/
zu B	/	3	/	∞
zu C	/	4	/	∞
zu D	/	5	∞	∞

3. Iterationsschritt ($|hop| = 3$)

Abb. A.5 Lösung zum Distance-Vector-Szenario

Probleme aus Kap. 10

10.1

Nr.	SRC-IP	DST-IP	Q/R	RR	FQDN	Antwort (RR)
1	192.168.0.1	192.168.0.254	Q	A	abc.de	–
2	192.168.0.254	198.41.0.4	Q	A	abc.de	–
3	198.41.0.4	192.168.0.254	R	NS, A	.de	(a.nic.de), 194.0.0.53
4	192.168.0.254	194.0.0.53	Q	A	abc.de	–
5	194.0.0.53	192.168.0.254	R	NS, A	ns.work.de	(ns.work.de), 212.12.32.174
6	192.168.0.254	212.12.32.174	Q	A	abc.de	–
7	212.12.32.174	192.168.0.254	R	A	abc.de	194.49.7.145
8	192.168.0.254	192.168.0.1	R	A	abc.de	194.49.7.145

	root = A	A → A	A → B	A → C	A → D
Initialisierungsphase	nodes = {}	0	∞	∞	∞
1. Iterationsschritt	nodes = {A}	/	AB (3)	AC (5)	∞
2. Iterationsschritt	nodes = {A,B}	/	AB (3)	ABC (4)	ABD(5)

Link-State-Algorithmus von *Wurzelknoten A* berechnet

	zu A	zu B	zu C	zu D
von A		3	4 (via B)	5 (via B)
von B	3		1	2
von C	4 (via B)	1		3 (via B)
von D	5 (via B)	2	3 (via B)	

Vollständige Routingtabelle

Abb. A.6 Lösung zum Link-State-Szenario

Probleme aus Kap. 14

14.1
- Die Warteschlange mit hoher Priorität ist leer nach 6 Runden.
- Die Warteschlange mit mittlerer Priorität ist leer nach 12 Runden.
- Die Warteschlange mit niedriger Priorität ist leer nach 18 Runden.

14.2
- Die oberste Warteschlange ist nach 16 Runden leer.
- Die mittlere Warteschlange ist nach 17 Runden leer.
- Die untere Warteschlange ist nach 18 Runden leer.

14.3 Die Anzahl der gemäß Gewichtung zu entnehmenden Pakete in jeder Runde ist in Abb. A.7 dargestellt.

- Die oberste Warteschlange ist nach 4 Runden leer.
- Die mittlere Warteschlange ist nach 7 Runden leer.
- Die untere Warteschlange ist nach 11 Runden leer.

14.4 Die Lösung finden Sie in Abb. A.8.

14.5 Die Lösung finden Sie in Abb. A.9.

14.6 Die Lösung finden Sie in Abb. A.10.

Probleme aus Kap. 15

15.1 Die korrekten Bezeichnungen sind in Abb. A.11 dargestellt.

15.2 Die korrekten Bezeichnungen sind in Abb. A.12 dargestellt.

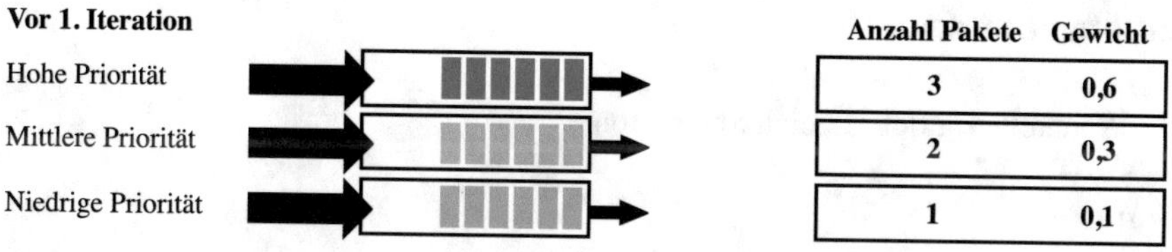

Vor 1. Iteration		Anzahl Pakete	Gewicht
Hohe Priorität		3	0,6
Mittlere Priorität		2	0,3
Niedrige Priorität		1	0,1

Abb. A.7 Weighted Round Robin Schedulingverfahren

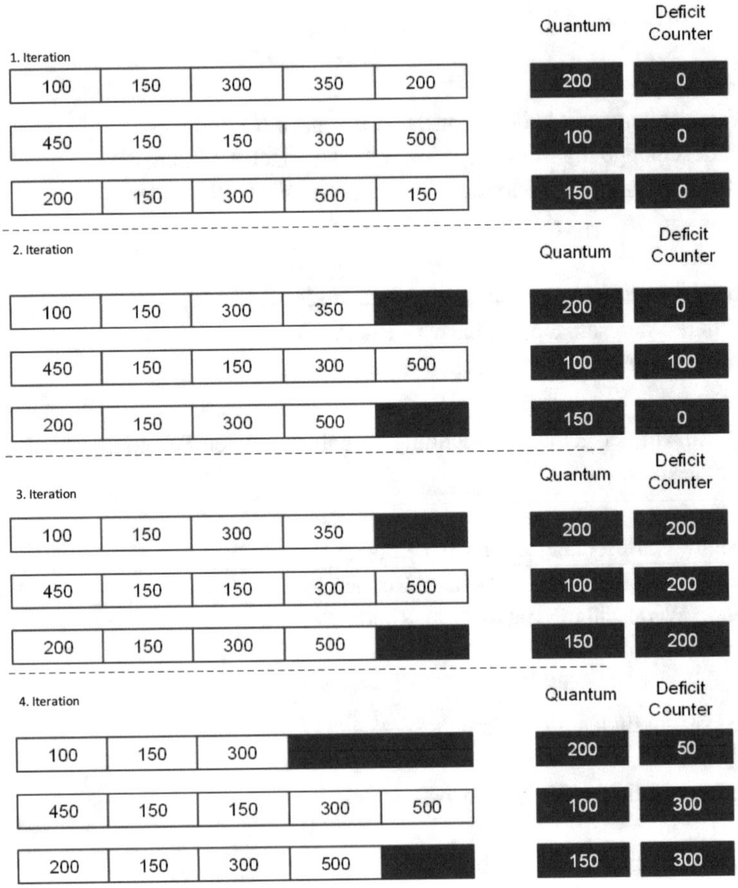

Abb. A.8 Lösung zum DWRR-Szenario

15.3 Die korrekten Bezeichnungen sind in Abb. A.13 dargestellt.

15.4 Die korrekten Bezeichnungen sind in Abb. A.14 dargestellt.

Probleme aus Kap. 16

16.1 Protokolle für den Bereich Smart Home:
1. EnOcean
2. Z-Wave
3. ZigBee
4. KNX

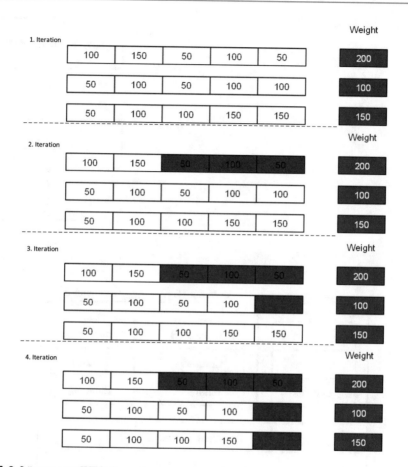

Abb. A.9 Lösung zum WFQ-Szenario

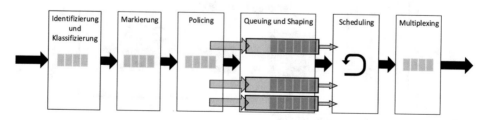

Abb. A.10 Kette der Dienstgütemechanismen

Abb. A.11 SDN Struktur

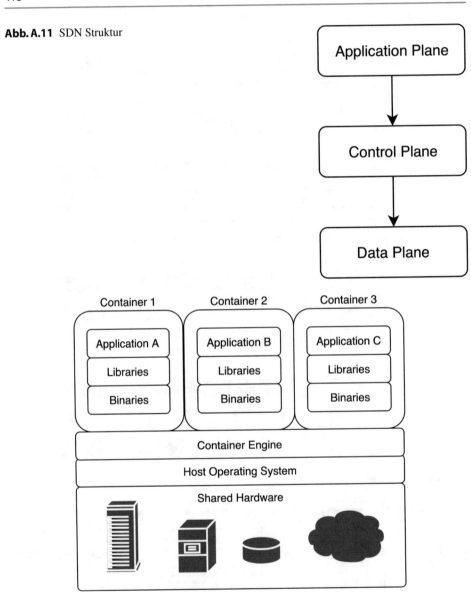

Abb. A.12 Virtualisierung mit Containern

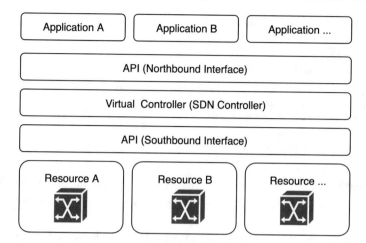

Abb. A.13 SDN Virtualisierungsstruktur

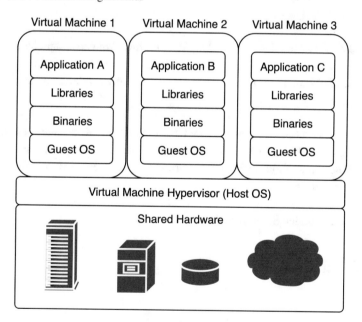

Abb. A.14 Virtualisierung mit virtuellen Maschinen

16.2 Einsatzgebiete für IoT-Technologien:
1. Smart Production / Manufacturing
2. Smart Energy
3. Smart Transportation

16.3 Digitale Modulationsarten:
1. Amplitude Shift Keying (ASK)
2. Frequency Shift Keying (FSK)
3. Phase Shift Keying (PSK)

16.4 Nehmen Sie Funksignale mit einem Software Defined Radio auf, reduzieren Sie die Bandbreite so weit wie möglich, um das Hintergrundrauschen (Noise) zu minimieren.

16.5 Laut dem *Nyquist-Shannon-Abtasttheorem* ist für eine korrekte Signalaufnahme die Abtastrate *(Sample Rate)* f_s mindestens doppelt so groß wie die maximale Frequenz im Signal f_{max}, also $f_s \geq 2 \cdot f_{max}$.

16.6 Bei der ASK-Modulation sind Amplitudenschwankungen mögliche Fehlerquellen (vgl. Abb. 16.9 und Abb. 16.10). Mögliche Gründe für Amplitudenschwankungen sind die Änderung der Entfernung zwischen Sender und Empfänger oder auch die Position der Antenne.

16.7 Ein triviales Protokoll, das nur aus der Übertragung einer Konstanten besteht, die nach dem Empfang eine Aktion auslöst, ist problematisch, da es ein Sicherheitsrisiko darstellt. Das Wiederholen einer aufgezeichneten Nachricht (Replay) genügt voraussichtlich, um die Aktion erneut auszulösen.

16.8 Die Lösung finden Sie in Abb. 16.18.

Probleme aus Kap. 17

17.1 Beispielsweise:
- CAD
- CAE
- CAM

17.2

17.3 Im *ebenen-orientierten Modell* der *Automatisierungspyramide* können die Daten nur von einer Ebene an die direkt angrenzenden Ebenen weitergeleitet werden. Das Modell des *Automatisierungsdiabolos* setzt dagegen auf *vertikale Datendurchgängigkeit*.

Tab. .1 Lösung zu Aufgabe 17.2

Ebene	Komponente
Fertigungsebene	Speicherprogrammierbare Steuerung (SPS)
Unternehmensleitebene	Enterprise-Ressource-Planning (ERP)-System
Fertigungsleitebene	Manufacturing-Execution-System (MES)

17.4 Die *Verwaltungsschale* (Asset Administration Shell) umfasst die virtuelle Repräsentation und die fachliche Funktionalität eines Gegenstands *(Assets)*. Gemeinsam bilden sie eine I4.0-Komponente.

17.5
- Die *vertikale Integration* verbindet die Komponenten unterschiedlicher Leitebenen miteinander.
- Die *horizontale Integration* verbindet die Komponenten innerhalb einer Leitebene miteinander.

17.6 Industrial IoT steht für die industrielle Anwendung des Internet of Things. Unterschiede können vorliegen in:

- der Robustheit der Geräte (d. h. Schutz gegen Fremdkörper wie Staub und Schutz gegen Wasser),
- den Zulassungen der Geräte (für bestimmte Temperaturbereiche und Einsatzgebiete, wie beispielsweise explosionsgefährdete Bereiche).

Die im Konsumerbereich und industriellen Umfeld eingesetzten Protokolle, wie beispielsweise *MQTT* auf Basis von *TCP/IP,* können durchaus die gleichen sein.

17.7
- Mittels analoger und/oder digitaler Signale über *E/A-Module* (Eingabe/Ausgabe) bzw. I/O-Module (Input/Output) und/oder
- über einen Feldbus

können Sensoren und Aktoren an eine Speicherprogrammierbare Steuerung (SPS) angebunden werden.

17.8
- TCP
- IP

17.9   Im Gegensatz zu *IEEE 802.3 Ethernet* sind die Protokolle *EtherCAT* und *PROFI-NET* echtzeitfähig. Das Mediumzugriffsverfahren CSMA/CD erkennt Kollisionen auf dem geteilten Medium und leitet entsprechende Gegenmaßnahmen ein. Dies führt jedoch zu unvorhersehbaren Verzögerungen im Datenverkehr. Die Datenübertragung ist daher *nicht deterministisch* und somit auch *nicht echtzeitfähig*.

17.10
- Der Wert *0x88A4* im *Typ*-Feld *(EtherType)* identifiziert den Frame als EtherCAT-Frame.
- Der Wert 0×8892 im *Typ*-Feld *(EtherType)* identifiziert den Frame als Echtzeit-PROFINET-Frame.

17.11   ActStsMach repräsentiert den aktuellen Maschinenstatus (siehe Euromap-63-Spezifikation [Eur00, S. 51]).

17.12   Der Maschinenstatus 0A000 liegt dann vor, wenn die Spritzgießmaschine störungsfrei im Automatikbetrieb produziert. Die Aufschlüsselung kann der Euromap 63 Spezifikation [Eur00, S. 51] entnommen werden.

17.13
1. Die Maschine prüft, ob für sie ein *Session Request File* im *Session Folder* angelegt wurde.
2. Mit dem *Session Request File* (Request-File) SESS0001.REQ wird die Maschine angewiesen, das *Presentation Layer Request File* (Job-File) REPORT0001.JOB auszuführen.
3. Mit dem *Presentation Layer Request File* (Job-File) wird die Maschine angewiesen, einen Report zu erstellen (Schlüsselwort *REPORT*). Dem Schlüsselwort PARAMETERS folgt die Liste mit den angefragten Daten (hier ActCntCyc).
4. Die Maschine legt den Report im *Application Layer Response File* (Dat-File) ab. Diese Datei enthält den Parameternamen ActCntCyc und den zugehörigen Wert, sofern die Abfrage erfolgreich abgearbeitet werden konnte. Hinweise auf mögliche Probleme könnten im Bedarfsfall dem *Session Response File* (Rsp-File) SESS0001.RSP oder dem *Presentation Layer Response File* (Log-File) entnommen werden.

17.14
1. Variante 1 ohne CONNECT:
   Mit dem *Session Request File* SESS0001.REQ wird die Maschine in Zeile 1 angewiesen das Presentation Layer Request File (Job-File) REPORT0001.JOB auszuführen.

```
00000001 EXECUTE "REPORT0001.JOB";
```
Session Request File (SESS0001.REQ)

2. Variante 2 mit CONNECT:
   Mit dem *Session Request File* SESS.0001.REQ wird die Maschine in Zeile 2 angewiesen das Presentation Layer Request File (Job-File) REPORT0001.JOB auszuführen.

```
00000001 CONNECT;
00000002 EXECUTE "REPORT0001.JOB";
```
Session Request File (SESS0001.REQ)

17.15 Datentyp: UINT32
Begründung:

- Da gezählt werden soll, wird ein numerischer Datentyp gewählt.
- Die Verwendung von Fließkommazahlen ist nicht notwendig. Daher wird ein ganzzahliger Datentyp *(Integer)* gewählt.
- Die Verwendung eines vorzeichenbehafteten Datentyps ist nicht notwendig. Daher wird ein vorzeichenloser Datentyp *(unsigned)* gewählt.
- Nach weniger als einer Stunde würde ein entsprechender 16-Bit-Zähler (UINT16) überlaufen (0–65535): $20s^{-1} \cdot 60\frac{s}{min} \cdot 60\frac{min}{h} = 72.000h^{-1}$.
- Ein entsprechender 32-Bit-Zähler (UINT32) würde erst nach ca. 6,8 Jahren überlaufen (0–4.294.967.295).

17.16 Es existieren verschiedene Varianten.
Variante 1: Zwei Variablen vom Datentypen Boolean:

- Variablenname: Automaticmode
  - TRUE (im Automatikbetrieb)
  - FALSE (nicht im Automatikbetrieb)
- Variablenname: Error
  - TRUE (Störung)
  - FALSE (keine Störung)

Variante 2: Eine Variable vom Datentyp Byte/UINT8:

- Variablenname: Status
- Verwendung der einzelnen Bits des Bytes.
  - Bit 0 der Variable Status: Error
    TRUE (Störung)
    FALSE (keine Störung)
  - Bit 1 der Variable Status: Automaticmode
    TRUE (im Automatikbetrieb)
    FALSE (nicht im Automatikbetrieb)
- Interpretation der Variable Status:
  - Wert = 0: keine Störung und nicht im Automatikbetrieb
  - Wert = 1: Störung, aber nicht im Automatikbetrieb

- Wert = 2: keine Störung im Automatikbetrieb
- Wert = 3: Störung im Automatikbetrieb

Auf den ersten Blick wirkt Variante 1 ressourcenschonender (2 Bit statt 8 Bit) und Variante 2 aufwendiger. Weitere Statusinformationen können dem Modell in Variante 2 aber mit vergleichsweise geringem Aufwand hinzugefügt werden, da kein neues OPC UA-Node angelegt werden muss. Dadurch benötigt Variante 2 auch weniger Overhead.

17.17
- Für Variante 1 aus 17.16:
  Eine dritte Variable (MotorOn) vom Datentyp Boolean anlegen.
- Für Variante 2 aus 17.16:
  Das dritte Bit der Variable Status vom Datentyp Byte/UINT8 verwenden.

17.18 Mögliche *Message-Security-Modes:*
- None (keine Sicherheit)
- Sign (Nachricht wird nur signiert, aber nicht verschlüsselt)
- SignAndEncrypt (Nachricht wird signiert und verschlüsselt)

17.19
1. Port: 1883
2. Port: 8883

17.20 Mit *QoS-Level 1* wird sichergestellt, dass der Empfänger das Telegramm mindestens einmal erhält. Mit *QoS-Level 2* wird sichergestellt, dass der Empfänger das Telegramm exakt einmal erhält.

17.21 Mit Hilfe von *Wildcards* können gleichzeitig mehrere Topics gleicher und unterschiedlicher Hierarchiestufen abonniert werden.

17.22 Der *QoS-Level* eines MQTT-Telegramms wird im 8 Bit großen fixen Header in den Bits 1 und 2 des MQTT-Telegramms definiert (siehe Abb. 17.29).

Literatur

[Eur00] Euromap. EUROMAP 63: Data Exchange Interface. Technical recommendation, Euromap, 07 2000. http://www.euromap.org/files/eu63.pdf.

Stichwortverzeichnis

Printed in the United States
By Bookmasters